陽明故里
The Hometown Of Yangming

2023
阳明学研究报告

中共余姚市委宣传部 主办

张宏敏 编著

浙江工商大学 出版社
ZHEJIANG GONGSHANG UNIVERSITY PRESS

·杭州·

图书在版编目(CIP)数据

2023阳明学研究报告 / 张宏敏编著. -- 杭州:浙

江工商大学出版社,2024.10. -- ISBN 978-7-5178

-6246-8

Ⅰ. B248.25

中国国家版本馆CIP数据核字第2024TK6888号

2023阳明学研究报告
2023 YANGMINGXUE YANJIU BAOGAO

中共余姚市委宣传部 主办
张宏敏 编著

责任编辑 张晶晶
责任校对 夏 佳
封面设计 胡 晨
责任印制 祝希茜
出版发行 浙江工商大学出版社
（杭州市教工路198号 邮政编码310012）
（E-mail:zjgsupress@163.com）
（网址:http://www.zjgsupress.com）
电话:0571-88904980,88831806(传真)
排 版 杭州朝曦图文设计有限公司
印 刷 广东虎彩云印刷有限公司绍兴分公司
开 本 710mm×1000mm 1/16
印 张 25.25
字 数 366千
版 印 次 2024年10月第1版 2024年10月第1次印刷
书 号 ISBN 978-7-5178-6246-8
定 价 98.00元

阳明先生画像

2023 宁波（余姚）阳明文化季启动仪式（2023年9月28日，摄于浙江余姚）

纪念王阳明诞辰551周年礼贤仪典（2023年10月31日，摄于浙江余姚）

本书系国家社科基金项目"清代阳明学文献整理与思想演变研究"（20BZX070）阶段性成果

目　录

当代中国"阳明学热"的十大标志

王阳明（1472—1529），名守仁，字伯安，是中国明朝伟大的哲学家、思想家、政治家、军事家，也是杰出的教育家和书法家。他生于浙江余姚，卒于江西南安，葬于浙江山阴洪溪乡（今绍兴市柯桥区兰亭镇花街村鲜虾山）。生前获封新建伯，官至南京兵部尚书兼都察院左都御史，后遭人诬陷，被削夺伯爵。卒后三十八年即明朝隆庆元年（1567），被追赠为新建侯，谥"文成"。明朝万历十二年（1584）获准从祀孔庙。王阳明曾修道于会稽山阳明洞天，自号阳明子、阳明山人，故学者尊称他阳明先生。

由于王阳明是中国历史上公认的立德、立功、立言"真三不朽"者，有明一代即"门徒遍天下，流传逾百年"，"嘉、隆而后，笃信程朱，不迁异说者，无复几人矣"（《明史·儒林传》），其思想不仅在明代中后期的学术界占据核心地位，而且在后世更是"风行天下，传遍中国，走向世界"（杜维明语），故而王阳明的生平事功与学术思想，一向受到学术界的重视与研究。近年来，我们不断提倡"文化自信"，并视传统文化为一种"独特战略资源"，再加上党和国家领导人对阳明语录及阳明学核心命题的关注与阐述，王阳明与阳明心学已经获得广大干部、专家学者及社会各界的普遍重视，并成为中华传统文化中的一大"显学"。①

---

① 吴光、张宏敏、金伟东：《王阳明的人生智慧：阳明心学百句解读》，中国方正出版社2016年版，第1页。

本书"导言"拟通过十大标志性学术事件来对当代中国的阳明学研究现状进行全面回顾，进而对当下"阳明学热"中出现的若干问题进行反思：（1）中国国家领导人在不同场合对阳明学语录的引述与对阳明学核心命题的阐释；（2）存有王阳明遗迹的各省市区县加大了对阳明学遗迹的保护与修缮力度；（3）王阳明纪念馆、阳明文化广场、阳明文化公园的修建与王阳明铜像雕像的竖立；（4）《传习录》《王阳明全集》在数十家出版社的陆续出版与不断印刷；（5）上百家出版社推出近千种王阳明与阳明学研究专著；（6）阳明学研究论文的大量发表与阳明学研究辑刊的不断创办；（7）《百家讲坛》阳明学公开课与各种阳明学讲堂、阳明学专题讲座的开设；（8）全国各地各类阳明学会议、阳明学论坛、阳明文化节、阳明文化活动周的不断举办；（9）国家社科基金、省市哲学社科规划等各种级别的阳明学研究课题的立项与推出；（10）高校科研院所的阳明学研究机构与社会团体性质的王阳明研究会的不断成立。

一、中国国家领导人在不同场合对阳明学语录的引述与对阳明学核心命题的阐释

基于弘扬传统文化、提倡文化自信的目的，习近平总书记一贯重视对王阳明与阳明心学核心命题"知行合一""立志论"的研究与阐释。

2004年6月30日，时任浙江省委书记习近平同志在省社科联、省社科院调研时发表讲话，对"阳明学派"的历史学术地位予以揭示："浙江自古以来就是人文荟萃、人才辈出的地方，文化底蕴十分深厚。在中国思想史上，浙江曾经出现过独树一帜的浙东事功学派，影响传播海外的阳明学派等。"①

2006年2月5日，时任浙江省委书记习近平同志在《与时俱进的浙江

---

① 习近平：《努力繁荣发展具有时代特征中国特色浙江特点的哲学社会科学：在省社科联、省社科院调研时的讲话》，载《浙办通报》第95期（浙江省委办公厅编），2004年7月2日。

精神》一文中对"王阳明的批判、自觉"精神予以阐释，指出："……无论是王充、王阳明的批判、自觉，还是龚自珍、蔡元培的开明、开放……都给浙江精神奠定了深厚的文化底蕴。"①他还在《与时俱进的浙江精神》一文中引用了王阳明的"知行合一"："按照学在深处、谋在新处、干在实处的要求，学以立德，学以致用，知行合一，大力推进'三个代表'重要思想和科学发展观在浙江的实践，做到'真学、真懂、真信、真用'，从而使理论转化为思路，转化为效果，转化为全省广大干部群众认识和改造世界的强大精神动力。"②

2006年2月9日，习近平同志在接受"人民网"记者专访时，对"以创始人王守仁为名的阳明学派"在中国文化史上的地位予以阐述："浙江在历史上有许多著名的学派，如以吕祖谦为代表的金华学派，以陈亮为代表的永康学派，以叶适为代表的永嘉学派，以创始人王守仁为名的阳明学派等……这些学派和人物在中国文化史上独树一帜，有较高的地位，他们的思想、观点已经成为浙江的文化基因，形成了浙江特有的人文优势。"③

2006年2月17日，习近平同志在《浙江日报·之江新语》上发表的《多读书，修政德》一文，也引述了王阳明"知行合一"的命题："要修炼道德操守，提升从政道德境界，最好的途径就是加强学习，读书修德，并知行合一，付诸实践。"④

2007年3月25日，习近平同志在《之江新语·"书呆子"现象要不得》一文中再次引用"知行合一"一语："要充分考虑生动的实际生活和现实的确切真实，注重研究新情况，认真分析新问题，积极寻求新对策，努力做到知行合一，理论联系实际，实实在在地做事情，尽心尽力地干工作，而不是热衷于追求热闹，只摆花架不种花，只摆谱架不弹琴。"⑤

---

① 习近平：《与时俱进的浙江精神》，《浙江日报》2006年2月5日。
② 习近平：《与时俱进的浙江精神》，《浙江日报》2006年2月5日。
③ 董少鹏：《"八八战略"从头越：专访中共浙江省委书记习近平》，《国际金融报》2006年2月9日。
④ 习近平：《之江新语》，浙江人民出版社2007年版，第175页。
⑤《之江新语》，第271页。

　　2011年5月9日，时任国家副主席习近平同志到贵州调研，在贵州大学中国文化书院与师生座谈时发表讲话，高度评价了王阳明。他说："我也很敬仰王阳明先生，'龙场悟道'就在此地。不仅中国人敬仰他、学习他，阳明心学也影响到东亚、东北亚地区，像日韩等。我们贵州的文化传承，对他的学习更应该有深刻的心得。王阳明的一生真正做到了知行合一，既是一个伟大的哲学家、思想家，也是一个伟大的政治家、军事家。他讲到的几点基本要求，第一条就是立志，我想年轻人首先就应该立志，'志不立，天下无可成之事'。立志就是要养浩然之气，就是要修炼、砥砺、磨炼、苦学。"①"志不立，天下无可成之事"出自王阳明在贵州龙场龙冈书院讲学时撰写的《教条示龙场诸生》一文②。习近平同志还勉励大学生朋友们："我们不仅要学国学，更要学习马克思主义，学习中国特色社会主义理论。我们现在坐在书斋里，潜心学习，就是要养浩然之气，选定我们立志的目标、奋斗的目标。这种选择意义重大，如果方向错了，就会南辕北辙。希望大家在学校的时候要树立远大、正确、崇高的理想，并在实践中去考验、磨炼，虽九死而犹未悔，才是真正坚定的理想。""择业要与'立志'结合起来。孙中山先生要求年轻人'要立志做大事，不要立志做大官'，我赞成这个看法。""希望同学们把坚持走中国特色社会主义道路、为中华民族伟大复兴而奋斗这个志向立住、立好、立牢。把学习和择业与崇高理想结合起来，既志存高远，又脚踏实地，在实践中经受考验，全面磨炼和提升自己，在报效祖国、服务人民的过程中获得社会的承认，体现自己的人生价值。"③

---

① 上述引文见《习主席参加我们"溪山论道"读书会——习近平与大学生朋友们（四十二）》，《中国青年报》2022年4月22日；《习近平考察贵州：勉励学子立志做大事》，载《贵州日报》2011年5月12日第1版；《习近平论阳明文化》，载《当代贵州》2015年第46期。《当代贵州》杂志编辑按语："中华优秀传统文化是习近平总书记十八大以来治国理念的重要来源。作为优秀传统文化的重要组成部分，阳明文化堪称精粹。近年来，习近平多次在不同场合提到王阳明或引用王阳明学说，为阳明文化赋予了新的时代意义。"

② ［明］王守仁撰，吴光等编：《王阳明全集》（简体版，下引版本同），上海古籍出版社2012年版，第804—805页。

③ 上述引文见《习主席参加我们"溪山论道"读书会——习近平与大学生朋友们（四十二）》，《中国青年报》2022年4月22日。

这些语重心长的话语，表明党和国家领导人对青年一代寄予了殷切的期望，也对王阳明的教育思想做出了高度评价与现代诠释。

党的十八大以来，习近平总书记又在多次讲话中提到王阳明，强调与阐释了阳明心学，特别论述了"知行合一""志不立，天下无可成之事"的内涵与当代启示。兹举其要者：

2014年1月20日，习近平总书记在党的群众路线教育实践活动第一批总结暨第二批部署会议上结合马克思主义群众观阐释了"知行合一"的内涵以及"知""行"各自的作用："群众观点是马克思主义政党的根本观点，群众路线是党的生命线和根本工作路线。贯彻党的群众路线，'知'是基础、是前提，'行'是重点、是关键，必须以'知'促'行'、以'行'促'知'，做到知行合一。"①

2014年3月7日，习近平总书记在参加第十二届全国人大第二次会议贵州代表团审议时指出："体现一个国家综合实力最核心的、最高层的，还是文化软实力，这事关一个民族精气神的凝聚。我们要坚持道路自信、理论自信、制度自信，最根本的还有一个文化自信。中华民族历来对自己的文化有着强烈的认同感和自豪感，只是到了近代沦为半殖民地半封建社会时，文化自信、国民自信受到极大损伤。中国人民在长期的革命斗争中，选择了中国共产党、选择了社会主义制度，走上了改革开放的正确道路，开创了建设中国特色社会主义的新的时期，正在为实现中华民族伟大复兴的中国梦而努力奋斗。只要把我们的优秀文化传承好，社会主义核心价值观建设好，就一定能把我们的国家建设成为社会主义强国。王阳明曾在贵州参学悟道，贵州在弘扬传统文化方面有独特优势，希望继续深入探索、深入挖掘，创造出新的经验。"②

2014年3月25日，习近平主席在法国《费加罗报》上发表署名文章，指出："中国人讲'知行合一'，法国人讲'打铁方能成铁匠'，都强调要把

---

① 中共中央文献研究室、中央党的群众路线教育实践活动领导小组办公室编：《习近平关于党的群众路线教育实践活动论述摘编》，党建读物出版社、中央文献出版社2014年版，第39页。
② 《习近平总书记参加贵州代表团审议侧记》，《贵州日报》2014年3月10日。

思想转化成为行动。"①

2014年5月4日，习近平总书记在考察北京大学时，就培育和践行社会主义核心价值观对广大青年提出要求："道不可坐论，德不能空谈。于实处用力，从知行合一上下功夫，核心价值观才能内化为人们的精神追求，外化为人们的自觉行动。"②

2014年9月24日，习近平主席在纪念孔子诞辰2565周年国际学术研讨会暨国际儒学联合会第五届会员大会开幕会上发表讲话，他指出，要把"经世致用、知行合一、躬行实践的思想"③这些中华优秀传统文化作为解决当代人类面临的难题的重要启示之一。

2014年10月8日，习近平总书记在党的群众路线教育实践活动总结大会上发表讲话，指出："实践证明，集中教育活动只有坚持知行合一，不断让思想自觉引导行动自觉、让行动自觉深化思想自觉，才能抓得实、做得深、走得远。"④

2015年11月19日，习近平主席在亚太经合组织第二十三次领导人非正式会议第一阶段会议上发表讲话，援引了王阳明《教条示龙场诸生》中的一句名言"志不立，天下无可成之事"⑤："中国古代先贤说：'志不立，天下无可成之事。'人不能没有理想，合作不能缺少方向。亚太合作要面向未来、引领未来，谋划大手笔、塑造大格局。"⑥

2015年12月11日，习近平总书记在全国党校工作会议上发表讲话，引用了王阳明《传习录》中的讲学语录⑦："'种树者必培其根，种德者必

---

① 习近平：《特殊的朋友，共赢的伙伴》，《费加罗报》2014年3月25日；又见《习近平在法国〈费加罗报〉发表署名文章》，《人民日版》2014年3月26日。
② 习近平：《习近平谈治国理政（第一卷）》，外文出版社2018年第2版，第173页。
③ 习近平：《在纪念孔子诞辰2565周年国际学术研讨会暨国际儒学联合会第五届会员大会开幕会上的讲话》，《人民日报》2014年9月25日。
④ 习近平：《在党的群众路线教育实践活动总结大会上的讲话》，《人民日报》2014年10月9日。
⑤ 《王阳明全集》，第804页。
⑥ 习近平：《习近平出席亚太经合组织第二十三次领导人非正式会议并发表重要讲话》，新华网，2015年11月19日。
⑦ 《王阳明全集》，第29页。

养其心。'党性教育是共产党人修身养性的必修课，也是共产党人的'心学'。"①从而明确提出了"共产党人的心学"的新命题。

2016年1月12日，习近平总书记在第十八届中央纪律检查委员会第六次全体会议上发表讲话，引用了《传习录》中"身之主宰便是心"②的阳明语录："全面从严治党，既要注重规范惩戒、严明纪律底线，更要引导人向善向上，发挥理想信念和道德情操引领作用。'身之主宰便是心'；'不能胜寸心，安能胜苍穹'。'本'在人心，内心净化、志向高远便力量无穷。对共产党人来讲，动摇了信仰，背离了党性，丢掉了宗旨，就可能在'围猎'中被人捕获。只有在立根固本上下功夫，才能防止歪风邪气近身附体。"③

2016年5月17日，习近平在哲学社会科学工作座谈会上发表讲话，他列举的25位中国思想大家中就有王守仁以及阳明学者李贽、黄宗羲："中华文明历史悠久，从先秦子学、两汉经学、魏晋玄学，到隋唐佛学、儒释道合流、宋明理学，经历了数个学术思想繁荣时期。在漫漫历史长河中，中华民族产生了儒、释、道、墨、名、法、阴阳、农、杂、兵等各家学说，涌现了老子、孔子、庄子、孟子、荀子、韩非子、董仲舒、王充、何晏、王弼、韩愈、周敦颐、程颢、程颐、朱熹、陆九渊、王守仁、李贽、黄宗羲、顾炎武、王夫之、康有为、梁启超、孙中山、鲁迅等一大批思想大家，留下了浩如烟海的文化遗产。中国古代大量鸿篇巨制中包含着丰富的哲学社会科学内容、治国理政智慧，为古人认识世界、改造世界提供了重要依据，也为中华文明提供了重要内容，为人类文明作出了重大贡献。"④

2016年6月24日，习近平主席在上海合作组织成员国元首理事会第十六次会议上发表讲话，他指出："'知者行之始，行者知之成。'实践证明，'上海精神'催生了强大凝聚力，激发了积极的合作意愿，是上海合作组织

---

① 习近平：《在全国党校工作会议上的讲话》，《求是》2016年第9期。
② 《王阳明全集》，第5页。
③ 习近平：《在第十八届中央纪律检查委员会第六次全体会议上的讲话》，《人民日报》2016年5月3日。
④ 《习近平在哲学社会科学工作座谈会上的讲话》（2016年5月17日），《人民日报》2016年5月19日。

成功发展的重要思想基础和指导原则。"①"知者行之始，行者知之成"即出自《传习录》中陆澄的记载："知者行之始，行者知之成。圣学只一个功夫，知行不可分作两事。"②

2016年7月1日，习近平同志在庆祝中国共产党成立95周年大会上发表讲话，再次援引王阳明"志不立，天下无可成之事"语，进而指出："理想信念动摇是最危险的动摇，理想信念滑坡是最危险的滑坡。一个政党的衰落，往往从理想信念的丧失或缺失开始。我们党是否坚强有力，既要看全党在理想信念上是否坚定不移，更要看每一位党员在理想信念上是否坚定不移。"③

2016年9月4日，习近平主席出席二十国集团领导人杭州峰会并致开幕辞。在开幕辞中，他引用了"知行合一"语："知行合一，采取务实行动……我们应该让二十国集团成为行动队，而不是清谈馆。"④

2018年5月2日，习近平总书记在北京大学师生座谈会上发表讲话，他三次引用王阳明的语句。（1）"坚持办学正确政治方向"引用了《礼记·大学》中的"大学之道，在明明德，在亲民，在止于至善"。"在亲民"即王阳明倡导的《古本大学》中的"在亲民"⑤，而不是朱熹《四书章句集注》中的"在新民"⑥。（2）"给广大青年提几点希望"，希望之二是"要励志，立鸿鹄志，做奋斗者"，这里就引用了王阳明说的"志不立，天下无可成之事"。（3）"给广大青年提几点希望"，希望之四是："要力行，知行合一，做实干家。……学到的东西，不能停留在书本上，不能只装在脑袋里，而应该落实到行动上，做到知行合一、以知促行、以行求知，正所谓'知者行之始，行者知之成'。每一项事业，不论大小，都是靠脚踏实地、一点

---

① 习近平：《在上海合作组织成员国元首理事会第十六次会议上的讲话》，新华社，2016年6月24日。
② 《王阳明全集》，第12页。
③ 习近平：《在庆祝中国共产党成立95周年大会上的讲话》，《人民日报》2016年7月2日。
④ 习近平：《构建创新、活力、联动、包容的世界经济：在二十国集团领导人杭州峰会上的开幕辞》，新华网，2016年9月4日。
⑤ 《王阳明全集》，第1页。
⑥ ［宋］朱熹撰：《四书章句集注》，中华书局1983年版，第3页。

一滴干出来的。"

2019年3月1日，习近平总书记在2019年春季学期中央党校（国家行政学院）中青年干部培训班开班式上发表重要讲话，强调并要求广大干部特别是年轻干部要"在常学常新中加强理论修养""在知行合一中主动担当作为"。①

2019年3月18日，习近平总书记在学校思想政治理论课教师座谈会上发表讲话，要求思政课教师"要自觉做到修身修为，像曾子那样'吾日三省吾身'，像王阳明那样'诚意正心'、'知行合一'，自觉做为学为人的表率，做让学生喜爱的人"②。

2019年4月30日，习近平总书记在纪念五四运动100周年大会上发表讲话，他引述了王阳明《教条示龙场诸生》中的"立志而圣则圣矣，立志而贤则贤矣"③，鼓励青年学子志存高远，激发奋进潜力。④

2021年3月1日，习近平总书记在2021年春季学期中央党校（国家行政学院）中青年干部培训班开班式上发表讲话，强调年轻干部必须立志做党的光荣传统和优良作风的忠实传人，"对党忠诚，必须一心一意、一以贯之，必须表里如一、知行合一，任何时候任何情况下都不改其心、不移其志、不毁其节"⑤。

2021年9月1日，习近平总书记在2021年秋季学期中央党校（国家行政学院）中青年干部培训班开班式上发表讲话，他指出："我常说要修炼共产党人的'心学'，坚持学思用贯通、知信行统一，其中一个重要目的就是要求党员干部坚定理想信念、增强党性。形成坚定理想信念，既不是一蹴而就的，也不是一劳永逸的，也不是自己认为坚定就坚定的，而是要在斗

---

① 《习近平在中央党校（国家行政学院）中青年干部培训班开班式上发表重要讲话》，新华社，2019年3月1日。
② 习近平：《思政课是落实立德树人根本任务的关键课程》，《求是》2020年第16期。
③ 《王阳明全集》，第804页。
④ 习近平：《在纪念五四运动100周年大会上的讲话》，《人民日报》2019年5月1日。
⑤ 《习近平在中央党校（国家行政学院）中青年干部培训班开班式上发表重要讲话》，新华网，2021年3月1日。

争实践中不断砥砺、经受考验，而且这种考验是长期的，很多时候也是严酷的，是要终其一生的。"①

2022年3月1日，习近平总书记在2022年春季学期中央党校（国家行政学院）中青年干部培训班开班式上发表讲话，强调："坚定理想信念，必先知之而后信之，信之而后行之。坚定理想信念不是一阵子而是一辈子的事，要常修常炼、常悟常进，无论顺境逆境都坚贞不渝，经得起大浪淘沙的考验。……年轻干部必须牢记清廉是福、贪欲是祸的道理，经常对照党的理论和路线方针政策、对照党章党规党纪、对照初心使命，看清一些事情该不该做、能不能干，时刻自重自省，严守纪法规矩。守住拒腐防变防线，最紧要的是守住内心，从小事小节上守起，正心明道、怀德自重，勤掸'思想尘'、多思'贪欲害'、常破'心中贼'，以内无妄思保证外无妄动。"②

2023年6月2日，习近平总书记在文化传承发展座谈会上发表讲话，他指出："中华优秀传统文化有很多重要元素，比如，天下为公、天下大同的社会理想，民为邦本、为政以德的治理思想，九州共贯、多元一体的大一统传统，修齐治平、兴亡有责的家国情怀，厚德载物、明德弘道的精神追求，富民厚生、义利兼顾的经济伦理，天人合一、万物并育的生态理念，实事求是、知行合一的哲学思想，执两用中、守中致和的思维方法，讲信修睦、亲仁善邻的交往之道等，共同塑造出中华文明的突出特性。"③这"实事求是、知行合一的哲学思想"中的"知行合一"就是王阳明的哲学范畴。

这一系列重要讲话中的"用典"即引用阳明语录、阳明学核心命题，体现了习近平总书记对阳明心学的内涵及其当代意义的深刻理解，也是对中华优秀传统文化进行的创造性转化和创新性发展，更揭示了阳明心学在

---

① 习近平：《努力成为可堪大用能担重任的栋梁之才》，《求是》2022年第3期。
② 《习近平在中央党校（国家行政学院）中青年干部培训班开班式上发表重要讲话》，新华网，2022年3月1日。
③ 习近平：《在文化传承发展座谈会上的讲话》，《求是》2023年第17期。

当今实现中华民族伟大复兴实践中的理论价值与深远意义，值得我们认真学习并付诸实践。

二、存有王阳明遗迹的各省市区县加大了对阳明学遗迹的保护与修缮力度

近年来，存有王阳明遗迹的省份及相关的地市、区县、乡镇，诸如浙江省宁波市（余姚市）、绍兴市（越城区、柯桥区），贵州省修文县（龙场镇）、贵阳市，江西省赣州市（崇义县、大余县、龙南县）、吉安市青原区，广东省和平县，福建省平和县，安徽省滁州市，广西壮族自治区南宁市等地，纷纷加大人力、物力、财力、智力投入，修缮保护王阳明遗迹。

浙江省余姚市一直致力于推动全国重点文物保护单位"王阳明故居"的修缮与功能拓展。余姚龙泉山"中天阁阳明先生讲学处""余姚四先贤故里碑"也得到了保护，其中"中天阁阳明先生讲学处"早在2005年3月16日就被浙江省人民政府公布为省级文物保护单位。2019年4月9日，余姚市申请的"阳明故里"和"阳明故居"商标，已被国家知识产权局审核通过。绍兴市柯桥区以"王阳明墓"为中心，建设"阳明文化园"，绍兴"王阳明墓"与余姚"王阳明故居"同为全国重点文物保护单位。绍兴市越城区西小河边王衙弄的绍兴王阳明新建伯府遗址经过考古发掘，当年"伯府第"的庭院石板、阶沿石、立柱基础等均保存完好。如今，观星台、饮酒亭已修缮，伯府第、碧霞池、大埠头、船舫弄、假山弄、王衙弄的复建工程已经完成；"王阳明新建伯府遗址"因此入选2020年度浙江十大考古新发现。①位于会稽山景区宛委山的阳明洞天完成保护工作。杭州凤凰山万松书院在复建过程中添置了王阳明塑像。玉皇山南的天真书院（精舍）遗迹已经得到发掘，系杭州市文物保护单位。

---

① 《浙江考古新发现|①绍兴王阳明故居：碧霞池边焕新颜》，浙江新闻客户端，2021年2月1日。

贵州省修文县维护修缮"三人坟""阳明洞""玩易窝""龙冈书院"等王阳明遗迹，贵阳市扶风山"阳明祠"的文物修缮和展陈提升工程也顺利完成，贵州"阳明洞""玩易窝""阳明祠"同为全国重点文物保护单位。福建省平和县尊称阳明先生为"平和县父"，加大了对九峰镇"王文成公祠"的保护力度。安徽省滁州市复建明朝的南京太仆寺，修缮了龙潭、来远亭、梧桐冈等王阳明当年的讲学地。广西南宁市也加大了对敷文书院、青秀山"阳明先生过化之地"等阳明遗迹的宣传力度。河南浚县大伾山的王阳明诗文碑刻、阳明洞、阳明书院遗址也得到妥善保护。

江西省赣州市崇义县在思顺乡齐云山村桶江（桶冈）王阳明刻石"平茶寮碑"处，修建了阳明文化主题公园，使得阳明文化在当地得到很好的展示。位于赣州城西北通天岩风景名胜区的阳明学遗迹，诸如通天岩、观心岩、忘归岩上的王阳明摩崖石刻与讲学场景得到妥善保护与复原，郁孤台历史文化街区内的赣州阳明书院也已经对外开放。大余县围绕青龙铺"阳明先生落星亭"，打造阳明文化研学旅行基地。龙南市玉石岩的"阳明小洞天"，已经完成了修缮工作。吉安市青原区为打造心学文化体验区，复建了青原山阳明书院。

三、王阳明纪念馆、阳明文化广场、阳明文化公园的修建与王阳明铜像雕像的竖立

为了让"真三不朽圣人"王阳明以直观、立体的形象走进大众的视野，同时方便社会各界人士礼敬王阳明、学习王阳明，余姚、绍兴、杭州、贵阳、修文、赣州、南昌、崇义、龙南、和平、平和、南宁等"阳明先生过化之地"，辟有王阳明纪念馆、阳明文化广场、阳明文化公园，同时还竖立有阳明先生的铜像、塑像、雕像等。

浙江省余姚市的王阳明故居实则是阳明先生纪念馆，对王阳明的生平学行以视频、图文、蜡像的形式进行宣传、展示；同时，王阳明故居广场竖立有香港孔教学院院长汤恩佳博士捐赠的一尊阳明先生铜像。由府前路

历史文化商业街区、武胜门阳明文化商业街区、龙泉山历史文化风貌区等三大板块组成的"阳明古镇"的建设，意在打造集观光旅游、休闲度假、商务会展、创意文化等旅游业态为一体，具有"阳明故里"特色的综合性休闲国际文化旅游目的地，以弘扬和传承阳明文化。其中，武胜门阳明文化商业街区将新建王阳明纪念馆、姚江书院，与现有的王阳明故居一道，成为城市文化新地标。王阳明祖居地余姚市大岚镇阴地龙潭村也有王阳明先生的铜像，并建有"王阳明祖居地纪念馆"。余姚阳明中学建有阳明亭，立有阳明先生石雕像，供求学少年瞻仰。基于王阳明生于余姚、葬在绍兴，宁波至绍兴的城际列车以"阳明号"命名。2022年11月1日，绍兴市重修的王阳明故居与新建的王阳明纪念馆、阳明广场正式对外开放；同时，阳明广场上竖立有高4.5米、青铜质地、左手抚心、右手展臂的王阳明雕像。2020年9月30日，位于绍兴市上虞区陈溪乡的"王阳明陈溪游学展陈馆"开馆。①绍兴阳明小学置阳明先生讲学铜像，鼓励少年学子立志求学；位于绍兴的浙江工业职业技术学院内，也有王阳明铸铜艺术雕塑。因王阳明撰《万松书院记》，杭州万松书院在复建之时，竖立了王阳明教书、童生听讲的塑像。2022年，浙江省桐乡市大麻镇发掘《封礼部主事—诚徐公行状》《答某人书》《明故尚书祠部主事徐公墓志铭》《徐母沈孺人墓志铭》《徐母蔡太孺人行状》等史料，有力证明了王阳明父子与大麻徐家的联系，在大麻镇新建有"王阳明读书处"纪念馆。②

　　贵州省修文县龙场镇围绕"阳明洞天"，以"心学圣地，王学之源"为定位，竖立王阳明在龙冈书院给黔籍弟子门人讲学的塑像，拓建"王阳明纪念馆"，修建"中国阳明文化园"，复建"龙冈书院"，进而传承"知行合一"的阳明学真精神。2023年1月6日，修文阳明书院正式揭牌。阳明洞王文成公祠中有日本友人捐赠的阳明先生铜像，其纪念意义非同寻常。贵阳市扶风山的"阳明祠"，其正殿中央竖立有由汉白玉雕刻成的"王阳明雕

---

① 《跟着阳明游陈溪　上虞这个游学展陈馆开馆啦》，浙江新闻客户端，2020年10月2日。
② 《大麻镇举办纪念王阳明先生诞辰550周年座谈会》，桐乡市人民政府官网，2022年10月31日。

像"。贵阳孔学堂建有纪念明代大儒王阳明的"阳明馆",馆中有王阳明雕像一座。贵阳市东山仙人洞下,竖立有王阳明雕像一座。2022年12月12日,贵阳学院阳明文化馆建成并举行了开馆仪式。

江西省崇义县是王阳明生前奏设,而今全县上下致力于打造阳明文化品牌,新建的阳明山、阳明湖、阳明路、知行公园、阳明书院、良知楼、阳明展览馆,处处弥漫着阳明文化的气息。赣州市通天岩有一尊阳明先生铜像,以及王阳明与邹守益、陈明水等弟子讲授良知学的塑像。大余县青龙镇在日本友人捐建的"阳明先生落星亭"的基础上,建成"阳明心园",并立有一尊"王文成公像"。南昌市辟建有阳明公园,竖"旷世大儒:王阳明"像,并有刻有王阳明生平事迹的黄岗岩浮雕;为使"阳明一生精神,俱在江右"①得以充分展示,2020年7月,南昌市委宣传部启动了江西(南昌)王阳明纪念馆的筹建工作。

广东省和平县为宣传阳明文化,在阳明镇建"王阳明纪念馆",竖阳明先生铜像。福建平和县亦系王阳明生前奏设,2018年在建县500周年之际,建阳明公园,竖阳明先生像,以纪念和缅怀阳明先生的丰功伟绩;2023年8月13日,平和县王阳明文化展示中心开展仪式在平和县阳明公园举行,平和县王阳明文化展示中心前也立有一尊王阳明雕像。广西南宁市博物馆中有王阳明在敷文书院讲学场景的塑像;隆安县隆安中学既有王阳明塑像,又有王阳明石刻画像碑。2022年9月30日,由南宁威宁集团与南宁学院合作共建的"王阳明在广西展示馆"在南宁三街两巷历史文化街区开馆。甘肃兰州王氏后人为缅怀阳明先生,筹资修建王阳明纪念馆,竖王阳明汉白玉朝服像。山东青岛黄海学院因以"知行合一"为校训,校园内竖有王阳明雕像。台北阳明山辟有阳明公园、阳明书屋,也有王阳明先生造像,供游人瞻仰。

20世纪90年代,为了纪念王阳明先生,加强中国余姚市与日本安昙川町之间的友好交流,两地在共同努力下,在滋贺县高岛郡(现高岛市)安

---

① 沈善洪主编:《黄宗羲全集》第7册《明儒学案》,浙江古籍出版社2005年版,第377页。

昙川町字上小川中江藤树纪念馆内开辟了一个中式庭院"阳明园",它架起了中国余姚与日本安昙川町相互交流的桥梁。2022年10月31日,为纪念王阳明先生诞辰550周年,日本京都中国书画院理事长谢春林等旅日华侨到访位于日本高岛市的阳明园,学习阳明文化,了解阳明生平,缅怀一代先贤。

四、《传习录》《王阳明全集》在数十家出版社的陆续出版与不断印刷

由于"阳明学热"的持续升温以及普罗大众对王阳明了解、专家学者对阳明学研究的需要,据不完全统计,已经有100余家出版社推出了各种版本的《传习录》,50余家出版社出版了不同版本的《王阳明全集》。

(一)各种版本的《传习录》

《传习录》是研习阳明心学的基本文献,在王阳明生前已经刊刻。钱穆认为《传习录》是"中国人所必读的书"。梁启超《国学入门书要目及其读法》认为:"读此(《传习录》)可知'王学'梗概。"20多年来,各种版本的《传习录》不断走向市场,与读者见面。在此兹举其要者。

2000年,12月,上海古籍出版社推出"杨国荣导读"的《阳明传习录》。2001年,6月,凤凰出版社出版"阎韬注评"的《传习录》。2003年,11月,云南大学出版社出版"胡兴文等译"的《传习录》。2004年,1月,岳麓书社出版"张怀承注译"的《传习录》。2007年,12月,蓝天出版社出版《传习录》。2008年,1月,中州古籍出版社推出"于自力等注译"的《传习录》。2009年,3月,贵州人民出版社出版"于民雄注、顾久译"的《传习录全译》;11月,华东师范大学出版社出版"陈荣捷著"的《王阳明传习录详注集评》①。

2010年,9月,广陵书社出版《传习录》;11月,复旦大学出版社出版

---

① 1983年12月,《王阳明传习录详注集评》最早在台湾学生书局出版。

"吴震著"的《〈传习录〉精读》。2012年，4月，岳麓书社出版"萧无陂校释"的《传习录校释》，中国画报出版社推出《传习录》；5月，复旦大学出版社出版"吴震解读"的《传习录一百句》；12月，上海古籍出版社出版"邓艾民注"的《传习录注疏》①。

2013年，5月，凤凰出版社推出"插图本"《传习录》；10月，中国华侨出版社出版"陆东风编"的《传习录》。2014年，1月，中国华侨出版社出版"彩图全解"版《传习录》；6月，武汉大学出版社出版"李问渠编译"的《传习录》；7月，北京时代华文书局出版"叶圣陶点校"的《传习录》；8月，人民出版社出版"汪高鑫、李德锋著"的《此心光明——评说王阳明与〈传习录〉》。2015年，5月，九州出版社出版"梁启超点校"的《传习录集评》；7月，江苏凤凰文艺出版社推出"张靖杰译注"的《传习录》；8月，长江文艺出版社出版"萧无陂注译"的《传习录》；11月，重庆出版社出版《王阳明〈传习录〉全鉴》。2016年，1月，哈尔滨出版社出版"钱明、孙佳立注"的《传习录》，江西人民出版社推出"慢读"系列的《传习录》；2月，中信出版社出版"吴震、孙钦香注"的《传习录》；5月，中华书局出版线装本《传习录》，作家出版社推出"高高注"的《传习录》；7月，孔学堂书局出版"何善蒙编著"的《传习录十讲》。

2017年，4月，台海出版社出版《传习录》；5月，辽海出版社出版"肖卫译注"的《传习录》；12月，上海古籍出版社出版"佐藤一斋撰、黎业明整理"的《传习录栏外书》，北京联合出版公司出版"叶圣陶点校"的《传习录》。2018年，1月，金城出版社出版"马祝恺主编、罗海燕点校"的《传习录》；3月，中华书局出版"王晓昕译注"的《传习录译注》；4月，国家行政学院出版社出版"高敬注译"的《王阳明先生传习录》；6月，文化发展出版社出版"鲍希福点校"的《传习录》；8月，三秦出版社出版"费勇译"的《传习录》，中国华侨出版社出版"朱孟彩编"的《传习录全解》；9月，中国致公出版社出版"叶圣陶点校"的《传习录》，江苏凤凰科

---

① 2000年11月，《传习录注疏》在中国台湾法严出版社出版。

学技术出版社出版"王学典编译"的《传习录》；11月，武汉出版社出版"李问渠编译"的《传习录》，九州出版社出版"叶圣陶点校"的《传习录》；12月，国家图书馆出版社推出"吴震解读"的《传习录》。2019年，1月，北京时代华文书局出版"温彩凤编注"的《传习录》，崇文书局出版"董子竹著"的《王阳明传习录再传习》；4月，三晋出版社出版"叶圣陶点校"的《传习录》；5月，北京联合出版公司出版"姚彦汝译"的《传习录》。2020年，4月，石油工业出版社出版"叶圣陶点校"的《传习录》；5月，上海古籍出版社重版"杨国荣导读"的《阳明传习录》；7月，台海出版社出版"张权译注"的《传习录》。2021年，6月，上海古籍出版社出版"黎业明译注"的《传习录》（全本全注全译）。2022年，6月，上海古籍出版社又出版"黎业明撰"的《王阳明传习录校笺》。2023年，5月，上海古籍出版社出版"黎业明校笺、辑评"的《王阳明传习录校笺辑评》。

在这上百种的"注疏""译注"本《传习录》中，具备严肃性、学术性的不过数种，主要有陈荣捷的《王阳明传习录详注集评》，邓艾民的《传习录注疏》，佐藤一斋的《传习录栏外书》，还有吴震的《传习录精读》，黎业明的《传习录》（全本全注全译）、《王阳明传习录校笺》、《王阳明传习录校笺辑评》。

（二）不同版本的《王阳明全集》

1992年，12月，上海古籍出版社最早推出了署名"吴光、钱明、董平、姚延福编校"的《王阳明全集》；2011年，10月，又推出修订版的《王阳明全集》；为方便大众阅读，2012年，12月，推出了简体横排版的《王阳明全集》，并不断重印。2012年，12月，上海古籍出版社出版"束景南撰"的《阳明佚文辑考编年》；2015年，4月，该书增订再版。2016年，7月，上海古籍出版社推出署名"束景南、查明昊辑编"的《王阳明全集补编》；2021年，3月，推出《王阳明全集补编》"增订版"；2024年，1月，推出"简体版"《王阳明全集补编》"增补本"。2018年，3月，上海古籍出版社合并"吴光、钱明、董平、姚延福编校"的《王阳明全集》与"束景南、查明昊辑编"的《王阳明全集补编》，汇编成"繁体升级版"《王阳明全集》，称"王阳明存世作品'大全集'"。

1996年，11月，红旗出版社出版"张立文主编"的《王阳明全集》。1997年，8月，北京燕山出版社推出《王阳明全集全译本》。2008年，10月，中华书局出版署名"施邦曜辑评"的《阳明先生集要》。2010年，12月，浙江古籍出版社推出署名"吴光、钱明、董平、姚延福编校"的《王阳明全集（新编本）》，列入"浙江文丛"，此后数次重印发行。2013年，12月，人民文学出版社出版《王阳明全集》。

2014年，1月，中国书店出版社出版《王阳明全集》；2月，中国画报出版社推出《王阳明全集》；7月，辽海出版社出版《王阳明全集》；8月，黄山书社、中国文史出版社分别推出《王阳明全集》《王阳明全书》；11月，线装书局、团结出版社、民主与建设出版社分别出版《王阳明全集》。2015年，5月，天津社会科学院出版社推出《王阳明全集》，华中科技大学出版社推出"简体注释版"《王阳明全集》；6月，中华书局出版署名"王晓昕、赵平略点校"的《王文成公全书》。

2016年，3月，中华书局将《王文成公全书》易名为《王阳明集》，作为"中华国学文库"之一种出版；5月，天津古籍出版社出版《王阳明全集》；9月，中州古籍出版社出版《王阳明全集》；12月，中国文联出版社推出《王阳明全集》。2017年，3月，天津古籍出版社推出《王阳明集》；4月，北京燕山出版社出版《王阳明全集》，吉林文史出版社出版《王阳明全集》；10月，中国华侨出版社出版《王阳明集》。2018年，3月，中央编译出版社推出《王阳明全集》；11月，北京大学出版社出版《儒藏》本《王文成公全书》。2020年8月，凤凰出版社出版"全民阅读版"《王阳明集》；9月，团结出版社出版"文白对照"《王阳明全集》①。

2022年11月，广陵书社出版"王强、彭启彬汇校"的《王文成公全书

---

① 2020年9月19日，由中国文化书院、中国阳明心学高峰论坛组委会、团结出版社联合主办的"为天地立心"心文化研讨会暨《文白对照王阳明全集》《读懂王阳明：阳明心学入门》新书发布会在北京举办。

汇校），这是《王文成公全书》自明隆庆六年刊行以来，第一次进行深入的校勘整理工作。全书以日本国立公文书馆藏郭朝宾本《王文成公全书》为底本，参校《居夷集》2种（通校），《传习录》7种（通校4种），《阳明先生文录》11种（通校4种），《阳明先生文录续编》2种（通校），《阳明先生年谱》2种（通校），《王文成公全书》5种（通校1种）。全书校记5500余条，呈现了关于王阳明诗文集最新最全面的版本研究与校勘成果，值得关注。2022年10月，北京燕山出版社出版的毛汝麒本、天真书院本的《阳明先生年谱》标点整理本，也值得关注。

目前已经出版的50余种《王阳明全集》中，我们还是推荐上海古籍出版社出版的"吴光、钱明、董平、姚延福编校""束景南、查明昊辑编"的《王阳明全集》（含"增补本"的《王阳明全集补编》），再辅以浙江古籍出版社的《王阳明全集（新编本）》。后出转精，2022年广陵书社出版的《王文成公全书汇校》，是目前《王阳明全集》各种版本中的最佳版本，尤其值得阳明学界同仁关注。

再有，"四库全书系列"大型文献汇编出版后，阳明后学文献也陆续得到编校整理：2007年，浙江省社会科学院策划的"阳明后学文献丛书"（7种10册）在凤凰出版社出版；2013—2017年，上海古籍出版社推出"阳明后学文献丛书"（7种10册）。2015年，四川大学出版社影印出版《阳明文献汇刊》（54册）；2018年，西泠印社出版社影印出版《阳明先生珍稀文献二种》；2018年，社会科学文献出版社影印出版《王阳明珍本文献丛刊》（15册）；2019年，北京燕山出版社影印出版《阳明文献汇刊二编》（60册），广陵书社影印出版《王阳明文献集成》（141册），巴蜀书社影印出版《阳明学文献大系》（208册）；2020年，广陵书社影印出版《域外刊刻阳明先生文献》（15册）、《王文成公全书（郭朝宾本）》，孔学堂书局影印出版《新刊阳明先生文录续编》；2021年，北京燕山出版社影印出版《日本阳明学文献汇编》（55册），广陵书社影印出版《王阳明稀见版本辑存》（82册），北京燕山出版社影印出版《王阳明家族关系家谱》（65册）；2022年，北京燕山出版社影印出版《阳明行迹方志文献选刊》（528册），北京燕山出版社影印出版《阳明心学文献丛刊》（400册），巴蜀书社影印出版《阳明心学书院文献丛刊》（13册），巴蜀书社影印出版《季本文献辑刊》（20册），巴蜀书社影印出版《王宗沐文献辑刊》（20册），巴蜀书社影印出版《罗近溪文献辑刊》（10册）。

此外，不同版本的"王阳明书法集"也得以出版：1996年7月，西泠印社出版社出版"计文渊编"的《王阳明法书集》；2008年1月，台大出版中心出版"杨儒宾、马渊昌也编"的《中日阳明学者墨迹：纪念王阳明龙场之悟五百年暨中江藤树诞生四百年》；2015年1月，中国美术学院出版社出版"计文渊编著"的《王阳明法书研究》；2015年8月，上海辞书出版社出版"孙宝文编"的《王阳明书何陋轩记》；2016年10月，贵州大学出版社出版"杨德俊主编"的《王阳明龙场遗墨》；2017年10月，故宫出版社出版故宫博物院、绍兴博物馆、王阳明研究院编的《王阳明书法作品全集》；2022年7月，国家图书馆出版社出版"计文渊编"的《王阳明书迹》；2023年6月，浙江人民美术出版社出版"计文渊主编"的《王阳明法书文献集》，在《王阳明书迹》基础上新增40多件王阳明法书作品，也包括编者个人收藏的明清刻本的阳明文集。

五、上百家出版社推出近千种王阳明与阳明学研究专著

据不完全统计，30多年来，上百家出版社推出数千种以"王阳明传记""阳明心学研究""阳明后学研究"为主题的书籍，其中既有严肃的学术专著，还有大量带有历史、文学传奇色彩的畅销书，诸如《明朝那些事儿》《知行合一王阳明》《明朝一哥王阳明》等。

其中，我们认为有学术研究性质的专著主要有30余种。（兹按出版时间排序）

（1）《王学通论：从王阳明到熊十力》，杨国荣著，上海三联书店1990年版，华东师范大学出版社2003年版、2009年版。（2）《有无之境：王阳明哲学的精神》，陈来著，人民出版社1991年版，北京大学出版社2006年

版，生活·读书·新知三联书店 2009 年版。（3）《陆王学述》，徐梵澄著，上海远东出版社 1994 年版，崇文书局 2017 年版。（4）《心学之思：王阳明哲学的阐释》，杨国荣著，生活·读书·新知三联书店 1997 年版、2015 年版，中国人民大学出版社 2009 年版。（5）《王阳明与明末儒学》（中译本），〔日〕冈田武彦著，吴光、钱明、屠承先译，上海古籍出版社 2000 年版，重庆出版社 2016 年版。（6）《明代哲学史》，张学智著，北京大学出版社 2000 年版，中国人民大学出版社 2012 年修订版。（7）《阳明后学研究》，吴震著，上海人民出版社 2003 年版、2016 年增订版。（8）《良知学的展开：王龙溪与中晚明的阳明学》，彭国翔著，生活·读书·新知三联书店 2005 年版、2015 年增订版。（9）"阳明学研究丛书"（11 册），吴光主编，董平、钱明、吴震、陈永革、朱晓鹏、何俊等著，中国人民大学出版社 2009 年版。（10）《传奇王阳明》，董平著，商务印书馆 2010 年版、2018 年修订版。（11）《阳明学述要》，钱穆著，九州出版社 2010 年版。（12）《王阳明》，〔加拿大〕秦家懿著，生活·读书·新知三联书店 2011 年版。（13）《青年王阳明（1472—1509）：行动中的儒家思想》，〔美国〕杜维明著，生活·读书·新知三联书店 2013 年版。（14）《阳明精粹》卷一《哲思探微》，张新民著，孔学堂书局 2014 年版。（15）《王阳明大传》（中译本），〔日本〕冈田武彦著，重庆出版社 2015 年版、2018 年修订版。（16）《人生第一等事：王阳明及其后学论"致良知"》，〔瑞士〕耿宁著，商务印书馆 2014 年版。（17）《觉世之道：王阳明良知说的形成》，杨正显著，北京师范大学出版社 2015 年版。（18）《由凡至圣：阳明心学工夫散论》，张卫红著，生活·读书·新知三联书店 2016 年版。（19）《王阳明年谱长编》，束景南著，上海古籍出版社 2017 年版。（20）《王阳明的人生智慧——阳明心学百句解读》，吴光等著，中国方正出版社 2017 年版。（21）《吾心自有光明月：王阳明思想原论》，汪学群著，中国社会科学出版社 2017 年版。（22）《王阳明"万物一体"论：从"身—体"的立场看》（修订本），陈立胜著，北京燕山出版社 2018 年版。（23）《入圣之机：王阳明致良知工夫论研究》，陈立胜著，生活·读书·新知三联书店 2019 年版。（24）"日本阳明学研究名著译丛"（8种），邓红、欧阳祯人主编，〔日本〕高濑武次郎、井上哲次郎等著，焦堃、连凡、陈晓杰等译，山东人民出版社2019年版、2022年版。（25）《阳明大传："心"的救赎之路》，束景南著，复旦大学出版社2020年版。（26）《王阳明："心"的救赎之路》，束景南著，复旦大学出版社2021年版。（27）《王阳明身心哲学研究：基于身心整体的生命养成》，李洪卫著，上海三联书店2021年版。（28）《王阳明传：十五、十六世纪中国政治史、思想史的聚焦点》，李庆著，上海古籍出版社2021年版。（29）《朱子学与阳明学：宋明理学纲要》，吴震著，北京大学出版社2022年6月版。（30）《王阳明心学与西方思想研究：启蒙视域下的主体性精神》，张海燕著，人民出版社2022年8月版。（31）《王阳明纪行：探访王阳明遗迹之旅》，〔日本〕冈田武彦著、吴光策划审校、徐修竹译，浙江人民出版社2022年10月版。（32）《本体与方法：王阳明及其后学学术思想研究》，张新民著，孔学堂书局2023年3月版。

浙江宁波为纪念王阳明诞辰550周年，2018年由宁波市社会科学院发布的"阳明心学研究重大招标课题"成果在2022年纳入"宁波文化研究工程·王阳明诞辰五百五十周年专题研究"丛书，并集中出版。分别是：杨德俊编著的《王阳明行踪遗迹》，贵州大学出版社2021年10月版；王永昌主编的《阳明心学与企业家精神》，中国社会科学出版社2021年12月版；钱茂伟等合著的《阳明心学与浙东文化研究》，人民出版社2022年8月版；张海燕的《王阳明心学与西方思想研究：启蒙视域下的主体性精神》，人民出版社2022年8月版；文炳、潘松、刘吉文等合著的《阳明心学海外传播研究》，浙江大学出版社2022年10月版。

特别值得关注的是，2019年，孔学堂书局在贵州省委宣传部的指导和贵州省孔学堂基金会、贵阳孔学堂文化传播中心的支持下，启动贵州省"十四五"重大文化出版工程——《阳明文库》的编辑出版工作。该出版工程以阳明文化为核心，多角度、深层次挖掘阳明文化资源，高水准、全方位汇聚和推出海内外阳明学研究精品力作。该文库将在"十四五"最后3年（2023—2025年）推出第一辑140余种约200卷图书，其中研究专著和古籍图书约123种，普及推广读物17种。《阳明文库》规划推出阳明研究、古籍、黔中王学、"两创"等书系，并开展中小学阳明讲堂、阳明文化数据库建设等工程，其中"黔中王学"书系是重要板块。首批图书在2023年6月举办的第29届北京国际图书博览会上发布后，得到数十位国内外专家学者的高度评价。他们一致认为，孔学堂书局出版的《阳明文库》，是集学术上的权威性和规模上的唯一性于一体的新时代出版工程，在阳明文化的文献保存、学术研究、普及推广和国际交流等方面，价值丰厚，意义深远。[①]

六、阳明学研究论文的大量发表与阳明学研究辑刊的不断创办

（一）阳明学研究论文的大量发表

通过"中国知网""万方数据库"，以"王阳明"为主题，进行文献检索，我们可以发现以下情况。

1949—1978年，报刊中以"王阳明"为主题的论文数量颇少：1957年1篇，1959年2篇，1962年3篇，1963年2篇，1964年3篇，1972年1篇，1974年2篇，1975年4篇，1978年1篇。这是因为在这30年间中国正处于社会主义革命与社会主义建设时期，还经历了"文化大革命"的特殊历史阶段，所以，学术界对王阳明的研究颇少，即便是关注王阳明，也是批判王阳明其人的。

1979—2008年，中国奉行"改革开放"的基本国策，随着政治、经济、文化领域的"拨乱反正"，学术研究开始正常化、逐渐理性化，以"王

---

① 《心学与贵州——访孔学堂书局总编辑、〈阳明文库〉策划、执行人苏桦》，黔艺天空，2024年1月31日。苏桦认为，《阳明文库》的亮点在于填补了全国乃至全世界阳明文化研究成果系统性、规模性出版的空白，特点在于遴选阳明典籍中国内外未出版的善本、珍本、孤本进行高质量影印、点校出版，以避免与其他阳明出版物的雷同，而重点则在于通过"黔中王学"古籍和研究专著的出版，努力挖掘阳明学在贵州的传承发展，以图书集成的形式向世界展现黔中学派对王学发展的巨大贡献，以筑牢贵州文化自信的基石。

阳明"为主题的论文发表以及硕博士学位论文的撰写数量逐渐增加，由个位数递增到十位数、百位数：1979年5篇，1980年8篇，1981年17篇，1982年21篇，1983年6篇，1984年12篇，1985年15篇，1986年19篇，1987年30篇，1988年43篇，1989年71篇，1990年52篇，1991年47篇，1992年55篇，1993年45篇，1994年55篇，1995年64篇，1996年75篇，1997年84篇，1998年90篇，1999年72篇，2000年102篇，2001年69篇，2002年126篇，2003年133篇，2004年162篇，2005年200篇，2006年238篇，2007年249篇，2008年243篇。论文整体数量的递增，主要与高校哲学学科（中国哲学专业）硕、博士学位点数量的设置以及硕博士研究生的招生数量相关。

2009—2012年，这4年的"王阳明"研究论文数量基本保持稳定：2009年354篇，2010年421篇，2011年369篇，2012年461篇。从2013年开始，关于"王阳明"的研究论文数量呈现井喷趋势：2013年502篇，2014年507篇，2015年707篇，2016年749篇，2017年992篇，2018年886篇，2019年868篇，2020年734篇，2021年613篇，2022年533篇，2023年535篇。这足以说明近11年（2013—2023）来出现的"阳明学热"，就学术层面而言还在持续升温；2020—2022年，因"新冠疫情"，线下召开阳明学学术研讨会受影响，阳明学研究论文发表数量呈现出一定程度的下降趋势。

随着2013年兴起的这波"阳明学热"，不少报纸也加大了王阳明研究文章的发表力度，国家级报纸如《人民日报》（"理论版"）、《光明日报》（"国学版""史学版""理论版"）、《中国纪检监察报》（"思想栏目"）、《中国社会科学报》（"哲学版"），省级报纸如《贵州日报》（"理论周刊"）、《浙江日报》（"思想者"栏目），刊文频率较高。地市级报纸，围绕"王阳明"的新闻报道数量则是居高不下，主要以《绍兴日报》《宁波日报》《余姚日报》《贵阳日报》《贵阳晚报》为主，每报每年刊登的阳明学相关的新闻稿多达数十篇。

（二）学术期刊"阳明学研究"专栏的开设

为了突出王阳明研究的重要性，加大阳明学的宣传力度，贵州、浙江、江西等省高等院校主办的人文社科版学报、社科机构主办的学术期刊纷纷设置"王阳明研究""阳明学与地域文化研究"等特色栏目。

比如：在浙江省，《浙江学刊》每年固定有1期开设"阳明学研究"专栏；《浙江社会科学》每年12期固定设置的"浙学研究"专栏中，大多刊发的是阳明学研究的论文；宁波日报报业集团主管的《宁波通讯》，几乎每期刊发1篇宁波学者撰写的阳明学研究的论文；《中共宁波市委党校学报》"浙东学术与中国哲学"专栏、《宁波大学学报》"浙东文化研究"专栏，也刊发一定数量的阳明学论文。在贵州省，《贵州大学学报》《贵州师范大学学报》《贵阳学院学报》的"社会科学版"以及《贵州文史丛刊》《当代贵州》《孔学堂》《贵阳文史》等期刊，纷纷聘请省内外有一定知名度的阳明学专家作为学术顾问或栏目特约主持人开设"阳明学研究"专栏。特别是《贵阳学院学报》"阳明学研究"专栏，自2015年设置"阳明学研究"专栏以来，截至2023年底已连续刊发了291篇阳明学研究论文。①在江西，《赣南师范大学学报》开设了"王阳明与地域文化研究"专栏，《江西师范大学学报》开设了"王阳明研究"专栏。2020年以来，《名作欣赏》刊物推出了上百篇由绍兴文理学院在校大学生撰写（卓光平指导）的关于王阳明诗文名篇赏析、大型原创历史话剧《千古一圣王阳明》评述、当代《阳明传》评论的文稿。

贵阳孔学堂主办的2022年第2期《孔学堂》（夏季号）开设"纪念王阳明诞辰五五〇周年专号"，刊发阳明学论文7篇，分别是：杨国荣教授的《中国哲学中的王阳明心学》，吴震的《何为阳明学的文化研究?》，李承贵

---

① 此数据根据截至2023年12月31日"中国知网"显示的以"王阳明"为主题的"文献来源"之《贵阳学院学报》（社会科学版）的统计而得。2019年11月25日，全国高等学校文科学报研究会评定《贵阳学院学报》"阳明学研究"专栏为"全国高校社科期刊特色栏目"。

教授的《心学色调的君子——王阳明对儒家君子人格内涵的发展及其当代启示》，张新民教授的《过化与施教——王阳明的讲学活动与黔中王门的崛起》，陈立胜教授的《如何与天地万物成"一家之亲"——王阳明亲民说发微》，温海明教授的《文与悟："良知即是易"的意本论解读》，刘悦笛研究员的《良知与良觉，性觉与心觉——兼论王阳明思想的儒佛之辨》。还有，《孔学堂》（季刊）开设的"阳明研究　贵州省期刊名栏"。

（三）阳明学研究辑刊的不断创办

不少高校科研机构还创办了阳明学研究辑刊，比如贵州大学中国文化书院主办的《阳明学刊》（贵州人民出版社、巴蜀书社、贵州大学出版社出版），贵州省阳明学学会主办的《王学研究》（内刊），余姚国际阳明学研究中心主办的《国际阳明学研究》（上海古籍出版社出版），武汉大学阳明学研究中心与中国阳明文化研究园、孔学堂合办的《阳明学研究》（人民出版社、中华书局出版）。贵阳学院则主办有2种"阳明学论集"：一种是《贵阳学院学报》编辑部主办的《阳明学研究新论》（江西教育出版社、中国社会科学出版社出版）；一种是阳明学与黔学研究院主办的《王学研究》（西南交通大学出版社、社会科学文献出版社出版）。浙江省稽山王阳明研究院、中华孔子学会阳明学研究会主办《中国心学》（商务印书馆出版）。中国东方文化研究会阳明文化委员会创办会刊《阳明文化研究》（内刊）。中国明史学会王阳明研究分会、赣南师范大学王阳明研究中心、赣州市社会科学界联合会共同主办《阳明文化研究》（中国书店出版）。河北省社会科学院阳明学与现代儒学发展研究中心创办集刊《阳明学与现代儒学发展研究》（河北人民出版社出版）。福建江夏学院阳明学研究院主编《东南阳明学研究》（厦门大学出版社出版）。中国社会科学院哲学研究所、泰州市人民政府联合编辑出版《泰州学派研究》（中国社会科学院出版社出版）。国外，日本二松学舍大学王阳明研究所主办的《王阳明》一年一期，韩国阳明学会主办的《阳明学》一年四期，实现了出版常态化。

经过数据对比分析，我们可以发现：近11年（2013—2023）来，"阳明学热"下阳明学研究论文数量的激增,与这些阳明学研究学术辑刊的创办、人文社科类学报期刊中"阳明学研究"栏目的常年开设有着直接关系。

七、《百家讲坛》阳明学公开课与各种阳明学讲堂、阳明学专题讲座的开设

为了满足广大民众对王阳明生平事迹与阳明心学基本常识的了解需要,在专家学者和百姓之间架起一座知识桥梁,中央电视台科教频道《百家讲坛》栏目先后邀请来自哲学、文学、历史等不同学科领域的阳明学专家,开讲"传奇王阳明""五百年来王阳明""王阳明"。

2010年12月10日—23日的《百家讲坛》,邀请浙江大学哲学系教授董平主讲"传奇王阳明",共14讲,演讲稿结集成《传奇王阳明》一书出版。[1]此后,董平教授还在浙江大学开设"王阳明心学"视频公开课,共9讲。2017年4月,南京师范大学文学院教授郦波受邀参加《百家讲坛》栏目,主讲"五百年来王阳明",共26讲,并结集出版同名著作《五百年来王阳明》。[2]为纪念王阳明去世490周年,2019年2月20日—3月3日,江西师范大学历史系教授方志远在《百家讲坛》主讲"王阳明",视频整理稿以《王阳明:心学的力量》为题出版[3]。"王阳明"连续3次进入《百家讲坛》栏目,这足以说明"王阳明"在新闻媒体与当代社会民众心目中的地位。在2014年1月7日,于丹、董平、方志远3位教授联袂开讲百家讲坛特别节目"奇人王阳明",围绕王阳明的成长经历、军事奇才的秘密、"知行合一"的观点进行阐述。

2016年,由中国社会科学院监制的大型纪录片《中国通史·王阳明心学》在央视电影频道播出。

2021年3月22日—26日,作为国内首部系统梳理王阳明传奇人生和心

① 董平:《传奇王阳明》,商务印书馆2018年修订版。
② 郦波:《五百年来王阳明》,上海人民出版社2017年版。
③ 方志远:《王阳明:心学的力量》,商务印书馆2019年版。

学思想的纪录片——《王阳明》(5集)在中央电视台科教频道播出。该片由国家广播电视总局宣传司指导,为国家广播电视总局重点纪录片项目。该片采用真实再现历史人物的创作手法,以今人视角梳理王阳明的人生历程,阐释其心学思想的演变历程、核心要义,通过人物故事体察阳明先生"知行合一""致良知""明德亲民"等思想精髓。这5集纪录片,依次按"溺""困""悟""功""明"5个主题切入。

2021年10月10日,《典籍里的中国·传习录》在央视播出。这期节目围绕集中体现王阳明哲学思想的语录体著作《传习录》展开,讲述书中最富有特色的"知行合一"思想,传承注重实践、实干兴邦的重要理念,并从王阳明波澜壮阔的人生命运中,感悟"知是行之始,行是知之成"的先贤智慧。

2022年6月,贵州京剧院创作的京剧《阳明悟道》首演,讲述王阳明在贵州龙场"悟道"的故事,以当代视角诠释和弘扬阳明精神。这是一部"哲理剧":该剧没有泛泛地演绎王阳明的生平事迹,而是将焦点集中在"龙场悟道"这一王阳明人生的特殊时空,充分调动京剧艺术的特有手段,浓墨重彩地展现王阳明"长思顿悟"的历史瞬间和哲理价值。同时,这也是一部"诗剧":该剧在剧情上采取"大事不虚,小节不拘"的创作原则,以诗化的抒情方式、写意的美学手法,再现了圣人风骨。该剧王阳明一角的扮演者冯冠博,在尊重戏曲程式化表演艺术的基础上,融入话剧"体验派"由内而外的表演方法。最终,他以老生大文戏造型、新编唱腔,生动诠释了鲜活、厚重的阳明先生形象,成为第31届中国戏剧梅花奖获得者。

2023年2月,贵州省歌舞剧院主创的舞剧《王阳明》入选贵州省重点创作项目,并完成了剧组主创人员的组建工作。2024年3月在入选国家艺术基金(一般项目)2024年度资助项目名单后正式立排,2024年8月在贵阳首演,随后在西部院线的成都、南宁、重庆、昆明等4个城市举行8场巡演。该剧聚焦王阳明在贵州的近3年时间,艺术化地呈现阳明先生"悲观失意—乐在贵州—自觉自救—顿悟传道"的成圣之路。简言之,舞剧《王阳明》的立意,是以舞蹈语汇碰撞王阳明的生命哲思。一方面"入乎舞蹈",

用舞蹈语汇这一"世界通用语言"去打破文化壁垒，助力阳明文化在不同文化空间的传播和交流；另一方面"出乎悟道"，跳出复杂的"成圣故事"和深奥的"阳明心学"本身，化故事为场景，化哲思为意境，以舞蹈艺术形式高度展现圣人形象及其悟道时刻，用"意象化"的肢体语言，展现阳明先生内心冲突、和解、嬗变和突破的全过程。舞剧运用戏曲、古典舞、贵州民族民间舞、吟诵等多种个性化的艺术形式，扩展了舞蹈语汇的表达空间，实现了诗、事、情、境的有机融合，创造出一场场虚实相生的哲思之境。

2024年3月，贵州广播电视台录制《我的1508问道·十二境》，根据王阳明在贵州的活动轨迹和主要经历，以龙场悟道、兴隆书壁等十二境串联起王阳明在贵州的行迹事件。在古今人物富有思想深度的时空对话中，讲述王阳明在贵州的故事、讲透阳明心学，展现"阳明·问道十二境"的文化内涵和现实意义。

与央视科教频道《百家讲堂》《王阳明》的演讲、纪录片相配合，高校科研单位、企业、社会团体以及与王阳明行迹有关的地方政府，举办的阳明学演讲、报告会更是数不胜数。比如，2017年山东省尼山书院承办了由山东省委宣传部、山东省文化和旅游厅主办的"阳明学公开课"，《光明日报》"国学版"全程关注报道。①贵阳孔学堂依托贵州的独特优势，深入挖掘"知行合一"的阳明精神，创办"王阳明大讲堂""阳明心学与当代社会心态研究院"，开展阳明文化系列讲座。修文县在阳明洞现场教学基地设置了"重德修文"大讲堂，并与孔学堂合作开展了一系列"孔学堂·阳明洞会讲"活动。

在王阳明的故乡，余姚市委、市政府大力实施阳明文化传播弘扬工程，创设"阳明讲堂"和"余姚人文大讲堂"，邀请吴光、陈来、成中英、陈卫平、杜保瑞等阳明学研究专家，面向机关干部、普通市民、学校学生、企业员工，开展"王阳明心学思想的当世价值""王阳明的思想精髓"等专题

---

① 《阳明学公开课课程预告》，《光明日报》2017年4月30日。

讲座。同时,余姚市委宣传部组建阳明文化宣讲团,开展阳明文化宣讲"五进"活动,截至2023年12月,已宣讲720余场次,让阳明文化在王阳明家乡的大地上熠熠生辉。绍兴市委、市政府从加强文化自信建设的高度出发,对绍兴阳明文化的传承保护进行整体设计,搭建"王阳明研究院""浙江省稽山王阳明研究院"等学术传播平台。

此外,浙江图书馆与浙江省儒学学会合作举办"王阳明公开课",宁波"甬上传习社"举办《传习录》读书会,福建平和县创办"阳明传习堂",赣州阳明书院与赣南师范大学、中国明史学会王阳明研究分会合作举办了一系列阳明学公益讲座。这里,我们特别介绍一下,2019年6月,华东师范大学哲学系与冯契学术成就陈列室联合举办了"阳明学与世界文明青年哲学研修营"。这个"研修营"通过杨国荣、潘小慧、吴震、黄勇、陈立胜、董平等阳明学研究专家的专题讲座、问答研讨、团队探究等,为参加研修营的青年学者呈上了一场阳明学的学术盛宴,取得了不错的学术反响。2022年,陕西师范大学哲学学院、关学研究院还举办了"纪念王阳明诞辰550周年系列学术讲座"。2023年10月20日,由山东大学易学与中国古代哲学研究中心、《周易研究》编辑部主办的以"阳明心学的精神与智慧"为主题的"第二期新哲学讲谈会"在山东济南举行。

八、全国各地各类阳明学会议、阳明学论坛、阳明文化节、阳明文化活动周的不断举办

为了宣传王阳明、弘扬阳明学、促进阳明文化与旅游产业的结合,王阳明的出生地宁波余姚,归葬地绍兴柯桥,悟道地贵阳修文龙场,良知教揭示地赣州、南昌,王阳明生前奏设的平和、和平、崇义三县,不断举办"阳明学国际学术研讨会""阳明学高峰论坛""阳明文化节""阳明文化活动周"等系列活动。

改革开放40多年来,浙江省社会科学院一直有整理阳明学文献、研究阳明学的优良学统,先后协助余姚、绍兴策划了一系列阳明学国际学术研

讨会：1989年4月在余姚举办了"首届国际阳明学研讨会"，1999年3月在绍兴召开了"纪念王阳明逝世470周年国际学术讨论会"，2007年4月在余姚举办了"王阳明故居开放暨中国余姚·王阳明国际文化活动周"，2009年11月在杭州召开了"纪念王阳明逝世480周年暨阳明学派国际学术研讨会"，2012年11月在绍兴召开了"纪念王阳明诞辰540周年·绍兴阳明心学与蕺山学派国际研讨会"，2014年1月在绍兴举办了"纪念王阳明逝世485周年国际学术研讨会"。

　　为进一步推动阳明学研究国际化，2011年8月，浙江省余姚市人民政府与中国社会科学院联合组建"国际阳明学研究中心"，并在2011年10月31日举办了第一届"国际阳明学研讨会"，此后在2012年、2014年的10月31日举办了第二、三届"国际阳明学研讨会"，并出版会议论文集《国际阳明学研究》。2017年，在宁波市委、市政府的指导下，将每年10月31日（王阳明诞辰日）定期举办的余姚"阳明文化日"升格为10月31日—11月6日举办的"宁波（余姚）阳明文化周"，且固定于10月31日上午在王阳明出生地瑞云楼王阳明故居前广场举行"纪念王阳明先生诞辰礼贤仪典"，先后举办了以"走进新时代的阳明心学""阳明心学与变革中国""阳明心学与良知善治""阳明故里·明理力行"等为主题的"中天阁论道"。2022年恰逢王阳明诞辰550周年，余姚更是把"阳明文化周"升格为"阳明文化季"，通过举办纪念王阳明诞辰550周年礼贤仪典、世界阳明学大会、"阳明心学的时代价值"学术论坛等活动，吸引更多民众了解、学习阳明文化，让阳明文化"飞入寻常百姓家"。2023年9月至11月，由中共宁波市委、宁波市人民政府主办，中共宁波市委宣传部、上海交通大学中国企业发展研究院、宁波市社会科学院（联）、宁波市文化广电旅游局、中共余姚市委、余姚市人民政府承办的"宁波（余姚）阳明文化季"系列活动顺利举办，其中在10月31日举办有"中天阁论道：阳明心学与现代中国企业家精神研讨会"。2023年，宁波市为认真贯彻习近平总书记关于文化建设的重要论述精神，全面落实浙江省委深入推进新时代文化浙江工程的部署要求，更好地推动阳明文化的传承转化运用，根据宁波市委文化工作会议暨打造全国文明典范之都推进大会安排，结合宁波市实际，制定了《宁波市阳明文化建设工作三年行动计划（2023—2025年）》，并于11月9日正式发布。

绍兴则在2017年10月举办了"阳明文化周"系列活动，有"纪念王阳明诞辰545周年"学术研讨会、"越文化·阳明学·东亚文明"高峰论坛、"全国首届阳明研究机构联席会议"等，又于2018年6月承办了"第二届中国阳明心学高峰论坛绍兴闭幕论坛"，2019年5月主办了"第三届中国阳明心学高峰论坛"，2020年10月召开"2020阳明心学大会"，2021年10月召开"2021阳明心学大会"。2022年是王阳明诞辰550周年，11月23日，由浙江省人民政府主办的"世界阳明学大会"在浙江宁波余姚、绍兴举行，而在绍兴召开的"世界阳明学大会"则是"2022阳明心学大会"。2023年10月30日至11月1日，由绍兴市人民政府、国际儒学联合会、中国哲学史学会共同主办的"2023阳明心学大会"举行。①2016年以来，浙江工商大学也连续举办了4届"阳明学与浙江文化学术论坛"。

贵阳市修文县先后于1999年、2002年、2005年、2009年、2016年、2018年②连续举办了6届"国际阳明文化节"，使得修文县成为当代阳明心学研究和传播中心之一。2014年以来，贵州省文史研究馆、浙江省文史研究馆以阳明学研究为交集点，合作搭建"黔浙文化合作论坛"，成立"阳明学研究中心"，还举办了以"文化中国：时代的使命与学者的承担""阳明学的当代价值与传承创新""知行合一：新农村文化建设探讨暨阳明学的理论与实践研讨"为主题的学术研讨会。③贵阳学院自2012年以来，先后与修文县、贵阳孔学堂、贵州省儒学研究会、韩国阳明学会合作，举办以阳明学研究为宗旨的"知行论坛"。2022年12月9日—12日，"纪念王阳明诞辰550周年暨第七届'知行论坛'全国学术研讨会"在贵阳以线下＋线上的方式举行。截至2022年12月，"知行论坛"已举办了7届，会议论文结集

---

① 有关2020年以来绍兴"阳明心学大会"的讯息，请参阅浙江省稽山王阳明研究院主办的"阳明心学网"（https://www.yang-ming.net/2020m.html）。
② 拟定2020年举办的第七届"国际阳明文化节"因"新冠疫情"影响推迟召开。
③ 贵州省文史研究馆、黔浙文化合作论坛阳明学研究中心编：《心学思想世界的新开展："黔浙文化合作论坛"阳明学研究论文集》，贵州人民出版社2018年版。

成《王学研究》公开出版。贵阳孔学堂传统文化公益讲座中，特设"阳明文化"专题。2022年是王阳明诞辰550周年，贵阳孔学堂推出纪念王阳明诞辰550周年的"六个一"系列活动，即举办一场论坛、举办一场展览、出版一本图书、推出一个专题系列讲座、举办一场会讲、展陈一批图书。2023年7月，贵州省委第十三届第三次全会将"阳明文化转化运用"列为贵州"四大文化工程"之一，[①]贵州省委宣传部要求大力实施"四大文化工程"，贵州文化宣传系统不断实践和探索阳明文化转化运用的方式和路径。2023年8月29日，由贵州省委宣传部主办，贵阳市委宣传部、贵阳孔学堂文化传播中心、贵州省孔学堂发展基金会承办的"阳明文化在当代的转化运用"研讨会在贵阳孔学堂中华文化国际研修园会议中心举行，来自贵州省内外的阳明文化研究专家、学者齐聚"爽爽贵阳"，纵论阳明文化在当代的转化运用。2023年10月19日，贵州发布多彩贵州重大文化工程。其中，"阳明文化转化运用"工程的实施要求包括：重点把阳明文化作为贵州人文精神的宝贵财富，深入开展挖掘整理、研究转化和传播推广，擦亮贵州作为阳明心学诞生地的文化名片，打造阳明文化高地。把阳明心学与推进党的建设新的伟大工程结合起来，组织开展好共产党人"心学"研究。[②]

此外，浙江大学、清华大学、复旦大学、中山大学、贵州师范大学、上海社会科学院以及江西的南昌市、赣州市、崇义县、大余县、龙南市、青原区（吉安市）、南安镇，福建的漳州市、平和县、福州市，广东的河源市、和平县，广西的南宁市、梧州市、武宣县等地，也举办有各种形式、规模不等的"王阳明与阳明学研讨会"。比如，江西赣州依托中国明史学会、中国社会科学院古代史研究所明史研究室、赣南师范大学，连续策划召开多届大规模的"阳明文化国际论坛"，公开出版会议论文集；福建漳州依托中国朱子学会、漳州市闽南文化研究会连续策划举办"阳明学在福建（漳州）论坛"，策划出版"福建阳明学文献丛刊""福建阳明学研究丛书"；

① 《中共贵州省委十三届三次全会决定公布》，《贵州日报》2023年8月4日。
② 《什么是阳明文化转化运用工程？聚焦多彩贵州重大文化工程》，天眼新闻，2023年10月19日。

福建江夏学院联合福建省哲学学会、福建省闽学研究会策划开展"东南阳明学高峰论坛",并出版《东南阳明学研究》论文集;广西依托中国东方文化研究会阳明文化委员会成立广西王阳明研究会后,开始举办以"王阳明在广西"为主题的学术研讨会;安徽滁州策划举办滁州市"阳明文化活动周",并举办"纪念王阳明滁州讲学510周年学术研讨会"。

九、国家社科基金、省市哲学社科规划等各种级别的阳明学研究课题的立项与推出

为了繁荣发展哲学社会科学,鼓励高校教科研人员积极投入基础领域的学术研究,全国哲学社会科学工作办公室、教育部社科司以及各省市的社科规划(工作)办立项、推出了一大批以"阳明学"为题的科研项目。

根据"全国哲学社会科学工作办公室官网"提供的信息,1992年以来立项的国家社科基金重大、重点、一般、青年、西部、后期资助项目中,与"阳明学"有关的课题有:1992年立项课题中的"王阳明及哲学与贵州文化",1994年立项课题中的"王阳明与明代后期文学",2002年立项课题中的"王阳明与阳明学派系列研究",2003年立项课题中的"阳明心学美学:从本体工夫论切入",2007年立项课题中的"文化整合与社区和谐——兼析王阳明南赣社区治理及意义""明清时期贵州阳明学地域学派研究",2011年立项课题中的"阳明佚文辑考编年""融合和发展——阳明心学之研究",2012年立项课题中的"王阳明道德哲学与儒学人文信仰的建构",2013年立项课题中的"阳明年谱长编""明代天主教与阳明心学关系研究",2014年立项课题中的"阳明文化与现代国家治理研究""阳明心学与明中后期词新变研究",2015年立项课题中的"阳明后学文献整理与研究""日本阳明学家经典著作译注与研究""阳明学与明代内阁政治研究""阳明心学美学与禅宗美学思想的比较研究""王阳明身心哲学研究""阳明学发展的困境及出路""王阳明道德哲学的现象学诠释""阳明学:儒道融合的心学建构",2016年立项课题中的"明代阳明学派诗学思想研究""阳明心学与

关学融合汇通问题研究""阳明学在朝鲜半岛的传播及其影响研究""阳明学与近代中国变革研究",2017年立项课题中的"阳明大传:'心'的救赎之路""阳明学诠释史研究""王阳明传习录校笺""阳明学派与中晚明的知识学",2018年立项课题中的"阳明后学思想互动与中晚明学术共同体建构研究""王阳明思想在西方的翻译、传播与影响研究""阳明心学与中晚明剧坛嬗变及戏曲文化生态研究""阳明学与朱子学的互动研究""中晚明阳明心学民间道德教化与传播研究""王阳明濒危军事著作校注",2019年立项课题中的"王阳明心学与浙东思想文化研究""现象学视域中的阳明心学研究""以吉安地区为中心的阳明学与地方社会研究""道德哲学视域下的王阳明思想及其现代意义研究""《传习录》与王阳明其他单刻本稀见孤本文献全国调研、影印出版与总汇总校""阳明学派'以内在证超越'之路径研究""王阳明思想在英语世界的译介与阐释研究""王阳明心学美学思想研究",2020年立项课题中的"清代阳明学文献整理与思想演变研究""晚清民国阳明学文献收集整理与研究(1840—1949)""王阳明'四句教'诠释史研究""阳明心学著作的翻译与西传研究""工夫论视域下阳明心学《论语》诠释研究""阳明后学的'接引'工夫研究""王阳明的情感与心性哲学研究",2021年立项课题中的"阳明诗赋编年笺证""阳明学知识论问题研究""阳明后学心性论分化与统合的逻辑发展研究",2022年立项课题中的"东林学派与阳明后学工夫论比较研究""日本江户时代阳明学的流变及其影响研究""阳明心学美学与道家美学思想的比较研究""阳明学派四书学研究""王阳明'万物一体'论""南赣地方文献中王阳明史料的搜集、整理与研究""爱默生超验主义与王阳明心学比较研究""阳明学的经典建构、学说互动与历史书写",2023年立项课题中的"明清时期王阳明传记资料整理与研究""阳明学派的庄学思想研究""朝鲜半岛阳明学文献整理与研究"。①

---

① 上述国家社科基金重大、重点、一般、青年、西部、后期资助项目信息,均来自"全国哲学社会科学工作办公室网站"。

此外，2016年，武汉大学教授欧阳祯人主持了教育部人文社科重点研究基地重大攻关项目"阳明心学的历史渊源及其近代转型研究"；2022年，欧阳祯人教授获批2022年度国家社科基金冷门绝学研究专项学术团队项目"钱绪山学派、龙溪学派与近溪学派文献整理及思想研究"。

2016年以来，为了推进贵州省的传统文化与阳明学研究，贵州省社科规划办与贵阳孔学堂合作推出了资助力度特大的"传统文化单列课题"，其中阳明心学研究课题占了重头。如：2016年立项课题中的"东亚阳明学与阳明文化研究""阳明心学与马克思哲学在中国的早期传播""阳明学文献整理与研究""日本阳明学研究名著译丛""阳明心学与当代中国的社会发展研究""王阳明诗集编年校注"，2017年立项课题中的"阳明学与中国各地域文化系列研究""阳明心学与当代社会心理学研究""近代中国阳明学的学术史研究""关中王学研究"，2018年立项课题中的"王阳明心态思想研究""阳明学与中国现代性问题""二曲学派对阳明学的多维发展"，2019年立项课题中的"阳明心学对先秦儒家思想的传承与发展""良知学的工夫历程与工夫谱系研究""王阳明'良知易'哲学体系研究"，2020年立项课题中的"阳明心学与黔地茶文化的意义建构""王阳明及其后学的礼学思想研究""陆王心学与当代国人的人文信仰建构研究""认知科学与阳明心学的实证研究""浙中王门四书学研究"，2021年立项课题中的"阳明心学的海外传播和世界影响研究""中国共产党人的'心学'对中华优秀传统文化的继承与发展研究""韩国汉籍中阳明学资料的收集、整理与研究""新时代阳明文化传播路径研究""近溪学脉交游考述与明末王学分流、转向研究"，2022年立项课题中的"《王阳明全集》主题索引编制及基于索引的数字人文若干问题研究""阳明心学与西方哲学心性论之比较研究"，2023年立项课题中的"韩国阳明学研究""日本阳明学研究""明代心学教化思想研究""清代阳明学研究""阳明心学与当代社会心态研究""阳明心学对贵州思想文化影响研究""王阳明与道家'乐'思想比较研究""阳明心学在高校心理健康教育中的应用研究""明代王学学术编年""晚明阳明学与关学的互动研究""阳明心学与新时代思想政治教育契合性研究"。此外，贵阳学院阳明学与黔学研究院也有贵州省高校社科基地年度招标课题。

为了推动阳明学的综合研究，绍兴、宁波、余姚也推出了一系列阳明学研究招标课题。2017年，绍兴王阳明研究院发布的阳明学公开招标研究课题中有"阳明学通史""越地文化与阳明学""王阳明的政治思想与社会治理"等项目。2018年，宁波市社科联推出"阳明心学研究系列"重大招标课题，其中有"王阳明大辞典""阳明心学的当代价值与世界意义研究""阳明心学与文化自信研究""王阳明行踪遗迹研究"等。2019年5月，"中国阳明心学高峰论坛"推出"阳明心学研究"招标课题，有"阳明心学与中国传统文化"等。2020年12月，以浙江省稽山王阳明研究院名义推出的"2020阳明心学研究"招标课题，有"王阳明心学对现代新儒学的影响""阳明学与民间社会建设研究"。2023年2月，浙江省稽山王阳明研究院发布"阳明心学的若干基本问题研究"系列课题招标公告，其中招标课题共8项，分别是"心学史上的'陆学'研究""王阳明的良知学或致良知研究""阳明心学的价值取向研究""阳明心学与禅学研究""阳明心学对史学的影响研究""阳明心学与共同富裕研究""版本学视野中的谢廷杰刻本《王文成公全书》研究""明清其他王阳明文集研究"。

十、高校科研院所的阳明学研究机构与社会团体性质的王阳明研究会的不断成立

（一）实体性质的阳明学（王阳明）研究所、研究中心、研究院

1992年，浙江省社会科学院成立了中国第一家学术研究实体性质的"浙江国际阳明学研究中心"，主要从事阳明学、阳明学派以及中国儒学的研究。

1996年，贵州师范大学阳明学研究中心成立；2015年1月16日，贵州师范大学牵头成立了"贵州阳明文化研究院"，该院是贵州省阳明文化研究的最高机构。

2002年12月，贵州大学中国文化书院成立，2003年增设贵州大学阳明学研究所，2013年又增设了阳明文化研究院。

2005年12月，贵阳学院王阳明研究所成立，2007年改名为贵阳学院阳明学与地方文化研究中心，2016年再改名为贵阳学院阳明学与黔学研究院。

2009年5月，滁州市王阳明研究会成立。

2010年10月，修文县阳明文化研究发展中心成立。

2011年8月26日，余姚市人民政府和中国社会科学院历史研究所合作共建"（余姚）国际阳明学研究中心"。

2012年11月，绍兴国际阳明学研究中心在蕺山书院成立。

2013年12月9日，浙江万里学院成立王阳明研究院。

2014年8月，武汉大学阳明学研究中心成立。

2015年3月25日，赣南师范大学王阳明与地域文化研究中心成立。

2015年10月，贵阳市成立阳明文化（贵阳）国际文献研究中心。①

2015年12月23日，黔浙（浙黔）文化合作论坛阳明学研究中心成立。

2015年12月，北京知行合一阳明教育研究院（"致良知四合院"）与清华大学心理学系联合成立"清华大学心学与心理学研究中心"；同时，与北京大学哲学系联合发起成立"北京大学阳明学研究中心"。

2016年4月10日，贵阳孔学堂挂牌成立"阳明心学与当代社会心态研究院"。

2016年11月18日，绍兴王阳明研究院在绍兴文理学院成立。

2017年7月11日，贵州财经大学阳明廉政思想与制度研究中心成立。

2017年10月17日，临沂大学阳明学研究中心成立。

2018年3月16日，宁波财经学院阳明文化研究所成立。

2018年11月3日，慈溪市阳明文化研究中心成立。

---

① 阳明文化（贵阳）国际文献研究中心主办大型网站——"数字王阳明资源库全球共享平台"（https://www.e-yangming.com/index.html），值得关注。

2018年11月6日，宁波市王阳明研究院成立。[①]

2018年11月17日，浙江省稽山王阳明研究院在绍兴成立。

2019年4月11日，浙江工业职业技术学院阳明实学研究院成立。

2019年4月16日，江西理工大学与崇义县人民政府合作共建的"阳明文化研究与传播中心"成立。

2019年4月23日，江西吉安市青原区"青原山阳明文化研究传播中心"成立。

2019年7月，贵州大学阳明学研究中心成立。

2019年11月25日，福建江夏学院阳明学研究院成立。

2019年12月25日，中国传媒大学阳明书院成立。

2020年6月18日，漳州职业技术学院王阳明（文化）研究中心成立。

2020年8月，浙江工商大学东亚阳明研究院成立。

2020年9月25日，绍兴文理学院王阳明研究中心成立。

2020年11月7日，中国东方文化研究会阳明文化委员会广西阳明文化研究团队成立。

2020年11月12日，浙大宁波理工学院阳明文化创造性转化与传播基地成立。

2021年1月12日，贵州龙场王阳明研究院成立。

2021年10月，河北省社会科学院阳明学与现代儒学发展研究中心成立。

2021年11月28日，贵阳信息科技学院（原贵州大学明德学院）阳明书院成立。

2021年12月1日，龙南市王阳明研究会成立。

2022年10月31日，浙江省良知阳明文化研究院、浙江省阳明良知慈善基金会揭牌仪式在王阳明故里余姚举行。

2023年1月6日，修文阳明书院正式揭牌。

---

① 2021年1月8日，宁波市王阳明研究院挂牌于浙江万里学院。相关信息见《宁波市王阳明研究院在我校挂牌》，浙江万里学院新闻网，2021年1月8日。

2023年3月16日，由湖南应用技术学院、常德市鼎城区地方志编纂室联合创办的常德阳明文化研究中心成立。

2023年9月26日，孔学堂岳麓阳明研究中心成立。

2023年11月18日，滁州阳明文化研究中心成立。

此外，宁波大学、贵州大学、绍兴职业技术学院先后设有通识教育性质的"阳明学院"。浙大宁波理工学院办有"阳明学堂"，宁波财经学院设有"阳明讲堂"。

（二）民间组织、社会团体性质的"王阳明研究会""王阳明研究专业委员会"

按照成立时间先后，梳理如下：1994年成立的贵阳市王阳明研究会；1995年成立的修文县王阳明研究会；2000年成立的余姚市王阳明学术思想研究会；2012年成立的余姚阳明中学王阳明研究会，贵州省阳明学学会，甘肃省兰州市王阳明文化研究会；2013年成立的江西王阳明文化遗产保护基金会，江西阳明研究中心；2014年成立的广东省和平县王阳明研究会，广东省岭南心学研究会；2016年成立的江西省王阳明研究会，福建省漳州市平和县王阳明研究会，中华孔子学会阳明学研究会；2017年成立的中国明史学会王阳明研究分会，宁波市王阳明文化研究促进会，绍兴市王阳明研究会，陕西省文化传播协会阳明心学研究会，广东省阳明心学研究会；2018年成立的河南省儒学文化促进会王阳明专业委员会；2019年成立的中国朱子学会阳明学专业委员会，中国东方文化研究会阳明文化专业委员会，胶东阳明心学研究会；2020年成立的杭州学习生活促进会阳明学院；2021年成立的宜春市王阳明文化研究会；2022年成立的广西王阳明研究会，2023年成立的深圳市传统文化研究会阳明文化专业委员会。

2017年还设立有"全国阳明研究机构联席会议""全国阳明史迹保护研究联盟""阳明教育联盟"。

域外成立的阳明学会、阳明学研究所主要有：1995年成立的韩国阳明学会，主办会刊《阳明学》；2000年成立的日本阳明学会，创办会刊《姚江》。此外，日本二松学舍大学设有阳明学研究所，主办期刊《阳明学》。

（三）民间书院性质的阳明书院

据不完全统计，民间书院性质的阳明书院主要有：2001年建成的贵阳"阳明精舍"；2012年成立的"青原区阳明书院""致良知四合院"；2017年成立的"赣州阳明书院""甬上阳明传习社""山东省尼山书院阳明学实修研究中心"；2018年成立的台北"阳明书院"等。余姚市阳明街道阳明社区也成立有"阳明历史文化研究小组"，每年定期编印《阳明史脉》辑刊。据悉，日本京都也建有民间讲学性质的"阳明书院"。

总之，改革开放以来，尤其是近11年（2013—2023）来，在政界、学界、企业界、民间社会组织的积极推动下，在中国浙江、贵州、江西、广东、广西、河南包括北京、上海等省区市的有关政府机关、高校科研院所、企业家及社会民间人士的多方参与下，王阳明与阳明心学"热"了起来、"火"了起来。我们称王阳明与阳明心学为当下中华优秀传统文化研究的一大"显学"，也是名副其实。

十一、对当下"阳明学热"的几点反思

包括"阳明学"在内的中华优秀传统文化是中华民族独特的精神标识，当下的"阳明学热"有助于唤醒我们对中华优秀传统文化的热爱和对中华民族精神家园的回归。但是，伴随"阳明学热"而来的问题也不少。比如学者在对阳明良知心学的解读上至少有以下几方面问题，需要引起我们的警惕与反思。

第一种倾向是把王阳明神格化、神秘化、教主化，将王阳明说成一位高高在上、遥不可及的"真三不朽"圣人，实则王阳明也是一个有血有肉活在现实世界中的人。他是一个真性情的人，是一位儒者，一位教书先生，更是一位传统意义上的儒家士大夫。其实，王阳明也是一个悲剧性的历史人物，我们不妨读读他在广西写给京城友人的书信、写给皇帝的奏疏，就不难理解暮年王阳明有家不能回、有病不能医的凄凉处境。这从王阳明临终前给朝廷上的最后几道奏疏以及客死他乡乃至嘉靖帝"下诏停世袭，恤典俱不行"的历史事件中可以看出。《明史·王守仁传》载："守仁（王阳明）既卒，桂萼奏其擅离职守。（嘉靖）帝大怒，下廷臣议。萼等言：'守仁事不师古，言不称师。欲立异以为高，则非朱熹格物致知之论；知众论之不予，则为朱熹晚年定论之书。号召门徒，互相倡和。才美者乐其任意，庸鄙者借其虚声。传习转讹，背谬弥甚。但讨捕夆贼，擒获叛藩，功有足录，宜免追夺伯爵以章大信，禁邪说以正人心。'帝乃下诏停世袭，恤典俱不行。"将心比心，把王阳明还原为一个普普通通的读书人、儒家君子、传统儒家士大夫，如此理解王阳明其人其事其学，也是可以、可行的吧？阳明学本质上就是儒学，他是孔孟儒家道统一系的学术传人。就好像孙悟空始终跳不出如来佛的手掌心，实则阳明先生终其一生也没有逾越孔孟儒学的基本精神，他正是一位向先秦孔孟（经典）儒学回归的"真儒"。

第二种倾向是把阳明心学玄学化、形而上化，有对阳明学做过度诠释之嫌，把"心即理""知行合一""致良知""四句教"解读得天花乱坠，让人摸不着头脑，实则阳明先生的语录、文录、诗歌，都是围绕儒家"四书五经"而展开的经学诠释。阳明学是在与孔孟儒学、程朱理学的对话语境中形成并展开的，既不是一种知识论性质的学问，也不是宗教化、高深莫测的神秘体验，而是一种如何做人、做君子的道德仁学。

第三种倾向是在解读王阳明与阳明学的过程中，出现了小说化、庸俗化、媚俗化。一些王阳明的传记文学，大多根据《阳明先生年谱》以及冯梦龙的《阳明先生出身靖乱录》，泛泛而谈，甚者还有猎奇化的倾向，探讨分析王阳明的个人生活隐私。还有，把阳明心学视作"心灵鸡汤"来贩卖知识的行为，也有必要进行反思。

第四种倾向是对王阳明学术研究的主观情绪化、意识形态化。一个说法是"中国有三个人可以称为圣人：孔子、王阳明、曾国藩"。有人在宣讲王阳明与阳明学时，动辄说阳明学是推动日本明治维新的"原动力"。对于这些主观情绪化、激进式的提法，我们应予以理性甄别与学术考量。对此，许全兴、吴震、邓红、李承贵教授都有专文予以回应与澄清，[1]兹不赘言。

"世界上没有完全相同的两片树叶"，王阳明已定格于属于他的那个大时代。今人把500多年前的王阳明作为膜拜的对象，恐怕不太合时宜，因为传统经学诠释视域下的"阳明心学"，并不能解决当今时代面临的所有问题。尽管如此，王阳明的人格魅力以及阳明学核心命题"良知即天理""知行合一""致良知""明德亲民"中所体现出来的儒家人文精神，尤其是以"一体同仁"为宗旨的人类命运共同体的理念，则需我们来传承与弘扬。历史学家郭沫若在《伟大的精神生活者王阳明》一文中指出："他（王阳明）的一生是自强不息的奋斗主义的体现，他是伟大的精神生活者，他是儒家精神的复活者。"这就涉及阳明心学的创造性转化、创新性发展这一有意义的研究课题。

阳明先生有云："（士农工商）四民异业而同道，其尽心焉一也。"[2]时至今日，我们可以把传统的士农工商"四民"转化为政府官员、专家学者、商人企业家和普通民众的"新四民"。作为阳明学的爱好者、"阳明学热"的推动者，"新四民"虽然"异业"，但是基于一个共同的目标，在学习、研究、传播阳明良知心学之"道"的过程中，宜"尽心"坚守道德底线，心存敬畏意识、良知意识、感恩意识，学习王阳明，尊敬王阳明，努力做到"个个心有阳明"。

"谁人不有良知在"。作为一个称职的阳明学爱好者与专业研究者，更应恪守学者的本分，"守初心、担使命"，学习阳明先生的"致良知"之教、弘扬阳明先生"知行合一"的真精神、践行阳明先生"天地万物一体之仁"的大情怀，对王阳明其人其事其学，做出符合历史真相而又通俗易懂的研究与阐释。"时代是思想之母，实践是理论之源"，进一步说，如果当代的阳明学研究者能够对在16—17世纪"门徒遍天下，流传逾百年"（《明

---

[1] 许全兴：《请别拉毛泽东为"王阳明热"抬轿》，《湖南科技大学学报》2018年第6期；吴震：《漫谈阳明学与阳明后学的研究》，载《阳明学研究》（第二辑），中华书局2016年版，第1—12页；邓红：《日本的阳明学与中国研究》，广西师范大学出版社2018年版；李承贵：《迈向新时代的阳明学研究》，《贵阳学院学报》2018年第1期。

[2] 《王阳明全集》，第776页。

史·儒林传》）的阳明心学做出创造性转化和创新性发展，开创出适应新时代的"新心学"，则真是"为天地立心，为生民立命，为往圣继绝学"了！

阳明言道："知善知恶是良知""良知乃吾师""良知二字是参同""但致良知成德业""良知是个是非之心"。扪心自问，"良知"之"心"，在日常的道德生活实践中，我们在努力培育与呵护吗？在道德的"是"与"非"之间，我们是否遵循"良知"而做出了合乎天理道义的正确选择？"知行合一"，我们在明白了"良知心学"中的"知"之后，真的努力去"行"并做到"问心无愧"进而"心安理得"了吗？

"圣学宫墙亦久荒"，"致良知"永远在路上。这里，我们借用阳明先生的一句哲理诗——"圣学工夫在致知，良知知处即吾师"——作为结语。

上篇

王阳明与阳明心学研究

　　王阳明的一生，以文治武功著称于世。其卓著者，一是平定了明朝中期赣、粤、闽、湘四省交界地区的连年匪乱，并奏请朝廷同意设立了福建平和、广东和平、江西崇义三县，促进了当地经济社会文教事业的发展；二是平定了宗室宁王朱宸濠的阴谋叛乱，稳定了中央政权；三是安抚了广西瑶族土司的判乱，平定了八寨、断藤峡的匪乱，稳定了西南边疆地区。[①]因功勋卓著，王阳明生前被朝廷封为新建伯，死后被追封新建侯，谥文成。

　　王阳明的学说简称"阳明学"或曰"阳明心学"，其学远承孟子，近继象山，而自成一家，影响超越明代而及于后世，风靡海内而传播中外。所谓"阳明学"，就是由王阳明所奠定、其弟子后学传承与发展，以"良知"为德性本体，以"致良知"为修养方法，以"知行合一"为实践工夫，以"明德亲民"为政治应用，[②]以"天地万物一体之仁"为境界追求的良知心学，可谓儒家真正意义上的"内圣外王"之学。

　　王阳明虽然在少年时期就立下"读书学做圣贤"的大志，但在青年时期，因感"圣贤难做"，故长期浸淫于辞章、佛老之学。弘治十二年（1499），28岁时中进士。次年六月，被授以刑部云南清吏司主事。直到弘治十八年（1505）34岁时，才真正归本"圣人之学"即儒学。正德元年（1506），阳明35岁时，因上疏请诛太监刘瑾等"八虎"，而被贬为贵州龙场驿驿丞。龙场的艰苦环境磨炼了他的意志，使他悟得了"圣人之道，吾性自足"而"不假外求"的道理，又在与来学该者的切磋与体悟中揭示出"知行合一"之旨，这就是著名的"龙场悟道"。其后，他在庐陵县令任上

---

① 吴光：《吾心自有光明月：王阳明的生平事功与思想学说介绍》，载《王阳明全集》（简体版）卷前，上海古籍出版社2015年版，第9—26页。
② 吴光：《王阳明的人生与学问》，《光明日报》2017年4月30日。

实践其"亲民"学说与"为政不事威刑，惟以开导人心为本"①的基层治理理论；在平定赣、粤、闽、湘四省交界地区的匪乱，继而平定宁王朱宸濠的宗室叛乱（"宸濠之乱"）并经历"忠泰之变"的煎熬与"事上磨炼"后，于正德十五年（1520）秋在赣州通天岩讲学时正式提出"致良知"学说，并在南昌讲学时阐发之；晚年在家乡绍兴讲学宣讲"致良知"之教时，又提出"天地万物一体之仁"说与"四句教"理论，从而最终完成了其"良知心学"的理论建构。

兹围绕王阳明生平事迹研究、王阳明学术思想研究、王阳明的比较研究、王阳明与地域文化研究、王阳明文献的整理与研究等五个方面，对2023年学术界关于"王阳明与阳明心学研究"的最新进展予以综述。

---

① 《王阳明全集》，第1008页。

一、王阳明生平事迹研究

　　我们认为，王阳明的传奇人生，可以析分为十六段：瑞云降世、少年志向、亭前格竹、科场得失、弹劾权奸、龙场悟道、庐陵治理、北京讲学、滁州讲学、南都讲学、南赣平乱、南昌平叛、忠泰之变、天泉证道、思田平乱、南安尽瘁。关于王阳明波澜壮阔的人生经历研究，第一手的文献史料是其弟子、门人撰著的行状、年谱，即黄绾的《阳明先生行状》[①]、钱德洪的《阳明先生年谱》[②]，日本阳明学家冈田武彦先生的《王阳明大传》[③]，今人束景南教授新编的《王阳明年谱长编》[④]《阳明大传："心"的救赎之路》[⑤]，也值得参阅。

　　2023年的阳明学界主要围绕生平事迹、人物交游这两个方面，继续对王阳明的传奇人生予以关注。

（一）王阳明生平事迹研究

　　郦波《心学的诞生》（贵州人民出版社2023年2月版）一书聚焦王阳明龙场悟道前的少年趣事、为学"五溺"、官场沉浮及思想演变，以诙谐幽默的笔调，重点讲述了王阳明在心学圣地——贵州期间的经历与龙场悟道的始末，圣人哲思与阳明轶闻相互交融，深入浅出、妙趣横生，是读者了解王阳明其人与心学圣地的精品。

---

① 〔明〕黄绾著，张宏敏编校：《黄绾集》，上海古籍出版社2014年版，第456—484页。
② 《王阳明全集》，第1000—1093页。
③ 〔日本〕冈田武彦：《王阳明大传》，重庆出版社2015年初版、2018年修订版。
④ 束景南：《王阳明年谱长编》，上海古籍出版社2017年版。
⑤ 束景南：《阳明大传："心"的救赎之路》，复旦大学出版社2021年版。

黄天芸《王阳明贬谪龙场始末》（《文史天地》2023年第9期）一文指出，研究王阳明学术思想，离不开"龙场悟道"，而王阳明贬谪龙场及在龙场的前后情况，在《王阳明先生年谱》（以下简称《年谱》）中的记载，一是有错误，二是有遗漏。该文查明、清多个史料，对其贬谪龙场的经历、在龙场的事迹进行考证，对《年谱》中的疏漏进行了补充，对一些史实错误予以纠正。

詹良水《王阳明"龙场悟道"考辨》［《贵阳学院学报》（社会科学版）2023年第5期］一文指出，关于王阳明"龙场悟道"的记载以《王阳明年谱》最为权威，后世关于"龙场悟道"的描写多据此演绎。但由于神化阳明的需要和时间久远等原因，《王阳明年谱》中的记叙多有错讹之处，这也使得学界对"龙场悟道"多有争议。王阳明在龙场约两年时间里留下不少诗文，其中《玩易窝记》《五经臆说序》等即是《王阳明年谱》中"龙场悟道"之记载的原型。梳理这些诗文和阳明晚年对龙场经历的回忆可知，"龙场悟道"是"渐悟"而非"顿悟"。阳明"龙场悟道"的时间、地点、所悟内容等问题在这一视角下都可得出相较于《王阳明年谱》更为准确的解答。

张明《王阳明在江西庐陵的抗疫措施》（《文史天地》2023年第3期）一文指出，正德四年（1509）十二月，王阳明流放期满，离开贵州。次年（1510）于三月十八日，到达江西庐陵，正式就任庐陵知县。王阳明在任期间，庐陵县遭遇了一场罕见的大瘟疫。王阳明临阵不乱，泰然应对，成功阻击了庐陵县这场瘟疫大灾，表现出卓越的社会治理才能，为他后半生的政治军事生涯打开一个良好的局面，奠定了重要基础。

鲁怒放《余姚文保所藏王阳明〈客座私祝〉考》（《东方博物》2023年第1期）一文指出，通过对余姚市文保所藏王阳明《客座私祝》册页的流传考证和历次鉴定的梳理分析，对其正文、题跋、装裱提出相关疑窦和看法，认为王阳明手迹和黄道周题跋尚有疑点，原正文应为每列九字的大屏，晚明或清光绪时改装成册页，缂丝为晚明之物，木框乃20世纪中期重装。

陈利权《1513年，王阳明在宁波》（《宁波通讯》2023年第17期）一文指出，尽管王阳明的故里余姚（明朝时属绍兴府）跟宁波有姚江相通，离宁波比较近，但从《王阳明年谱》等记载来看，只有1513年王阳明与宁波（明朝时的宁波府）最有交集，而且其意义非同凡响。第一次是王阳明在宁波府城会晤了日本正使了庵桂悟。正德六年（1511）九月，日本德高望重、86岁高龄的了庵和尚作为日本遣明使团的正使抵达宁波。王阳明在与其会晤之后的五月十六日写了《送日东正使了庵和尚归国序》（现藏于日本大东急纪念文库），赠送给了庵和尚。

倪小蒙《〈王阳明月岩诗刻〉的发现及初步研究》（《东方博物》2023年第2期）一文指出，《王阳明月岩诗刻》史料有载，但漫漶已久，未有拓片存世，学界对其真实性历来存疑。该文依据新发现的《王阳明月岩诗刻》摩崖诗刻，分析了王阳明晚年的活动轨迹，总结了其人与西湖的关系，厘清了天真书院等西湖阳明遗迹的成因，对研究王阳明有重要意义。

（二）王阳明的人物交游研究

姜秀波《王阳明谪黔期间的三位"随从"》（《文史天地》2023年第12期）一文指出，王阳明谪黔两年期间（1508—1509），著有《居夷集》一书和其他零散诗文。其谪黔期间行迹、交游等事迹，多可考见于这些诗文之中。其间，王阳明曾多处提到三位随从，其中包括从浙江老家带来的两位，以及在贵阳龙场新收的一位。三位随从陪伴王阳明度过了人生最艰难、最低谷的时期，也见证了他在逆境中完成的"龙场悟道"。

郝永《文学莫逆·政治同道·德性分途——基于文学交往的王阳明和李梦阳关系递嬗考论》[《湖北大学学报》（哲学社会科学版）2023年第2期]一文指出，王阳明和李梦阳是明代弘（治）正（德）嘉（靖）年间的两位文化巨子。二人的交往，终其一生不断，但是，关于二人关系的研究成果尚不多见。考察二人的交往过程，大体经历了从文学莫逆到政治同道再到德性分途的演变递嬗。首先，作为文人才士，二人因唱酬而成文学莫逆，在李梦阳领导的文学复古运动中，王阳明是文学集团中的重要成员。之后，二人由文学莫逆而成政治同道：先是同官京师，后因弹劾刘瑾同获罪遭遇贬谪；继而先后迁任江西，接续风教。李梦阳终其一生保持文人才士德性，而王阳明则有着从文人才士德性向儒家圣贤德性的转变过程，或者说兼有文人才士德性和儒家圣贤德性。德性的分殊导致二人在对待朱宸濠谋反上，出现截然不同的态度。王阳明和李梦阳关系的递嬗，既反映了二人文学交往的实际情状，也折射了所处时代的历史背景与政治文化生态，同时还具有德性修养上的启迪意义。

刘霞、谢梦莹《从对待阳明心学的态度看钟芳的程朱理学立场》（《文化学刊》2023年第3期）一文指出，钟芳与王阳明相交颇深，在与罗钦顺、吕柟的书信中反复论及王阳明的学说。在这些书信及为王阳明作的祭文中，钟芳对王阳明学说"置之不与辨"的态度及借用"知行合一"言辞的举措，让人误以为钟芳是程朱理学和阳明心学的调和论者，甚至是阳明心学的崇尚者。钟芳虽说"不辨"，实则多次表达对王阳明舍弃博学格物工夫及"致良知"学说的不赞同。钟芳"知以利行，行以践知"的观念与王阳明的"知行合一"也大相径庭。钟芳始终是坚定的程朱理学者。

二、王阳明学术思想研究

阳明学界围绕王阳明学术思想的研究，主要涉及阳明学研究的方法论，阳明心学的学术定位与理论特质，王阳明的哲学、政治、军事、教育、文学、美学、伦理、经学、史学、佛教、道教、书法思想，以及对王阳明的历史评价，阳明学的当代意义研究与阐释等。兹对2023年的相关研究成果进行概述、评论。

（一）阳明学研究的方法论问题

邓凯《以数字人文助力阳明心学传承与发展》（《宁波通讯》2023年第23期）一文指出，数字人文是一种多学科交叉的新兴领域，旨在借助数字技术推动人文研究的现代化和深入发展。21世纪以来，作为一种新的数据分析技术和研究方法，数字人文因其"数据化""可视化"两大突出特征，在多个领域发挥着越来越重要的作用，同样也有力地推动了阳明心学的传承与发展。数字人文技术的运用提高了阳明心学传承、传播的效率。通过数字化拍摄、扫描、制作等技术，可以将王阳明相关遗迹、阳明心学文献等以数字化的形式进行保存和传播，比如建设王阳明数字体验馆、阳明心学文献数据库等。

（二）阳明心学的学术定位与理论特质研究

杨国荣《阳明心学的价值取向》（《浙江社会科学》2023年第2期）一文指出，心学的观念不仅体现了独特的哲学进路，而且展现了其价值取向。心学以良知为核心观念，在价值观的意义上，良知内在地包含人性关切或仁道关怀，不把人看成物或工具。心学的另一重要命题是"心即理"，其含义之一表现为个体意识和普遍规范或普遍原则之间的统一。这种统一背后的价值意义，表现为对个体权利与群体责任的双重肯定。以心为体所隐含的意义关切与良知所内含的责任意识相结合，进一步引向天下的情怀。在王阳明那里，这种天下情怀具体表现为万物一体的观念，其中蕴含着走出封闭的自我、以仁道方式对待他人的意向。以"心"为体所隐含的意义关切、"良知"所内含的责任意识、"万物一体"所涉及的天下情怀，同时面临着具体落实的问题。在王阳明心学中，这一问题与"知"和"行"的关系相涉，后者意味着现实世界或意义世界是以人的参与和建构活动为基础的，而真正的参与同时表现为实际的做事过程。

朱承《王阳明的合一性思维及其旨趣》（《哲学研究》2023年第10期）一文指出，合一性是王阳明哲学思维最为突出的特质之一。无论是在对世界本质的总体把握上，还是在对认知与行动、不同修养工夫、人与天地万物等之间关系的理解上，王阳明哲学都呈现出了合一性的思维特质。这既是心学思维的简约与高妙之展现，更反映了王阳明对人与世界之间不断扩大的分裂性的深切忧患。由此观之，"心理合一"意味着从内在心体来理解世界的普遍一致性，以"心"统"殊"来弥合人心与外在世界的分裂；"知行合一"意味着从意念与行动的一体化来理解人类道德，以此连接道德认知与道德行动之间的脱节；"只是一个工夫"意味着只有将不同修养工夫统一到"良知之悟"，才可能避免形式繁多的修养工夫流入支离；"天地万物为一体"意味着从整体一元来理解人与世界的应然状态，以此消除不同个体的孤立性存在状态。王阳明的合一性思维，对于在多样性、分化性的世界中寻找同一性、一致性的理论致思具有积极的思想资源价值。

路雅婧《去蔽——阳明学解析》（《名家名作》2023年第1期）一文指出，王阳明通过去蔽的态度为正心诚意奠定了基础，以去蔽的途径为格物穷理铺垫了道路，用去蔽的方法为知行合一确立了原则，同时将去蔽作为目的为致良知提供了保证，达到了明本然之心、昭良知之意。王阳明的去蔽即是去除私欲的遮蔽，使本然之心活泼泼地呈现出来。去蔽思想作为根基，对于理解王阳明的整体思想是至关重要的，唯有去蔽才能明本心、昭明德、致良知。

姜宗强、孙文高《王阳明"心"思想的澄清》[《西北师大学报》（社会科学版）2023年第4期]一文指出，王阳明对"心"的认识，受到孔子、孟子、北宋五子以及朱熹、陆象山等关键人物的影响。他把"吾心"纳入宇宙论体系中进行逻辑论证，以此说明"吾心"是世界的来源和组成部分，只有这样理解，方可以透悟"吾心即是宇宙，宇宙即是吾心"，从而理解"心体"这个具有本体论意义的核心概念。如果不从本体论的角度深刻理解"心体"的含义，我们就无法把握王阳明心性思想的精髓，进而把握"人心和道心"的关系。从认识论的角度厘清人心和道心这两个概念，建构人心和道心在心性学中的中枢地位，以诠释孟子所说的"学问之道无他，求其放心而已矣"。而如果从工夫论的角度阐明"求放心"，则在儒家思想中又具有形而上学的理论意义。依照这样的逻辑理路，本体论与工夫论之间则可相得益彰，宇宙论和认识论就会达到有机统一。

刘睿远《谈王阳明的心身之学》（《名家名作》2023年第16期）一文指出，王阳明的心身之学是以心之本体来主宰身体的行为，即身体的行为是由道德本心来决定的，同时人的行为过程也是自我道德良知本体赋予人的实践活动以道德意义的过程。王阳明心身之学的核心即是心身合一，这是道德意识与自我主体实践价值的圆融合一。道德本心是身体之德行的道德根源，德性存在于心中，也源于心内。心身合一乃合一于人的良知本体。良知本体不仅是主体的内在德性依据，还是身体行为之意义的根源。人的身体行为是良知本体内在主动作用于人并自为地去实现自我良知的现实意义的，这是良知自觉实现化德性为德行的自然过程。

邢起龙《心灵哲学视域下阳明心学的成圣机制》（《理论月刊》2023年第11期）一文指出，王阳明心学实质是圣学，是以超凡成圣为最高追求目标的学说。从心灵哲学的角度看，它属于典型的中国心灵哲学，如：将心分为照心和妄心两种样式，认为心的属性是静止的；主张心的本体即理，因而人人皆有成圣的可能。心学入门方法易简，推崇"致良知"的修养方法，注重在生活中下功夫去体悟。针对现实中多数人的本心被欲心遮蔽的事实，王阳明提出了一套成圣的心理机制。这套机制既有心灵哲学的知识性特点，又有价值性特点，对人的思想解放和道德自律有一定的指导意义。

张宏敏《阳明心学的实学旨趣》[《贵阳学院学报》（社会科学版）2023年第4期]一文指出，阳明心学是传统实学中"心性实学"的典型形态。阳明心学中既有以成就理想人格为目标的道德实践工夫，也有追求"经世致用"的政治实践操作。黄绾、王畿、顾应祥、王宗沐等作为浙中王学的杰出代表，在他们的学术思想与事功成就中，也有以"心学经世"为理论特质的实学内涵。"实学"也就成为阳明心学的一个学术品格。王阳明的"心性实学"还传播至朝鲜、日本，并在东亚实学版图中形成了一种独具特色的"实心实学"。

袁新国《从"力行"到"实行"的重大转折——王阳明"实行"哲学的新辨析》（《齐鲁学刊》2023年第5期）一文指出，孔子"力行近乎仁"，还不是"仁"。明代王阳明倡"致良知""知行合一"之"实行"，"实行"即是"仁"。阳明从"力行"推至"实行"，这一"实行"思想贯穿于阳明的立身行事、为官讲学，是其一以贯之之道。致良知在于致，知行合一在于行，事上磨炼即格物。格物是格事，非格心，也非格理。格物工夫就是下学的工夫，知行合一落实于行。格物是致知工夫，知得致知，致知即致良知。致良知要突出"着实"之工夫，致良知在于致。知行合一即是致良知之工夫，知行合一之"知"即"良知"，知行合一即行良知。阳明之学，无论是致良知还是知行合一，都落实在"必有事焉"上，事上磨炼，即是行。

吕本修《王阳明实学思想探析》（《湖南师范大学社会科学学报》2023年第6期）一文指出，王阳明是宋明理学中陆王心学的代表人物，其心学体系在一定意义上就是实学。从王阳明心学思想的来源来看，其体现了从实际出发的基本原则；从王阳明心学体系来看，其体现了本体工夫统一的实心论；从王阳明人生轨迹上看，其体现了他注重实效、追求经世致用的理想。总之，王阳明心学思想贯穿着实学精神，其实学思想对当代社会发展与道德进步都具有积极借鉴价值。

（三）王阳明的哲学思想与哲学范畴研究

王阳明是"明代最伟大的哲学家"的判定，是无可置疑的。围绕王阳明哲学性质的判定以及阳明哲学思想所涉核心范畴的解读，诸如"心即理""良知即天理""知行合一""致良知""天地万物一体之仁""立志""诚意""本体与工夫""四句教"等，2023年学界同仁开展了有意义的研究，并取得了丰硕的理论成果。

1. 王阳明哲学思想的综合研究

陈士银《王阳明的微笑：明代儒学简史》（浙江古籍出版社2023年7月版）一书，从宋濂、方孝孺，到黄宗羲、顾炎武，从北方的河东学派，到南方的崇仁学派、白沙学派，再到风靡天下的阳明学派，继承以儒学名家、名派为主的"学案式"写法，并着重通过科举制度、军政事件、地域分布、身份互动、东西交流等多元化视角，结合主流的史籍以及具体的儒学故事、诗词、小说、图像等小众资料，勾勒出一部全新的明代儒学史。

吴震、孙钦香《王阳明的智慧》（岳麓书社2023年版）一书，从王阳明哲学经典《传习录》中选择最具代表性的章句，把它们归类于22个阳明心学中的核心概念之下，分类解说。正文部分，则忠实呈现原文原典，辅以必要的注释、现代译文和学者评点，以提纲挈领的方式、简明通俗的语言，深入剖析阳明心学，直指阳明学核心。借助清晰的哲学架构，读者能够深入了解阳明心学的整体面貌，也能一窥王阳明与罗钦顺等同时代学者之间的思想交锋，以跳脱出阳明心学的视角，看待王阳明的重要观点。

梁启超《阳明心学七讲》（北京大学出版社2023年11月版）一书，选取梁启超在相关著作及讲演中解读阳明心学的相关内容并进行重新编排梳理，包括心物合一万物一体、知中有行行中有知、无善无恶心之体、有善有恶意之动、知善知恶是良知、为善去恶是格物、良知之教入圣之路，以帮助读者通过一代学术大师之思考见地，认知理解阳明心学的全貌和精髓。

姜晓宇《知行立身启后世》（《宁波通讯》2023年第3期）一文指出，

王阳明的知行合一思想吸取了先秦儒家、佛教思想以及以理学探讨知行关系的研究成果，并在"心即理"的逻辑起点上以"致良知"作为通达知行一体境界的方法论。王阳明认为，"心"才是世间万事万物的本源，"良知"是"心"之本体。"大人者，以天地万物为一体者也，其视天下犹一家，中国犹一人焉。若夫间形骸而分尔我者，小人矣。"王阳明将天地万物的"一体"比为一个内在一致的"人"，天地之间各种事物发生发展的过程，就是一个"人"自身内部自然而然生长的过程，而对于这一过程的显现，王阳明称其为"明德"，"大人"与"小人"的区分在于能否"明德"，而能够"明德"的根本又在于"心"，反映到具体的社会生活中，这种"心"就是人的"良知"。

邵逝夫《致良知：王阳明修身六讲》（北京联合出版公司2023年4月版）一书，紧扣阳明先生学问"致良知""知行合一"两大核心精神，以自身的修身工夫为出发点，兼顾历史学和哲学两个领域，力求从阳明本身谈阳明，不生枝节，不以概念视人，格外着力于阳明学修身层面的进路，将阳明一生六个阶段的学问进境和具体修身工夫讲述得十分透彻，对当今阳明学热潮下忽视修身工夫的根本弊端起到了弥补作用。

李晓芳主编《阳明文化研究（第一辑）》（中国书店2023年10月版）一书，由中国明史学会王阳明研究分会、赣南师范大学王阳明研究中心、赣州市社会科学界联合会联合主办，每年出版1辑，编辑部设在赣南师范大学王阳明研究中心。作为《阳明文化研究》的"创刊号"，该书共收录了17篇高质量的阳明文化理论文章，围绕中外阳明文化研究领域的诸多问题进行深入探讨。

浙江省稽山王阳明研究院编《中国心学（第3辑）》（商务印书馆2023年9月版）一书以阳明心学研究为主题，集中展示学术界关于阳明心学的近期研究成果。同时，关注中国哲学目前与心学相关的人物、思想、问题研究，心学与国外哲学思想的比较研究等。

苏晓冰《王阳明与理学中的道统问题》（《中国哲学史》2023年第6期）一文指出，道统问题在儒家思想中占据着重要位置。就其形式层面而言，涉及的是道的传承谱系；就其内容层面而言，则涉及道统所传的具体内容。以朱子为代表的理学，将"十六字心传"看作"尧、舜、禹所传心法"，这标志着理学在实质层面上开启了"心学"新路向。阳明的道统论与其心学构建是接续理学的道统论及其所蕴含的心学路向展开的。阳明的正统意识与其对世儒之学和佛老之学的批判和反思密不可分。阳明认为，道统是在历时性的时间脉络中确立儒家学术的精神命脉，而正统则是在共时性的多元学术形态中贞定儒家学术的发展方向。

2. "心、意、知、物"关系的研究

龚晓康《阳明心学视域下的身心合一论》（《中州学刊》2023年第3期）一文指出，身心关系为中西哲学最为重要的论题之一。王阳明认为"身心意知物是一件"，身、心、意、知、物五者和合一体而不能相分离，共同构成了"与天地万物为一体"之"真己"，亦即"大我"。"大我"为前对象化、前认知化、前理论化的源初场域：其"心"为源初场域之神感神应，其"身"为源初场域的全幅显现。由于意识的自我对象化作用，人执定形体而落入"躯壳的己"亦即"小我"之中："身"成为与心、意、知、物相对待的生理基础，"意"成为与身、心、知、物相对待的心理活动，进而两者有"非一非异"之关系。王阳明关于身心问题的讨论，重点不在于"小我"层面生理与心理交互作用下的感受与认知，而在于回归源初"大我"以实现生命的究竟安顿，这关涉宇宙论、本体论、功夫论等更为宏大的视域。就此而言，中西哲学关于身心问题的讨论有相互借鉴的可能。

何波宏《心体的虚通与实在——简论王阳明〈传习录〉对心体性质的辨析》[《贵阳学院学报》（社会科学版）2023年第3期]一文指出，以人之心体作为儒家修齐治平的着眼点与发用处，并消解正心诚意与格物致知产生的内外区隔，是阳明心学的重要特征。而以本心之发明、施用论证儒家人伦道德于人内在根本倾向、终极生存可能上的本然与必然，势必关涉心体性质的辨析与揭示。一方面，心超越一切固化立场，具有"无善无恶"的自然本性；另一方面，心因能主动生发现实伦理行为，并于本体层面赋予此世生命以实在性，而能回转佛道二教的虚无主义倾向，实现儒家"必有事焉"的生存指向。王阳明在《传习录》中的论述表明，虚与实是对心

体无纤毫私欲遮蔽、廓然大公的本然状态的不同阐发。而只有同时认清心体的虚与实并超越固化的是非判断，才能实现真正意义上的伦理自觉并体察生命本具的精神自由。

张锦枝《论王阳明思想中的物与知》（《哲学动态》2023年第9期）一文指出，在儒家文化传统中，物一直是在人文主义的观照之下，被礼序和理秩所规定的成物。儒家物论有着丰富的内容，包括物我同源于性，互相涵摄、感通，"我"能知物推物，物是"我"的延展，物与"我"皆具有无限性，人、物各自循性而互相成就。阳明的物论继承儒家的传统，同时在他的良知学基础上又有新的发明。一方面，阳明物论充分尊重物的独立性，与心相区别；另一方面，良知被提升为本体，物在良知学的伦序中被重新规定，良知不能理所当然地像性理一样成为万物的本体，形成知体物用，而是在知为意之体、物为意之用的独特结构中，与物统一。其根本原因在于：阳明最终没有证成天理和良知为一，他在儒家传统物论和良知本体基础上的物论之间的罅隙也没有弥合。

邓立《王阳明论"意"的伦理意蕴》（《武陵学刊》2023年第6期）一文指出，王阳明在诠释经典中如何凸显"意"的独特存在，"意"在何种情况下导向"诚意"，何种情况下偏倚为"私意"抑或"恣意"。学界通常在意识、意念、意志、意欲、意向以及诚意等意义上对阳明所论之"意"展开讨论，却鲜有聚焦其指向的能动特质和动机效应。王阳明以"人心生意"为原点，在"诚意""私意""恣意"的阐发中，将"意"与心体、知行、善恶等共同建构形成道德能动性与道德动机互动共生的价值生态，具有丰富的伦理意蕴。

王德宽、任健《王阳明对"心""气"的一元化整合》[《贵阳学院学报》（社会科学版）2023年第5期]一文指出，因"气"在阳明心学中没有形成具象化、系统化的建构，故常被忽略不论，但"气"在阳明的文献中其实论之较多。王阳明把"气"统摄于心学体系之中，打破气学与理学之藩篱，对"气"做出了新的诠释。阳明从"心"的角度出发去体悟"气"的存在与生化流行，把"心"和"气"在本体上合二为一。以心气一元肯定理一，在工夫上延伸为治学实践的依据，在生成上把世界的生成过程转化为"心气"的物质性和精神性的隐显过程。

3．"知行合一"的研究

傅锡洪《"本心之知"视域下王阳明"知行合一"重探》[《南昌大学学报》（人文社会科学版）2023年第4期]一文指出，作为龙场悟道以后提出的首个重要命题，"知行合一"贯穿于王阳明中晚年思想。在他看来，"知"从根本上来说是指直接发自本心的痛切感受、本然好恶，即"本心之知"。"知行合一"有三层含义：本来合一，能够合一，应该合一。这一命题旨在纠正朱子对本心之知作用的忽视，强调它具有直接性和充足性，提醒人们将它的直接性和充足性实现出来。知行合一的表述形式并不完美，因为"知"既可表示本心之知，也可表示知识或知觉，以至于容易混淆，而"合一"的逻辑前提是分离，因而这个命题本身就潜藏着否定知行一体的因素。王阳明采取这一形式，是为了提醒人们重建知与行，进而重建"我"与万物的原初关联，让人意识到知原本就是能导出行的痛切之知。

丁玉龙《浅论王阳明"知行合一"思想》（《今古文创》2023年第16期）一文指出，在中国哲学史的发展历程中，"知"与"行"的关系问题一直备受瞩目，从先秦诸子到宋明理学家都对这一问题保持了关注，直到王阳明提出"知行合一"，才为中国哲学发展史"知""行"关系的探讨画上了终止符。

刘科迪《知行合一是何种"合一"？——基于王阳明"志—诚"环状结构展开分析》（《中国哲学史》2023年第4期）一文，从王阳明道德哲学中"志""诚"理论入手，力图从新的视角扩展对王阳明知行理论的研究。"志"为道德实践树立方向，"志"有"显"与"隐"两种状态，显明其志要依于内在的良知，在"持守其志""淬炼其志"的过程中着实地"诚好诚恶"。这一过程构成"立圣人之志"—"诚实其意"—"淬炼其志"的环状结构，也进一步明晰了王阳明的"知行合一"理论是非思辨、非概念化的，知与行的"合一"不仅体现在内在逻辑上，亦渗透于具体的行为实践中，"上达"（为道）即蕴含在"下学"（为学）的实践当中，两者是一个过程。

卢盈华《情感、良知与行动的内在交融——王阳明的知行合一说重探》（《浙江社会科学》2023年第9期）一文指出，良知与行动相关的意涵包括道德行为推动力、实践能力两个方面。道德情感贯通了良知不同方面的特征。在意识的清晰性、行为推动力和对外在知识的促进方面，未经实践深化的良知与为实践所深化的不同阶段的良知之间存在着重要的程度差异。这种解读可以解决王阳明知行合一说表面上的矛盾和逻辑问题，并更好地澄清我们的道德体验。

王天婵《〈传习录〉中的知行合一思想探析》（《名作欣赏》2023年第26期）一文指出，《传习录》是由王阳明门人弟子对其语录、信件进行整理编撰而成的哲学著作，集中反映了明代哲学家王阳明提倡的学术思想。其中，"知行合一"作为王阳明思想中的重要构成，在《传习录》中得到了较多的体现。分析《传习录》中的"知行合一"思想，探讨"知行合一"思想的实现方法，在当今社会仍旧具有借鉴价值与指导意义。

孙君恒、张玉琴《王阳明知行合一的实证》（《黄河科技学院学报》2023年第9期）一文指出，王阳明精准知行，思路清晰，洞察局势，逻辑严谨，严格执行，真正做到了造福百姓，维护了社会的长治久安。王阳明在平定赣南匪患的过程中更加证实了他知行合一的思想，就是要做到：知己知彼，获得可靠信息；善用兵法，制定出切实可行的作战对策；运筹帷幄，做好战前配套行动。剿匪的壮举彰显出他高深的智慧以及独特的知行哲学。要真正领会王阳明知行观的真髓，就必须进行实证研究，才不至于成为纯粹的思想论证。

李焕然《"一念发动处，便即是行了"——王阳明心理行为论简议》（《哲学分析》2023年第4期）一文指出，王阳明提出"知行合一"这一很有影响的学说，无论是传统上对王阳明的批评者，还是当代研究王阳明的学者，对他们来说，一个中心问题在于：王阳明的学说是否在本质上基于某种对"知"（知识）与"行"（行动）的修正性的理解。王阳明究竟是接受了对知识和行动的通常理解并在这个意义上主张知识和行动是"合一"的，还是提出了一种修正性的知识和行动的概念，从而使得"知行合一"

这一立场显得更加合理？就该问题关于"行"的方面来看，一直以来，人们的关注主要在于王阳明文献中的那样一些段落，在那些段落中，王阳明清楚地声称特定的心理事件（mental events）就是"行"，或者构成"行"的部分。学者们一直在问这样的问题：一种将各种心理事件都包括在内的广义的"行"的概念，是否构成王阳明知行合一学说的核心？

4."心即理"的本体论研究

张振《王阳明心体思想研究》（《今古文创》2023年第5期）一文指出，王阳明"心之本体"即心体是理解王阳明学说的核心所在。学者多有研究，但对于研究结论的最简归约却较少注意。王阳明主要用四种形式对心体进行阐明——"心体即是天理""心体即是良知""心体以感应万物的是非为体""心体无有作好无有作恶方是本体"，此四种解释均指向"理"或"人人所共同具有的是非之心"。将王阳明的多种关于心体的解释归结为天理固无差错，然此一做法会给人难以理解之感。有鉴于此，将王阳明的心体归结为"人人所共同具有的是非之心"为佳，这样我们容易理解王阳明的心体之义，又可以使我们有下手处来践行王明明的心学理论。

傅锡洪《王阳明"心即理"理解的三重误解与辩证》[《云南师范大学学报》（哲学社会科学版）2023年第4期]一文指出，以往学者对王阳明的"心即理"命题多有误解。其要者有三：第一，认为这个命题主张的是但凡心中的意念都合理，并批评阳明混淆了心性，必须退回性即理的理学框架中去；第二，认为这个命题的含义是排除一切经验意识的超越本心与理的同一；第三，认为这个命题意味着可以放任自然，而无须后天努力。实际上，这个命题表示的是善念（或说本心所发的意念）即是理。阳明以此命题指点学者使意识指向心，感受到本心的指引和推动，进而使本心之念落实。不过，因为私欲的干扰和不同情境中理的不同，单纯放任自然的态度是不足以把握理和落实理的，人们不应排除借助刻意与省察之后天努力。

姜家君《王阳明心性观与个体意义世界重构》[《贵阳学院学报》（社会科学版）2023年第5期]一文指出，王阳明开启了理学的本体转向，他将天理的依据回归自然本心，提出此心即理，通过修炼本心即能达到体认天理的目的。在对心与性、情、身关系的论述上，可以看出王阳明对于完善理学体系的努力。他力图使成圣的依据、道德对规范与主体的道德自觉性及意愿相融合，从而将超然的天理拉回现实世界，构建属于人的意义世界，突出了主体意识和个人价值。

傅锡洪《论王阳明的"理生于心"：内涵、原因与工夫指向》[《杭州师范大学学报》（社会科学版）2023年第2期]一文指出，王阳明倡导的"心即理"从字面上可以理解为本心所发的意念即是理，而其深层含义则是理生于心。理生于心，首先意味着心既是意识和行动的发动者，也是调控者，即性理直接出自心，其次则意味着性理统摄事物之理，即性理澄明能促使人去了解事物之理，而非遗漏事物之理。心之所以能生理，关键原因在于心本非内，万物原本内在于心之中，心原有使万物得到妥善安顿的冲动，而万物的妥善安顿即是理。从工夫的角度来说，理生于心意味着不必如朱子所说的那样首先以格物的方式求理于事物，而应该求理于心。因为即用是体，所以心即是理与理生于心可以同时成立。

冀志强《王阳明心学本体论思想的廉政意蕴——以"心即理"为核心的考察》（《宜春学院学报》2023年第8期）一文指出，在王阳明看来，作为"天理"的"心"之本体是无善无恶的，但是这样的心体在其指归上又是至善的。这种至善的心体又具有"诚""定"等本性，这种本性也是心之本体。在这种意义上，我们可以说"廉"也是心之本体。先验的心体总是要以"意"的形式外发于经验事物，而这种经验化如果是本心的发用，那么它就能够成为合乎道德的行为，这样，以本心之发用来对待本不属于己之物，就有了廉的品格。心发于政，则有廉政。心体外发为"意"，也就有了善恶之别，而判断自己行为善恶的标准，就是自己本心的良知，良知也能够判断为政者在行政过程中是廉还是贪。

5."良知"与"致良知"的研究

傅锡洪《王阳明的良知天道同构论》（《孔学堂》2023年第1期）一文指出，单纯从善恶的准则和好善恶恶的能力的角度，不足以揭示出王阳明所说良知的完整内涵，因为这只是注意到了良知的功能职责，而未注意到其运作方式。而无论是其功能职责还是运作方式，阳明都是在良知与天道具有同构关系的框架中来谈论的。这一同构关系表现在两个方面：一方面，万物先行地内在于良知之中，就像万物内在于天道之中一样，妥善安顿万物构成了良知的根本功能、固有职责；另一方面，万物虽然内在于良知，但又不构成对良知作用的阻碍，一如不构成对天道的阻碍一样，良知本可自然应对不同事物而不必刻意、执着。透过良知与天道的同构关系，我们不仅可以对良知有更全面和深入的理解，而且可以明白阳明对私欲产生的根源的理解，即私欲主要根源于人对生与作为的习染，以至于使生与死、作与息等原本平衡的因素失衡。

傅锡洪《王阳明的良知天道一体论及其内蕴的幸福观》［《东南大学学报》（哲学社会科学版）2023 年第 4 期］一文指出，王阳明不仅把良知视为善恶的准则以及好善恶恶的能力，而且继承和发展了周濂溪、程明道、陆象山等宋代以来儒者天人一体的思想，认为良知就是天道、天道就是良知。这意味着良知本来并非专属于个人，还可以指天道，人的良知只是天道在人身上的发露、展现。良知与天道是一体的关系。良知天道一体论的最终意义在于，说明人不仅可以无事一身轻，也可以有事一身轻。致良知的最大收获就是轻松自在、其乐无穷，像天道一样使万物生生不息，而又自然而然，不感到压力和负担。这是所有人都有可能获得的最大幸福，应该用这个最大的幸福来劝人致良知。

李煌明《意象的思维话语与阳明"良知"的新释》［《云南师范大学学报》（哲学社会科学版）2023 年第 4 期］一文指出，于阳明"良知"，学界多在传统话语外，寻个现代概念或日常用语，加以对应和理解，如良心、主体、意识。这种理解，或许清晰明确，通俗易懂，然而是否或如何契合阳明心学？研究对象（哲学观念）与诠释方法如何一贯？任何道理的阐述都有自己的思维话语：概念是一种，意象亦是一种。在中国哲学中，"意象"即"易象"，是意与象的圆融，诸象的总括，易道的象征，是体用显微的表达。及其展开，则呈现为"意—象—言"这一流转的典型范式。文章以"良知即易道"为关键，以意象的思维话语诠释阳明哲学的"良知"——心性的形容、易道的象征，既是形上本体，更是流行全体。"良"就性善说，是不易之体；"知"就心灵论，是无息之用。因体用一源，故良知浑沦。

韩紫云《王阳明的良知四义》（华东师范大学2023年5月硕士学位论文）一文指出，王阳明言，"良知"之说是"百死千难中得来，非是容易见得到此"，自龙场之悟后，便以良知为主，因而要人"诚得自家意"。他所谓良知乃是自身的真实存在，不仅揭示了道德本体的来源，更落实于道德主体的选择与践履，因而与人的生存、发展和境界升华密切相关。全文从四个方面展开论述：良知的自然义、良知的自觉义、良知的自主义和良知的自得义。第一章以"自然"为核心，以"自然而然"为基础，论述良知本体的自然而有、自然而知和自然而成。在本体层面，良知千古如一、万人如一，具有先天的根据和可能，其自我展现与自我成就也是自然而然的，简易直接的。然而在现实中，本体的落实却并非易事，因此需要工夫的践履。第二章以"自觉"为核心，以"个体道德自觉"为起点，良知本体转化为良知主体。面对现实中各种因素的侵扰，良知主体发挥认知的能动性，自觉意识到自己的存在，认同并相信自己，进而能够反身诚其意。良知主体因其"至善"性，以自己为准则，定是非、辨善恶，并以之作为行动的规范，引导自我的行为。第三章以"自主"为核心，以"自主行动"为重点，论述良知在日常生活中的切实践履。王阳明以其合一性思维诠释知行关系：知行本体合一、知行工夫并进，以良知指导行为，以行为促进良知。良知既已自觉其存在，势必以不容已的力量要求实现自身，因而能将其生活世界作为磨砺良知的场所，真诚切实地落实和践行良知，以做到知行合一，真正"致吾心之良知于事事物物"。第四章以"自得"为核心，所谓"自得"，一是己有所得，二是得之于己，化良知为实有诸己的真实存在。从良知之得到良知之乐，再到实现"此心光明"，他从生活实践中体悟出"良知"之学，又以之为自己生活的准则，求良知之是与真，并将其传诸后世，既获得个体良知之乐，又期望与朋同乐，共明此道。以"自然""自觉""自主""自得"概括"良知四义"，论述良知由本然存在，经主体自觉意识和自主践行，最终使自身澄明展现的过程，实现自我价值的追求和人生境界的升华。简言之，从本然的存在到现实的呈现，完全是良知从己出发，最终返归于己的过程。这一过程既展现了良知的本己存在，又彰显了良知的价值意义。

潘勇《从道德实践角度看王阳明"良知"学存在的问题》（《理论界》2023年第4期）一文指出，从王阳明良知概念的内涵和特征看，良知集道德原则、是非标准于一身，行为者的行动动机也须依靠自身的良知来鉴别和纠正。这对肯定人的道德能力、树立成德的自信心有积极意义，但也存在缺乏可公度性的局限，导致在道德实践中，一旦出现行为者将出于人欲的动机误认为且自信是出自良知时，很难在自身内得到纠正，还会导致难以进行道德评价的困难。克服这些问题，需要王阳明的良知学说在理论上发展出更实质性的道德原则，在教法上则需要更加突出"礼"作为客观规范的作用。

姚军波《从诚意到致知：王阳明晚年教法之变》（《西安航空学院学报》2023年第2期）一文指出，王阳明自龙场悟道到宸濠之变前教法都是以诚意作为统帅，晚年提出"致良知"学说后则变成了以致知为主。在本体方面，良知比诚更为自然；在工夫方面，致知比诚意更为基础，更为简易直接。在王阳明哲学体系中，致知相较于诚意能够更好地收摄"心即理"和"知行合一"等心学的基本命题，能够更简捷地将本体论和工夫论贯通起来，而且实现了对"静坐"和"省察克治"等具体教法的收摄和整合。因此，致知就成为王阳明教法的最终形态。

张春蕾《阳明"致良知"的美德伦理学解读》（《知与行》2023年第6期）一文指出，美德伦理学从行为者的美德出发探讨行为及其结果，"善"基于行为者本身，而不在于道德行为及其结果。美德伦理学可为阳明学研究提供新颖的视角。麦金太尔提出了"美德"和"实践"的概念，美德只有在实践、历史和社群中才能定义。相比之下，王阳明的"良知"是超越古今、联通宇宙的"大心"，是人之为人的道德规定性，其超越性似乎与美德伦理学中"美德"的现实性不相关。但在阳明"即体即用，体用一源"

的模式下，良知兼该体用。只有在具有历史性和社群性的日常道德实践中，良知"发用流行"的一面才能落实，良知才能成为真实的道德实践活动。"致良知"工夫中的"知行合一"内涵也与美德伦理学中德行联结的倾向相似：在"致良知"的日常敦伦守礼实践中，良知从形上的超越世界下贯落实到形下的现实世界。美德伦理学的实践性、历史性、社群性品格可将阳明学研究的焦点更多地投向良知的落实"流行"，从而扭转过分关注良知本体的倾向，推进中华优秀传统文化创造性转化和创新性发展。

吴化文《从"良知"到"良知教"——儒家知论的信仰转变》（贵州大学2023年6月硕士学位论文）一文指出，在中国哲学史上，"良知"概念具有重要的学术地位。自孟子始提"良知"，再到阳明及其后学将"良知"发扬光大，确立"良知"的本体地位，可以说"良知"在事实上完成了从作为一般道德规范到作为人内在成圣成贤的形上依据的转变。而在此转变过程中，从"良知"到"良知教"的内在发展理路也逐渐凸显，儒家认识论当中的信仰转变问题也得以张扬。该文从良知学说的历史沿革说起，指出经过孔子和思孟学派的发微，良知已然成为个体成圣成贤的内在基点。而张载、二程和象山分别从其宇宙本体论的认识视角出发，对良知做出的解读更使得良知学说的意涵变得丰富和全面起来；之后，以阳明为中心阐述良知教的奠基与形成问题。自阳明"龙场悟道"在空性中体验到"圣人之道，吾性自足"即良知之后，其不断事上磨炼以深刻体认与践行良知最终将良知作为本体天理进行信仰上的确证的过程，可以说打破了有宋以来"理"的实体性，进而归到了禅归到了信仰。这是"良知"理论由"理"入"教"的重大转变与突破，也是"良知教"正式奠基与形成的标志。最后讨论的是"良知教"的影响。阳明之后，有关良知的讨论及对"良知教"信仰的继承发展和影响主要见于以王龙溪为代表的阳明后学，以熊十力、牟宗三为代表的当代新儒家及日本哲学家西田几多郎的相关讨论中。遵循着由"教"入"理"的研究路向，各家始终以"良知"为教主，以"致良知"为教旨，不断倡导良知。在这个过程中，良知发于教化，生生不息，最终成为无论是凡夫还是君子贤人乃至圣人信仰上的至上对象。

杨谦《王阳明"未充量"良知发微》（《济宁学院学报》2023年第4期）一文指出，阳明的致良知是用良知本身做工夫，因此在致知之前要先对良知本体有一定程度的体认。但常人对良知本体的体认、体贴很难透彻、精全，这就存在一个对良知有所体认但却未至纯粹、精全的中间状态，即良知的"未充量"状态。但知虽有未充，却依旧可知善恶、辨是非，不失天赋"良"性。也就是说，良知有蔽有未充是一义，不失先在性、具足性是另一义，两义并不矛盾，一时并在、共存，而这就为笃实致知实践预留了空间。对良知未充量状态的抉发，一方面透显出阳明良知概念的包容性与具体性，另一方面对阳明后学致知理脉的梳理以及现世致知实践的开展具有启发与借鉴意义。

王振钰《阳明心学的情感直觉论及其合理性证成》（《社会科学战线》2023年第10期）一文指出，如何在遵循阳明心学关于良知作为道德知识主要来源这一基本思想的同时，有效回应"良知的傲慢"质疑，是后形而上学时代阳明心学证成其现代价值的关键所在。从承诺道德实在论和道德认知主义的道德情感直觉主义对阳明心学的良知概念进行合理诠释，既能最大化遵循阳明心学关于"良知只是个是非之心，是非只是个好恶"论述的本意，又能实现良知作为道德知识来源的驱动性、客观性与可错性的兼容。

6."立志"与"成圣"的研究

吴婧伊、史少卿《王阳明的圣人观与致良知学说》（《文化创新比较研究》2023年第2期）一文，围绕王阳明的圣人观和致良知学说展开。从圣人观的核心谈起，王阳明认为"良知即天理"，是成圣的前提和内在依据，由此主张"满街都是圣人"这一观点，让圣人这一概念平民化。关于成圣的实践，王阳明认为良知的发用流行是成圣的重要实践过程，停留在知良知是不够的，而要做到致良知，在生活中不断追求天理，摒弃私欲，将纯乎天理的良知显露。王阳明从人在宇宙中的位置出发，从"成己"和"成物"两个角度，阐明了万物一体的圣人境界。而如今，王阳明的圣人观对个人和社会仍有很大价值，不仅有助于人们提高对理想人格的追求，而且对国家精神文明建设、中国特色社会主义建设有着积极影响。

杨喜、侯亮亮《愚夫愚妇何以成圣：王阳明心学成圣观析论》（《中学历史教学参考》2023 年第 5 期）一文指出，儒学经唐宋诸儒吸收佛道思想后的改造与创新，在本体论方面渐具说服力，于某种程度上缓解了汉末魏晋以降引发的信仰危机，士气随之大变，但是有识者仍嫌其在修身的工夫上没有做到凡圣之间的平等，因之不能在广阔的国度里引起更多的同情，进而影响儒学向下浸润与社会治理的效果。

刘林静《"颜子没而圣人之学亡"再辨析》（《理论界》2023 年第 6 期）一文指出，王阳明儒家立场的最终坚定经历了一个漫长复杂的过程，儒家立场的认同意识使王阳明自觉承担起对儒家圣人之道的传续与发扬。基于儒家立场，王阳明坚定孔孟之学的正统地位，但在认同自韩愈乃至程朱理学道统论的价值基础上，亦提出了心学视域下道统意识的独特价值："颜子没而圣人之学亡。"这一观点看似与"孟轲死，圣人之学不传"的传统道统论有所出入，然其对颜子的认同并非意图撼动程朱的理学道统论，因为认同意识和弘道意识是儒者的共识，而问题往往出现在学派之间正统意识的对抗上，但这种互相压制批评的学派之争恰是王阳明极其反对的，因此其对于颜子的认同并非意图撼动传统的理学道统论，而是为了抵抗当时记诵辞章、训诂考据、追名逐利的为学风气，希冀复归儒家圣人之道的真正价值与精神。

张诗琪《学宗颜子：阳明心学理论的演变与定型》（《东岳论丛》2023 年第 7 期）一文指出，颜子是宋明理学道统理论当中极为重要的一个人物，对于颜子的评判，贯穿了王阳明心学理论的经典诠释及道统理论建构的整个学思生涯。龙场悟道之后，阳明首倡"颜子没而圣学亡"以论述其道统理论，并以颜子"有不善未尝不知，知之未尝复行"为经典依据，诠释格物新说，以从学理上批判朱子格物旧说。随着"心即理"理论的提出，阳明从工夫论的角度认为"颜子在心地上用功"，是践行心学理论的标杆性人物。晚年阳明提出"致良知"理论，对道统论进行了修正，主张"颜子没而圣学之正派遂不尽传"，认为"见圣道之全者惟颜子"。阳明认为"良知是乐之本体"，通过赋予良知宇宙论层面生化天地万物的能力，借助对"孔颜之乐"这一命题的阐释，完成了"万物一体"心学境界论的建构。王阳明对颜子道统地位及与颜子相关经典问题的论述，为其心学理论的权威性提供了道统依据及经典文本依据。

7. "天地万物一体之仁"的研究

詹良水《论王阳明〈大学问〉对"万物一体"的诠释》（《理论界》2023年第5期）一文指出，王阳明晚年对"万物一体"多有阐发，且在前人基础上有不少创新之处，其中最主要的便是在《大学问》中以《大学》的"三纲领"来系统诠释"万物一体"。阳明认为，"明明德"是立天地万物一体之体，"亲民"是达天地万物一体之用，而"止于至善"则是"明德"和"亲民"的终极标准。如此一来，阳明将儒家内圣外王之纲领的《大学》归结为"大人以万物为一体之学"，这不仅赋予了"万物一体"以内圣外王的内涵，也体现了他以《大学》为核心诠释儒家其他经典和思想的倾向。

乐爱国《朱熹、王阳明对程颢"以天地万物为一体"的诠释》［《西南民族大学学报》（人文社会科学版）2023年第7期］一文指出，对于程颢所言"仁者，以天地万物为一体""仁者，浑然与物同体"，朱熹既有肯定也略有不满，他明确讲"仁者，爱之理，心之德"，同时又讲"天地万物本吾一体"。王阳明则讲程颢"仁者，以天地万物为一体"，又讲朱熹"天地万物本吾一体"，并进一步讲"以天地万物为一体"之体用在于"明明德"与"亲民"，解"亲民"为"安百姓"，进而认为"以天地万物为一体"就是要关心百姓的困难和痛苦，重视百姓的物质生活，由此开发出"亲民之实学"，实际上突破了程朱仁学仅限于心性的境界。

贾婧恩《王阳明心学理论最高点之"万物一体"思想》［《贵阳学院学报》（社会科学版）2023年第4期］一文指出，王阳明心学三大核心命题之"心即理""知行合一""致良知"清晰呈现于其"万物一体"思想中，是该思想形成的内在理路。与此同时，王阳明终其一生践行的"内圣外王"之道，也是"万物一体"思想的显化。"内圣"与该思想所追求的个人与宇宙相统一的精神境界相契合，"外王"则体现出在此精神境界指导下的入世实践，从而实现了从境界论向现世价值的转化。不论是从心学理论构架，还是从阳明现实人生实践来讲，"万物一体"思想如筋骨般贯穿王阳明的一生，是其理论体系的最高点。

8．"拔本塞源"论的研究

汪学群《王阳明"拔本塞源"论之诠释》[《贵阳学院学报》（社会科学版）2023年第3期]一文指出，众所周知，王阳明的思想可以面向社会回应许多社会问题，"拔本塞源"论就是其运用思想解决社会实际问题之一例。可以从"拔本塞源"之内涵、以天地万物为一体之仁考察中国古代社会、明清学者对"拔本塞源"论的评论三方面，阐述王阳明思想及其运用于社会实践的意义和价值，同时指出其局限性与不足。关注"拔本塞源"论，既要关注王阳明本人对仁者天地万物一体思想的心得，也要关注明清学者对其重要性的点评。后者对深入理解《传习录》，建构其思想史，有着十分重要的学术价值。

王闻文《从〈拔本塞源论〉看王阳明的理欲关系》（《国学》辑刊，2023年卷）一文指出，王阳明作为中国哲学史上最重要的哲学家之一，其思想极为丰富，他所开创的心学体系作为与程朱理学相对的思想，在哲学界独树一帜。学术界对阳明哲学思想的研究主要集中于他的心即理、知行合一、致良知等思想，特别是集中于他的心学思想，而对其理欲关系鲜有研究，而从《拔本塞源论》的视角研究这一问题的相关著述与论文更是少之又少。

9．"四句教"的研究

陈天序《从禅学角度谈王阳明的"四句教"》（《百科知识》2023年第3期）一文指出，"四句教"是王阳明晚年所述，即"无善无恶心之体，有善有恶意之动；知善知恶是良知，为善去恶是格物"，一般视此四句为王阳明大半生心性学的总结概述。对"四句教"的理解诠释历来有异议，如持赞同观点的有王阳明的弟子王龙溪，持质疑否认观点的有明朝的刘宗周、王夫之等。此四句，本无对错，因为语言传递的实意其实在语言之外。

龚晓康《"顺本体是善，逆本体是恶"：王阳明善恶观辨证》（《孔学堂》2023年第4期）一文指出，关于善恶，王阳明有着明确的界定："顺本体是善，逆本体是恶。"其意在于：意念活动随顺心之本体，即是"善"；意念活动违逆心之本体，则为"恶"。由此，"善恶只是一物"与"善恶终不可混"两种看似矛盾的说法就能得以和会："意之所在便是物"，善恶皆是就意念活动而言的，故"善恶只是一物"；"有善有恶意之动"，意念活动于本体有顺逆的分判，故"善恶终不可混"。前者是要反对善恶实在主义，后者则批评了善恶相对主义。而王阳明关于善恶的界定，也涉及如何理解程颢的"善恶皆天理"：一方面，本心发动而有意念，意念发动而有善恶，善恶的分化实为本心流行的天然理则；另一方面，善恶是就心之本体的顺逆而言，而心之本体即是天理，故善恶皆是基于天理而得以界定。因此，"善恶皆天理"并不是说善恶皆根源于本体意义上的天理，而是说对善恶的界定不能离于天理。实则，如何超越对待之善恶以回归绝待之至善，方是王阳明善恶观的旨趣所在。

10. 阳明心学中其他哲学范畴的研究

单虹泽《从"着实用意"到"实行其意"："自然"视域下的王阳明"诚意"说》（《人文杂志》2023年第12期）一文指出，王阳明的"诚意"学说包含了一个意义转向的过程，这已成为今日学界之共识，但少有学者揭示成因。事实上，这一转向与阳明学中的"自然"概念相关。根据不同语境，"自然"展开为两种含义：一是道德实践的自发动力；二是道德本体的自然状态。根据"自然"的第一种含义，"诚"表示在自发的内在动力的推动下为善去恶，"诚意"就是使"未诚"之意复归于"诚"。根据"自然"的第二种含义，"诚"表示使心体的本然至善状态充分呈现，"诚意"就是使本来真诚的道德意念展开于道德实践之中。这两种工夫进路可以分别概括为"着实用意"和"实行其意"，前者重在"以意治意"，后者重在"以事显意"。阳明"诚意"说的发展路径展现为从"着实用意"到"实行其意"，其内在根据是阳明基于"自然"观念对意、物的不同理解以及对朱子"诚意"说的修正。

张新国、吴志威《"致和便是致中"——王阳明哲学的"未发已发"论》（《孔学堂》2023年第3期）一文指出，《中庸》是宋明理学家建构形而上学、伦理学与工夫理论的主要经典依托。"未发已发"是理学家普遍关注的问题。关联心和理两个维度，不仅关涉伦理行动的意识控制根源，同时关涉人的道德实践的运用境界。理学要求人觉解与主导自我的道德的意识及行动，理学内部不同思潮对于这种觉解与主导的内在机制的理解是不同的。程朱注重范畴辨析以及将"未发""已发"阐发为时间性的不同体段，阳明注重在生命体验的意义上，将其把握为超时间性的常体与妙用。在阳明思维中，未发是已发的存在根据，已发是未发的认识根据，致和便是致中，人能以其良知把握包含人事在内的天地自然间纷纭变幻的事物中的常体。

陈萌萌《"须是有个深爱做根"：王阳明"爱"思想的差等性》（《人文天下》2023年第2期）一文指出，王阳明"爱"思想的差等性，既体现了以爱亲为根的推扩传统，也蕴含了泛爱万物的思想基因。爱体现为主体对他者的关切，具有有限的"差等之爱"和无限的"一体之仁"形态：天赋自然的爱亲之情为爱的源头；从爱亲到爱他，有赖于事亲范式在更大共同体中逐渐展开；从有限的差等之爱到无限的爱物，则有赖于吾心之良知。在阳明看来，这一境界得以实现在于以下三点：一是"万物由人的意念派生"，使物我距离拉近；二是人具有感应能力，能切身感知外物情感；三是人的德性使得爱具有生意且不失中正，能源源不断、合乎中道地发用出来。当下也可从心学"爱"的思想中挖掘思想资源。

王青青《王阳明"感通"思想探微》（贵州大学2023年5月硕士学位论文）一文指出，"感通"问题是中国哲学的一个重要论题。其最早的出处可以追溯到《周易·系辞上》的"易，无思也，无为也，寂然不动，感而遂通天下之故"。阳明心学是在继承儒家思想学脉的基础上发展而来，也对"感通"有所关切。王阳明认为心、知、意、身、物这些范畴之间蕴藏着"感通"的关系。该文在前贤现有成果上，从"感通"的内涵、本体基础、起用机制、滞碍与复归工夫等角度进行研究，从而深化对阳明"感通"思想的认知。首先，主要考察"感通"的内涵，以及所蕴含的哲学思想。在先秦典籍中并没有"感通"一词，而是以"感"和"通"单独的形式进行使用。"感通"作为一个复合词，直到唐宋时期才大量出现，但是"感通"所蕴含的哲学思想，甚至可以追溯到远古时期。前人对于"感通"的讨论，一是"天人感通"，一是"阴阳交感形成天地万物"。宋明儒学更明确地将"感"提到了普遍性的哲学高度，将感与气、理、心等哲学范畴联系到一起。其次，基于"身心意知物只是一件"进行考察，探讨"感通"的本体基础，"感通"如何发生等。本心之感应、良知之明觉构成了一个源初的存在境域，在此存在境域之中，天地万物本然一体，这也即是"感通"的本体基础；意识知觉、身体感触使得感通活动得以发生，此时人与物有所分际。天地万物都在这感应明觉之中，这种感应流行为气。"气"强调的是本心感应弥漫天地，故天地都是同此一气。这一气流通的真己才能够感通无碍。再次，对"感通"何以滞碍的问题进行分析。感通虽然生生不息，但是常人的感通活动往往有所滞碍。"感通"滞碍的原因主要有三个方面："私意""私欲""习气"。人的意识会产生执定作用，使得"自我"不再以天地万物为一体，成为一有限存在者。判断善恶不再是良知明觉而是以"小我"的好恶为标准，由此而产生"私意""私欲""习气"三者，自他间隔而难以感通。最后，论文分析了"感通"复归的三重工夫。其一，真诚意念，不欺人之良知。在阳明看来，要始终无一毫私欲夹杂，让吾人本身具有的先天感通、感应能力如如地实现出来。其二，良知为人人所本有，只是因为受到私欲的障碍而不能呈现，故需要"致"的工夫以使得良知恢复其本来面目。其三，在日用事为之中切实践履，通过事上磨炼以复归本心的感应与良知的发用。总而言之，王阳明的"感通"思想，意在表明人与万物是一体相感的。人若能依良知而行，则自然能够感通万物。此亦表明，人与世界的关系并不是一种表象的模式，而是一种感通的方式。

杨鑫《王阳明"未发已发"思想研究》（内蒙古师范大学2023年6月硕士学位论文）一文指出，《中庸》是宋明理学家诠释的重要经典，其中关注的重点之一就是"未发已发"的中和问题，程颐从心有体用上谈论"未发已发"，朱熹则侧重于在境界上的解读，王阳明融汇了宋儒关于未发是本体和境界的两种理解，形成其极具特色的"未发已发"思想，认为它是本体与工夫的统一。"未发已发"问题关系到不同思想家对于心体与性体的理解，关涉到为学工夫的思考，它集中而鲜明地体现了一个哲学家的思想特质，深刻影响了后来学者的修养工夫论和心性论。首先，王阳明在"体用一源"论下来理解未发已发，这是他区别于宋儒理解"未发已发"的重要特征。王阳明认为，"未发"从生成上来说是离不开"已发"的，需通过"已发"来实现自己的变更，"未发"工夫便与"已发"工夫相通。朱熹将"静中存养"和"慎独"分作"未发"与"已发"工夫，造成工夫的支离与间断，让人无法做工夫。因此，王阳明认为，谈论"未发已发"及"未发已发"的工夫都必须落在"已发"上。其次，王阳明将《中庸》中"戒惧"解释为"念"，戒惧便是要正念，使得心灵始终处于可知与防范之下。"思"是"念"的持续，戒惧工夫便是良知之思，体现为涵养本源与克制私欲的一体两面。因为良知无分于体用，能戒慎恐惧者是良知，同时能戒慎恐惧者是不睹不闻，不睹不闻便是本体，不睹不闻方能戒慎恐惧。因此，为解决工夫支离问题，王阳明将"戒惧"与"慎独"合于"独知"，"独知"工夫便是致良知。最后，王阳明将实现道德实践的工夫落在了"诚意"上。在"戒慎恐惧"中，我们将探讨的重点落实在了"念"上，由"戒惧"来"正念"，但同样也不能忽略"意"。在实现的道德实践活动之中，"诚意"发挥至极致便可实行"发而皆中节"。

焦德明《理学工夫论中的"敬"：自由意志与纯粹经验》（《江海学刊》2023年第4期）一文指出，理学工夫论中的"敬"往往遭到陆王心学的批评，其精义隐而不彰。王阳明批评"主一"工夫本身不能进行道德判断，或逐物或看空，因而不能只讲"主心"，还需要主于天理。但"主一"本身就是心无所适的内心状态，内含了"无欲"这一修养论的基本观念，体现了消极意义的自由意志的独立性，因而不是逐物；"主一"是心的自身专一，是整体性的"纯粹经验"，通过调整注意力，借助无意识的统一作用，发挥性理自身的规范性功能，可见"敬"亦具有遵从自身立法的积极自由意义，因而不是看空。借助自由意志与纯粹经验的概念，尤其是心理学的无意识维度，可以澄清王阳明对"主一"的批评，理学工夫论中"主一之谓敬"的真义也能得到彰显。

薛津旭《王阳明对儒家命论的发展》(《作家天地》2023年第21期)一文指出，孔子把"命"诠释为超越之命和内在之命，前者旨在表明超越和敬畏，后者通过践仁把天命天道收进来转化为自己的性，再向外进行层层感通。孟子延续了孔子对"命"的诠释，并对实践活动进行了"在我者"和"在外者"的划分，从而"知命"。王阳明既沿袭孔孟对命的基本诠释，但也另辟蹊径从为学之方入手再到人心道心来谈知命，人最后通过良知达到对天的认识方可立命。

11. 阳明心学的工夫论研究

曾燊《论王阳明对儒学的推进——以"心意工夫"为视角》(《内江师范学院学报》2023年第7期)一文指出，朱熹学问以"天理"为本体，故而其工夫结构呈现出以"天理"为圆心，格物、致知、诚意、正心由外向内，继而修身、齐家、治国、平天下由内向外的特点。陆九渊另辟蹊径指出"心即理"，将工夫的焦点置于"心"中，呈现简易透彻的特征。在此之后，王阳明认为朱熹的工夫结构有"支离决裂、错杂纷纭"的忧患，陆九渊则缺乏细致，谓其"只是粗些"。故而他在"万物一体"的视域下将工夫的境界、方法、过程三面统于一"心"，构建心体意用的哲学理论，主张工夫应以"心"为本，"心"不仅是万事万物的本源，还是个体工夫的起点与终点。所以做工夫无须向外格物，仅于心间"诚意"即可。诚得其意，自体会心体"良知"鉴空衡平，再将其推至事事物物，即无入而不自得，随心所欲而不逾矩。由此将儒家工夫论推至顶峰，为儒学的继承开新提供了原点。

韦嘉卉《王阳明"责善论"及其对高校思想政治教育的启示》[《贵阳学院学报》(社会科学版)2023年第5期]一文指出，王阳明认为"责善"是朋友之道，但须忠告而善道之。在面对朋友之过时，要本着一颗"万物一体之仁心"去劝谏朋友改过向善。在评判善恶是非时要时刻保持致良知状态，不可被私欲蒙蔽而以一己之喜好去评价别人，也不可以在劝谏别人时用过于苛责的语言。要言辞委婉，让犯错之人有所感而无所怒地去自愿改正。

（四）王阳明经学史学思想研究

我们知道，《古本大学》是阳明心学诸多命题得以生成的一部重要经典，对儒家传统经典即"四书五经"的诠释是历史上任何一位儒学家都绕不过去的学理思考，王阳明也不例外，在研读儒家经典过程中，也形成了自己独特的经学观。

1. 王阳明经学思想综合研究

陈乔见《解书不通，只要解心：王阳明的心学解经学》[《中山大学学报》（社会科学版）2023年第2期]一文指出，王阳明的"心学解经学"奠基于他的"心即理"的哲学观，以及六经乃"吾心之记籍"的经学观，其解经学反对像朱子那样在"文义"上用功，而代之以在"心体"上用功，认为凡"解书不通""只要解心"。然而这并不意味着可以随心所欲地重新解释经典，王阳明的解经学旨在"求是"，他用"求是非"的内在理解标准来代替曾经十分流行的"论异同"的外在标准。"吾心"乃是非判断之终极根源，循此，自然就有了不以圣贤之是非为是非的解经学观点。历史地看，王阳明的心学解经学不仅受到孟子"以意逆志"的影响，而且深受庄、禅"言意""言道"之辨的熏染。以今观之，王阳明解经学的一些观点也蕴含了戴维森等人所谓"善意原则"和"人性原则"。

2. 王阳明的《大学》诠释研究

王齐洲《〈大学〉对孔子教育思想的理论建构》[《国际儒学》（中英文）2023年第1期]一文指出，朱熹承袭程颢、程颐的思想，认为《大学》是古代大学教人之法，其中经一章为孔子之言而曾子述之，传十章则为曾子之意而门人记之，古本有错字、错简和阙文。于是将"亲民"改为"新民"，对传文做了调整和补充，并为之章句，作为《四书集注》的首篇，产生了巨大影响。王阳明不同意朱熹的意见，认为《大学》古本既无错误，亦无阙文，"明明德""亲民""止于至善"等都是孔子的思想，指示了为学的进路。尽管程朱理学与阳明心学对《大学》的理解分歧明显，为学路径大不相同，但都以为《大学》阐发了孔子的教育思想。通过对儒学文献的比较研究，可以看出，《大学》所针对的教育层次与孔子"学校"的教育层次相同，"三纲领"与孔子的"有教无类"思想契合，学为"圣人"与学为"君子儒"方向一致，"亲民"思想来自孔子，"八条目"也源自孔子的"为己之学"。参考出土文献和传世《曾子》十篇可以得出结论：《大学》是曾参及其弟子对孔子教育思想的理论建构。

乐爱国《阳明学派对小人是否有良知的讨论——以〈大学·诚意〉"小人闲居为不善"的解读为中心》[《贵阳学院学报》（社会科学版）2023年第2期]一文指出，朱熹《大学章句》解"诚意"章，认为小人并非不知是非善恶，但不能"诚其意"。朱熹晚年认为，小人不能"诚其意"，是"知不至"，对小人知是非善恶又予以较多否定。王阳明讲人人皆有良知，从心之本体上讲知善知恶的良知，并认为小人亦有良知，但同时又认为小人不可能"致良知""诚其意"，因而会"以善为恶""以恶为善"，结果是"虽曰知之，犹不知也"，实际上又否定小人之有良知。阳明后学对小人是否有良知的问题有所讨论，虽观点不一，但都强调"诚其意"。由此亦可看出，阳明学派对于小人是否有良知这一问题的谨慎态度。

孙杰《更生之变：〈大学〉文本走进教育生活的理论逻辑与实践路径》（《教育史研究》2023年第4期）一文指出，韩愈《原道》一文以仁义道德与《大学》之修齐治平为中心，构想儒家道统的学术尝试，实开宋明儒者以《大学》文本为切入点来建构新儒学体系的理论先河。宋明儒者借助对《大学》文本的结构调整与理学式诠释，形成了以心性儒学与政治儒学来诠释《大学》文本的学术进路。以《大学章句》为经典基础的"即物穷理"学说与以《大学》古本为经典依据的"致良知"学说，就是朱熹与王阳明以心性儒学进路来诠释《大学》文本的生动体现。《大学衍义》与《大学衍义补》则是以政治儒学进路来诠释《大学》文本的代表之作。通过诠释《大学》文本，宋明儒者建构了四书学及理学思想体系，并将其以显性与隐性相结合的方式融入士人乃至帝王的日常学习与教育生活之中，进而内化为他们为学修身的自觉规范。这就是以《大学》为己工夫来建构明体达用之学的更生之变。

3. 王阳明的《论语》学研究

刘雪菡《诠释史脉络下的〈论语〉"不逆不亿"章——以辩正"先觉"为基点》(《理论界》2023年第1期)一文指出,孔子在《论语·宪问》中对"逆诈""亿不信"之事的评论,惜墨如金,短小精悍,为后世注家留下了广阔的意蕴探索空间。从诠释史视角出发,梳理历代注家对"先觉"的探讨,可见汉晋旧注"舍本逐末"之弊及宋注工夫、境界相分隔之困,直至王阳明在心学理路下结合良知本体将"致先觉"工夫与"诚明"境界紧密勾连,进而重塑了"不逆不亿"章中的贤者品格,才较为完善地诠解了此章意涵。阳明之解不仅为较为正确地把握孔子之言提供了新思路,也为个体修持儒家德性工夫提供了宝贵的精神指引。

4. 王阳明的《诗经》学研究

张慧远《王阳明诗教思想与实践探微》(《生命哲学研究》2023年第1期)一文指出,王阳明秉承儒家的诗教传统,从"致良知"的人格理想出发,提出"雅乐"说,认为《诗》三百篇皆为雅乐,歌《诗》不仅可以涵泳性情,而且可以教化学人,并在理论层面提出"雅乐说""元声说"。阳明在实践上通过歌诗教化童子、门人、市民,盛况空前,影响广泛,并在生活中通过赋诗开示其良知心学。阳明的诗教思想与实践对现代社会具有启示意义。

5. 王阳明的礼学思想研究

朱承《阳明心学与礼教精神》(《道德与文明》2023年第3期)一文指出,中国传统礼教精神主要表现在以儒家价值观念塑造人、以礼治和人伦之道作为公私生活秩序的基础、推崇礼乐典章及仪节的传承和教化等方面。阳明心学的良知说将儒家的价值规范内化为人的心性秩序,从而将一般意义上的恪守礼教转化为遵从良知。阳明心学重视儒家礼教的人伦之道,在理论上强调人伦之道对于公私生活秩序的重要性,并将人伦教化付诸一定的公共生活实践。而在礼乐传承和教化上,阳明心学虽不主张拘泥于礼乐的"名物度数"上,但是在重视礼乐本源的前提下,仍强调要传承礼乐典章并对民众进行礼乐教化,以此来延续儒家的文明秩序。就此而言,阳明心学依然是传统礼教精神的彰显。而从阳明心学的道德自主性及其思想灵活性的角度来看，也说明传统礼教不仅仅是泛泛而言的束缚性教条，同时还是一种有着丰富蕴含的价值观念和规范体系。

陈萌萌、蔡杰《因人情而为之节文——王阳明论礼的体系架构及情感特质》（《国学论衡》2023年第2期）一文指出，王阳明从天理、心性、社会人事三重维度，建构了圆融整一的礼学体系，并以心性为核心统摄整体。心学肯认理是礼的形上根据，但其对本体的认识发生转向：心作为本体，兼具客观普遍与主观能动二重维度，客观普遍性使礼能作为一般性的道德原则，尊重内在情感则使礼能有效契合个体需要。心性维度的礼体现了对情感的尊重，并作为沟通天人的核心提挈整个礼学体系，是主体践履礼的内生动力。但阳明礼学并非导向绝对的内在化和主体性，"缘情制礼"在看似个人主义的背后，隐藏着个体情感合乎礼德、合乎良知的前提。在社会人事维度，王阳明从"以礼制民"与"以礼教民"两方向，引导个体产生对礼的认同和自觉践履，体现出尊重人性人情、复归儒家仁爱本源的特点。

6. 王阳明的易学思想研究

谭振江《阳明心学与〈周易〉的内在关联试析》（《山西高等学校社会科学学报》2023年第10期）一文指出，宏博深邃的《周易》是中华文化不竭的智慧源泉。家学、出身使王阳明与《周易》有着特殊的渊源。王阳明于困厄中研习《周易》，促成了龙场悟道，《周易》对他及其观念学说的影响由此开启。《周易》整体、直觉体悟、见仁见智的观念，启发他形成了以内心体认为特征的阳明心学。王阳明从《周易》中汲取智慧的表现形式是多样的，其中，对《周易》观念的化用最为常见。那些内化为阳明心学的观念学说与《周易》有内在的关联，这反映出阳明心学对《周易》观念的嬗变。

7. 王阳明的《孟子》学思想研究

秦晓《王阳明"事"论思想探析——以"必有事焉"为中心的讨论》（《海岱学刊》2023年第2期）一文指出，王阳明对《孟子》"必有事焉"的诠释反映了其"事"论思想的特色。"必有事焉"体现着王阳明"致良知"的贯通工夫，彰显了"知行合一"的思想，也蕴含着"心即理"的主张。王阳明对"必有事焉"的看重，直接关乎人作为主体存在的价值归属，是对儒家道德实践和道德境界的弘扬。"必有事焉"强调通过对良知的体认达到本体和工夫融贯的境界，突出中国传统思想中天人合一的理念。王阳明通过对"事"的心学化解读，肯定个人自得的精神，蕴含着独立思考和思想解放的因素。

（五）王阳明政治军事教育思想研究

1. 王阳明的政治思想、社会治理思想研究

允春喜、周长根《优良秩序的重构——王阳明政治哲学研究》[《宁波大学学报》（人文科学版）2023年第5期]一文指出，在对优良秩序的理论建构中，孟子尽管视人的类本质为善的根源，却没能坚持纯粹先验的立场，结果难免使善沦为强权的意志。通过把善的根源追溯到纯粹主体，王阳明将善转化为真理在主体精神世界的自然呈现，从而让优良的公共生活变得可欲。朱熹将对善的讨论由事物升至理念层面，却为经验之恶提供了先验依据。借助"心即理"的本体论革命，王阳明让经验之恶重归偶然，这就使优良的公共生活成为可能。尽管王阳明还为优良秩序设立了"与物同体"的理论范型和"克己""亲民"的实践遵循，但他对人的道德价值的不平等估价使其最终无法突破君主专制的藩篱。

李平《王阳明南赣奏设新县的官员铨任问题初探》（《赣南师范大学学报》2023年第2期）一文指出，以朝廷正式下诏宣布新县设立为建县标准，确定王阳明先后于正德十二年五月、正德十二年闰十二月、正德十三年五月奏设的平和、崇义、和平三县，分别建立于正德十四年三月十六日、正德十四年三月四日、嘉靖元年八月十一日。另朝廷分别于正德十四年、正德十五年、嘉靖元年为三县铨选官员。从奏立三县到正式建县，从建县到选官，其时长皆存在差异，这是动荡复杂的正嘉朝局、建县基础薄弱的南赣社会以及建县过程中的地域纷争等因素交织的结果。

朱琳《阳明学与乡村治理研究》（《新楚文化》2023年第24期）一文

指出，《南赣乡约》是一套完整的治理体系，可以有效地改革风俗、增进道德、缓和社会矛盾、淳化乡风民俗。我们要实现乡村治理现代化，可以借鉴王阳明乡约的治理体系。"致良知"就是要克制个人的欲望，用自身"良知"管控私欲，有利于涵养乡民德性，增强乡村文明，促进社会和谐发展。"知行合一"就是用正确的价值原则为引导，并将之付诸实践。在乡村治理中，做到"知行合一"，可以有效地推进乡村和谐，促进乡村振兴。

韦勋、邹新《王阳明"南赣乡约"的历史意义与现实启示》[《西安文理学院学报》（社会科学版）2023年第2期]一文指出，明朝正德年间，为应对赣南地区匪患猖獗、社会动荡、秩序紊乱的现象，时任"赣南巡抚"的儒者王阳明制定了《南赣乡约》以促进赣南乡治。《南赣乡约》在思想上既继承了宋代理学的乡治传统，又坚持心学思想，在政治上既坚持乡民自治，又推行官方督导。由于《南赣乡约》在"哲学思想""组织制度""社情民意""道德教化"等方面具有突出优势，从而产生了巨大效益和深远影响，时至今日，仍然具有相当的借鉴意义。

王翠英《明儒王阳明的乡村道德治理实践研究——以〈南赣乡约〉为核心》（《武陵学刊》2023年第5期）一文指出，运用乡规民约进行乡村道德自治建设是中华民族的历史传统，直到明代，官方才开始介入乡村道德建设自治体系，王阳明的南赣乡治就是典型代表。王阳明在"破心中贼"的乡村道德治理中，秉承中国传统"法—礼—德"三位一体、以礼为核心的道德治理方式，推动形成了以礼为中心，以法、德为两翼的社会治理体系。王阳明以《南赣乡约》为礼，左手牵法（《十家牌法》的法）右手挽德（书院和社学的道德教育），对乡民进行礼制规约。王阳明乡村道德治理立足村民实际，以民为本，德、礼、法辩证施治，是今天进行乡村道德建设可资借鉴的典范。

郭名荣《从王阳明南赣抚畲看明代民族地区社会治理》（《赣南师范大学学报》2023年第4期）一文指出，明中叶，赣闽粤边为畲民聚居区，因其长期动荡不安，难以治理，明廷设南赣巡抚加强管控。王阳明就任后平定畲乱，将畲民编户入籍，通过增设国家机构及建立保甲乡约制度，重建畲民地区社会秩序，并运用"良知之学"启发民智，注重保障民生。从王阳明南赣抚畲，可以窥见明代治理民族地区社会的路径，展现王朝国家民族治理的基本面貌。

陈善江、岳青松《王阳明"亲民"思想探源——以〈大学问〉为中心的考察》（《中华文化论坛》2023年第3期）一文指出，"亲民"思想是中国优秀传统文化的重要思想资源，在不同历史阶段有不同阐述，尤以朱熹理学和王阳明心学为代表。王阳明"亲民"思想承古本《大学》之要义，早期批朱熹改"在亲民"为"在新民"重教不重养，晚期在《大学问》中形成完整的"亲民"学说，这成为王阳明心学思想体系的重要组成部分，也是其政治思想的核心要旨和一生的执政理念。他以"致良知"收摄"亲民"，认为只有通过"致良知"才能实现真正的"亲民"，"致良知"为体，"亲民"为用，"推己及人"为工夫，将仁德之心推己及人，实现"亲民"目的，最终实现以"万物一体之仁"的宇宙秩序来重构社会秩序的理想境界和"天下一家"的理想蓝图。王阳明"亲民"思想继承并成功地阐述发展了古本《大学》的"亲民"，对当代中国社会治理创新和人类命运共同体建设具有重要的启示意义。

宁新昌《"亲民"何以可能》（《贵州社会主义学院学报》2023年第2期）一文指出，"亲民"是《大学》中的重要范畴，也在儒家仁政民本思想之列。王阳明依据《大学》阐释"亲民"的仁政民本意义，其哲学理论也内含对"亲民"的前提性批判，即"心即理也"是"亲民"的哲学根基，"知行合一"是"亲民"的人格依据，而"致良知"是实现"亲民"理想的工夫路径。

陈依《王阳明乡村道德治理研究》（河北师范大学2023年5月硕士学位论文）一文指出，王阳明是明代最具有影响力的思想家之一，以身示范"立德、立言、立功"。返本开新，追根溯源。明中叶是一个典型的乡村社会，对王阳明乡村道德治理思想与实践进行梳理，或可以为现代化农村建设提供伦理解决路径。论文以问题为突破口，按照背景、思想、实践、评价四部分，总结其乡村道德治理特点，挖掘其历史价值与当代价值。第一章对王阳明乡村道德治理理论与实践形成的历史背景进行了分析，这是王阳明乡村道德治理理论与实践形成的依据。梳理明中叶的乡村道德治理状况，发现乡村道德中存在的问题，这是王阳明乡村道德治理理论与实践形成的社会条件。王阳明乡村道德治理理论与实践形成的理论条件是心学与事功学的繁荣发展。另外，他本人的仕途经历是他能够推行乡村道德治理理论与实践的保障。第二章是其乡村道德治理思想。王阳明的乡村道德治理是为实现"万物一体，三代之治"的理想道德社会。为实现这种理想道德社会目标，需要对道德主体进行教育，治心的良知之教，让道德观念及道德情感内化于心。德主刑辅的治理方式，让道德知识外化于行。最终的实现路径为知行合一。第三章是其乡村道德治理实践。王阳明在乡村道德治理中实施的政策，包括《十家牌法》《南赣乡约》，乡村道德治理中的道德实体构建，包括修建书院与兴办社学。这些实践净化了乡村地区社会风俗，达到了导民向善的效果。第四章是其乡村道德治理理论与实践的评析。王阳明的乡村道德治理蕴含道德主体精神与经世致用的伦理精神，因此具有理论与实践价值，但在当时特定的社会背景之下，也有一定的局限性。我国现代乡村治理，需要人民群众参与进来，发挥人的主动性，也需要当代新乡贤在乡村建设中发挥引领作用。王阳明的乡村道德治理理论与实践，为我们提供了参考。

2. 王阳明的法律思想

贾庆军、孙文《论王阳明法的思想体系》[《宁波大学学报》（人文科学版）2023年第4期]一文指出，王阳明关于法的思想体系可以概括为几个方面：从法的来源看，阳明之法属于神意法和父权法的混合；在法的内涵上，阳明之法体现和维护的是等级秩序；在法的功能上，阳明强调法立事行、抑强扶弱；在执法上，阳明强调执法公正；关于法的局限，阳明指出，所托非人则法律废弛，法律严苛则适得其反，要情法结合。阳明之法体现了中国传统天人思想的特色，具有其优越性和局限性。

王美华《王阳明无讼思想及其地方治理实践启示》（《哈尔滨学院学报》2023年第1期）一文指出，王阳明心学理论的形成和对社会现实问题的思考，共同促进了其思想的产生、发展和成熟。其在庐陵和南赣任职期间的作为，更是被后世奉为地方乡村治理的典范。无讼思想作为王阳明哲学思想转化为地方治理实践的纽带，发挥着承上启下的作用。建设文化强国，坚定文化自信，我们更需要充分挖掘王阳明的无讼思想，发挥其价值，为法治建设所用。

刘佑生《王阳明致良知学说中蕴含的法理思想及其启示》（《人民检察》2023年第6期）一文指出，王阳明创建的致良知学说与现代司法良知如出一辙，强调心中的定盘针为普世道德法则，衡量善恶的标准为国家法度和乡规民约及伦理道德。阳明秉承"大一统"法理，在乱世用重典的时代，创造性提出了"罪疑惟轻"的法理思想，体现了人文关怀。阳明为政一方，审案重息诉，断案观心智，治乱重法度，赏不逾时，罚不后事，推行《十家牌法》等户籍登记查验制度，创建具有现代民事法雏形的《南赣乡约》，定分止诉，治理偏远山区井然有序。上述法理思想的提出和运用，充满智慧，给现代司法以启迪，值得深入研究和思考，以传承其精华，发挥其更大价值。

3. 王阳明的廉政思想研究

王伟、冀志强、邓立、文平、刘亚明《破心中贼：王阳明心学廉政思想阐释》（人民出版社2023年5月版）一书认为，王阳明廉政思想与其心学要义相辅相成。"心即理"为"廉"之"本体"。一方面，"廉"自在"心"中，人之廉耻与生俱来、人皆有之（"良知"）；另一方面，激发每个人"心中的道德律"，以"心药"医"心病"，可为"破心中贼"指明"心学"方向。对贪腐者普遍存在的心口不一、言行不一、律己与待人不一的伪善之风，对自欺欺人、怨天尤人的贪腐托词，对廉政理想（理论、思想、教义）与廉政现实（实践、行为、效果）之间的差距、隔阂、异化问题，"知行合一"既是破解"心中贼"的方法论，又是证成"真廉"的试金石。作为"致良知"过程的廉政，不仅需要人对自身良知的"发现"即从知善知恶到为善去恶、扬善止恶，而且需要推己及人的"发用"，发用于己为廉洁，发用于政为廉政，发用于众为廉明。

何祖星《阳明心学中的亲民廉政思想论考》（《赣南师范大学学报》2023年第2期）一文指出，王阳明的心学思想主要以"知行合一"和"致良知"为主，其学说内容极其丰富，他的亲民廉政思想在其事迹中均有体现，王阳明在社会治理过程中践行民生情怀，贯彻民惟邦本的理念，坚持廉洁自律。

魏学琴、马国栋《王阳明廉政思想及其江右实践》（《赣南师范大学学报》2023年第5期）一文指出，王阳明作为实践"觉民行道"的为政者，他的廉政思想与实践，也是由探索"以修身为本""内圣外王"这些儒学基本问题在德政困境中的解决之道而展开的。其根本路径是，首先要抱定"圣人之心"，政事学问，相与为一，有事存养，无事省察，然后正己化人，静处体悟，事上磨炼，做到执法明善、崇俭治奢、勤政爱民。其具体的做法：一是正己志道向内求，讲求"心即理"，克治人欲，廉洁自律，知行合一，反对空言，勤慎笃实；二是化人合道向外求，在社会治理实践中，讲求政学不二，在军政、民政、法政各方面，开明心性，约束身心，规范日用之常，从本源处直启人心。

4. 王阳明的军事思想研究

詹良水、王飞《王阳明军事思想新探——以〈武经七书评〉为中心》（《孙子研究》2023年第1期）一文指出，王阳明虽未留下专门的军事著作，但他早年所作的《武经七书评》及其具有传奇色彩的三大军功，能完整地反映出他的军事思想。通过分析，可以得出王阳明军事思想的核心是《孙子兵法》所提出的"校之以计而索其情"。具体来说，王阳明的军事思想又可分为慎战伐谋、速战速决、精兵强将、赏罚严明等战略思想和五"间"俱用、正合奇胜、便宜行事等战术思想。

5. 王阳明的经济思想研究

冯瑜《王阳明商人伦理思想及其现代价值研究》（河北师范大学2023年5月硕士学位论文）一文指出，明朝中叶以后商品经济的发展促使市民阶层兴起，旧有的社会结构受到冲击，传统的伦理价值观念开始发生转变。作为明代著名的思想家、教育家，王阳明深切感受到商业、商人在推动社会进步中的贡献与价值。其在心学思想体系的哲学基础上，提出了"四民异业同道"的新四民观，强调职业间的差异性、互补性，否定用职业评判身份贵贱的等级性。王阳明新四民观的提出进一步肯定了商人的社会地位，深刻影响了商人在商业活动中需遵守的商业伦理原则和规范。在当今社会，阳明商人伦理思想的现代性转换对营建优质营商环境、培养现代企业家精神具有重要的借鉴意义。该文从四个部分对王阳明"四民异业同道"中蕴含的商人伦理思想及其现代价值进行分析和研究。首先，阐释阳明提出商人伦理思想的社会背景和思想背景。在商品经济发展、政治制度变革等外部环境变化的刺激下，逐步凸显商业的发展以及商业在社会发展中的重要作用，肯定商人在推动社会进步中的贡献与价值。思想背景方面，在继承传统儒家伦理思想、重视培养"五伦"的同时，王阳明受佛教、道教世俗化的影响，关注百姓日常生计问题，尤其是一直处于社会底层的商人阶层，肯定商人的社会地位，继而提出士、农、工、商"四民异业同道"的伦理思想。其次，介绍阳明商人伦理思想的主要内容。阳明商人伦理思想的提出立足其心学思想的基础之上。阳明以"良知"为根本出发点，强调无论是圣人还是百姓皆有"良知"。百姓和圣人最大的不同只是因为良知受到蒙蔽，掺杂了私心，若祛除遮蔽恢复清明，无论百姓身处何种职业何种地位，仍可成为圣贤之人，达到万物一体的理想境界，以至实现天下大同的终极目标。阳明重新阐发了士、农、工、商新四民观。传统四民观以士为尊，但阳明认为士、农、工、商四民之间相互平等、相互补充、相互促进，缺一不可。受时代、环境的改变，四民的地位和关系也在不断改变和调整，特别是明代以后，商业在社会发展中的作用日益凸显，商人阶层地位不断提高，通过自身的努力与拼搏或与他人同心合力，不仅获得行业内的成功，实现自身的社会价值，还可对百姓施以援手，为社会造福。在肯定商人积极影响的同时，阳明提出了商人在从事商业活动中遵循的原则，旨在提高商人自身素质，铲除私欲带来的不良影响，虽"异业"，仍可"同道"，无论何种职业，仍可学做圣贤之人，规范经营，带动整个行业更好发展，推动社会不断进步。受阳明有关商人伦理思想的影响，其后学中不仅授徒广泛，也出现了专门为商人正名，肯定商人价值的思想与言论。再次，揭示阳明商人伦理思想的进步性与局限性。阳明商人伦理思想的提出在当时具有一定的积极意义，不仅将阳明心学思想应用于社会实践，肯定主体的能动性，指导社会的进步与发展，同时，肯定商人的社会价值，扭转商人阶层千百年来低下的社会地位。当然也应看到，阳明商人伦理思想也具有一定的局限性，其并未跳出封建社会的框架与桎梏。他所推崇的人与人之间的平等是建立在其"良知"的基础之上，而并非现代社会推崇的权力地位的平等，其思想仍具有一定的阶级性。最后，叙述阳明商人伦理思想的现代性转换与应用。阳明商人伦理思想不仅有利于建立良好和谐的营商环境、提升商人的主体地位，还有利于在当下社会培养企业家精神，促进我国社会经济、政治、文化等各方面健康发展。

汤铎原、谢菊英《王阳明心学中的共富思想》（《寻根》2023 年第 1 期）一文指出，共同富裕已成为当今社会各界关注的热门话题，传统文化中的共富智慧日益得到重视，上古时代以及先秦诸子百家朴素的共富思想不断被发掘，如上古文明中的"天道均平、人道法天"思想、先秦诸子百家的"损益之道、抑强扶弱"思想、农民起义的"等贵贱、均贫富"诉求等。阳明心学作为中国儒学的最后一座高峰和近世启蒙思想的先导，继承和发扬了先秦儒家的富民思想、平等观等，形成了较为完整的共富思想。

6. 王阳明教育（含书院教育）、教化思想研究

赵盛梅《王阳明道德教育思想及其创造性转化研究》（南开大学出版社 2023 年 2 月版）一书所论的王阳明道德教育思想，主要包括王阳明道德教育的目标、理念、内容、原则和方法等。作者以马克思主义理论为指导，在现代思想政治教育视域下，发掘王阳明道德教育思想体系中含有当代价值的精神内核，对其进行创造性转化研究，具体分为"以何转""何以解""何以转"三部分。著作立足对现实生活和实践的认识，研究王阳明道德教育思想中的思想精华和道德精髓，拟将王阳明道德教育思想结合时代精神、社会要求、现代人的思维模式进行创造性转化研究，并进行实践探索。

蔡光悦、刘铁芳《良知的发见与养正——从王阳明看儿童道德教育的

意涵及其实现》(《教育研究与实验》2023年第1期)一文指出,在当下,儿童道德教育的基本路径是通过知识化教学来提高儿童的道德。王阳明认为,儿童的道德力量根源于人的内在良知,儿童道德教育需要把良知这一道德的内生力量焕发出来,在儿童的内心建立起稳定的道德根系,从而为儿童养成良好的道德行为提供内在的根据,而不只是一种外在性的道德知识与规范的教授。儿童道德教育的要义是遵循儿童的性情,把儿童的良知无蔽地发见出来,实现良知的养正;在具体的方法上,采用歌诗以兴发儿童的道德情感,使之习礼以涵养儿童的道德意志,教以读书以拓展儿童的道德理性以及每日考德巩固和纠偏儿童的道德行为。

彭传华、周昱池《王阳明〈书正宪扇〉的道德教育意义》[《贵阳学院学报》(社会科学版)2023年第1期]一文指出,中华文化中存在着灿若群星的诫子名篇,王阳明的《书正宪扇》正是其中之一。《书正宪扇》以"傲""谦"二字作为切入点,提出"'傲'之反为'谦','谦'字便是对症之药"的观点。这一观点的形成深受道家与儒家谦虚思想的影响。王阳明认为"千罪万恶,皆从傲上来",傲为病罪之源,谦为对症之药,谦为身正、家和、政兴之要领,谦者能孝父母、睦兄弟、兴国政。要做到谦,成为谦者,我们应当由心"恭敬、撙节、退让",而不只是外表上的谦逊。王阳明所推崇的谦虚之德,是中国优秀传统道德理念的组成部分,即使今天看来仍具有道德教育的现实意义。另外,王阳明谦德思想在儒耶融合的过程之中可能也对西班牙天主教传教士庞迪我的谦德思想形成了影响。

方晓斌《王阳明童蒙教育思想及当代价值研究》(《福建江夏学院学报》2023年第2期)一文指出,王阳明提出"心即理""知行合一""致良知"等教育哲学思想,认为童蒙教育在体认"吾心之良知""良知即天理",根本在于培养儿童力行"知行合一"。他的童蒙教育内容涵括了伦理教育、开发智慧、习礼和诗歌。他倡导的"教以人伦、求其为善,全面诱导、不执一偏,顺性自然、培养志趣"等童蒙教育原则,顺从儿童身心特点,使学童"趋向鼓舞,中心喜悦"。他提出的诱、导、讽、因材施教以及循序渐进的教学方法,树立了新的教学模范。王阳明的童蒙教育思想为后人留下了宝贵的经验和智慧财富，至今仍有极大的借鉴意义。

李海晶《王阳明教育思想的五个维度》（《地方文化研究》2023年第2期）一文指出，王阳明教育思想内容丰富，影响深远，虽历经五百多年，但仍具有鲜活的生命力，对当下的教育起着重要的指导作用。王阳明教育思想主要体现在五个方面，即教育理念"心即理""心外无物"，教育内容"致良知""此心光明"，教育路径"心上用功""事上磨炼"，教育原则"教贵精熟""随其分限所及"以及教育目的"至精一功夫""立志贵专一"等。它们是中华民族宝贵的精神遗产，是中华民族文化自信的题中应有之义，也是我国推进教育事业现代化的宝贵营养和智慧源泉。

淮展《王阳明的"成德之教"》（《黑龙江社会科学》2023年第4期）一文指出，作为儒学的又一座高峰，王阳明学说无论是在中国思想史上抑或是哲学史上都留下了浓墨重彩的一笔，历来备受学者关注。其中，对于人的道德的肯定和追求是其学说的核心思想。为此，王阳明对以朱子理学为基础的明代官学发起挑战，从对经典文本的选择、核心概念的诠释、致学目标的阐发三方面完成了对朱子学说的改造，同时，也逐渐廓清了积习已久的理论阻碍，形成了以"尊德性"为目标的学说体系。在对文本的选择上，他通过古今本《大学》之辨，重新确立经典的权威，将重点由朱子以来的"格物"转向"诚意"；在对核心概念的诠释上，他运用"体用一源"的解释范式将朱子以来复杂的哲学范畴简化为直截了当的"致良知"三字，变"穷究物理"的实践工夫为洒落的"自家体贴"与"知行合一"；在对致学目标的阐发上，他将"圣人"的概念凡俗化，试图帮人们树立"成圣"的理想人格。这些最终都凝结成王阳明在理论与实践方面惟精惟一的道德追求。

张辉《良知与教化：王阳明的书院实践》（《三明学院学报》2023年第2期）一文指出，王阳明的"致良知"之教将个体德性的实现与教化民众联系起来，具体落实在书院实践中，表现为重视书院建设，规范书院制度，确立以学为圣贤为目标的书院教育宗旨，从而成就明德亲民的圣人之学。针对以科举为目的的学校教育中存在的支离和功利之弊，王阳明主张书院教育应践行圣人之学，即良知学，以弥补官学教育之不足。在对待举业上，王阳明认为其与圣学并不相悖，可将举业纳入书院的教育之中。王阳明一生的教化活动始终与书院结合在一起，书院实践构成了他立德成己、亲民教化的圣学的重要环节。

蔡光悦《道德学习的身体生成力——以王阳明身心之学为中心的教育学探究》（《社会科学家》2023年第5期）一文指出，王阳明的身心之学作为一种道德学习的范式，是个体通过身心的体履以达到对道德的认知的体悟之学。王阳明的身心之学强调道德学习的身体性，对当下应对道德学习的离身性问题具有启发性。身心之学的发生以身心一体的身体为基础，这意味着道德学习依靠的不是他人的间接性经验，也不是人的纯粹性意识之思，人身体的体验才是道德学习发生的源泉。其具体的生发机理为内感外应、交养互发。道德学习的发动首先是以个体的身体因事物应感而动，并给予事物以回应为基础建构起人与世界的感官认知关系；个体以身体的方式参与到具体的道德情境并与情境交养互发，在互动中推动道德的身体转化。在具体的生成之道上，个体要切己体认，以身体为基础去"体之"；消除"客气"，为道德之学提供良好的身心条件以及进行持续的体究践履，在行动中不断地转化道德之知，以达到道德学习的身体生成。王阳明的身心之学提出，道德学习是一种身体实践，要关注人的身体性，重视情境性，创造合适的情境以促进个体道德学习的切身发生。

彭传华、周昱池《王阳明谦德思想的道德教育意义》[《吉林师范大学学报》（人文社会科学版）2023年第3期]一文指出，作为王阳明一生思想德行之得力所在，"谦"是其德性工夫论以及实践哲学的总结。王阳明的谦德思想深受儒家与道家谦虚思想的影响，王阳明谦德思想是对儒家与道家谦虚思想的传承。王阳明谦德兼蓄"去傲、和、诚、慎、忠、恭"等思想内涵。王阳明在其一生的为学、治家、为官、治军当中皆十分重视谦德，王阳明谦德思想在这些活动中得到了充分实践，这是王阳明"知行合一"学说的具体体现。王阳明谦德思想在当下仍具有极大的道德教育意义。

（六）王阳明文学书法艺术思想研究

1. 王阳明的文学理论研究

张小琴、吴珊珊《从感物到性灵：阳明心学与传统诗文观的嬗变》[《闽南师范大学学报》（哲学社会科学版）2023 年第 1 期]一文指出，"感物说"与"性灵说"作为我国传统诗文创作的两种重要的理论来源，是作家创作的一种审美体验。"感物说"历经了一个以物为先，以物为重到心物并举的审美体验过程。"性灵说"则在此基础上，强调以心为主、顺应心性的审美创作过程。"性灵说"强调心之主体意识的突出性、重要性与功能性。从"感物说"到"性灵说"的创作审美体验过程中，王阳明致良知的学说对性灵文学观的发展，具有关键的主导性作用。王阳明强调"心"在诗文创作中的关键性作用，他以心学理论指引诗文创作，转变了传统"感物说"的创作理念，使诗文创作沿着"性灵说"的方向发展与演变。王阳明的心学观在明代文学史上产生了极大的影响，也对后世诗文作家的性灵文学书写风格的形成产生了深刻的影响。

别茜《王阳明江西时期心学与文学研究》（西南大学 2023 年 4 月硕士学位论文）一文指出，王阳明作为明代心学宗师，其心学思想深度形塑了中晚明文学。心学转变了中晚明士人意识形态，以士人阶层为文学创作主体的明代作家亦随之产生新变：其一打破身份界限，理学家从事文学活动，文学家参与思想活动；其二打破个体边界，注重群体性，讲学、结社之风盛行。唐宋派、公安派、竟陵派等中晚明主要文学流派皆受王门后学影响，心学思潮成为性灵文学之滥觞。因此，以心学与文学关系为中心的探讨，是探究士人群体思想、文学、文化活动及其影响下的中晚明文学面貌的重要视阈。江西时期是阳明心学的成熟阶段。从王阳明个人行迹来看，巡抚南赣、平定叛藩的戎马生涯使之意识到"破山中贼易，破心中贼难"。军政为"行知"实践，王阳明的心学思想深刻影响其战争观：基于"知善知恶"的"良知"心性观，他在用兵方面贯彻宽仁、忠义；基于"存善去恶"的"格心"方法论，在治军方面以德为本，以法为纲；在治民方面，兴学重教，淳风化俗。心学是"知行"的检验。王阳明面对利害得失，真正做到了"不动心"。江西时期的论辩讲学则直接促进"良知说"的提出。阳明心学的发展面临两大挑战，其一是程朱派的反对，其二是心学内部的分歧。王阳明在与学者的思想交锋中回应质疑，阐发观点，完善心学理论，在与门生的讲学中革新教法，指示"良知"，完成了心学阶段性总结，也标志着心学理论的系统化。心学的成熟无疑影响了王阳明的文学思想与文学创作。江西时期他已彻底完成从文学家身份向心学家身份的转换，在文学思想上建构起稳定的"心学文学观"，在文学形态上完成了"审美文学"到"心学文学"之转型。为纠正驰骋辞章的世风，"心学文学观"以"良知"为核心，贯穿文学生成的完整过程：就发生论而言，王阳明认为文学"发乎真心，缘于性情"；就表现论而言，主张"返璞归真，纯实沛然"；就功能论而言，强调"传播心学，化悦人心"。王阳明江西时期诗文创作是"心学文学观"之实践，处处贯彻"致良知"思想。诗歌方面，政治诗体现了儒者的担当与成圣追求，山水诗体现了心物合一的自由心境，哲理诗则强调"良知"的心灵教化功用。散文方面，内容取材广泛，涉及江西时期军政、哲思、讲学、社交等方方面面，创作体裁多样，以书信、奏疏、公移等实用类文本为主，辞、赋、序、记、说等文学类散文创作数量相对较少，实际上王阳明江西时期散文创作的重点并不在题材、文体上，而在"良知"体用上。就体而言，相对逻辑化地阐发了"良知"思想；就用而言，体现了以"良知"应万变，贯彻"中和"之道的特征。基于"明道"的终极理想及对语言有限性的认知，王阳明在表达方式上倾向于"立象"，善用譬喻，以小见大，情理兼备。王阳明江西时期的诗文创作基本符合"心学文学观"，在其个人文学创作史中处于确立文学观与文学风格的成熟期，在明代文学史中处于承上启下的位置，是对"心学文学观"的践行与尝试。"心学文学"对"性理文学"的突破主要在两方面：其一，"良知"对理、心、身的统一，打破了灵与肉的二元对立，一定程度上为情欲松绑；其二，将天理内化为"良知"，促使主体意识觉醒。王阳明身为心学家，文学创作整体上偏重哲理，故其文学思想与创作对明代文学直接影响有限，但江西时期"良知说"的提出及王门后学尤其是泰州学派对心学的推阐，重塑了中晚明士人的思维模式，将他们从理学的矩矱中解放，强调本心的觉知式呈现，促使明代文学由"性理"向"性灵"转捩。

常威《论阳明学与明代文体观的"平等"趋向》[《五邑大学学报》（社会科学版）2023年第4期]一文指出，阳明心学话语表述的"正人心以正文"转向使得相对统一的衡文标准有了实现的可能，从而预示了同一种文体以及不同文体间可以实现无差别地位的进路。同时阳明学派通脱思辨的思维模式以及"学贵自得"的主体意识，也影响着时人对文体"平等"观的体认。不过阳明所论还未逾越文章内部的范围，至阳明后学，由道义向尚真移转的评判标准发挥更大的影响，不仅相对消弭了同一文体内部的歧义，还扩展到不同文体间，最终发抒了"文体平等"的宣言。

2. 王阳明的诗词歌赋研究

侯丹《王阳明思想和诗歌研究》（中国社会科学院出版社2023年6月版）一书紧扣王阳明作为心学思想家诗人的特色，从不同的层面阐述了王阳明的人生追求、"致良知"思想与诗歌创作成就之间的互动关系。

王旭泷《论王阳明诗歌中曾点形象的文化意蕴》（《名作欣赏》2023年第2期）一文指出，儒家圣贤曾点多次出现在王阳明诗歌中，并有着不同的含义，从而形成了王阳明诗歌中独特的曾点形象。该文通过梳理分析曾点形象在王阳明诗歌中意蕴的发展变化，进而总结王阳明诗中曾点形象的文化意蕴。其文化意蕴大体可总结为曾点形象与郊游之嬉、曾点形象与教化之乐、曾点形象与"狂者胸次"、曾点形象与"王者气象"四个层次。

钱奕男《王阳明诗歌中的舟船意象探微》（《名作欣赏》2023年第2期）一文指出，王阳明诗歌有众多高频意象，舟船意象便是其中的一个典型代表。诗歌中的舟船不只是简单的出行工具，更有丰富的思想内涵。舟船意象大致可以分为三个层次：第一，书写客观事物，表现所见的舟船图景；第二，借舟船漂泊等特点，结合个人境遇抒情写志；第三，通过舟船展现积极入世的儒家心态与超然物外的道家思想。

马俊梅《陶渊明田园诗与王阳明田园诗比较》（《汉字文化》2023年第

3期）一文指出，田园诗主要是以田园生活、从事农业生产的劳动者以及田园风光为表现对象，始于陶渊明，其源头可以追溯至《诗经》。陶渊明与王阳明都曾从事过农事劳动，有过田园生活的经历，在此期间，两人或多或少都留下了一些记录他们所见、所思、所感的田园诗。

罗尚荣、刘经鹏《清风彭泽令　千载是知音——论王阳明次韵诗中的桃源情结》[《九江学院学报》（社会科学版）2023年第1期]一文指出，从正德丁卯年到正德辛巳年的15年里，王阳明创作次韵诗48首，其中35首是对陶渊明桃源理想境地的向往及深化，隐含其独到的"桃源情结"。该情结于内在探求层面，指引着诗人追求更高的心灵境界，是其心学与实践的统一；内在深化有不同的外在关注，寻隐、季节、圣僧，使"桃源"有自然和着意的两层升华；此外，由内向外的"桃源"追寻，可窥探其背后的哲理意蕴。文章以其次韵诗为文本，从内在探求、外在关注、哲理意蕴三方面探讨阳明的"桃源情结"。

叶汝骏《从诗艺到"诗史"：王阳明诗风递嬗中的杜甫因素》（《杜甫研究学刊》2023年第1期）一文指出，王阳明以"龙场悟道"为界的诗风转变，从诗学取径来看，亦可谓一个"发现杜甫"的过程。王阳明前期诗歌主要宗法以李白为首的盛唐诗人，对杜甫的接受止于诗艺层面。"龙场悟道"以后，王阳明对杜甫的接受发生了从诗艺到"诗史"的转向——其自觉以诗纪"一人之史"与"一国之史"，特别是在其赣州诗、江西诗和两广诗中涌现出的大量表现社会现实民生之作，体现出其民胞物与的圣人情怀，具有鲜明的"诗史"特质。王阳明对杜甫接受的深入与内化，是催生其后期诗风转变的重要因素。

崔冶《论王阳明"秀逸有致"的诗风》（《绍兴文理学院学报》2023年第7期）一文指出，"秀逸有致"是王阳明诗歌最突出的风格，尤其是王阳明涉及山水、隐逸题材的创作，更具秀美、洒脱、有情趣、富于哲理的特征。王阳明山水诗在继承六朝以来审美传统的同时，又展示出创新。王阳明追求的清空之美，是一种心灵境界的外化，展现出强烈的主体精神。在创作技法上，他善用气与光影，结合天气及节物的描写，详细刻画气的种种形态与固化的山间景象之间复杂多变的关系，铸造了一个清丽、秀美的诗歌世界。王阳明的心学思想与人生情感都是"秀逸有致"的诗风形成的重要因素。

陶诗懿《论王阳明诗歌中"花"意象的生命意识》（《名作欣赏》2023年第11期）一文指出，在王阳明的诗歌中，"花"意象有一种柔性美，它不同于王阳明笔下"浮峰""云松"等意象那般刚劲，更多的是透露出诗人内心世界的柔软。王阳明诗歌中的"花"意象融入了诗人人生经历与内心体悟，比较一些"花"意象先后所蕴含的不同情感，从中不难发现诗人人生观方面的变化。因此，分析王阳明诗中"花"的意象，必然会有助于理解王阳明的内心世界，揣摩其内心情感的变化和生命追求。

高文绪、罗宏梅《王阳明为赋取径探赜》（《遵义师范学院学报》2023年第3期）一文指出，明代中期前七子倡导辞赋复古，王阳明与七子虽处于同时，但他不以复古自蔽，除法庄子、屈原、汉大赋外，兼学王勃、杜牧、苏轼等人。细论之，他的取径在法庄、屈，这为其赋注入了旷达、骚怨精神。他效汉大赋的铺陈，以增强其赋的气势。唐宋则取王勃之辞彩，杜牧之盛衰悲慨，苏轼之矛盾消解方式。王氏取径的原因，既有时代的影响，又有他个人交游的促进，更离不开他自身的性格和遭际。

曹文静、卓光平《论王阳明"狱中诗"中的归隐思想与矛盾心理》（《名作欣赏》2023年第26期）一文指出，正德元年，王阳明在狱中作了一系列诗歌，反映了他身处的环境以及他在巨大变故下思想情感的变化，其中"出世—入世"的矛盾心理表现得尤为突出。在入狱和远谪龙场的过程中，王阳明既有入世碰壁的痛苦和坚守，又有逃离世俗、归隐田园的向往，他在狱中写下的十余首诗既表现了身陷囹圄、前景难卜的情境，同时浓烈的乡愁早已和归隐之心融合，不免生出远离政治旋涡的向往。此外，王阳明立志成圣的信念又激励着他不断追求圣人之道。

陈为兵、杨秋萍《生态美学视域下王阳明居夷诗的生态书写——自然、社会与精神》[《郑州航空工业管理学院学报》（社会科学版）2023年第6期]一文指出，谪居贵州是王阳明心学体系走向成熟的重要转折点，居夷诗折射出王阳明当时的生存状态。与其"万物一体""恻隐之心"心学观相勾连，诗中自然生态书写表现为喜山乐水与怜悯生物；在贵州百姓的热情关切下，其诗中社会生态书写表现为由外来个体向社会群体转变；受贬谪之苦与生活之乐的交互影响，其诗中精神生态书写表现为忧伤郁结伴自我开解。物质文明不断发展，人们赖以生存的自然、社会与精神生态脆弱程度加深，王阳明居夷诗中的生态书写饱含生存智慧，对启发今人处理人与自然、人与社会、人与自我的关系有着重要意义，同时生态美学对王阳明居夷诗的研究提供了新的视角。

王锦楠《王阳明诗歌中"松"的意象探微》（《名作欣赏》2023年第26期）一文指出，在中国传统文化中，"松"象征着孤直自守、坚贞不屈的高洁品性，被赋予"岁寒心""君子树"等比德内涵。在王阳明的诗歌创作中，"松"意象多次出现，并巧妙地与其他意象组合成"松柏""松风"等典型形象，在设景抒情、比德言志、探玄问道方面发挥了重要作用，体现王阳明引"松"入诗的独特感受与思考。

刘和富、苏晨晓《王阳明诗作〈游阴那山〉的流传与辨伪》（《岭南文史》2023年第4期）一文指出，王阳明疑作《游阴那山》最早应出现在明万历年间李士淳编《阴那山志》中，其后逐渐从"私人性"的山志引入"公共性"的地方志书。历代方志编纂者及古今学者对此诗真伪问题聚讼纷纭。考察此诗在广东方志或私人文集中的产生、流传及真伪驳议过程，不仅可以溯其源流、辨其真伪，同时也可以管窥地方志编纂者对疑作的处理态度与撰写模式，以此反思传统辨伪学重"真伪辨实"而轻"存疑价值"的研究范式。

3. 王阳明的书法、音乐、艺术思想研究

计文渊主编《王阳明法书文献集》（浙江人民美术出版社2023年6月版）一书是作者《王阳明书迹》的续编，收录王阳明一生中留下的大量书艺文献，精选其法书和文献大作，以此展示其辉煌的业绩及精湛的书艺。

黄晓丹《王阳明〈复罗整庵太宰书〉手札考》（《贵州文史丛刊》2023年第1期）一文指出，《答罗整庵少宰书》是《传习录》中收录的王阳明与

罗整庵论学的书信之一。该书札流传另有贵州省博物馆、北京大学图书馆藏《复罗整庵太宰书》石拓本一种和墨迹纸本两种，以往收藏界和学界普遍认为此即为《答罗整庵少宰书》原札。该文通过梳理这三种书迹的版本源流，考证其款署、文字内容和鉴藏印，对校《传习录》等多种明代刻本，认为这三种手札字迹系出一人手笔，且非王阳明本人手迹。想该作伪者应惯伪阳明手迹，另有相关的两种所谓"阳明墨迹"也应是其所伪。

张卫红、杨鑫《王阳明九声四气歌法的思想意蕴》（《中国哲学史》2023年第2期）一文指出，在明中叶以来儒者复兴古乐、古歌法的历史背景中，王阳明基于心学理论创制了九声四气歌法作为致良知的重要工夫，在讲会及书院教育中得到广泛流传。阳明歌法以春夏秋冬四气互摄的结构，演绎道体生生变化的丰富节律，具有两层唱法与境界：普通唱法通过调适音声，达到平和气机、怡情养性之目的；深层唱法以音声直入心体本源，呈现心体—元气—元声—天地运化一体贯通的生命结构，体现了阳明学"心物同构互摄、同一运化节律"的宇宙观。阳明歌法的义理体现了儒家以先天心气建构本真世界的一脉传衍。

胡雨轩、张维《王阳明〈传习录〉中的音乐思想浅探》（《作家天地》2023年第20期）一文指出，《传习录》是王阳明门人弟子所记录的讲学言论及其答友人弟子的论学书信的汇编，是研习王阳明心学的最重要著作，囊括了王阳明全部的哲学体系及基本主张。在《传习录》中也包含了王阳明的一些音乐思想，该文主要围绕《传习录》中论音乐审美标准、论音乐的雅俗以及论音乐的作用等三方面观点进行分析。

关来强《王阳明的乐教思想研究》（《艺术评鉴》2023年第7期）一文指出，王阳明自小就受到戏曲熏陶，这成就了他的音乐审美能力，并使其形成了优秀的音乐生活习惯，他从音乐之美中探索了一套乐教模式。王阳明在他的音乐思想中对情感与音乐的关系进行了诠释，其认为音乐之美在于通往心中有天籁、乐本在人心的自在境界。以心学思维对以往的礼乐教化方式进行推陈出新，以王阳明音乐美学理念引导学生的心性与情感，能够兼顾求知与修身，推动乐教发展。

尉愉沁《阳明心学视域下的民族器乐教育探析》(《绍兴文理学院学报》2023年第12期)一文指出,民族器乐教育是当代美育的重要组成部分,在阳明心学视域下,集合"心即理""知行合一""致良知"的核心理念重新审视当代民族器乐的教育,可以探究民族器乐教育的本质、厘清心器相应的路径、通达乐道合一的境界。在阳明心学的观照下,民族器乐教育的新阐释体现本民族独特的智慧与心灵体验,是时代问题意识建构的结果,也是对传统文化创新性发展的探索,不仅在价值认同上有着深刻的历史合理性,对加强新时代的文化自信建设也有着深远的现实意义。

(七)王阳明美学伦理生态思想研究

2023年,学界同仁对王阳明的美学思想、伦理学思想、生态思想进行了研究,尤其是围绕王阳明道德伦理、道德哲学的研究阐释,有不少成果,值得关注。

1. 王阳明的美学思想研究

余群《王阳明心学美学思想研究》(人民出版社2023年7月版)一书集中论述王阳明心学美学思想的研究,促进了哲学与美学研究的结合,为今后美学及文学研究提供更全面更客观的参照。心学与美学的关系,前人虽有涉及,但在整体论述上缺乏系统性与深度。该书借助哲学、美学、文艺学、历史学、文献学、教育学等跨学科的理论与方法,对王阳明心学中的美学思想进行全面、系统、深入的研究;通过中西范畴或思想的对比,进一步深化了王阳明的哲学与心学美学思想。重点分析了王阳明心学、美学的哲学底蕴,王阳明心学核心思想与美学之间的关系,王阳明"乐是心之本体"的美学内涵及现实意义。

余群《王阳明"无善无恶心之体"的内涵及其美学意蕴》[《鲁东大学学报》(哲学社会科学版)2023年第2期]一文指出,"无善无恶心之体"是王阳明"四句教"的核心内涵,其中"无"又是此句的重心,其意是指无迹、无滞、无言、无念。这四个方面如果从美学的角度来看,也有着丰富的内涵,那就是:美在于感应体验(心与物游,感应"无迹"),美在于生意流行（心体"无滞"，"活泼泼地"），美在于无形无象（天地之美，神明之容，"无言"与之），美在于明心朗照（"无念"无执，顺其自然）。

谭玉龙《走向自由乐感境界的"圣人"：阳明心学的审美之维》[《鲁东大学学报》（哲学社会科学版）2023年第2期] 一文指出，王阳明在反思"天理"给人带来的紧张对立的基础上，建构起以"心"为本体、本源的心学理论体系。阳明心学旨在倡导人们在心上做工夫，存天理，去人欲，实现人生境界的提升，最终成为"圣人"。在王阳明看来，圣人是人欲尽除、良知昭然之人，圣人爱无等差、与天地万物浑然一体，圣人境界指向审美境界。当人进入审美的圣人之境中，"良知"复得，与物一体，与物无对，心中毫无贵贱之分、得失之计较，人由有限进入无限，"乐"油然生于内心，而此"乐"乃超越七情的精神之乐、自得之乐，所以作为审美境界的"圣人"同时又是一种自由的乐感之境。阳明心学以成"圣"为指归，不仅揭示出中华美学具有人生美学的特质，还具有积极的现实意义，引导人们超越种种束缚、强制而走向无限、自由，感受超越的精神之乐。

余双月《王阳明的礼乐美学研究》（山东大学2023年5月硕士学位论文）一文指出，王阳明是儒家心学的集大成者，他的思想诞生于明代礼乐制度曲折发展的洪武朝和嘉靖朝。虽然王阳明并无专门的礼学著述，但他的语录、论学书信及杂著中多处论及礼乐问题，因而礼乐可以成为观照王阳明美学的切入点。该文对王阳明礼乐美学的研究回归到宋明理学语境，同时追溯至孔孟的心性论传统，确定王阳明礼乐美学命题的两个基础："万物一体"和"变化气质"，明确王阳明所论礼乐之美根源于人性之美。考虑到王阳明的美学思想与其哲学思想关系密切，该文选择从本体论、工夫论和教化论三个层面分别论述其礼乐美学。就本体论层面而言，王阳明将礼（包括乐）纳入其所论心本体的统摄范畴，认为礼乐的本源是"心"，并且区分了礼乐的两个维度：形而上的"礼乐之本"和形而下的"名物度数"。进而又提出"礼以时为大"，礼要切近人情。王阳明的礼乐美学在本体论层面展现出"以心释礼"的特点。就工夫论层面而言，礼乐作为个人修养工夫进入王阳明"致良知"工夫论的范围，并且表现出体用一源的审美结构、

"悦之深"与"洒落"的审美境界、"虚灵"的审美态度和"觉""体"两种审美方式。就教化论层面而言，王阳明的礼乐美学体现在乐教、蒙育和乡约三个方面。在乐教方面，王阳明深知乐有感化人心、移风易俗的作用，视"乐"为一种强大的教化方式。他以"中和之德"作为制礼作乐的准则，强调乐曲的道德内涵而非其外在形式，指出礼乐教化要聚焦于培养人的品德。在蒙育方面，王阳明强调儒家"教以人伦"的教育宗旨，并提出顺情适性的教育原则，包括循序渐进、因材施教等，并将"歌诗""习礼"和"读书"作为具体的教育方法。在乡约方面，《南赣乡约》是王阳明乡约思想的集中体现，他不仅在该乡约的具体规约上强调以礼乐改善民风民俗，还对乡约集会仪式的规定有很强的审美意味。该文从以上研究结论中析出王阳明礼乐美学的两个维度：其一，从本体论和工夫论的角度看，王阳明的礼乐美学是一种心学美学，礼乐之美是从人的至善心体中折射出来的；其二，从教化论的角度看，王阳明的礼乐美学是一种美育方法，礼乐之美是从礼乐自身散发出来的。该文对王阳明礼乐美学思想的研究拓宽了礼乐美学的研究视野，为王阳明美学研究提供了新维度，并丰富了王阳明美学理论的内涵和外延，有利于促进中国传统礼乐审美精神的发掘、呈现与现代转化。

邱涵《"敬畏"与"洒落"合一：王阳明的休闲审美智慧与境界》（《中国美学研究》2023年第1期）一文指出，中国传统休闲审美哲学思想源远流长，儒家休闲审美哲学与个体生命存在相联，生命的自由体验与生存的合理规范始终是其内在的张力。孔子的"从心所欲不逾矩"已内含这种张力，到宋明时期则形成了"敬畏"与"洒落"两种并峙乃至对立的休闲审美观。王阳明在自身"三变"的生命体验基础上，提出"洒落为吾心之体，敬畏为洒落之功"。王阳明以圆熟辩证的本体工夫论解决了儒家休闲审美哲学中"敬畏"与"洒落"的矛盾，会通儒、道、释三家，由此合一而成的圆融境界深刻地影响了中国传统的休闲审美哲学与人生境界理论。

邓立《王阳明的美善关系论》[《南通大学学报》（社会科学版）2023

年第4期]一文指出,王阳明思想中的美善关系涵括美善本体论与美善价值论两大面向。其中,美善价值论又展开为道德价值和审美价值互动共生的两个维度。在"心体"的统摄下,建构为"心""义""美"次第转换的美善关系:一是"道"即"心"的美善本体;二是"艺者,义也"的道德价值;三是"观美"与"尽美尽善"的审美价值。由此以心学的诠释进路与言说方式探寻艺术境界与道德境界的合一。相应地,王阳明围绕"艺"所进行的阐发以及由此形成的美善观念,固然可视为对儒家"尽美尽善"价值理想的坚守以及意义世界的辩护,但是这样的坚守与辩护对艺术价值本身的消解以及道德与审美之间界限的模糊等问题仍然值得反思。

2. 王阳明的道德伦理(人性论)思想研究

唐锦锋、肖燕华《王阳明的"人性论"思想及其特征》(《哈尔滨师范大学社会科学学报》2023年第1期)一文指出,"阳明学"是继"程朱理学"之后的又一学术重镇,是儒学在宋明时期的最后高光时刻。在"人性论"问题上,王阳明认为"性"无定体,"心之本体"即是"性",性无不善;恶,人之心失其本体。王阳明以庄子的"道通为一"消解各种"人性论"概念的藩篱,援引禅宗"佛性清净"的道德本体,借孟子的"良知良能"以立论,在"会通"的基础上实现了对"人性论"的重构。王阳明的"人性论"思想具有会通性、先天性和自然性的特征。

傅锡洪《宋至清思想转型视野中的王阳明性论》[《云南大学学报》(社会科学版)2023年第2期]一文指出,王阳明对性的问题有着丰富而独到的论述。不过与他对心和良知的论述相比,他的性论较少受到关注。在心性关系方面,他不是把心提升为与形而下世界相对的形而上的实体,反而把性引向形而下的世界,认为性是直接呈现于形而下世界的规范性力量。现实性与规范性构成其性论的两项要义。这既不同于把性视为形上实体的朱子,也不同于单纯以现实人性为性的自然人性论,而构成了两者的过渡。在此前提下,他专门论性的观点可以分为两类:第一,阐明性呈现于现实世界,除在现实世界中的表现以外别无抽象的性;第二,阐明因为性呈现于现实世界而又是规范性的力量,所以性对完成工夫而言具有直接性与充足性。上述两类论述分别意味着直接在意识和行动层面落实性的必要性和可能性。

陈萌萌《"率是道心而发"：王阳明"治心"进路下的君臣伦理》（《山东青年政治学院学报》2023年第3期）一文指出，王阳明君臣观念贯穿着鲜明的心学色彩：以本心为伦理基始、以治心为修养工夫、以心之德为身份认同。在心学体系中，"君臣义合"的实现根本上基于良知发用，是心体面向具体事情的意念发动。阳明在本体维度先立乎其大，以良知统括五伦；在"体—用"的维度则是通过孝亲之情的逐层推及来实现君臣伦理，体现出以君臣道合为体、移孝作忠为用的架构。王阳明认为，君是天道与社会人事的枢纽，臣则是君的辅翼，君主以"明明德"实现仁民，臣子以"断断休休"做到忠君。君臣之德的实现有赖于心上用功：对自我职分责任的认同、对忠诚无私政治道义的坚守、对至善美德的无限追求，均因本心良知而得以实现。

邓立《论王阳明的"忠孝"诠释、体验及其困境》[《贵阳学院学报》（社会科学版）2023年第4期]一文指出，王阳明的"忠孝"诠释既有义理建构、价值坚守，又在伦理层面遭遇理论与实践的困境。对于"忠""孝"之间可能产生的冲突，阳明的应对方案为：一是在经典诠释中赋予"忠孝"良知学的意蕴；二是在"心"的主导下直面"忠孝"困境。由此化解"忠孝两难"，在"求诸其心一念之良知"的基础上"权轻重之宜"。尽管"良知"在主体面对"忠孝"所产生的困境中发挥了作用，但依然属于"不得已而为此"。

3. 王阳明的生态思想研究

吴先伍《王阳明心物论的生态伦理意蕴》[《哈尔滨工业大学学报》（社会科学版）2023年第2期]一文指出，王阳明讲心外无物，人们误以为王阳明是以主观来起灭天地，这不利于人们遵守自然规律。实际上，"物"在王阳明哲学中具有存在物和行为物之分：行为物与人的意识密切相关；存在物独立自存，不受意识影响。存在物按照自身的规律运行发展，自然事物作为存在物，也是有规律的，我们对于它们要"勿忘勿助"。即使存在物变为行为物，我们也要在格物致知中正心诚意，使自己的行为符合天理，与自然和谐共生，这对推动生态保护、建构生态伦理具有重要意义。

姜楠、吴先伍《不忍之忍：儒家的生态伦理智慧论析》[《哈尔滨工业大学学报》（社会科学版）2023年第6期]一文指出，儒家非常注重人与自然的关系问题。儒家虽然保护环境，但也承认生态的适度开发原则，这种做法主要表现为"不忍"与"忍"。虽然儒家以"不忍"作为一种普遍的道德情感，在有关生态伦理的问题上多强调"不忍之心"，但是在关键时刻人们也需要"忍而为之"，虽然这是一种稍显残忍狠心的做法，可却是一种对待生态适度开发的策略："忍"可以对生态系统进行适度的调适与利用。"忍"的最终目的还是要回到更深层次的"不忍"。正是这样一种对待大自然的"不忍之忍"，能够再度激发出人们内心深处的"不忍之心"。

（八）王阳明佛教道教思想研究

我们知道，王阳明早年有出入佛老的经历，关注作为一个儒家圣人的"王守仁"，也应该关注王阳明的佛教、道教的思想，毕竟王阳明的别号"阳明山人"即来自道教的"阳明洞天"。

1. 王阳明的儒学与佛道关系综合研究

朱亚青《王阳明的鬼神观研究》（延安大学2023年4月硕士学位论文）一文指出，对儒家而言，鬼神问题关联着生死、信仰等重大的哲学问题，是历代儒家学者不得不面对的领域。阳明后学的儒学宗教化逐步成为学界公认的事实，其原因在于良知学的主观化以及私人化。后世儒者在追求良知的至高点上没有了参照物，需要重新借用鬼神来督促道德实践行为的实现。王阳明的鬼神观不是凭空产生的，它一方面继承发扬了孔孟关于鬼神的认识，另一方面又吸取容纳了当时官方认可的理学思想以及佛道两家的学说，最终将鬼神与心学的良知学说巧妙融合。阳明后学在儒学民间化的过程中继承王阳明的鬼神思想，并将其作为劝善运动的思想基础加以利用和发挥。此外，新时代对于祖先的祭祀依然存在，它凝结着人们对于家国亲人的深厚情感，王阳明鬼神观中的理性态度对现代社会的祭祀传统有着重要启示。

2. 王阳明与佛教关系的研究

何静《融摄与会通——与佛教交涉中生成的阳明心学》(《哲学研究》2023年第9期)一文指出，王阳明在与佛教的交涉中充分吸收、融摄佛理，会通儒释，建构起新的心学体系。阳明的心本论与佛学的心本论思维、心如虚空、含容万物、无相无住、心性本觉、"寂知"等思想具有高度的契合性。王阳明对禅定较为熟谙，曾亲历从澄心静虑到明心见性的过程，龙场悟道与这种体验紧密相关。阳明提出良知毋须外求，应以良知而非圣人经典为是非的标准，这种思想与佛教反对外在权威的思想具有一致性。阳明转化佛教顿悟渐修的哲理，强调悟后仍当起修，同时还认为致良知工夫无有穷已。阳明还吸纳佛门的无相无住思想，从而构建了良知境界。

3. 王阳明的道教思想研究

张广保《阳明心学与道教内丹道的性命之学》[《南昌大学学报》(人文社会科学版) 2023年第4期]一文指出，世界上任何原创性的文明都必定会提出归属于自己的独特的思想论题。宋以后，道教对唐代禅宗凸显的心性问题，结合中国传统的重生思想做出具有自身理论特色的回应，从而创立了独具理论特色的性命之学。从心性论发展的历史看，由儒家、佛教的心性论转入道教的性命论标志着心性理论的深化与成熟，道教性命理论的创立大大丰富了整个中国心性论的内容，为思想文化宝库注入了新血液，从而受到宋以后思想界的普遍关注。阳明学派与道、释二教的思想关联，应从性命之学的大脉络予以把握，而不应仅看成一种私人爱好。从中国性命之学发展的历史过程看，阳明心学仍然可视为明代儒学回应性命问题大讨论的一种新的理论形态。

（九）清代、近现代及当代新儒家的阳明学研究

2023年，学界同仁对阳明学在清代乃至近现代的影响，尤其对当代新儒家视域下的阳明学进行了深入的研究与学术史梳理，这就为我们下一步撰写清代阳明学史、近现代阳明学研究史奠定了一定的理论基础。

1. 清代阳明学研究

周可真《经学即理学：顾炎武对宋明理学的批判》[《江南大学学报》（人文社会科学版）2023年第3期]一文指出，顾炎武对理学的批判，主要是对明代及清初之"伪理学"即阳明心学及其末流的批判，其主要论点是心学为经学之害、心学清谈误国、心学"不自知堕于禅学"和"外仁、外礼、外事以言心"。这些批判也附带着一些对程朱之学的负面评价，不过这些负面评价主要是认为《二程语录》《朱子语类》之类的语录，在客观上给脱离经典而空言性与天道的心学之兴盛提供了适宜的条件，同时认为程、朱的某些言论有涉禅之嫌和导向心学之可能，这反映出顾炎武的儒学发展思路不同于宋明理学家融合儒、释、道的儒学发展思路，而是主张在保持儒家文化的纯正性前提下来发展儒学和体现儒学的经世实用之功效，但在总体上顾炎武充分肯定了程朱理学"据经论理"的经学本性，并否认宋代理学与明代心学之间有必然联系。然而，在以"仁"为核心价值的儒家文化价值观上，顾炎武通过对儒家"性善"理念的重新诠释，又表达了其不同于以程、朱、陆、王为代表的理学家主张"存仁灭私""存义灭利"的价值观：以"仁爱寓于私情"的观点为主要标识、反映明清之际时代要求的新仁学价值观。

汪学群《毛奇龄对〈传习录〉的诠释——以〈折客辨学文〉为例》（《船山学刊》2023年第4期）一文指出，《传习录》为王阳明的代表作，明清学者对此多有评论解读，自觉或不自觉地构建起对《传习录》的思想史诠释。毛奇龄《折客辨学文》一文对《传习录》的诠释就是这一思想史诠释之一实例。对毛氏诠释的分析，对了解《传习录》乃至王阳明及其后学的思想，都具有重要的学术价值。

牛磊《李光地的"慎独"说》[《贵阳学院学报》（社会科学版）2023年第1期]一文指出，"慎独"是儒家心性修养工夫中的一个重要概念。朱子以"存诚""谨几"为核心，对"戒慎恐惧"与"慎独"两个概念进行了系统阐发，并对两者的动静性质做了界定。王阳明、湛若水等明代心学家则以"独知""独体"为核心对"戒慎恐惧""慎独"进行统摄，使之呈现出一个不断内化的演变历程。在去本体化思潮蔚然成风的清代初叶，李光地兼采朱子、阳明、蕺山之说，对"慎独"进行创造性诠释，他高度评价了朱子将"戒慎恐惧""慎独"二分的思路，却又汲取晚明儒者之论，将"意"释为"心之所主"，将"慎独"与"诚意"释为同义。这一诠释思路使李光地的"慎独"说尊朱而不述朱，在新旧学风交替的清初具有独特的思想史意义。

2. 近现代阳明学研究

张凯《〈先河录〉与近代浙东学术的重建》（《历史教学问题》2023年第1期）一文指出，近代学术，西学东渐，经史嬗递。浙东学术融汇义理与经制的特质，使得浙东学术成为近代学人沟通中西新旧、构建新学术系统的重要枢纽。刘咸炘治学以浙东学术为宗主，多次编纂《先河录》，构建以"婺州史学为表、姚江理学为里"的浙东学术系谱，以"知类明统"的方式钩沉浙东学派文史校雠之学的学术渊源，力图将性命之学与经史之学合而为一，以此实现中国学术的近代转化。以疏源浚流的方式呈现《先河录》的本意与主旨，有助于在切实的历史语境和学术网络中重建近代"浙东学派"被不断塑造的史实，为辨析近代学术流变与转化中华文明提供有效的思想资源。

邓红《章太炎与"日本阳明学"》（《管子学刊》2023年第2期）一文指出，章太炎的王学评判显示出从低到高的倾向，实际上是他对王学本身和"日本阳明学"所谓"两个阳明学"的学习、吸收、鉴别、再造的过程。他的王学观始终掺杂个人的学术门户之见，古学、经学（《左传》）特别是佛学之类的有色眼镜太多，妨碍了他对王学义理的全面理解，但他的王学修养，在历史背景、方法论、对明治维新与阳明学关系的态度，尤其是对"知行合一"的理解方面，受到"日本阳明学"的影响，取得了一定的成果。

刘进才、范桂真《个性主义、阶级立场与人民本位——论郭沫若的儒家文化观与孔子形象的书写》（《现代中国文化与文学》2023年第1期）一文指出，1915年9月，新文化运动高举民主和科学的大旗向中国传统文化进行猛烈轰击，孔子学说被视为维护传统专制的符号。而此时的郭沫若正在日本冈山第六高等学校学习，因极度的神经衰弱症而悲观绝望，以致萌生了自杀的念头。偶然在日本旧书店买来的《王文成公全集》成了救赎郭沫若个体生命的一剂良药，他结合《冈田氏静坐法》竟然治愈了困扰他已久的神经衰弱。这一独特经历，让他获得了对中国传统文化尤其是儒家文化别样的亲切感受。

张敏《浅谈梁启超对王阳明知行合一的解读》（《西部学刊》2023年第10期）一文指出，近代时局动荡，梁启超呼吁青年应沿着王阳明的知行合一去做，目的是唤醒青年的自我意识，提高自身修养，实现救亡图存。在内容上，梁启超总结为三组话，分别是："未有知而不行者，知而不行只是未知"；"知是行的主意，行是知的功夫。知是行之始，行是知之成"；"知行原是两个字说一个功夫，知之真切笃实处便是行，行之明觉精察处便是知"。在哲学依据上，通过心物合一论和心理合一论论证知行合一。在功夫和修养上，梁启超认为致良知与知行合一相比，只是口号变更，其内容是一样的。梁启超赋予了知行合一现实性意义，在某种程度上，对当下的新青年仍有警示作用。

冀志强《国内百年阳明心学研究述要》［《宁波大学学报》（人文科学版）2023年第3期］一文指出，国内阳明心学的现代研究始于20世纪10年代。1910—1950年，阳明心学研究是根据西方现代学科体系进行基本理论架构的；1950—1980年，主要是台湾学者在阳明研究中做出了一些推进；1980年，大陆阳明心学研究重新起步，突破了唯物唯心二分式的理论框架向纵深发展；直至今日，阳明心学研究已从多个角度、多个侧面展开，取得了较多的跨学科研究成果，阳明心学成为中国哲学研究中的显学之一。

王锦楠、杜诺希《由"仁"及"人"：王阳明与鲁迅仁爱观的精神联系》（《绍兴鲁迅研究》2023年刊）一文指出，王阳明的仁爱观强调"以天地万物为一体"，"万物一体"的思想不仅贯穿其心学阐释，也在一定程度上奠定了他的仁学理论体系。被誉为现代中国"民族魂"的鲁迅则以刀笔剖析国民的劣根性，通过对"假仁假义"的批判，来彰显和倡导真正的

"仁爱"，并进一步提出"幼者本位"的教育思想。鲁迅"立人"思想中"俯首为民"的仁爱精神，恰与王阳明产生了跨时代的思想共鸣。若将王阳明仁爱观的核心提炼为"守仁"，则不妨将鲁迅仁爱观的集中体现概括为"树人"。

刘青莉《阳明心学对孙中山哲学思想的影响——以〈孙文学说〉为例试析孙中山的知行观》（《华夏文化》2023年第3期）一文指出，在知行观上，孙中山吸取阳明"知行合一"说，进一步发展为"知难行易"论。孙中山在总结革命斗争经验教训的基础上，针对传统的"知易行难"思想，于1918年提出他的"知难行易"说。他认为，人类对于许多事情很早以前就会做，但一直不知其中的道理，只有在经过数十百年，甚至千年的"行"后，才逐渐明白。这说明"知"和"行"比较起来，"知"是困难的，"行"是容易的。孙中山从哲学的高度总结自辛亥革命以后的历史经验，提出"心为万事之本"的理论。他一方面传承中国古代的心学思想，另一方面又从革命实践中领悟到"心理"作用的重要性。认为革命之所以受挫、建设之所以无法开展，是因为人们的心理存在障碍，由是而力图通过揭示"心"的作用而唤起民众，以扫清革命与建设的路障。这一思想贯穿于孙中山自此以后的后半生。晚年，孙中山在改组国民党、重释三民主义时，仍坚持"心为万事之本源"的思想。

方绪银、姚大斌、吴玉梅、葛翠茹《试论毛泽东早年的"新心学"观——以〈毛泽东早期文稿〉为中心的考察》（《南方论刊》2023年第7、8、9期）一文指出，"新心学"是指近代以来的众多中国思想家和学者把中华传统心学与近代西学"交融互释"而形成的一种学术思想和流派。以此为视野研读《毛泽东早期文稿》就会发现，自幼熟读"圣人之学"的青年毛泽东，也总是自觉不自觉地借助自己所掌握的西学知识，力图把中华传统心学里的基本理念进行科学化、逻辑化、原理化的转换，并以此升华自己救国救民的英雄情结、塑造自己内圣外王的圣贤人格。这些内容完全可以称为"毛泽东早年的'新心学'观"。该文从"本心"论、"心力"论、"工夫"论三个方面对此进行了初步梳理和论证。毛泽东早年的"新心学"

观，不仅是他后来逐步确立马克思主义信仰的桥梁，也成为他创立毛泽东思想过程中最重要的理论资源之一。所以，要构建学术形态的共产党人心学，必须首先在毛泽东早年的"新心学"观里找到理论和方法的启迪，在马克思主义原典和中国化时代化的马克思主义同中华传统心学相结合上下功夫。

3. 新儒家视域下的阳明学研究

李洪卫主编《阳明学与现代儒学发展研究》（第一辑）（河北人民出版社2023年9月版）一书，收录阳明学工夫论专论、阳明良知学新论、阳明学派专题等论文。编者指出：现代新儒家承宋明理学也有两宗，即新理学与新心学，心学呈现出复兴之气象，新理学只有冯友兰蔚为大观自成一家，其他都是心学或相关派系。从梁漱溟、熊十力到贺麟、唐君毅、牟宗三，形成了一股现代心学的思想学术潮流，牟宗三成为学术方面的集大成者。

徐鹏《道德理想的现代接续与展开——论阳明心学对熊十力的影响》（杭州师范大学2023年3月硕士学位论文）一文指出，阳明心学对熊十力的影响是多方面的。首先，就熊十力生平与学术对阳明心学的总体态度而言，熊十力少年时期受家庭"儒学式"氛围的影响较深。此时期的他对心学思想有所涉猎，已经认同并受到了后者的一些影响。青年时期投身革命未果，尔后积极反思身心道德问题，萌发了重建道德形上学的研究思路，他一生的学术探索以此为目标。中年时期出入佛学、对视西学、归宗儒学，对阳明心学持批判性继承的态度。晚年亦然，没有根本变化。其次，从行为特质的方面来讲，阳明思想与行为中的自由和熊十力的潇洒个性与行为有某种相似性，这和阳明心学对近代社会、近代人的影响密切相关。当然，熊十力对阳明心学的关注是在古今中西时代背景下所做的"返本开新"工作。因此，他回顾历史，指斥心学末流，欲发挥出阳明心学思想中的现代价值。再次，就阳明心学对熊十力在思想上的影响而言，熊十力继承阳明的道德本心本体学说，又有进一步的发挥与创造。熊十力基于自己的体用观，对佛、道和西学的体用观均有批评和反驳。对于心学，他"仍申阳明之旨"，继承阳明的体用观，又"批评阳明"，进而"融会朱王"，有所开新。其

"体用不二"宇宙观可溯源至儒家易学。在认识论上，熊十力一方面肯定陆王学派高扬人心人性的思想旨趣，注重对人的个体价值的承认，另一方面，他以阳明心学为例，对中国传统的认识论进行反省，吸收西洋哲学注重理智思辨、讲求逻辑的思维方法，旨在调和"思"与"修"。他借鉴西学，省思传统，改造传统，最后又回到传统的思考路径，放在时代语境下，应予以"同情的理解"。熊十力的"万物一体"论是其整个哲学体系的精神理想和最终归宿。正是在重建中国文化的主体性、重建道德的自我、创造道德形上学体系上，他接续了阳明心学一脉的学术传统。最后，从阳明心学的持续性影响来看，熊十力的三位高足唐君毅、牟宗三、徐复观接着熊师的努力，进一步将现代新儒学从不同的方面发扬光大。在熊氏学派中，熊、唐、牟都意在重建道德形上学，而徐氏的立场则是消解形上学，让哲学与文化回归现实生活。这预示着在阳明心学的影响下，现代新儒学思潮的分化与不断发展。

陈迎年《在圣贤与凡俗之间：从王阳明到熊十力》（《管子学刊》2023年第3期）一文指出，讨论阳明心学的当代价值，绕不过熊十力。在熊十力看来，自己的体用论、天人论等便是对阳明良知说当代价值的揭示。其核心是把良知与"大易"合而观之，让"良知在什么意义上是本体，在什么意义上又不是本体"成为一个核心问题。一方面，良知"即是本体"，即是"大易"，即是"乾""坤""相反相成的整体"；另一方面，良知又"不即是本体"，不即是"大易"，而单指"乾心"。在此"裂隙"中，熊十力一方面坚持通过发展生产、建立契约等以满足人类欲望的自下而上的道路，让欲望有了本体论的依据，坚决反对以"孤明"为良知，另一方面，他又强调人类必须同时有自上而下的道路，要求本体的圆满性，从对自己本性的体证中获得一种绝对统一性或必然强制力，以统摄群生。熊十力承继传统，放眼世界，"证会"本心而又不遗知识，以"玄学"的形式会通中西，既指出阳明学"量智"的不足，又强调其"性智"的现代意义。在人类存在状态还未发生根本性改变的前提下，熊十力"乾坤互含"及"乾统御坤"的本体论立场、量论以通玄的方法、自由的大方向等，都还是今天建构阳明学当代价值时的不易之论。

朱佳秀《梁漱溟"情"论研究》（杭州师范大学2023年3月硕士学位论文）一文指出，梁漱溟作为中国20世纪情感哲学的开创人物，他对中国传统文化中的"尚情"特质所做的阐发，不仅全面、系统、深刻，而且一以贯之地"知行合一"，堪称中国情感哲学的一座高峰。首先，就其思想渊源来看，梁漱溟情感思想主要受到家风家教、阳明心学、柏格森生命哲学以及佛学四个方面的影响。其次，该文分析梁漱溟"情"论的理论体系。梁漱溟"情"论的思想体系主要包含三方面内容：其一，梁漱溟以"直觉"诠释儒家的仁礼之学，恢复了儒家以情为本的本来面目；其二，梁漱溟用"伦理本位"一词为秦汉以来的中国社会重新定性，进一步论述了中国社会的情感特质；其三，梁漱溟着眼于"理性"和"理智"的区分，以"理性"代替"理智"作为人类的根本特征。再次，该文讨论梁漱溟"情"论的心学特色。梁漱溟在建构自身情感思想时，重新诠释了王阳明"良知"概念，揭示了王阳明"知行合一"论的理论旨趣。同时，他又以自身"表里如一，坦直慷爽"的人格修养现身说法，充分展现其情感思想"知行合一"的心学特色。

邓晓芳《梁漱溟"新陆王"思想研究》（贵州大学2023年6月硕士学位论文）一文指出，"新陆王"思想是指民国时期以发展陆九渊、王阳明以及王门后学泰州学派的思想为主导，并赋予新的时代内涵的思想体系，具体包括以直觉释良知、知行本来合一、致良知等学说。在中西文化交流日益频繁的时代背景下，梁漱溟引入西方哲学话语，对王学做出了新的阐释，既有吸取阐发的观点，又有新发展的内容，成为民国时期倡导"新陆王"思想的开拓者和引领者。梁漱溟推崇阳明学，他结合时代所需，将"新陆王"思想运用到自己的乡村建设运动实践中，践行"内圣外王"之道，为王学思想注入时代精神。他主张以"新陆王"思想救国，呼吁民众注重良知本体、痛痒好恶的重现，以积极培养民众的自觉意识、群体观念等。梁漱溟此举，一方面维护了传统文化的正统地位，促进传统文化在近代社会的转型，另一方面为近代社会构建和谐的伦理社会、推进社会的发展提供了一条可参考的路径。该文以梁漱溟的"新陆王"思想与社会发展的互动为视角，通过阅读原始材料，并结合前人研究成果，利用文献研究法、历史分析法等方法，聚焦梁漱溟"新陆王"思想形成的背景、内容、特征等问题，对梁漱溟"新陆王"思想及其实践进行系统的梳理与分析。主要从政治、经济、文化、心学思想的传承等方面剖析了梁漱溟"新陆王"思想形成的社会背景；从梁漱溟对良知本体、知行合一、致良知的新解，以及乡村建设实践，概括出梁漱溟"新陆王"思想的内容及特征。梁漱溟在继承传统儒学、发展民国王学上具有举足轻重的地位，其"新陆王"思想对王学的发展以及当今社会如何对待传统文化、处理中西文化的关系等问题提供了现实的借鉴意义。

梅涵《梁漱溟"心"的思想研究》（河北大学2023年6月硕士学位论文）一文指出，"心"是中国哲学领域的一个重要概念，而梁漱溟的政治哲学、文化哲学、生命哲学等方面思想都建基于"心"的概念之上，由"心"展开，由此形成了以"心"为本的思想体系，他对"心"的概念的界定为他整个哲学体系起着建构、支撑的作用。对梁漱溟"心"的思想的研究，可分为"心"的思想的理论来源，"心"的内容、发用及其特征，"心"的修养方法三部分。在理论来源上，他基于佛学中"四分"等概念的表达，使"心"具有浑然一体、圆融万物的含义，"三量说"则推动他对"心"的内容的模型建构。生命哲学的出现弥补了"心"的动力不足的问题，"心"具有了灵活能动、自性俱足的内在根据。在对儒家思想理路的秉承上，孔孟的尚情传统、孔子之"仁"、王阳明的知行合一思想都被他进一步阐释和改造，促进了他对"心"的情感内容、地位的确立。在"心"的内容上，梁漱溟具体分为本能、理智、理性，根据对三者内容的比较，可得出理性是人心最优内容的结论。他还通过"心"的概念会通了心性、身心、心与生命等范畴，使"心"真实地呈现于发用之中。从心性上来谈，人性之"性"和心一样具有活动倾向，人性的善恶之分在于心懈与否，从而推论出心性的贯通一体。在身心关系上，可从逻辑顺序与整体地位两个向度进行把握，梁漱溟还以"意"为切入点论身心之分，来破除知行不合一的说法，从根本上实现身心之不离。在心与生命的关系上，人心的发展与生命的能动息息相关，人心本身、与他者及与天地万物之间的和合恰是生命和谐的印证。其间，他还融通了儒家传统思想，与"慎独""不自欺""诚""乐""刚"等精神接续，强调本心自识自觉的"慎独"与真诚无欺的特性，并在生命本性上赋予"心"至刚、尚勇的特征，从本体上肯定"心"的自足自乐。在"心"的修养方法上，他从知识论与境界论的角度于"静"中求心，以礼乐的方式保养本心安和之情感，并从时间维度、反躬自省两个向度实现向内自反，通过向上奋发即对理的践行、个人可能性的扩充来修持己心，从而形成了完整的"心"的思想体系。总之，对梁漱溟"心"的思想进行研究，不仅是把握其哲学思想的重要环节，同时亦能抵御价值危机等现象，实现对人心灵的安顿。

任健、聂科记《"良知"的"呈现"与"坎陷"——牟宗三"良知坎陷说"与王阳明"良知本体"的困境及疏解》（《孔学堂》2023年第2期）一文指出，牟宗三早年提出的"良知坎陷说"，主要受其师熊十力的"良知是呈现"影响，但"客观的悲情"的引发也是其形成的关键。"良知坎陷说"真正的理论困境并非"良知"不能"坎陷"，而是选择以阳明"致良知"为嫁接点导致的对"工夫论"的忽视，并由此引发的"发生学"问题以及"良知本体"无法创生具体客观存在物的问题。而张载之"两层结构的宇宙论"正好可以从根本上对治阳明"物"的合法性问题，"物"的产生由此有了终极根源，人的道德意识也有了形上根据。因此，从阳明回到张载，可解决"物"创生的合法性问题，也可借此思路再反思牟宗三早年的"良知坎陷说"并为其寻找一新的理论突破口，进而重新思考中国文化体系如何"开出"和安顿"科学知识"的问题。

（十）王阳明的历史定位与阳明学的思想史地位研究

莫德惠《明隆庆初王阳明复爵问题述论》（《宜春学院学报》2023年第8期）一文指出，王阳明爵位得以恢复是明代隆庆初年的一件政治大事。王阳明因得罪明世宗而被禁黜，终嘉靖一朝，其门人或后学虽有所抗争，以讲学不断扩大王阳明及其心学的影响，消除其作为罪臣的印象，但其始终无法获得朝廷赦免。隆庆改元，对先朝拨乱反正，王阳明的爵位以及学说均得以恢复。讨论该事件从发生到恢复的历史过程，有助于进一步理解明代中晚期王阳明的政治及学说状况。

王伟光《科学认识、客观评价王阳明及其思想》（《历史评论》2023年第1期）一文指出，研究评价一个历史人物，站在什么立场、运用什么样的观点和方法，是要率先解决的根本性问题。如果一个历史人物逆历史潮流而想而言而动，站在少数人的立场上而想而言而动，那么，站在人民的立场上，就应当对其持总体否定的态度。王阳明是明代重要思想家，是中国古代主观唯心主义哲学的集大成者。

沈顺福《王阳明与传统儒家思想的终结》（《文史哲》2023年第1期）一文指出，天人之辨是儒家学说的主要问题。早期儒家孔子主张敬鬼神而远之，开辟了儒家重人间、强人文的方向，孟、荀随之。汉儒通过人副天数，将人与仁道提高到与天相近的高度。魏晋儒家倡导天人一体。宋儒在接受了天人一体观的同时，提出人与仁才是天地之心、宇宙的主宰者，并从思辨哲学的角度予以论证。至此，人类在宇宙中的地位达到了极致。这种人类地位的极致化同时意味着人文之路尽头的到来，即传统儒家思想的终结。明末至清代思想要么照着讲，鲜有创新，要么开始转换话题，这也间接证明了儒家传统话题与思想的终结。

魏厚宾《明代心学的流变与衰落因由直探》[《国际儒学》（中英文）2023年第1期]一文指出，明代心学是由江门心学过渡到姚江心学，最后由阳明后学推向极致的。江门心学前后宗旨不一，导致江门后学因流入姚江心学而衰落。姚江心学是由王阳明创立的以"致良知"为宗旨的学派，但阳明后学对阳明学说理解的不同而导致阳明学内部的分裂，在晚明社会矛盾大爆发时期，阳明后学又不能把心学用于解决社会问题上，而使阳明心学空疏禅化。由于心学内部分化、不守师说、流于虚浮，又遭到官方打压、理学非难，再加上改朝换代等因素，最终心学为实学所替代。

（十一）阳明学的现实意义与当代价值研究

如何实现阳明心学的创造性转化与创新性发展是当下研究、宣传、弘扬阳明学的一个重大课题，而这必然涉及对阳明学现实意义的挖掘与当代价值的研究。2023年，学界同仁对此有深入研究。

1. 阳明学现代价值综合研究

张新民《王阳明思想学说的历史意义与现代价值》（《文史天地》2023年第9期）一文指出，明武宗正德三年（1508），王阳明在贵州龙场驿任上的"悟道"，是中国历史上一件极为重大的思想性事件。他"忽中夜大悟格物致知之旨"，并大声疾呼"圣人之道，吾性自足"，宛如一声振聋发聩的惊天巨雷，不仅一语道破了生命和人格自我完善的本体论依据原来就内在于人人本来即有的光辉人性，甚至长期权威化了的朱子《大学章句》"格物致知"之说，亦有必要重新诠释并赋予新的理论意义形态。

翟婧妍《中国传统心学思想及其当代价值研究》（辽宁大学2023年5月硕士学位论文）一文指出，中国传统心学思想作为中华优秀传统文化的有机组成部分，蕴含着丰富的道德理念、价值追求甚至治国理政之道，深刻地烙印着中华民族的特色标识。当前，我国正处于全面建设社会主义现代化国家新征程、向第二个百年奋斗目标进军的关键时刻，深入挖掘中国传统心学思想的当代价值成为文化发展的必然要求。发挥中国传统心学思想的当代价值，首先要充分利用好中国传统心学思想中的有益文化资源，提取其中契合社会主义核心价值观的理论内容，增强文化自信的同时，推动构建新时代共产党人的心学，为新时代坚定理想信念提供智力支持，推动社会主义现代化强国建设，助推中华民族伟大复兴。该文所研究的中国传统心学思想，特指以陆九渊、王阳明等人为代表的儒家一派心学思想。通过对相关文献资料的梳理，明确了中国传统心学思想从起源到真正成为一门独立学说的完整发展脉络，总结归纳了国内外学者对中国传统心学思想的基本内涵、历史作用、当代价值的研究现状。在此基础上，阐明了中国传统心学思想的基本内涵、起源与发展、丰富内容、历史作用、历史局限以及当代价值。第一部分明确了心学的内涵，其中包括传统儒家、现代学者对心学内涵的界定以及心学的当代解释。同时，也系统地梳理了中国传统心学思想的发展过程，以中国传统心学思想的起源为起点，至传统心学成为一门独立的理论学说，尤其突出以王阳明为代表的心学思想。第二部分重点论述了中国传统心学思想的丰富内容，其中包括"心即理"的理论基础、"心"的开发与如何开发、"知行合一"等重要内容，从世界观到方法论展开论述，力图全面、客观地认识中国传统心学思想。第三部分着重探讨中国传统心学思想的历史特点、历史作用以及历史局限性。只有正确认识中国传统心学思想的历史作用，才能有效地利用其优秀合理的文化资源，实现创造性转化、古为今用。对待其本身所固有的历史局限，更要以客观的角度进行批判，认识到其所带有的封建主义属性与理想主义色彩，这样更有利于我们批判地继承中国传统心学思想。第四部分是该文重点章节，主要围绕中国传统心学思想的当代价值展开论述。从政治、道德、文化、教育、社会等五个角度，筛选出中国传统心学思想中优秀道德修养观点、道德实践方法，充分挖掘其当代价值，赋予其新时代内涵，使其在新时代重现生机。

于青华、衣永红《新时代王阳明经世致用思想及其价值》（《文化学刊》2023年第2期）一文指出，王阳明创立的心学体系作为明代儒学的发展高峰，其"心即理""知行合一""致良知"等主要观点中饱含经世致用思想。这种经世致用思想风格不仅体现在王阳明的学术体系中，还充分彰显在其创立者王阳明个人的生平实践活动中。王阳明的经世致用思想对当今社会仍有着积极价值。我们要以马克思主义理论为指导，对其进行创新性解读，实现其创造性转化，使其对我们形成求真务实的工作作风、立定远大志向、创新精神等方面发挥重大作用。

汤佳雯《国际中文教学中中国传统思想传播与教学设计研究——以王阳明思想为例》（绍兴文理学院2023年1月硕士学位论文）一文，以王阳明思想为例对国际中文教学课堂中如何传播中国传统文化进行深入研究，希望探索出可实践的有效传播路径。该文主要分为三个部分。首先，借助王阳明思想典籍——《传习录》的英译本与西方王阳明思想相关学术研究数据，分析得出王阳明思想在西方世界的传播虽有向好之势，但总体而言还不够理想。其次，为了改善王阳明思想的传播现状，该文以王阳明"气"思想为切入点，通过中英"气"概念对比分析以及不同译者对《传习录》中"气"思想的英译来辨析中西方对"气"概念解读的差异性。同时，通过对比发现，中国"气"概念英译中的分类与王阳明"气"思想的分类大致等同，并且该分类与汉语水平考试（HSK）词汇大纲中"气"类词的分类基本保持一致，则足以说明"气"类词分类背后蕴藏的是同一种中国"气"思想。最后，为了帮助西方世界正确解读王阳明"气"思想，论文从教学的角度出发，建议开设王阳明思想文化选修课程，以HSK词汇大纲中的词汇教学为依托，导入王阳明思想。在此过程中，学生可以通过多个词汇网络组合理解王阳明"气"概念背后蕴藏的"万物一体"深层思想，并以此为基础深度解读中西文化差异，加强对中国文化的认同感。

王臣申《阳明心学涵育时代新人的逻辑理路》［《宁波经济》（三江论坛）2023年第6期］一文指出，阳明心学涵育时代新人的逻辑前提，是阳明心学具有重要的当代价值，时代新人能够从阳明心学中得到珍贵的精神滋养。其逻辑上的进一步展开，则需要把阳明心学与马克思主义理论和当代教育学、心理学、伦理学等相结合，实现创造性转化和创新性发展，需要青年一代从阳明心学以及中国共产党人身上，体会并传承真正的文化自信。其逻辑上的生成和归宿是，造就出像王阳明一样"立大志、明大德、成大才、担大任"的时代新人，齐心协力建设社会主义现代化强国，以中国式现代化全面推进中华民族伟大复兴。

刘杰、陈健、蔡亮《王阳明的读书思想及对当代青年的启示》［《宁波经济》（三江论坛）2023年第6期］一文指出，读书与论学是王阳明师徒交游的重要内容，读书的求真求是与论学的如切如磋不仅孕育形成了王阳明影响深远的"致良知"心学体系，而且推动了阳明学派不断发展壮大。王阳明在阅读中所形成的读书成圣的价值追求，读通、读透、读懂的苦读态度，对各学科书籍强烈的阅读探索兴趣，推崇经典的阅读取向以及敢于质疑权威的批判精神，构成了王阳明意蕴深厚的阅读思想，对当代青年精神成长的建构引导有着重要的启示意义。

钟舟海、高小艳《基于"四维度"的阳明心学"心理资本"研究》（《教师博览》2023年第33期）一文指出，阳明心学与积极心理学的核心理念不谋而合。积极心理学中心理资本的"希望、自我效能、韧性、乐观"四个维度与阳明心学"学圣贤""心上用功""事上磨""自慊"等思想高度契合。阳明心学心理资本研究，既从积极心理学的视角推进了阳明心学的应用研究，又丰富了积极心理学的本土化内涵。加强阳明心学与积极心理学的融合研究，可以为积极心理学与中国传统学术思想深度融合探索出更多路径，形成更多成果。

谢霄男《王阳明社会治理思想及其现代转化》（《南方论刊》2023年第11期）一文指出，王阳明身处阶级矛盾尖锐、政治局势动荡、不良风气盛行的乱世，为促使社会由乱到治，他贡献了"致良知""万物一体""知行合一"等治理智慧。王阳明社会治理思想契合中国传统社会的治理状况，在传统向现代已然发生重大变革的当下，为使其服务于如今的社会治理，须对之进行现代转化。具体来讲，可萃取"致良知"的智慧精华，以推进"自治、法治、德治"相结合的综合治理；掇拾"万物一体"的智慧精华，以实现人与人、人与自然的和谐统一；挖掘"知行合一"的智慧精华，以践行为人民谋幸福的初心、担当为民族谋复兴的使命。

2. 阳明心学与"共产党人的心学"的比较研究

张凯作《共产党人"心学"的理论内涵、文化渊源及修养路径》（《山东青年政治学院学报》2023年第6期）一文指出，共产党人的"心学"是习近平总书记提出的重要概念，其内容是党性教育，具体包括坚定理想信念、坚持初心和使命、加强组织纪律性和加强作风建设等方面。共产党人的"心学"继承了传统心学的立志观、"心即理"思想和自省精神，而在性质、内涵、目标和路径方面则对传统心学有所超越。修好共产党人的"心学"，需要学深悟透党的基本理论、加强道德修养以及完善制度规范体系。修好共产党人的"心学"，有助于把习近平新时代中国特色社会主义思想转化为锤炼党性的强大力量、推进马克思主义基本原理同中华优秀传统文化相结合以及坚定为中国人民谋幸福、为中华民族谋复兴的精神力量。

陈艳波、丁玲《论共产党人"心学"对王阳明"知行合一"思想的转化与发展》［《贵州大学学报》（社会科学版）2023年第6期］一文指出，共产党人"心学"是习近平总书记着眼新时代党性教育新形势新任务，推进马克思主义基本原理同中华优秀传统文化相结合提出的标志性话语，是对优秀传统心学文化进行创造性转化和创新性发展的理论成果。共产党人"心学"是探求共产党人如何树立初心、守护初心和践行初心的学问，强调"知行合一"，在用马克思主义基本原理对阳明心学进行改造的同时，实现了对它的转化和发展。阳明"心学"认为"意念发动处即是行"，强调要在心上做功夫；共产党人"心学"提出共产党人要修心，要坚定理想信念，形成不想腐的动机和意念，在实践的发端处就杜绝恶念。阳明"心学"认为"行是知之成"，"行"是"知"的完成和存在方式；共产党人"心学"提出共产党人要自觉践行初心使命，要用担当斗争的精神去实践。阳明"心学"认为"知行合一"是人的生命存在的本然状态，"知而不行"的根本原因在于个人被私欲隔断心体；共产党人"心学"指明提升党性要"知行合一"，把理想信念付诸实践，不做阳奉阴违的"两面人"。

臧峰宇《阳明心学与马克思主义哲学在中国的早期传播》（《人文杂志》2023年第2期）一文指出，阳明心学不仅是直指本心的"培根固本"之学，也是面向生活本身的"真切体认"之学。由良知出发，王阳明考察了"志"之于心的意义，将格物的工夫在心上做，提出了"知行合一"的思想方法，将见闻之知与德性之知贯穿于实践。作为中华优秀传统文化的重要组成部分，阳明心学随着时代的发展而彰显出思想的生命力。马克思主义哲学在中国的早期传播者运用阳明心学理解实践的思维方式，探究革命理想与意志力的作用。审视马克思主义哲学在中国的早期传播者对阳明心学的体悟与理解，探究马克思主义哲学在中国早期传播中的心学因素，对我们理解马克思主义哲学中国化与推进中华优秀传统文化创造性转化与创新性发展具有一定的启示意义。

赵岩《"两个结合"视域下将阳明文化融入贵州干部教育探析》(《领导科学论坛》2023年第6期)一文指出,阳明文化是贵州优秀传统文化的代表。阳明心学主张"致良知""知行合一",也就是通过修身养性以实现去恶为善。党性教育是共产党人修身养性的必修课,也是共产党人的"心学"。以习近平"两个结合"重要论述为指导,将阳明文化融入贵州干部教育,阐明新时代党对阳明文化的继承和发展,重点讲好习近平赋予阳明文化的新的时代内涵。

3. "知行合一"观的现代启示研究

纳日碧力戈、陶染春《高质量铸牢中华民族共同体意识的三条路径》[《广西民族大学学报》(哲学社会科学版)2023年第1期]一文试用"古为今用、洋为中用、推陈出新"的老办法,变通借用和活用身心交融的王阳明"知行合一"说、奥斯汀"言行合一"说,以及情感共鸣的涂尔干"集体欢腾"、德瓦尔"共情"论,以期为铸牢中华民族共同体意识探索学理路径。

耿双凤《王阳明"知行合一"思想及当代价值研究》(《汉字文化》2023年第2期)一文指出,"知"与"行"是中国古代哲学的重要范畴,诸多古代先贤都对知行关系进行过论述。王阳明提出的"知行合一"观点,在道德层面上实现了实践与认识的统一。当前我国正处于发展的关键期,经济的迅速发展带来社会的巨大变革,使得道德领域中"知行脱节"现象偶有发生,对我国道德建设产生了不利影响。鉴古知今,王阳明对知行关系的精辟论述为我们处理道德领域"知""行"脱节问题提供了新的思路,研究其"知行合一"思想对新时代我国道德建设具有重要的现实指导价值。

赵月聪、李姝睿《王阳明"知行合一"思想探究及其现实意义》(《河北开放大学学报》2023年第3期)一文指出,知行关系的哲学范畴从先秦时期就已经产生。不同历史时期,知行观的内涵也不尽相同。先秦时期孔孟二人对于知行观的独到见解,以及宋明理学时期二程和朱熹分别提出的"知先行后"说和"知在行先、行比知重"的观点,对王阳明提出"知行合一"思想有很大影响。当今社会,"知行合一"思想仍具有重要的现实意义。

何飞、罗系数《王阳明"知行合一"思想对高职院校学生成长成才的启示研究》（《江西电力职业技术学院学报》2023年第1期）一文，采用自编的"知行合一"问卷对贵州省14所高职院校的1218名学生进行调查，考察和了解贵州省高职院校学生"知行合一"的实践现状。结果表明，贵州省高职院校学生的道德认知和道德实践整体情况比较乐观，但也存在一定的不足，具体表现为高知低行、知而不行、不知而行和知行相悖。针对高职院校学生表现出的"知行不一"现状，在王阳明"知行合一"思想的启示下，从立德、立志、立学和立行四个方面提出高职院校学生践行"知行合一"的具体举措。

杨道宇《论阳明心学知行合一的劳动精神》（《教育文化论坛》2023年第6期）一文指出，阳明心学基于经典儒学的入世精神，形成了知行合一的劳动精神观。一是在以劳育美层面，倡导事天尽性的崇高精神，弘扬劳动生成人与自然的光荣使命；二是在以劳增智层面，倡导以劳致知的求真精神，主张在以劳动形成知识的同时将知识身体化；三是在以劳树德层面，倡导为善去恶的致善精神，主张通过以正确之法做正确之事的"正事"行为，成就良知生长与万物生长；四是在以劳创新层面，倡导成物成己的创造精神，主张通过批判性反思直面事物本身，依据事物自身变化创新治理事物的方法，通过文化融通使事物得到综合治理；五是在以劳健体层面，倡导强体力行的实干精神，弘扬居安思危、以苦为乐、持之以恒、攻坚克难的艰苦奋斗精神，勇担为天地立心以使万物顺天致性的责任，践行学以致用以知识改造世界的笃行精神。

柯露露《王阳明"知行合一"思想的现代转化研究》（安徽财经大学2023年6月硕士学位论文）一文指出，王阳明"知行合一"思想蕴含着丰富的人文精神，其主要内容包括"成圣"目的论、"知行"本体论以及"致良知"工夫论，是中华优秀传统文化的重要组成部分，具有鲜活的生命力和时代价值，在"两个结合"的时代背景下对其进行创新性解读、实现其现代转化具有重要的现实意义。王阳明"知行合一"思想的现代转化即对其进行创造性转化和创新性发展，具有现实的必要性和实践的可行性。从必要性来看：首先，这是顺应思想道德建设的内在要求，有利于提升新时代思想道德建设的主体性和有效性；其次，也是发展中华优秀传统文化的现实要求，既为传统文化的继承与弘扬提供思想资源，也为传统文化的更新与发展提供内生动力；最后，还是推动中国式现代化的必然要求，既是实现传统文化自身现代化的重要基础，也是经济、政治、社会、生态等层面现代化的文化引领。从可行性来看：首先，坚持"两个结合"思想为其提供了理论指导，用马克思主义理论对其思想内容进行分析、鉴别和批判；其次，吸收借鉴传统知行观的合理内核为其提供了现实基础，传统文化的精神传承和抽象表征为现代文化的构建和发展提供重要的精神资源；最后，社会主义先进文化的前进方向为其提供了价值引导，这是传统文化现代转化的方向与目标。基于凝聚起推动中国式现代化的强大精神力量，助力创造人类文明新形态，应当构建王阳明"知行合一"思想现代转化机理。第一，对王阳明"知行合一"思想进行理论转化。在内容上注入时代精神，结合马克思主义的立场、观点和方法，对其进行辩证分析。在价值论上实现从"学为圣人"到"时代新人"的理论转化，培育有"理想信念""过硬本领""使命担当"的时代新人；在本体论上实现从"知行本体"到"知行辩证统一"的理论转化，既重视"知"的基础性作用，又重视"行"的重要作用，强调知行并进；在方法论上实现从"致良知"到"实践理性"的理论转化，把德育方法与马克思主义的唯物辩证法结合起来，使其转化为新时代的实践理性。第二，坚持王阳明"知行合一"思想现代转化的实践路径。首先，坚持党的领导，这是现代转化的根本保障；其次，坚持人民主体地位，这是现代转化的根本依托；再次，凝聚社会共识，这是现代转化的重要环节；继次，创新传播方式，这是现代转化的有效手段；最后，拓宽交流渠道，这是现代转化的必要条件。由此提升王阳明"知行合一"思想现代转化的现实效力和现代意义，最终使王阳明"知行合一"思想与马克思主义实践观相融合，与当代文化相适应，与现代社会相适应。

叶思琦《王阳明"知行合一"学说及其思想政治教育价值研究》(《成

才》2023年第3期）一文指出，在王阳明"知行合一"学说中，"心即理""知行合一"和"致良知"具有同构性，其理论的聚焦点都在于解决良知良能由体达用的障碍问题。与之相似的是，"知"与"行"也是思想道德教育的两个基本范畴。正确理解和运用知行合一原则，做到内化于心、外化于行，对于加强思想政治教育具有十分重要的意义。思想政治教育的推进，不仅要让学生在"知"中增强道德素养，更要在"行"中引导学生积极投身于道德实践，在真正意义上做到知行合一。

周雅娟、裴嵘军《王阳明"知行合一"思想对幼儿教师师德建设的启示》（《科教文汇》2023年第3期）一文指出，王阳明的"知行合一"思想蕴含着深厚的中国文化和中国智慧，主张通过统合道德意识和道德践履的方式将知行观的认识提升到一个新的高度，指导人们的认知和实践。王阳明的"知行合一"思想对当代幼儿教师提升师德修养和自我管理能力有着深刻的启示意义。在当代社会中，幼儿教师只有真正做到"知行合一"，才能在教育教学中实现真善美的价值内化。

张瑞洁《王阳明"知行合一"思想对中学生德育的启迪刍析》（《品位·经典》2023年第4期）一文指出，中学阶段是学生三观形成的关键时期，加强德育十分必要。王阳明的"知行合一"思想对当代的德育有着一定的借鉴意义。作为中华传统文化的瑰宝，我们应对该思想进行创造性转化、创新性发展，使其在当代重新焕发光彩，为社会主义道德建设服务。

陈世江、谢宝利《王阳明"知行合一"思想对大学生树立和践行正确人生观的启示》（《新西部》2023年第10期）一文指出，人生观教育是大学生思想政治教育的重要组成部分，将中华优秀传统文化融入大学生人生观教育，是促进大学生思想政治教育发展的必然要求。王阳明"知行合一"思想是其心学理论体系的核心，蕴涵丰富的哲理意蕴，在对其哲理意蕴探析的基础上进行创新性阐述，进而对大学生人生观三方面内容，包括人生目的、人生态度、人生价值的正确树立和践行提出方法与策略。大学生树立和践行正确人生观，拥有主体自觉意识是前提，做到明辨笃行是核心，做到惟精惟一是关键。

陈芳铭《王阳明"知行合一"思想融入高职学生思政教育路径研究》（《品位·经典》2023年第17期）一文指出，王阳明"知行合一"思想是关于道德认知与道德实践关系的重要论述。王阳明坚决反对教育知行脱节，主张知行合一。当前高职学生思想政治教育出现了知行脱节的现象，而将王阳明的"知行合一"思想融入高职学生思政教育具有巨大的现实意义。通过一些途径，在润物无声中实现立德树人的思政要求，为国家培养德才兼备的合格人才。

贺立林《王阳明"知行合一"思想对当代大学生道德教育的启示研究》（宁夏大学2023年3月硕士学位论文）一文，在深刻理解王阳明"知行合一"思想基本内容和充分把握大学生道德教育相关概念的基础上，立足新时代背景，从道德认知、道德意愿、道德实践三方面入手，深入考察我国当前一部分大学生身上存在的道德"知行相悖"现象，并进一步揭示出产生这一现象的深层次原因。通过剖析阳明"知行合一"思想与当代大学生道德教育在现实问题导向意识、育人目标指向、实践运行机理等方面的高度契合性，力求挖掘阳明"知行合一"思想的精髓要义，为解决当代大学生身上存在的一定道德"知行相悖"问题提供启示借鉴。当代大学生道德教育在汲取阳明"知行合一"思想精髓的过程中，应把一部分学生存在的道德"知行相悖"问题作为关注焦点，培养他们不断提升自身的道德修养，促进他们实现道德认知与道德实践的统一，坚持遵循"谁来培养、培养什么、如何培养"的逻辑理路，注重从高校、教师、学生分别入手。高校道德教育要培育良知，倡导"致其本心"以促进知行合一，推进高校转变道德教育理念、完善道德教育内容、创新道德教育方法等；教师践行良知，注重"以身示教"以推动知行合一，促使教师提高职业道德修养和提升学科专业水平；学生澄明良知，坚持"夫学贵得于心"以实现知行合一，不断提升自我的道德主体能力、巩固道德自律意识、强化道德实践养成等。

朱若彤《王阳明"知行合一"思想的当代价值》（《文化学刊》2023年第5期）一文指出，"知行合一"是王阳明"心学"思想的重要内容，其核心思想为"心外无物"和"致良知"。他认为，人的行为是内心活动的外在表现，但也不能被表面现象所蒙蔽，应当透过现象看本质。该文旨在通过对王阳明"知行合一"思想的探究，挖掘其精神实质及其教育意义，为当下的教育改革提供一些参考。

赵晓兰《"知行合一"思想视角下高职院校劳动教育难点审视与路径选择》（《广西教育》2023年第15期）一文，阐述"知行合一"思想内涵与新时代劳动教育理论，分析"知行合一"思想与高职院校劳动教育价值的契合之处，论述"知行合一"思想视角下高职院校实施劳动教育的若干难点，建议高职院校以"知行合一"思想为视角，通过加强劳动教育"知"的渗透，实现以知促行，做深做实劳动教育的"行"，实现以行促知，完善劳动教育的"评"，实现知行合一。

吴舒莹《"知行合一"理念下学校文化的形塑研究》（《小学教学研究》2023年第35期）一文指出，王阳明所提出的"知行合一"思想有着深刻的哲学内涵，对学校的文化建设具有重要的指导作用。然而，现行学校文化形塑仍存在"行而不知"，学校文化形塑重物化轻内化，"知而不行"，学校文化传承难以落实落地，"知行分离"，学校文化缺乏价值观引领等问题。基于此，文章提出"知行合一"理念下的学校文化形塑路径：学知是行之始，学校文化激励努力奋进；践行与践形统一，营造"知行并举"的学校文化；立德与育心，实现"知行合一"的文化自觉。

4. 致良知、万物一体思想的现代价值研究

范余雪《"致良知"对当代大学生主体意识培养的启示》（《福建教育学院学报》2023年第1期）一文指出，阳明心学主张心外无物，心外无理，十分强调人的内心力量。"致良知"论为阳明心学的核心内容之一，蕴含了丰富的主体意识精神，主张人心回到"无善无恶"的本真状态，以此通达自我道德修养及行为规范。现今，自我认同感缺失、空心病泛化、内卷化效应等因素无不在渐次吞噬着大学生的身心健康。研究阳明"良知"说，认识到大学生是学习的主体，尊重大学生的主体地位，促进其客观的自我认知；探究"致"的工夫，引导大学生进行自觉的道德践履，帮助其实现主体价值。感悟"致良知"体用合一的关系内涵，使"良知"外化为"良能"，增强大学生的主体能力。

温纯如、温放《王阳明的"致良知"理论及其意义》（《名家名作》2023年第19期）一文从四个方面展开论述："致良知"理论的基础是"心即理"。王阳明继承陆九渊"心即理"的思想，提出"致良知"理论，良知在人心，能辨别是非、识别善恶。心与理同一"心即理"，良知作为本体、心，理就是道德原则，他主张"心外无理""心外无物"。"致良知"以"知行合一"的哲学方式呈现。在儒家哲学上，有"形而上"与"形而下"之分："良知"是"形而上"，属本体，也是主体，即"心"，意识的内容为"形而下"，便是"物"。知行合一理论，是说道德的法则与行为应该是一致的。如果不一致，就通过"格物致知"使其一致。同时，"致良知"具有以"人性论"为基础的伦理学性质。"本心"体现为人性。人性不是别的，就是人生下来皆具有良知，有分辨是非善恶的能力。"存天理，去人欲"是王阳明提倡的修身之道。"致良知"理论对社会具有重要意义。

张琴、杜学元《知行合一：王阳明"致良知"思想及其道德教育价值》（《现代交际》2023年第3期）一文指出，当代道德教育以立德树人为重要使命，而当代道德教育存在道德理想不够坚定、道德修养和道德实践失衡及与生活联系不紧密等问题。王阳明的"致良知"思想具有极高的道德教育价值，是能够有效提升当代道德教育质量的文化资源。将其与当今道德教育相结合并进行创造性转化，有助于明了理想信念和道德星空、提升道德教育境界、完善道德教育方法，最终提升道德教育归宿。

王宇《阳明心学的科学思维特征简论》（《浙江社会科学》2023年第6期）一文指出，由于王阳明主张"心外无理"，学界一般认为他对客观世界的知识缺乏兴趣。实际上，正确地认识客观世界是阳明心学内在的需要。王阳明认为，知识探索需要在正确价值观的指导下展开，致良知必须循序渐进。他强调认知行为的阶段性，主张应该如同明镜照物一样如实地反映客观世界。这些观点都显示出深刻而丰富的科学思维特征。正确把握阳明心学所蕴含的科学思维特征，既是准确全面继承阳明心学的内在要求，也为推动阳明心学与现代生活融合，特别是与科学研究活动相融合，提供了理论参考。

陈亚、牛磊、陈粤梅《论阳明学派的共同体学说》（《学术探索》2023年第8期）一文指出，人类命运共同体思想是先进的中国共产党人基于新时代、新形势所提出的新型价值观、政治观、自然观。这一学说既扎根于马克思、恩格斯经典著作，也汲取了中国优秀传统文化（特别是阳明心学）共同体思想的历史智慧。阳明学派以"良知"为人类命运共同体理论提供了本体论依据，为人类为何要构建共同体寻求答案。此外，阳明学派也期望经由政治共同体、社会共同体、生态共同体等路径实现共同体之理想。当代人类命运共同体理论既是对阳明学派共同体思想的继承，也是对它的超越与拓展。对阳明心学共同体思想进行分析，有助于科学阐明习近平人类命运共同体理论的历史意义与理论价值。

黄俊杰《儒学能为21世纪新生态文化提供何种思想资源》（《学术月刊》2023年第1期）一文指出，儒家思想可以对21世纪新生态文化的建构提供贡献。儒家生态思想有三个关键命题："万物并育而不相害""天地以生物为心者也""大人者，以天下万物为一体者也"。潜藏在这三大命题之中的是五个核心价值理念：和谐、和解、天人合一、联系性思维、有机体论。在儒家思想中，"人"与"自然"之关系在于连续性而不是断裂性，在于"人"与"自然"的一体性。儒家思想中的"仁"学，以及以分享、包容、同情、责任作为核心价值的母性思维，在建构新生态文化中具有关键地位。

5. 王阳明教育、德育思想的现代启示研究

岳晓融、张立国《王阳明教育哲学思想在高等教育治理中的价值意蕴》[《陕西教育》（高教）2023年第1期]一文指出，王阳明的"致良知""知行合一""格物致知"等教育哲学思想将中国古代哲学思想推向了一个新的高度。该文通过对王阳明教育哲学思想的基本观点和高等教育内涵式发展的现状及问题透析，从王阳明教育哲学思想的视角厘清现代高等教育治理的现实问题，归纳出"致良知"思想在高校内涵式发展中的精神和思想根基作用、"知行合一"在高等教育治理中的实践与促进作用、"格物致

知"在学术治理中的价值观引导作用等结论，为当前高等教育治理提供镜鉴。

籍忍忍《王阳明道德教化思想及其当代价值》（中共山东省委党校2023年5月硕士学位论文）一文指出，思想政治教育的一项重要内容是对我国传统道德教育资源的批判继承。王阳明在讲学过程中，向门人所阐发的关于道德修养的基本理论、原则和方法等，贡献了诸多价值理念。该文的主要工作，就是王阳明道德教化思想的体系建构。全文主要包括以下几个部分。"导言"部分首先阐释了王阳明思想中蕴含道德教化思想的可能性，时代环境对道德教化的需求性，王阳明道德教化思想运用的重要性。其次，介绍国内外对阳明心学和道德教化思想研究的相关成果，对著作和文献在研究数量和内容方面进行分析，说明系统阐发王阳明道德教化思想的必要性。最后，简要说明论文开展研究的前期准备、探究方向和撰写思路。第一部分，表明王阳明思想的形成是内外因综合作用的结果。首先，任何一种思想都是对既定现实社会的反映，因此，王阳明的道德教化思想有其社会历史背景。其次，王阳明道德教化思想体现着儒家文化的传承与发展。最后，王阳明道德教化思想与家庭的教育与熏陶直接相关。第二部分，说明道德教化何以成为可能，即王阳明道德教化思想建立的哲学基础。王阳明道德教化思想并不是一套系统的、现成的理论成果，而是从阳明心学出发，从"心即理""知行合一"和"致良知"三大理论分析阳明心学中涉及的核心概念与中心思想，把握人能够教化向善的根据。第三部分，论述道德教化何以实现。主要立足王阳明文本的整合与分析，以思想政治教育学理论为架构，论述教化的目标和内容、施教的原则和方法，对王阳明道德教化思想深入剖析。正是由于王阳明道德教化思想的丰富、教化内容的适切和教化方法的适用，其在现代社会中才能依旧熠熠生辉。第四部分，对如何实现古为今用、助力当代德育这一实践问题进行了探讨。根据前几部分的分析，王阳明道德教化主要从个体出发，凸显主体性，发挥个体的道德自觉。此外，道德作为一种特殊的规范调节方式，本身对个人提出的要求是很高的，主要表现为从内及外，由己及人，在道德教化中表现为知识内化德性、德性外成德行，以期实现个人的成德与成人，实现整个社会的和谐融洽。

高丽静、陈佳荧《浅析王阳明孝道观及其当代启示》（《汉字文化》2023年第11期）一文聚焦于"良知"为本的孝道观，阐明当今社会存在的孝道观消解的境遇，提出坚持知行合一，坚守孝道传承，推进三位一体现代孝道教育，对中国式现代化建设具有深远的借鉴价值。

6. 阳明心学对新时代大学生思想政治教育工作的启示研究

李晓方、刘和富《阳明文化融入高校课程思政的探索与实践》（《赣南师范大学学报》2023年第2期）一文指出，阳明文化作为王阳明及其后学在历史实践过程中创造的物质与精神财富总和，其心即理、知行合一、致良知、明德亲民等思想与实践具有重要的时代价值，也是融入高校课程教学的重要思政元素。赣南师范大学王阳明研究中心教学科研团队立足当地丰富的阳明文化资源，深挖阳明文化的思政元素，将其有机融入课堂教学，构建阳明文化课程群，理论课堂与田野调查相结合，充分利用现代技术手段，将阳明文化育人深入到第二课堂与社会服务，探索出一条挖掘、萃取、弘扬阳明文化并将其融入高校课程思政建设的有效路径。

龚丽佳《阳明思想与"思想道德与法治"课程的教学融合》（《产业与科技论坛》2023年第2期）一文指出，思想政治理论课要坚持"两个结合"，充分挖掘中华传统文化中的思想精髓。王阳明在前人思想的基础上结合毕生实践逐步完善了心学，其人生经历与思想精华对深化思想道德与法治教学内容有重要的启迪价值。

程娟珍《阳明文化之"立志"对高职生成长的指导意义》（《文化学刊》2023年第2期）一文指出，王阳明一生非常强调立志。王阳明的"立志"立的是天理，是道德修养之志。他强调立志贵在专一和坚定，要善于"责志"，要"勤学"。针对当今高职生存在的思想误区，亟须以王阳明的"立志"思想给予教育和引导。王阳明的立志思想对高职生成长成才具有重要的指导意义。高职生要关注主体感知，重拾信心，确定理想信念，树立责任意识，脚踏实地，循序渐进，朝着自己的目标层层递进。

汪伦《阳明心学主体性思想在大学生道德人格培养中的应用研究》

（《武汉纺织大学2023年3月硕士学位论文》）一文解读了阳明心学中蕴含的主体性思想，分析出该思想与大学生主体性道德人格培育在目标、内容、方法上存在内在关联。由此，将阳明心学主体性思想中存在的"修身正德、学必立志、笃实躬行、万物一体"等道德内容进行现代性创造转换，并提出要启迪主体善良品质、构建实践育人机制、坚定崇高理想信念、发挥文化浸润功能等四条优化大学生主体性道德人格的路径。

陶琴《新时代背景下阳明文化的思想政治教育价值研究》（《大学》2023年第12期）一文指出，阳明文化作为中华优秀传统文化的重要组成部分，是增强文化自信的切入点，是坚定文化自信的重要来源之一。将阳明文化中蕴含的文化优势与时代价值相结合，有利于提升我国文化软实力。

7. 阳明心学对现代生活、企业管理的启示研究

王冉《"知行合一"视角下的企业变革研究》（《中外企业文化》2023年第3期）一文以"知行合一"论为观察视角，旨在通过分析企业变革的普遍模式，阐明"知行合一"对企业变革具有十分重要的指导意义，以期透过管理哲学视角对企业变革模式的具体实施路径进行探讨。

霍白娟《阳明心学在H酒店企业文化应用中的研究》（山西大学2023年6月硕士学位论文）一文指出，在传统儒学中最为重要的一个分支就是阳明心学，这是我国传统文化的精髓所在。阳明心学比较看重的内容是"人心"管理，不管是修身还是齐家或者是治国等实践活动的开展，都需要从修心开始。在企业管理哲学中最为关键的一个理论就是阳明心学，这也是企业文化管理必不可缺的一个组成内容。

韩炜《阳明心学在图书行业企业文化中的应用研究》（山西大学硕士学位论文，2023年6月）一文面对企业文化中易出现的问题，从阳明心学在我国以及国外的应用出发，归纳阳明心学的基本观点、实际应用方面，进一步对企业文化管理进行分析，构建出关于企业文化与企业制度联系的模型，并在实际案例中研究，论述阳明心学在企业中的实际应用价值。通过进一步研究阳明心学的理论思想，完善阳明心学在企业文化管理中的操作应用。构建企业制度与阳明心学企业文化关联的企业运行机制，加深企业文化对企业管理的积极影响，增强我国企业竞争软实力。

8. 长篇历史小说《王阳明》、戏剧《王阳明》、纪录片《王阳明》以及阳明文化传播的综合研究

王佳莹《论许葆云历史小说〈王阳明〉三部曲的虚构艺术》（《名作欣赏》2023年第2期）一文指出，小说是虚构的艺术，没有虚构就没有小说。许葆云在长篇历史小说《王阳明》三部曲中，综合运用"大史写实，小轶写虚""历史勾笔，文学泼墨""神话沿用，传说融合"的虚构艺术，对一代心学大儒王阳明跌宕曲折的一生进行合乎情理的想象还原，从而塑造了以王阳明为首的一系列血肉丰满的人物形象，展示了明朝广阔、精彩的生活、政交、战争画卷。《王阳明》三部曲遵循了历史小说"深入历史"又"跳出历史"的原则，在历史的完整性与大众的审美性中找到了契合点，兼有历史的积淀厚重与想象的舒悦轻盈，是虚构艺术在小说上的成功运用。

金叙呈《〈心灵导师：王阳明〉：让阳明心学走进当代人的心灵》（《名作欣赏》2023年第11期）一文指出，作为"阳明心学"的创立者，王阳明常常以立功、立德、立言"三不朽"圣人形象出现在大众眼前，而他的"知行合一"思想更是被无数人称道，被认为是当代社会的思想指引。在李永鑫《心灵导师：王阳明》一书中，著者在完整、详细地阐述了阳明思想的同时，更将人物经历、思想历程与传记故事结合起来，既让读者明晰阳明心学在每一阶段的发展状况，也让王阳明的人物形象更加鲜活立体，深入每一个读者心中，有利于个人的道德提升，以及促进当代社会的道德之风建设。

吴霜《论〈阳明平濠记〉中的"小说笔法"》（《名作欣赏》2023年第11期）一文指出，徐泉华传记作品《阳明平濠记》中所用的"小说笔法"丰富多样，非止一端，举凡人物形象、历史情节、环境特征等方面的描写，都可以发现著者独特的创作手法。具体而言，徐泉华在传记作品《阳明平濠记》中所采用的"小说笔法"主要表现在三个方面：第一，以小说化故事手法展现王阳明与其他人物的传奇色彩；第二，特殊的情节与结构设置打破了传记的传统模式；第三，以小说化手法描写社会环境，并将自然环境同传主情感及命运转变紧密相连。

郑傲《"龙场悟道"的电视经典化特点解析——以纪录片和电视剧为例》(《电影评介》2023年第11期)一文指出,王阳明"龙场悟道"的思想事件历来是研究者和传承者关注的重点,也是阳明学叙事中的"经典"。而关注经典、强调传统是"全球化"背景下保持文化自主性的策略。随着近年来"阳明热"的兴起,国内外对"龙场悟道"的研究、解说、演绎和呈现等逐渐成为一种大众媒介景观,并从不同层面、角度对经典进行建构。

李筑艳、龙宇晓《阳明学的新媒体传播现状及其特征分析》(《新媒体研究》2023年第10期)一文指出,随着新媒体在各个领域应用的逐渐深入,包括阳明学在内的中华传统文化迎来了传播的新境遇。当下的阳明学新媒体传播主要涉及图文类和视音频类两大类型的媒体形态,前者主要涉及微博、微信公众号、知乎等平台,后者主要涉及哔哩哔哩、爱奇艺、腾讯视频、优酷、网易公开课、好看视频、风行视频、喜马拉雅等网络播放平台。阳明学的新媒体传播超越传统媒体所受的时空限制,显著扩大了传播面,使内容表达形式更为丰富多样,但总体上还处于快速发展的初期阶段,无论是传播端口平台稳定性,还是内容的规范性和系统性,都有待提升。

杨翌琳《阳明文化传播特点及具体策略分析》(《中国报业》2023年第20期)一文指出,随着当前媒体环境的不断发展,中国传统文化已经逐渐在新的媒体环境下找到了适合自己的传播方式与途径。阳明文化作为中国传统文化的重要组成部分,受到了国家、政府的高度重视。

三、王阳明的比较研究

本报告所说的王阳明的比较研究，主要涉及王阳明与先秦诸子（孔孟荀儒学、老庄道家、墨学）的比较，王阳明与宋明理学家（二程、张载、陆九渊、朱熹、陈献章、湛若水、王夫之、刘宗周、黄宗羲）的比较研究，还有阳明心学与西方哲学的比较研究。兹把2023年的相关研究成果胪列如下。

（一）王阳明与先秦诸子的比较研究

欧阳祯人《阳明心学是先秦儒学合乎逻辑的发展》（《孔子研究》2023年第2期）一文指出，众所周知，王阳明自己十分自信的学问就是致良知之学，虽千经万典莫逃焉。但是在作者看来，鉴于明朝中后期的特殊环境，王阳明还有没说透的话，那就是他的心即理、致良知、知行合一，一切理论环节走的全部是一条从心性到政治的路。他的最终目标就是天地万物一体之仁，所以在他的著作中有对社会现实、皇帝以及官僚集团的批判。这种路数与孔、曾、思、孟是完全一致的，与儒家经典《尚书·尧典》、郭店简《唐虞之道》所展现出来的政治理想也是完全一致的。所以，阳明心学是对中华文化真正的追随，是中华文化合乎逻辑的发展。

蔡杰《阳明心学对荀子学说的融摄》（《绍兴文理学院学报》2023年第7期）一文指出，由于程朱理学对荀子的批判，荀子在宋明两季的地位一落千丈，然而阳明心学却对荀子学说持有较为宽和的态度与同情之理解。就荀子最受诟病的性恶论而言，如何处理孟荀人性论之间的巨大张力，是阳明心学绕不开的问题。其处理方法主要有两种：一是以胡直为代表，坚定不移地坚持孟子性善论，以性善论重新解读荀子的学说；二是以王阳明为代表，溢出孟子性善论的范畴，创立了独特的人性学说，以性之本体与性之发用的分析模式，安置孟子的性善论与荀子的性恶论。两种处理方法都体现出阳明心学对荀子学说的宽和与包容，但王阳明以性之发用的说法指称荀子的人性概念更加恰当、准确。

（二）王阳明与宋明理学家的比较研究

1. 王阳明与朱熹的比较研究

何川《"天理良心：朱子学与阳明学的对话"学术研讨会学术综述》（《上饶师范学院学报》2023年第5期）一文指出，2023年8月22日、23日，"天理良心：朱子学与阳明学的对话"学术研讨会在江西上饶玉山县召开，来自国内外科研机构的近百位学人就朱子学研究、阳明学研究、域外儒学与现代化展开了讨论。会议特设"朱子学与阳明学的对话""儒学现代化转化"两个分论坛，为朱子学与阳明学的沟通交流搭建了平台，深化了中国思想史相关领域的研究。

王国良《朱熹理学与王阳明心学的传承演变》（《上饶师范学院学报》2023年第5期）一文指出，朱熹理学与王阳明心学是宋明理学的重要流派，阳明心学继承朱熹理学，又与理学相区别。朱熹的格物致知、格物穷理接近于实事求是，对正确认识客观世界而言具有丰富的理论价值；朱熹塑造的"醇儒"理想人格能够为新时代君子人格的培养实践提供基本的理论资源。王阳明的"良知""致良知"具有强烈的主观能动精神和大无畏的实践精神，有利于人们开展改造世界的社会实践活动；王阳明称赏的豪杰人格有利于新时代人的自由全面发展，有利于创新型人才的培养。朱熹理学与王阳明心学的强强联合、优势互补，能够极大地推动中华优秀传统文化的创造性转化与创新性发展，推动中华优秀传统文化与马克思主义相互契合，相互成就。

郭诺明、张丽华、黎文雯《论阳明学对朱子"学而"章诠释之再诠释——以王阳明、邹守益、罗汝芳的诠释为例》[《合肥学院学报》（综合版）2023年第1期］一文指出，"学而"章被认为是代表"孔子一生精神"的写照，历来受到学者的重视。朱子对"学而"章的诠释要点是将"学"训为"效"，认为只有在"必效先觉"的工夫实践中才能"明善复初"，成就君子人格。朱子将"复性之学"与"每事必当学"统合起来诠释学之意蕴，体现出朱子试图统合形上与形下、知与行、情与理的哲学努力，却造成了某种内在的紧张。以王阳明、邹守益、罗汝芳为代表的阳明学者对"学而"章的诠释要点是将"学"理解为"觉"，学是以仁为内容的，认为"工夫只在心上做"，始终坚持心外无理、即本体即工夫的立场来诠释经典，试图将本体与工夫高度统一起来，体现出心学独特的诠释面向。

彭彦华《以道为本与明心悟道——以朱熹、王阳明为例》（《东岳论丛》2023年第1期）一文指出，"天地与我并生，万物与我为一"，这是中国哲学的底色。天地人三才，以人心为主宰，会通成就了天道、人道、地道三位一体的道体。道乃宇宙生命之大全，中国传统学术思想各家皆得道而立。诉诸良知揭开道学的真谛，辨析朱、王的悟道之法：朱熹侧重道问学而尊德性，其明心悟道"使人反其固有而复其性"；王阳明侧重尊德性而道问学，主张讲学以明道、体道而见道："心体明即是道明。"这充分说明阳明心学是彻底的心体统领下的致良知实践之学，即明心悟道之学。

傅锡洪《王阳明的格物论及其与朱子的区别——兼谈陆王工夫论的差异》（《齐鲁学刊》2023年第2期）一文指出，朱子直接根据《大学》的文本主张"致知在格物"，阳明则基于孟子有关本心的思想重新诠释《大学》，主张致知以格物。在朱子处，格物属于知而不是行，是本心之知主导意识的前提。阳明所说格物则以本心之知为前提，是对本心之知的落实，已不仅是知而且是行。从工夫阶次的角度来看，格物在阳明这里主要有两种含义，即为善去恶与勉然去欲。含义一通贯勉然与自然两层工夫，含义二则主要指第一层的工夫。与阳明不同，象山否定勉然的积极作用，主张工夫直接从自然入手，阳明批评其扩大了自然做工夫的适用范围。不过，值得注意的是，阳明后学中包括王龙溪、王塘南等在内的不少人并非接近阳明反而接近象山。

云龙《阳明心知论及其对朱子"虚灵知觉"的创造性转进》(《社会科学战线》2023年第4期)一文指出,朱子"虚灵知觉"之心论的重"知"取向颠倒了先秦儒家以情感为心之首出原则的基本进路,存在着知、情分离的倾向,阳明对之进行了一种创造性的转进。一方面,通过对"知是心之本体"命题的提出,阳明将"虚灵知觉"贞定为创生实现义的主宰原则;另一方面,阳明又揭示出此创生主宰之"知"的本源根底乃一念"真诚恻怛"之"情",情感实构成心的真实主体,而"知"则是情感发用流行中所固有的主宰光照作用。朱子学可能导致的知觉先在与知、情脱节的弊病由此被克服。立于情感为心之首出、"知""情"内在关联的心知论进路,阳明对朱熹"心统性情""已发未发""体用一源"等心性架构命题进行了"点铁成金"式的重释与转换。这在回归先秦儒家心知论进路的同时,亦将朱子那"虚灵知觉"的心知系统转进升华为一内具"精一之旨"的良知系统。

吕子凡《初探朱熹与王阳明的格物之道》(《今古文创》2023年第42期)一文指出,格物之论是儒家思想进路的重要生长点,纵观历史长河,其主要可分为两个路径:即对"心的开显"与对"物的穷理"。两者虽在格物的路径上有所分别,但所谓根尘同源,对于格物之论最高点的思考以及最终想要达到的目标却有着共通之处。该文期望通过对朱熹和王阳明格物之论的梳理,为后续学者对格物的研究贡献一份思想力量。

邢彩杰《浅析朱熹与王阳明"格物致知"论之异质性》(《今古文创》2023年第15期)一文指出,"格物致知"是中国哲学史上一个重要的理论命题。不管是在汉唐经学,还是在宋明理学中,这两大体系皆对"格物致知"做出了各具特色的阐述。其中,最具代表性和比较性的当数朱熹和王阳明对这一命题的理解。该文通过对他们二人的"格物致知"论进行详细分析与比较,探讨了各自理解的异质性及其原因。"阳明学"是在"朱子哲学"基础上的进一步发展,王阳明对"格物致知"的理解要优于朱熹对它的理解。

沈顺福《体用之间:朱熹与王阳明哲学的比较》(《上饶师范学院学

报》2023年第4期）一文指出，传统学术界将理学分为以朱熹为代表的理学和以王阳明为代表的心学两个阵营，理学与心学皆秉承了传统儒学的仁学观念。仁即生生不息、大化流行，仁即仁爱，属于道德的行为。作为道德行为的仁内含理，仁的行为依据于理。行为是用，故理在用中。用之体不仅有形体，而且有性体。性体即性。理在人、物身上便为性。理在用中，性在体中。朱熹偏重于从用中寻理，王阳明偏重于以良知即性为本。从体用区别的角度来看，朱熹重用，阳明重体；从体用不二的角度来看，二者所说的内容几乎相同。因此，朱熹哲学与王阳明哲学差别不大。

米文科、段克武《明清之际关学对〈大学〉"至善"的诠释与关学思想的发展》[《宝鸡文理学院学报》（社会科学版）2023年第6期]一文指出，何谓"止于至善"？朱子与王阳明对此有不同的解释，由此形成了两种不同的诠释路向。而明清之际关学学者以问题意识为中心，从体用关系的角度强调"至善"：一是指"明德"要以"亲民"（新民）为用，"亲民"要以"明德"为本；二是指"明德"与"亲民"之间存在着本末始终之先后次序，或者认为"至善"是指"明德"与"亲民"要"纯乎天理而弗杂""不自有其善"。这一诠释不仅有别于朱子与王阳明之说，而且反映了明清之际关学思想的发展变化。

马正应《阳明快乐情感的减法智慧——从"说""乐""不愠"说起》[《贵阳学院学报》（社会科学版）2023年第6期]一文指出，阳明与程朱理学家对"说""乐""不愠"等快乐情感的理解和阐释，无论是在内涵上还是方法上都存在着较大差异。朱熹等理学家运用的是从无至有、沿前往后、由易到难的加法，这种方法体现出有得与未得的结果及相应的乐与不乐的情感。阳明认为乐是心之本体，良知不滞于亦不外于七情，本体之乐不同于亦不外于七情之乐。故而在阳明看来，"只求日减，不求日增"的情感减法才是简易透彻、轻快洒脱的致知之功。这一方法显现着良知内向觉醒与外向去蔽的相统一，从而袒露了本体之乐的智慧。

2. 王阳明与陆九渊的比较研究

王童《陆王一系的易学系统与精神》[《贵阳学院学报》（社会科学版）

2023年第2期] 一文指出，自古以来，大易之学有象数、易理两大派系。象数为汉易，易理则分为魏晋玄学易与宋明理学易两大阵营。理学易当中，程朱为道学易，船山为气学易，陆王心学一系的易学则为心学易。南宋陆象山在江西，倡导心学，其中也有其易学的独到见解。象山弟子杨慈湖，本身便精研易学，留有《杨氏易传》一书，以及《己易》一文传世。阳明先生龙场悟道之时，便是在贵阳龙场玩易窝当中，其与易学的渊源可谓关系匪浅。在他49岁揭示致良知之旨后，便有"良知即是易"的论说。龙溪是阳明的大弟子，对大易之旨与良知之道的融合与传承，在讲学当中，也体现得淋漓尽致。阳明后学罗近溪，对于大易之旨的诠释，更是陆王心学一系的高峰。

魏鹤立《阳明论象山"只是粗些"说检证——兼论阳明的格物说》（《中国哲学史》2023年第3期）一文指出，王阳明在与陈九川论学时曾评论象山之学"只是粗些"，但并没有进一步展开说明象山之学到底"粗"在何处，于是学者们都试图对这一"粗"字的隐而未发之意进行补足。无论是从学问的总体风格上来理解这个"粗"字，还是从具体的论学方式入手指出象山粗在未能知行合一，都没有考虑到阳明当时的思想动态以及与九川论学的前后语境。阳明所说象山"只是粗些"，"粗"就粗在格物致知及其工夫，这一问答上可追溯至阳明正德十年龙江论格物，下可延及正德十五年虔州辨良知。只有在这样的脉络中，这一"粗"字之意才能被正确理解。

詹良水、周钦《论陆王"孟子学"的不同进路及对孟子态度之差异》（《唐都学刊》2023年第6期）一文指出，象山心学与阳明心学通常都被视为"孟子学"，但二者却存在较大差异。其一，从陆王接受和进入"孟子学"的进路来看，象山的进路简易直接，即通过读《孟子》而自得于心，阳明的进路则较为曲折。阳明主要是在与朱子"格物"之学的长期对话中，在龙场引入《孟子》的"良知"重新诠释《大学》"格物致知"之后开始进入"孟子学"的。其二，从陆王对于孟子的态度来看，象山对孟子极为推崇，并态度鲜明地以孟子的继承者自居，阳明则从未自称其学为"孟子学"，并且相较于《孟子》更重视《大学》。

3. 王阳明与罗钦顺、王廷相的比较研究

吕花萍《论罗钦顺的"心学似禅"》（《江海学刊》2023年第6期）一文指出，罗钦顺以尊信程朱、培护道统为己任，从三个层面揩击陆王心学阳儒阴释：一是体的层面，罗钦顺以"圣人本天，释氏本心"为分判标准，揭示心学"本心"的禅学特性，"以心为本"势必导致理气一元的世界歧出一个"心"，形成二本；二是用的层面，罗钦顺通过与欧阳德的论辩指出心学的"良知"为知觉，心学以知觉为性似禅，而知觉不过是人心的"妙用"，永远无法触及客观世界事物的性理；三是为学和修养工夫层面，罗钦顺认为心学的易简、格物"局于内而遗其外"，有"启禅学之忧"。然而心学和禅学思想虽毫厘之差，其实质则"大相径庭"。罗钦顺以正本清源为目的，将心学视为禅学异端而辟之，从严格的学理层面来看不无偏颇。

李世凯《王廷相认识论的特点及对"良知"说的批评》（《国学论衡》2023年第2期）一文指出，王廷相的认识论是在宋儒的思想背景下展开的，但与宋儒"心统性情"的逻辑架构不同，王廷相在性气一元论的基础上将心、性、情统合为一，心是具有思维活动之作用的实体性器官，性为此实体性器官的神妙作用，情则是性之外在表现。在王廷相对心的看法中，心知的意义极为鲜明。王廷相主张知识包括道德知识源于主体的经验和实践训练。由此出发，王廷相批评了"德性之知不由见闻而有"的观点。

4. 王阳明与陈献章、湛若水的比较研究

张乾礼《阳明与甘泉"博约"异同析论——从工夫的面向看》[《贵阳学院学报》（社会科学版）2023年第1期]一文指出，"博文约礼"是孔门立教成人的管钥之一。阳明经对以往"博约"二分、先后的检讨，提出"博文为约礼功夫"，初次将"博文"置于道德心体的统摄之下，规避了理的外在问题。到阳明晚年，他以"文礼一源"进一步说明"博约"作为本体、工夫的不同呈现，尽囊于"致良知"的矩矱之中。甘泉反对阳明"博文以约礼"的观点，认为二者是不分先后的一段两轮工夫，根本于"精一执中"的圣学心传。他批评阳明及其门人轻视"博文"工夫，疏略人的性

情禀赋，其喜闻乐见的"简易""径捷"之教法，给儒学"精一时中、博约竭才"的笃实吃紧关脉，造成了极大冲击。

高定骞《王阳明与湛甘泉的交往和辩论——从王阳明的思想变化看》（《新楚文化》2023年第9期）一文指出，王、湛二人自弘治十八年一见定交到嘉靖七年王阳明离世的23年中，常有学术上的辩论，在彼此的质疑和问难之中不断地修正和完善自己的思想。辩论焦点的转移皆由王阳明思想之变化而来。龙场悟道前，二者共倡程氏万物同体之圣学，龙场悟道后，王阳明由本体论转入认识论的模式，导致二者对物有不同的界定，从而引发二者关于儒释和格物之辩。

肖啸《新泉书院与王、湛心学的合流》（《原道》2023年第1期）一文指出，新泉书院是湛若水官居南京期间最主要的讲学场所，也是甘泉心学学理发扬和学脉传承的基地。"由王入湛"而"卒业于湛"的甘泉门人史际以一己之资奠定了书院规模。湛若水主讲新泉期间，为应阳明学说对自身心学理念的冲击，在讲学中大力提倡"随处体认天理"说，终使新泉书院成为抗衡阳明学的一大据点。然湛氏致仕南归后，书院逐渐被阳明后学占据，所倡导的学旨也由"天理"转变为"良知"。此种嬗变与湛若水本人强调王、湛二学共通性，忽略学派后续发展的书院讲学取径密切相关，更折射出湛门弟子疏于自身学派构建的问题症结。在湛若水讲学的影响下，新泉门人致力于王、湛二学的调和，却导致了逆向的"不守师说"。调和之心生而争胜意识退，自身学说传播与学派传承环节处于缺失状态，导致甘泉学的传播广度有余而深度不足，其学派辨识性也不断丧失，最终被阳明学所同化。

黄明喜、郭爱丽《圣凡平等 学以成人——王阳明与湛甘泉的人性观及教育宗旨》（《教育文化论坛》2023年第6期）一文指出，心学教育思潮之所以能在明代中后期流行，实与王阳明、湛甘泉这两位心学巨擘所倡导的人性观及其教育宗旨密不可分。作为明代心学教育的思想引领者，王阳明和湛甘泉以各自的人性观为理论基础，提出了圣凡平等的教育主张，以及"人皆可成就尧舜一样的理想人格"的观点。二人殊途同归，均秉持人的价值是在同自身种种不良欲望的斗争中实现的，且人只有在道德化的教育生活中才能充分彰显出人之为人的价值。王阳明以"致良知"为教育宗旨，引导人形成"吾心之良知，即所谓天理也"的伦理价值观；湛甘泉以"随处体认天理"为教育宗旨，倡导人"随心、随意、随身、随家、随国、随天下"，到处都可以认知天理。两者皆是依据穷理尽性、圣凡平等的人性论，着力倡导学以成人的教育价值观。王阳明和湛甘泉在不断推行心学教育的实践活动中，积极探索人何以需要教育，如何学以成圣为贤，分别标举"致良知""随处体认天理"的教育宗旨，谱写出明代心学思想华章，深刻影响着明代中晚期教育的发展。

5. 王阳明与王夫之的比较研究

秦晋楠《再论王夫之"诚意"工夫的特色及其与朱子和阳明的异同——以〈读四书大全说〉为中心》（《道德与文明》2023年第5期）一文指出，王夫之对诚意的诸多解说与朱熹、王阳明都有所不同，并与他们的说法构成了实质上的对话关系。王夫之的理解有三个特点。其一，诚意不是单纯后设式的在念头上打转的工夫，而是让善心、正心主动、自然发动的积极工夫。其二，诚意的关键不在于围绕已经产生的意念，尤其不是单纯落实好恶或快足，即，不是单纯心灵形式上的好而心慊、恶不自欺就够了。相反，心之正、理之善才是诚。其三，致知与诚意、知与行是可以相对区分开的两种工夫，二者在不同情形下互有先后。正如致知的知有多个层次一样，诚意的意也有多个层次。

6. 王阳明与刘蕺山、黄宗羲的比较研究

李敬峰《"向无蕺山，则流弊充塞"——从刘宗周的〈大学〉诠释看其对阳明心学的救正》[《南京师大学报》（社会科学版）2023年第1期]一文指出，阳明由《大学》切入，成功地挑战朱子并创立新说，开启了不从《大学》而入就难以把握其思想的义理架构的学术格局。当前学界关于刘宗周对阳明心学的补偏救弊考察虽不乏关注，但少有从宗周最为倾心的《大学》注本切入展开的，这不仅背离阳明心学的学术进路，亦与宗周自身的问题意识相悖。作为乘心学流弊而起的学者，宗周针对阳明心学依循

《大学》建构的思路，针锋相对地诠解《大学》，从文本和义理两方面辩难和救正心学，以"扭转'六经注我'""'诚意'置于'良知'之上""打并本体、工夫为一""以慎独为格物"的理论新诠形式，堵塞和填补心学漏洞，继而更新、生成和延续阳明心学，并仰赖宗周在宋明理学中殿军的地位，衍生出典范的学术史意义：一是推动晚明阳明心学由脱略经典朝向经典主义转进；二是深化和完善心学的意识结构和工夫体验，更为关注道德的纯粹性和自觉性问题；三是推动阳明心学由玄虚空谈朝向健实一路发展。

郭杨敏《刘宗周"慎独"工夫论研究》（河北师范大学2023年5月硕士学位论文）一文指出，王阳明建立"心学"，以更好地满足主体精神的需要和化解社会矛盾。阳明后学对王学的不同见解，使得阳明后学之弊日益明显。刘宗周不断探索，并结合宋明理学对慎独的发展自成体系，建立极具个人特色的"慎独"思想，以"正人心"，进而挽救晚明危机，从而重建道德理性本体。刘宗周的"慎独"伦理思想，在借鉴先儒思想的基础上，将"独"字赋予本体意义，曰"独体"。"独"既是宇宙本体，亦是道德理性本体，是人生价值的终极根源与依据。作为"慎独"本体的"独体"，打通了心、性之间的隔阂，实现了天、人、物之间的贯通。"独"是天命之性，是本然至善的，性体在心体中显现，性体是心体的主宰，因此，心必然是向善的。心性论层面的心性合一，使先验的道德理性本体如实地呈现在后天的经验意识活动中，在经验领域挺立万事万物是"至善"的。他还提出气质之性与义理之性是一性的性善论和人心、道心为一心的说法，这都属于心性论的范畴。刘宗周将"独"的本体性与"慎独"的工夫合一，"慎独"即本体即工夫，并强调"静存"的道德修养途径，因此，"慎独"是最重要的道德修养方式。刘宗周纠正了阳明后学或流于玄虚或流于天然率性的弊端，主张将本体与工夫打合为一。强调本体是主脑，不识本体，工夫就会无处下手，只谈工夫，本体就会流于玄虚。本体与工夫是体用一源的关系。刘宗周晚年将"慎独"归于"诚意"，"独体"亦是"意根"，"意"是心之所存非所发，是人心灵极微处，是心之主宰，对心具有贞定作用，具有好善恶恶的道德品格。"诚意"就是保持内心专一，使性天之理在人心灵极微处自然流行。在日常伦理活动中，心感物而动形成"念"，进而"妄""恶"丛生，道德层面的"独体"要突破欲望与情识，时刻发挥对"心"的贞定与引导作用，化念归心、迁善改过的最终目的就是成圣。道德上"恶"之来源，刘宗周谓之"妄"。"妄"不是真实存在的过与恶，而是"过与不及"，是人心陷溺的可能性，它是与"独"并行的，不可根除。刘宗周对过与恶进行了区分，从过到恶并不是简单的量变过程，他认为"过而不改"形成恶。而"念"在其中起到了质变的作用。"习"是由"知过不改"的"念"积累而成的固化之气。"过与不及"并不是令人万劫不复的深渊，"过与不及"正是"改过"之地。在刘宗周的思想理论构建上，心与性的合一、本体与工夫的合一，意对心性的统摄，人能够通过自身的内在体会至高的道德本体，使得形而上的道德世界与现实的内在主体精神相连接，他提出诚意与慎独的修养工夫，是主体实现至善的途径。由上到下、由内到外的道德实践过程，体现了刘宗周对人的主体性与自律性的高度要求。在刘宗周看来，通过"慎独"，人人都可以为圣人。他的"慎独"道德修养工夫，对当时的社会及后世都产生了深刻的影响。在明末时期，人心涣散，刘宗周重建道德理性本体，纠正了阳明后学流于玄虚、不实之风，但他执着于以道德来救政治，并企图通过道德自律来正人心的想法，是脱离现实的。刘宗周的"慎独"道德修养工夫，在现代依然给我们的道德建设带来深刻的启发，对强化个人的道德自律意识，实现个人的人生价值，促进与他人、社会之间的和谐具有重要的意义。

刘悦笛《纯情升华与意念失范——刘宗周"独体"的情意观》[《北京大学学报》（哲学社会科学版）2023年第6期]一文指出，刘宗周与王阳明良知论之间的关联，最为关键的转化在于"纯情"之升与"意念"之降，由此便造就了刘宗周以"独体"为核的情意观。首先，蕺山改造"良知说"，将"知善知恶"归于"知爱知敬"；其次，蕺山改造"四句教"，这关系到从"无善无恶心之体"到"有善有恶心之动"，从"有善有恶意之动"到"好善恶恶意之静"的转变；再次，蕺山改造"情意观"，提出"意者心之意也，情者性之情也"与"喜怒有情而爱恶有意，好恶有理而爱恶有欲"；最后，蕺山改造"纯情论"，发现了从"喜怒哀乐""春夏秋冬""元亨利贞"到"仁义礼智"的匹配结构。作为"纯情"的喜怒哀乐乃人类之情的高级状态，应该内蕴着一种从经验升为先验、从先验返归经验的过程，该历时性进程被蕺山视为共时性实现，但这两方面的融合性也是刘宗周的贡献所在。

薄文梅《论黄宗羲〈明儒学案〉的历史编纂学特色》（东北师范大学2023年5月硕士学位论文）一文指出，黄宗羲在晚年著成的《明儒学案》，共62卷，以阳明心学的发端与演变为线索，主要记述明代200多位学者的思想言行、学术见解及其学派源流。《明儒学案》是在特定的历史背景下编纂而成的，既有明清易代的时代因素，纵使明朝灭亡了，黄宗羲仍旧主张通过编写有关明代史实的著作来保存故国文献资料，又与黄宗羲的师承、家学、个人素养有关，他出身于书香门第，酷爱读书，后来拜刘宗周为师，始终以捍卫师说为目的，争当蕺山学派的正统继承人。该书是系统地记述和总结明代学术思想发展演变及其流派的学术史著作，作为中国传统史籍，有着特殊的历史贡献和重要意义。该文主要探究的是《明儒学案》在历史编纂学上的特色。一是"学案体"体裁的创造运用。先是从宏观和微观两个层面分析该书的组织架构，黄宗羲按照学术逻辑线索分设不同学派，由此呈现出明代学术思想史的全貌，再从个案入手阐述黄宗羲对史料文本的灵活剪裁与重构，分析该书按照主题对学者原著资料的摘编，论述该书所运用的多维视野。二是经世致用与修养德性相联结的编纂目的。黄宗羲认为该书不仅要做到学道和事功相结合，讲求实用，还要承担起保存故国文献的目的。该书中蕴含着他基于现实主义关怀下的道德追求，字里行间呈现出对儒家道德的推崇，有助于颂扬学术气节、提升道德修养，从而塑造出理想人格。三是一本万殊的编纂史观。黄宗羲个人的学术追求包含在《明儒学案》之中，不仅要以学术宗旨为根本，探寻学术思想发展的内在理路，还要提倡学术多元化，消除门户之见，共同促进学术进步。以历史编纂学为切入点研究《明儒学案》，进而发掘其中所蕴藏的奇特魅力。这部巨著在中国学术思想史以及历史编纂学史上都意义非凡。《明儒学案》系统整理了明代的学术思想史资料，创造性地运用了一种新的史学体裁，即学案体。该书还保存了许多已经遗失但十分珍贵的学者原著资料，以供后人阅读思考。此外，通过《明儒学案》的编纂，可以领略到黄宗羲严谨的治学态度、优良的精神品质和高尚的学术追求。

（三）阳明心学与西方哲学的比较研究

张凯作《明末清初天主教与阳明心学的苦乐之辩》（《宗教学研究》2023 年第 5 期）一文指出，明末清初天主教传教士来华传教，与阳明学者针对人生之苦乐问题进行了深入的辩论。阳明学者认为乐是心之本体，圣学自然具有乐的境界；传教士认为乐的境界需要通过为主受苦才能达到。二者对于苦乐的不同看法源于他们对于灵魂与肉体的不同理解：阳明学者认为灵魂与肉体是合而为一的，尊身即是尊道；传教士则主张灵魂高于肉体，肉体受苦更有利于灵魂快乐。从二者的辩论可以看出，中国学者往往站在阳明心学的立场上反驳天主教，而传教士则倾向于结合朱熹理学而非阳明心学来传播天主教。

韩少玉《道德理论的两种进路——"善良意志"与"良知"概念比较》（《忻州师范学院学报》2023 年第 1 期）一文指出，善良意志与良知是康德和王阳明道德哲学理论中两个至关重要的概念，虽然二者在理论形态和表达方式上都存在着较大的差别，但究其本源，都是对"善"的知识的某种探讨，通过分析二者的概念来源以及实现途径，或可发现二者在道德建构上的相似性和某种理论上的借鉴意义。

尚大江、宗元勇《康德与王阳明"至善"理念的异同及启示》（《绍兴文理学院学报》2023 年第 7 期）一文指出，康德与王阳明道德哲学中的"至善"理念在目的论意义上具有一致性，均为道德实践的终极目标，而在本体论与方法论意义上则具有明显差异。康德将"至善"作为实践理性的先验指向，其"至善"理念中包含幸福在内，因而不得不将其作为彼岸的悬设，康德抵达至善的途径是从外至内再向外（外—内—外）的追求；王阳明将"至善"作为心之先验本体，其"至善"理念继承了理学传统，立足此岸，他的致良知则是由外向内的追溯。分析两者关于"至善"理念异同的原因，以期为推进人类命运共同体的构建提供伦理参考。

范永康《象征之"美"与本体之"乐"——康德与王阳明的伦理美学思想辨异》（《南京师范大学文学院学报》2023年第4期）一文以"美是道德的象征"和"乐是心之本体"这两大美学命题为中心，对康德和王阳明的伦理美学思想进行了比较研究。两者的共同点十分明显，都强调先天的道德理性，认为美与善密切相关，具有纵向超越的知识结构。差异在于：康德始终坚持真善美的基本区分，并受制于其二元论的哲学框架，"美"只能以象征的方式间接地呈现"善"；王阳明没有像康德那样对"纯粹美"做出分析，其哲学体系是以良知为本体的一元论，知、善、乐都进入了本体论层次，在"智的直觉"的观照下，真善美是合一的。另外，康德还将道德目的论延伸至道德宗教，其美学具有宗教精神；王阳明主张天人一心、天人一气，从而走向天地境界。王阳明的本体论美学有助于突破康德的主体性哲学和认识论思维给美学带来的局限，在海德格尔美学热的激发下，对晚近"境界美学"的兴盛有促进之功。

白义洋《超越视角下王阳明良知观与康德道德观念之比较》（《当代儒学》2023年第2期）一文指出，王阳明的良知观与康德的道德观念具有一定的对应性，两者都可以用"现象学还原"方法进行分析，即"悬搁—还原"。具体而言，两者都是先悬搁外在"超越物"，突出良知与理性的超越本体地位，并将理性对感性的超越置于内在，即以"内在超越"的模式实现理性的价值，回答了人之为人的本质所在，并在道德实践的过程中连接了现实性。

高雷《王阳明和康德的审美与道德关系论比较研究》（绍兴文理学院2023年6月硕士学位论文）一文试将王阳明和康德的审美与道德关系论进行比较研究。通过比较王阳明和康德的审美和道德之间的异同，进而发现王阳明心学中蕴含着丰富的审美意蕴，呈现出审美与道德的圆融，最终走向了中国传统哲学所追求的天地境界；而康德则在厘清审美与道德边界的同时将审美作为一个桥梁和道德的象征，审美与道德之间始终存在着距离，最终不得不借助宗教力量去实现道德，从而使康德哲学走向了宗教境界。在此基础上对审美与道德之关系做可能性探究，并深化我们对审美与道德之间复杂相互作用的理解，进而为当代解决审美与道德之间的复杂关系提供理论基础。该文主要分为四个部分进行研究。第一部分将王阳明和康德的道德理论进行比较分析，主要从三个角度入手：道德理论的根基、人性论以及道德情感，在比较中发现二者道德理论的异同。王阳明和康德分别将其道德理论建基于良知与自由意志之上，对良知和自由意志的不同规定又决定了二人在人性论上的不同理解，同时又决定了对道德情感的不同认识。王阳明认为"乐"既是道德实践的动机，又是道德实践所带来的结果，而康德则认为愉快的情感是不能作为道德实践的动机的，而只能是道德实践所带来的结果。因而，相较于王阳明的道德哲学，康德的道德哲学暴露出应然与实然之间的矛盾。第二部分主要从审美主体的角度去分析美的本质，着重于对王阳明和康德认为美是如何被建构起来的进行的比较研究，主要包括三方面：审美活动的本质、审美主体的心理以及审美情感。从这三个视角出发考察王阳明和康德审美理论的异同。王阳明和康德分别把审美活动定位于照心应物与审美判断；审美心理主要从主体活动的角度出发探讨审美活动的特殊性，从审美的呈现中对审美主体的内在品格的独特要求去分析二人对审美活动的不同理解；在以上基础上，王阳明认为审美活动所带来的是"乐"的情感，此乐不仅是感性愉快，更多的是一种心安之态，而康德则认为审美活动所带来的审美情感分为愉快感和崇高感，这种情感不同于感性愉快，是审美主体的认识能力之间相互协调之结果。第三部分将二人审美与道德关系论进行比较。王阳明和康德都体现出对道德境界的追求。而在追求道德境界的过程中，审美在二者思想中扮演了不同的角色。王阳明独特的一元论体系，使得审美即道德、道德即审美，从而实现审美境界与道德境界的圆融，而这种圆融则体现为天地境界，因此审美境界最终走向了万物一体的天地境界。康德则认为美是道德的象征，审美是实现道德境界的中间桥梁，然而审美活动并不能完全使人走向道德，道德的实现还依赖于宗教的介入，审美境界在通向道德境界的过程中最终还是要依赖宗教的力量，因此康德整个哲学体系最终走向的是宗教境界。第四部分主要总结前面的比较成果，并结合其他学者关于审美与道德之关系的研究，为道德与审美之关系的推进做出理论性的阐释。

宋善成、李章印《对王阳明"物"的生存论现象学诠释》[《山东科技大学学报》（社会科学版）2023年第5期]一文指出，依循牟宗三对王阳明"从明觉之感应说物"与"从意之所用说物"的区分，借助海德格尔的生存论现象学方法，分析和诠释阳明学中的两种"物"。首先通过阐释"心外无物"绽露"在生存世界中存在"这一生存论结构，以作为预备性的分析。之后重点对"意之所在便是物""明觉感应之为物"做出生存论诠释，二者分别对应生存论层次的物（物Ⅰ）和本真生存中的物（物Ⅱ）。物Ⅰ关联着因缘性存在的一般生存结构，其存在就是一般性因缘整体的实行，呈现出来的是一般性生存世界；物Ⅱ则关联着本真的因缘性存在，其存在则是因缘整体的本真实行，呈现出来的是本真的生存世界。物Ⅰ与物Ⅱ之间既有区别，又有紧密的生存论关联，二者的区分与关联有助于从生存论上更好地把握阳明学。

江弘《现象学视域下阳明心学的心物关系——对"意之所在便是物"的意向性理论分析》（《名家名作》2023年第16期）一文指出，在当今中西哲学研究中，现象学与阳明心学之间的关联是受到关注的研究重点。现象学与阳明心学之间的关联，最深刻地体现在现象学的意向性理论与阳明心学的心物关系之间的关联上。通过对"意之所在便是物"的意向性理论分析，还有对"意""物"以及心物关系的现象学解读，能够更加深入地理解阳明心学中的心物关系，并阐发心物关系的伦理学意义。

杜启莺《一种生态时代的生命关怀理念——王阳明与莫尔特曼的"命运共同体"思想同构》[《福州大学学报》（哲学社会科学版）2023年第5期]一文指出，全球性生态危机对人类的生存与发展造成了严重威胁，为此，建构健康和谐有序发展的生态理念刻不容缓。明代理学家王阳明"万物一体之仁"的思想有着深刻的生态伦理价值，这是中国儒学对人类思想的独特贡献。同样，当代德国宗教思想家莫尔特曼以国际视野提出"家园"理念的生态伦理观，超越了西方传统的人类中心主义，也具有重要的世界意义。两位思想家立足两种不同的文化传统，对生态伦理的思考却是不谋而合的，其思想中均含有"命运共同体"意蕴，可为当今有效解决生态危机、实现人类社会的可持续发展提供重要的思想借鉴。

四、王阳明与地域文化研究

王阳明的一生是传奇的一生，其活动范围遍布大半个中国，举凡其活动的省域（称为"阳明先生过化之地""阳明先生遗爱处"），在相当长的历史时期当地的政治、社会、教育、文化皆受到了其深远的影响。近年来，随着阳明文化的普及推广，王阳明与地域文化的研究逐渐成为阳明学研究的学术增长点。

通过对2023年王阳明与地域文化方面研究成果的梳理，基本可以盘点出王阳明与余姚、绍兴、台州、贵州、江西、福建、安徽等地之关联。

张宏敏《阳明学与地方志关系刍议》（《中国地方志》2023年第3期）一文指出，阳明学与地方志之间具有多重关联。王阳明认为，"为天下万世而作"的志书不仅具有"考图志以求其山川形势"的地理认知功能，还有"可以观政"的资政属性。受王阳明影响，阳明后学践行以志观政、经世致用的方志观，或在仕宦地，或在家乡，参与明代中后期诸多省志、府志、州志、县志的具体修纂。而流传至今的众多地方志文献，为我们全方位、深层次了解以"阳明行迹地"为指向的王阳明与各地域文化之间的诸多交涉，尤其为"地域阳明学"的系统梳理与研究提供了第一手文献。

张英、徐兆丰《新时代如何传承弘扬阳明文化》（《宁波通讯》2023年第17期）一文指出，阳明文化不仅是宁波地域文化的一张金名片，也是中华优秀传统文化的典型代表之一。宁波余姚是王阳明的出生地，宁波在挖掘阳明文化资源、塑造阳明文化品牌、打造阳明文化高地上具有先天基础和独特优势。当前，宁波应立足弘扬地方优秀传统文化、助力建设中华民族现代文明的高度，进一步凸显阳明文化的资源优势，推动宁波成为阳明文化的研究高地，以及阳明文化的传播中心、展示中心、体验中心和转化中心。

钟纯《阳明洞与阳明小洞天——王阳明在浙江、贵州两地山洞中修身悟道之旅》[《贵阳学院学报》（社会科学版）2023年第4期]一文指出，王阳明心学思想体系的建立离不开道场——洞。洞对阳明心学的发轫、成熟究竟有何意义？以往研究仅是描述阳明曾经所住洞的情况，未真正厘清阳明心思与洞的关系。阳明因病回到故乡绍兴，在阳明洞修炼道家的导引之术。尽管其主要目的在于养病，调理身体，但也"了悟心性"。直到被贬贵州龙场，王阳明在"阳明小洞天"大悟"圣人之道"不假外求，吾性自足。这不仅是反叛程朱理学的分水岭，而且是超越佛道心性之学的良知学说。从程度上而言，王阳明在"阳明小洞天"所悟的道更加深刻、透彻，体现了其心学思想的进阶；从作用上而言，两处悟道都对阳明心学的建立有重大意义，前者为后者提供了前提条件，而后者是前者的必然结果。

任健《全面提升贵州阳明文化传承发展的层次》（《当代贵州》2023年第34期）一文指出，阳明文化既是贵州的宝贵文化资源，也是建设中华民族现代文明的重要资源。贵州应利用自身优势，汇聚各方力量，全面提升阳明文化传承发展的层次。

张山梁《王阳明及其后学亲裔与武夷山关系考》（《武夷学院学报》2023年第5期）一文指出，明代大儒王阳明在赴谪龙场途中，曾遁迹武夷山，加上其门生后学、亲人裔孙先后长时段、多人次持续抵达武夷，与兹山结下不解之缘。然后世诸生对于这段渊源关系了解不多。基于此，从四个层面介绍王阳明游历武夷的过程，并透过王畿、邹守益等门生，李材、徐即登、郭子章等后学，王守礼、闻人诠等亲裔在武夷山的活动轨迹，考究他们留下的文化遗产遗存，阐述王阳明及其后学亲裔与武夷山之间的千丝万缕的关系，继而阐发阳明学也是武夷山文化遗产中不可或缺的组成部分。

徐茵、吴惠《王阳明与滁州历史地名考述——兼谈滁州阳明游学心路景观的打造》（《滁州学院学报》2023年第6期）一文，通过对王阳明来滁公务、讲学的历史地名及其后学涉及的滁州有关历史地名进行考证，为打造一条阳明文化游学心路，提出了恢复相关景观的建议，并为滁州历史地名的保护传承、旅游事业的发展，提供线索和依据。

周凯、陶会平、陈光锐《王阳明与明代滁州的讲学活动》（《滁州学院学报》2023年第6期）一文指出，正德年间，王阳明来滁任职，聚徒讲学。阳明走后，阳明后学继续在滁开展了众多的讲学活动。阳明后学在滁的讲学活动，特别是早期的讲学活动，遭到了当地学术领袖、程朱学者和甘泉学派门人的排斥和压制，这也显示出明代滁州学术环境的多元性和竞争性。

赖少伟、叶国安《观心悟道：王阳明与赣州通天岩》（《文史天地》2023年第2期）一文指出，正德十三年（1518），王阳明平定了困扰明廷多年的南赣八府一州"流民之乱"，并提出了"破山中贼易，破心中贼难"的至理名言。为了破"心中贼"，王阳明于军政之余讲学赣州，四方弟子云集，盛名远播。两年后，王阳明又戡平宁王之乱，却反遭朝中"小人"构陷。王阳明于是离开权力旋涡，再次回到赣州，与诸弟子数次游览位于赣州城西的名胜古迹"通天岩"，寄情山水，振铎布道。正是在"通天岩"讲学过程中，王阳明开始揭示其心学思想的重要命题——致良知。

张志鸿、刘和富《明清赣南阳明碑刻所涉书写群体研究》（《史志学刊》2023年第2期）一文指出，明清赣南阳明碑刻尚存100余通，其碑文落款处书写群体涉及王阳明自身、官员群体、王阳明弟子、刻工。在具体构成中，碑刻书写群体所具有的政治倾向与文化面貌各有不同。王阳明作为事功与学术的集大成者，其自身碑刻在此两方面都有反映。同时期的僚属官员所留下的碑刻重在事功，后世阳明弟子则偏重文化的书写。由于明清时期赣南治乱兴替往复，后世官员在守土之余又试图在事功中求学术。上述书写群体直接参与了阳明碑刻的形成过程，是阳明碑刻的早期阅读者，又在原碑基础上进行书写，不断进行新的"文本衍生"，对明清赣南阳明碑刻的形成、书写、阅读与传播以及赣南阳明文化的形成都具有重要意义。

李晓方主编《王阳明大余史料辑录》（中国书店出版社2023年10月版）一书认为，阳明及其学说再次被发现，在新一轮"阳明热"中，王阳明大有被圣化与庸俗化、从一个极端走向另一个极端的倾向。因此，收集整理王阳明史料，进行科学的实证研究，则显得尤为迫切。《王阳明大余史料辑录》一书对有关王阳明的病逝地、有关"盗""贼""寇"的记述、有关阳明心学在大余的传播与接纳、有关王阳明允准筑建峰山城等诸多问题予以了回应。

玉兆嘉《地域文化视角下南宁阳明书院设计研究》（广西艺术学院2023年5月硕士学位论文）一文指出，随着全球化在世界各地的推进，地域文化受到世界均质化进程的影响，保留和延续本土文化是我们如今面临的重大问题。地域文化形象的塑造彰显着城市独有的魅力。本次研究基于地域文化视角，以南宁阳明书院设计重建为对象，探求民族地区书院空间设计方法。

五、王阳明著作文献的整理与研究

当今学界关于王阳明著作文献的整理与研究，主要涉及王阳明的基础文献《传习录》《大学古本》《大学问》《朱子晚年定论》《居夷集》《王文成公全书》等，还有明清以来历代学者刊刻的阳明先生文集（《阳明先生则言》《阳明先生集要》等），以及研究王阳明与阳明学的其他重要资料诸如《阳明先生年谱》等。而阳明佚文的收集整理与研究，也是阳明文献研究的一个学术特色。兹把2023年的阳明学文献整理及相关研究成果梳理如下。

（一）《传习录》《阳明先生则言》的译注出版与版本传播研究

1.《传习录》《阳明先生则言》的译注出版

黎业明《传习录校笺集评》（上海古籍出版社2023年5月版）一书从文献整理与研究的角度，重新对《传习录》进行更为全面与深入的研究。此次整理，以明隆庆六年谢廷杰刊本《王文成公全书》所收《传习录》为底本，以台北"国家图书馆"藏明刊本《传习录》等近20个版本为校本，其中多个重要版本为首次使用。全书在每条语录后分列"校勘""笺疏""集评"诸项，对异文、人物地理、典章制度等予以必要提示，订正了其他整理本的诸多讹误；对《传习录》的用典与引文，力求指出其最早最准确的出处，尤其是对前贤评论《传习录》之文字的大量引述，更是稀有难得，精彩纷呈。全书注重版本的校勘、文献的辨析、史学的考证，力求做到言之成理、持之有故，使研究结果信实可靠。

吴震《〈传习录〉精读》（上海人民出版社2023年1月版）一书是关于王阳明思想的精细解读。全书引经据典、论述严密、考据与义理并举，从阳明思想遍历的轨迹、阳明心学的确立、格物学说的重释、知行合一的意义、良知学说的提出等方面，呈现其以"心即理""知行合一""致良知""万物一体""本体工夫"等为架构的思想体系及意义，为读者全面、深入、系统地了解和理解"阳明心学"提供了切实有力的帮助，是研究王阳明思想的力作。

曹诣珍注析《阳明先生则言》（东方出版中心2023年8月版）一书，是对王阳明语录、文章的精选本，由其弟子薛侃、王畿编辑，目的在于以"则言"的形式，在有限的篇幅内简明扼要地呈现阳明的思想精髓，促进阳明心学的传播。

2.《传习录》版本与传播研究

邹建锋《〈传习录〉形成过程再研究》[《贵阳学院学报》（社会科学版）2023年第2期] 一文指出，嘉靖时期阳明文献诸版本字体为宋体或仿宋字体，万历诸本字体为粗大楷体，而隆庆六年（1572）《王文成公全书》字体为宋体向粗大楷体字体的过渡形态。在嘉靖十八年（1539）王世隆贵州重刊《阳明先生文录三卷》的基础上可以复原广德本，而岑庄等人校刊本《阳明先生文录四卷》再次确保复原广德本的精确性。对于阳明《传习录》文献的刊刻，庚戌这一年（1550）是一个具有颠覆性的转局之年。通过日本京都帝国大学所藏孤本孙应奎嘉靖三十年（1551）湖南刻本，加上嘉兴图书馆藏《传习录》残本与台湾地区图书馆藏《传习录》下卷残本，我们可以复原南大吉原刻本的具体篇目和内容，破解了约五百年来对南大吉书信部分目录的未解之谜。南大吉书信部分下卷一为《答徐成之书》（两通，后有南逢吉长跋）、《答罗整庵少宰书》，下卷二为《答人论学书》，下卷三为《答周道通书》、《答陆原静书》（2篇），下卷四为《示弟立志说》《〈训蒙〉大意示教读刘伯颂等》《教约》3篇。南大吉嘉靖三年（1524）绍兴刻本并未刊刻阳明与欧阳德、聂豹二人书信。阳明文录诸版本并未因当时《传习录》广泛流通而失收其论学书信，均在正录、外集中保留相关文献。

陈永宝《草稿与语录体：从草稿思维看王阳明的〈传习录〉》（《陕西学前师范学院学报》2023年第1期）一文指出，草稿思维是艺术创造过程中出现的一种思考方式。它的特点是原初性、潜在性、未完成性与目的指引性。这种思维侧重个人体验而不是理论推导。语录体是草稿思维的一个展现方式，这为借用草稿思维解读语录体的《传习录》带来了可能。草稿思维因其直面文本本身，使读者与作品交流减少了外来"偏见"的干扰，使作品以鲜活的姿态呈现在读者面前，达到了知、行的立论初衷。同时，用草稿思维分析语录体的《传习录》，可将其看成一幅画作，方便后学对阳明学的理解。

何仍端《一个比喻的讹传历程——王艮与耿定向对〈传习录〉"羲皇世界"的解读与偏离》（《书城》2023年第4期）一文指出，王阳明门人弟子所辑《传习录》中有个颇为有趣的比喻，即以一日之中的夜阑、晨旦、日中前后、昏夜之时来喻指古今世界各阶段——"羲皇世界""尧舜世界""三代世界""春秋战国世界"，乃至所谓"人消物尽世界"。书中有云：人一日间，古今世界都经过一番，只是人不见耳。夜气清明时，无视无听，无思无作，淡然平怀，就是羲皇世界（按，羲皇即伏羲）。平旦时，神清气朗，雍雍穆穆，就是尧舜世界。

邓凯、陈微、王小妍《基于文本挖掘的〈传习录〉思想体系构建与分析》（《宁波工程学院学报》2023年第2期）一文指出，为了深入了解王阳明思想的形成与演变过程，以阳明心学的经典文献《传习录》为研究对象进行文本挖掘，使用PowerConc软件探究其字词频及共现关系，采用Gephi软件可视化地展示出该文本内容之间的语义关系网络。研究结果表明，《传习录》思想体系可聚类为"九大主题"，卷上讨论较多的是心、天理，以及"诚意"等《大学》相关命题，卷中讨论较多的是知、良知、致良知等阳明心学核心哲学概念，卷下对"工夫"做了较多讨论，集中谈到"灵明"的问题，并多次以"譬如"一词进行打比方说明。阳明心学思想早期侧重对"理本体"与"心本体"的创新性论述，中期演进到对"良知本体"的确立，晚期重点论述良知学本体工夫的更多内容。另外，"诚"字作为具有思想考察价值的字，在阳明心学思想体系中具有非常重要的地位。

（二）王阳明文献的影印与《阳明先生文录》等文献的综合研究

1. 王阳明与阳明学文献的整理与影印出版

束景南、查明昊辑编《王阳明全集补编》（增补本、简体版）（上海古籍出版社2023年12月版）一书，束景南教授在《王阳明佚文辑考编年》（增订版）的基础上，参照《王阳明全集》（上海古籍出版社出版）的体例，编成《王阳明全集补编》：凡不见于《王阳明全集》者，均编入《王阳明全集补编》正文部分。按其体裁，分诗、文、语录三编共计诗文约380篇（首），语录近180条。各编内，按创作时代先后排列；每篇佚文后，著录其文献出处。新发现之《续传习录》，与《传习录》卷下文字多有出入，且约有25条语录为《传习录》所无，今附于正文后。正文之外，另有附录三：异文，《王阳明全集》虽已收录，但与新见文字差异颇大者，录以备考，计50余首（篇）；存伪，业经考辨，确为伪托者，录此存照，以免贻误不明其伪者，约70首（篇）；征引辑引书目，既示不掠前贤之美，亦为有意深入观研者之引导也。此《补编》的出版，庶可与《王阳明全集》合为全璧。《王阳明全集补编》（增补本）在《王阳明全集补编》的基础上，一是增补初版中未收之篇目。诗文部分，主要为据国家图书馆藏明嘉靖刻《阳明先生别录》、日本早稻田大学图书馆藏明嘉靖三十四年闫东序刊本《阳明先生文录》及日本学者永富青地辑录，在文部分补公移153篇，其他单篇28篇。语录部分，据日本学者永野实、永富青地、三泽三知夫校注，补入《阳明先生遗言录》《稽山承语》，其他单篇如据《杨一清集·集部献纳稿》收正德七年杨一清所作《为急大本以图治安以尽修省事》。增补本较初版增加16万字。二是删除数篇补版误辑之《题温日观葡萄次韵》《题倪云林春江烟雾图》《满江红·题安化县石桥》《望江南·西湖四景》《京师地震上皇帝疏》等5篇（首）诗文。三是订正初版中文字识读、标点、考订中的疏漏。如据周清鲁所藏《堕马行》真迹校录，于初版中文字多有订补；又如《夜归》一诗后注明出处部分。[按] 康熙刻宋长《柳亭诗话》卷六言是戴颙诗，待考。宋长当作宋俊，宋俊字长白。四是调整初版中部分排序的篇目。此次在《王阳明全集补编》（增补本）的基础上，新增《田霁游龙次五松韵》（三首）等8篇新辑佚文及《纪梦题诗壁》一篇异文，并订正近十篇诗文的文字释读、标点断句、文献出处等方面的疏漏。

苏成爱校理《王阳明评注武经七书》（中华书局2023年6月版），《武经七书》是对7部兵家经典著作的合称，包括《孙子兵法》《吴子》《六韬》《司马法》《三略》《尉缭子》《李卫公问对》，由宋神宗时期武学博士何去非等编纂。之后，《武经七书》作为一个整体长期流传，出现了众多注本，明代王阳明评注、胡宗宪续评本即为其中之一。该书因流传不广，不为当下读者熟知。此次整理，以1978年台湾老古出版社影印之茅震东考订本为底本，以明代申用懋刻本等3个本子和7部兵书的权威版本为校本，对全书做了断句、标点、校勘和简要注释，并在图书形制上采用仿体排印、双色印刷的线装形式，把王阳明、胡宗宪的批注文字、各类批注符号排成与底本接近的红色，所在位置亦尽量遵照底本，其他文字则采用黑色印刷，基本恢复了底本"朱墨套印"的形式。

李文学《王阳明特藏文献四位一体建设实践》（《内蒙古科技与经济》2023年第11期）一文指出，绍兴图书馆以绍兴市政府全力打造阳明心学研究中心和学术高地为契机，通过制定盟、藏、研、游的建设规划，启动"王阳明特藏文献"的建设，集全国10多家图书馆之力，建成纸质文献与数字资源并重的阳明文献特色馆藏，为国内外心学研究人员和爱好者提供充足的文献资源保障。

苏成爱《〈中国兵书总目〉求疵——以王阳明兵学著作为例》（《孙子研究》2023年第5期）一文指出，《中国兵书总目》著录了我国自远古至1911年的兵书4221种，至今仍是研究我国古代兵书和兵学的必备工具书，但由于当时客观条件的限制，该书著录的书目及其相关信息存在"漏""误""重"等问题。该文以书中著录的著名军事家王阳明的兵学著作为例论述之。

2.《阳明先生文录》的版本研究

芦婷婷《明嘉靖徐必进刻本〈阳明先生文录续编〉考论》（《文献》2023年第5期）一文，通过对比明嘉靖四十五年（1566）徐必进刻本《阳明先生文录续编》与明隆庆六年（1572）谢廷杰杭州刻本《王文成公全书》续编前4卷和"世德纪"及"附录"部分，兼及明万历元年谢廷杰南京重刻本《王文成公全书》和当前学界使用范围较广的阳明全书、全集的对应部分，考查《阳明先生文录续编》的刊刻缘起、刊刻者、卷数及卷次，所存佚诗、脱文、佚文及形成背景、原因等，并以此为切入点剖析隆庆本《王文成公全书》的编纂、刊刻过程及时代背景。《阳明先生文录续编》编者钱德洪秉持应收尽收的原则，编辑续编之初衷更多体现为传播阳明学术、激励后学的纯正目的。而《王文成公全书》之编纂则带有一定的政治性，对所收单行本进行了不同程度的增补和删改。

3.《王阳明诗集》的汇编与校注

王巨明编校《阳明先生诗歌集》（中国文史出版社2023年3月版）一书收录了王阳明一生创作的诗、赋、骚、歌、词、曲，为阳明先生诗歌总集。全书编为6卷：正编4卷，副编1卷，附录1卷。正编卷收入明刻各本阳明先生诗文集所收录的各体阳明诗，并从存世阳明先生手迹（刻石刻板拓本）各刻本阳明先生诗文集未载的各体阳明诗，总计465题668首（章）；副编卷辑录各明刻本阳明先生诗文集和存世阳明先生手迹（刻石刻板拓本）以外著录的各体阳明佚诗，总计82题91首。附录卷是以近年出版的新编阳明先生诗文全集及阳明先生佚文补编类著述为线索，汇辑其中孤录无证、作者存疑、真伪待考、把他人之作误为阳明先生所作、伪造假冒阳明先生手迹著录的各类作品，共计98题116首。

4.《居夷集》研究

赵永刚《王阳明〈居夷集〉元夕诗本事考》（《名作欣赏》2023年第25期）一文指出，王阳明谪贬贵州龙场期间，感于节令物候之更新，创作了元夕诗6首。诗中记述了物资匮乏的生活境遇，寄寓了思亲念家、辞官归隐的复杂情绪。王阳明诗歌"得子美风骨"，延续诗史精神，元夕诗中既有对正德元年党争的理性反思，又蕴含着对明武宗重开鳌山灯会的讽谏之意，并将孝亲伦理、崇俭君德之微言大义熔铸其中。该文采用诗史互证的研究方法，考证出王阳明元夕诗之本事，意在表明王阳明诗歌不仅关联其思想世界，也关联其历史世界。

5.《阳明先生集要》研究

张山梁点校《阳明先生集要》（黑龙江人民出版社2023年12月版）一书，对国家图书馆古籍馆的崇祯本《阳明先生集要》予以点校，有助于读者了解王阳明的生平与哲学、政治、军事思想要义。

张山梁《〈阳明先生集要〉四次刊印和流传美国》（《文史天地》2023年第3期）一文指出，在阳明学500年的传承中，有两部文献闻名天下，一是隆庆本《王文成公全书》，二是崇祯本《阳明先生集要》。两部文献先后问世，形成阳明学"双璧"。其中，《阳明先生集要》先后4次刊印，不仅将闽、浙、黔、沪四地的阳明后学联系在一起，而且被介绍到美国，流布于海外。

中篇

阳明后学研究

王阳明一生的活动足迹几乎遍及大半个中国，与之相随的是其讲学活动也遍布大江南北，进而形成了王门诸派。依照黄宗羲《明儒学案》的地域划分法，主要有浙中、江右、南中、楚中、北方、粤闽、泰州七大派，还有江右李材的止修学派，以及近年来学界同仁陆续发掘并得以确认的黔中王学、蜀中王学、徽州王学等派。

一、阳明后学综合研究

吴震《阳明后学研究》（重修增订本）（上海人民出版社2023年1月版）一书，对阳明后学的主要代表人物钱绪山、聂双江、罗念庵、陈明水、欧阳南野、王龙溪、耿天台、王时槐等人的学术活动和主要思想、著作分别进行了阐述和考辨。其中，主要以王龙溪为隐藏"对照组"，通过对比的方式，以凸显不同学者、不同流派之间的学术特色。全书以清晰的思路和精准的文笔交代了王门后学的流衍及彼此思想的交锋，堪称研究阳明后学的一部经典之作。

单虹泽《王阳明及其后学悟道经验研究》（中国社会科学出版社2023年4月版）一书，对王阳明及其后学的神秘主义思想及悟道经验给予了全面、深入的考察，认为以悟道经验为基础的心学神秘主义包含了如下两个方面的内容：其一，本体论的神秘主义，即将本心或良知作为一种否定概念、理性与现实性的超绝实体，这个实体就是恒常、无形式、无差别的纯粹澄明；其二，工夫论的神秘主义，即通过直觉反思的工夫否定外在现实对本心的约束和遮蔽，呈现心体的光明与自由。从王阳明到王门后学的心学思想，都反映了上述理论特征。通过探索、思考、分析、评价阳明等明代心学学者的悟道经验以及他们针对这类经验的论述，该书重新审视了心学的本体论和工夫论，丰富、拓展了阳明学研究的范围和内容。

钱明等著《地缘、血缘与学缘的交织——中国人文和自然境域中的王阳明及阳明学派》（孔学堂书局2023年4月版）一书，从思想史、文化史、地域史三条路径对王阳明及阳明后学与中国各地域社会、文化之关系做综合梳理、介绍和研究，对于阳明学思想史、衍变史、传播史、交流史的构建乃至明清时期相关地域思想文化的研究都具有意义。所谓"学缘"，是指该书所述对象中的王阳明及阳明学派的形成、传播、继承、发扬、转换、阐发；所谓"血缘"，是指该书所述对象中以宗族文化、族群联动为中心的学术共同体的形成、传承与转化；所谓"地缘"，是指该书所涉以中国大陆为考察对象的社会、经济、政治、人文与自然。所谓"王阳明及阳明学派"，是指包括王阳明本人及阳明的门人后学在内的整个"王学"系统的学脉或学派，也适当兼顾阳明前学乃至宋元明清时期诸地社会文化的背景叙述和时代变迁。

吴震《阳明学时代讲学活动系年（1522—1602）》（增订本）（上海人民出版社2023年1月版）一书对16世纪王阳明本人及其后学的讲学活动及学术活动进行梳理和研究，以"年表"方式来集中展示，力图全方位、立体性地展现阳明学时代的思想学术活动的发展样态，帮助读者全面了解和把握阳明学时代的社会思潮及其时代特征。

欧阳祯人《论阳明后学对陆象山哲学思想的述评》（《孔学堂》2023年第2期）一文指出，王阳明从三个方面评价象山：第一，陆氏之学发明本心，先立乎其大，就是孟子之学；第二，陆氏之学简易直截，直承《周易》和孟子，与禅宗的关系不大；第三，在格物致知和知行合一等问题上与朱熹还有些割舍不开的地方，所以学问还不够纯粹和平，只是粗些，但是在根本问题上与自己是一致的。阳明去世以后，学界对阳明后学中某些人空谈心性、思想及行为的放荡不羁的批判加剧，阳明的及门弟子和再传弟子也开始了对相关问题的反省。于是，为了自证清白，阳明后学加大了对象山的事功表彰力度。阳明的及门弟子大多跟着阳明说。具有史学眼光的黄绾、张元忭、姜希辙和黄宗羲等弟子及再传弟子的评价具有历史的高度，胸怀也逐渐变得开阔起来。不过，象山的哲学是中国哲学发展历史上不可或缺的一个重要环节，阳明及其后学对象山"只是粗些"的批评失之公允。该文借助牟宗三的相关论述对这一问题进行了必要的辨析。

牛磊《论阳明后学对"良知即乾知"的诠释及其争论》[《温州大学学报》（社会科学版）2023年第1期]一文指出，"乾知"出自《易·系辞上》，汉唐易学多以"知解""知觉"释"知"，并未将"乾知"看作一词。阳明心学兴起后，浙中王门的王畿使用"良知"这一阳明学的核心概念解释"乾知"，提出"良知即乾知"这一命题。王畿此说的用意在于借助大生广生之"乾知"证明"良知"亦属实体性存在。也就是说，"良知"既是道德领域无善无恶的心性概念，同时也是具有超越性的、宇宙万物的终极实在。这一思路在阳明后学以及现代新儒家处引发了一定争论。如何界定"乾知"与"良知"的关系，折射出学者对"良知"概念的不同理解。

乐爱国《阳明学派以"无我"解"克己"的思想内涵及其意义》（《学术研究》2023年第1期）一文指出，王阳明解《论语》"克己复礼为仁"之"克己"，继承程朱而将其解为"克尽己私"，认为既要克除私欲，也要克除私意，同时又讲"仁者以天地万物为一体"，讲"克己则无己。无己者，无我也"，以"无己""无我"解"克己"，以为"克己"就是不要"以私意去安排思索"，从而"保守着这个真己的本体"。阳明后学泰州学派继承和发挥了王阳明对于"克己"的解读，认为"克己"是"不学不虑"的"天德"，而不是"强制为功""意识安排"的"人为"。应当说，阳明学派的这一解读，把"克己复礼"不仅仅看作工夫，同时也看作"无己""无我"的境界。这相较于程朱的解读而言，对人的欲望的正当合理性给予了较多的肯定，具有理论的创新价值，可以为当今学者重新解读《论语》"克己复礼为仁"之"克己"提供重要的参考。

李春强《阳明学派对"克己复礼为仁"的多维诠释及其逻辑关系构设》（《宁夏社会科学》2023年第3期）一文指出，"克己复礼为仁"的命题富含理学意趣，而在阳明学派的观照下，被离析、抽绎出多层次、多维度的诠释理路，主要有王阳明、薛侃延续"胜己之私"一路，识得"真己"而"克去己私"，王畿、邹守益坚持"约己""约身"一路，"反己自修"而"修己以敬"，以及罗汝芳、邹元标发挥"自约""自能"一路，"复在乎己"而"能于己而复礼"。由此，三大理路汇聚而成"克己复礼为仁"诠释的良知学路向。这一路向背后是阳明学派对"己"与"克""复"，以及"克己复礼"与"为仁"、"克己复礼为仁"与"乾元统天"之间逻辑关系的独特构设。

周艳菊《"赤子之心""童子之情"与"童心说"——中国古代对童心的体认及演进》(《福建江夏学院学报》2023年第2期)一文指出，儒、道两家对儿童的体认多指向道德属性，中国古代对"赤子之心"也持褒扬和推崇的态度，对"童心"则在诟病中偶有称许。至明代，王阳明及其后学既从道德属性上体认儿童，亦从自然属性上体认儿童，拓展了中国古代对童心的体认路径。王阳明在其良知之学的思想范畴内视儿童为独立完整的个体，首称"童子之情"，视"乐嬉游"为童心之本体，主张对儿童予以尊重和滋养，对自己的童心也弥加珍视。王龙溪以"直心"呼应王阳明的"良知"，主张以复还清净的童蒙之养来成就入圣之功。罗近溪接续王阳明的良知之悟，续阐"赤子之心"，以亲亲之仁为"赤子之心"的内核，以不学不虑、原日形体为其思想所归。李卓吾高擎"童心说"的旗帜，以真实无伪为童心的内核，指斥闻见道理对童心的障蔽。王阳明及其后学对童心的体认愈益走向叛逆，也呈现出合乎逻辑的演进轨迹。

杨谦《顿中有渐 悟中有修——阳明及其后学致知工夫的渐进维度研究》(山东大学2023年8月博士学位论文)一文指出，心外无物，心外无理，阳明将外在的物与理归于一心，一切工夫只在一心上做，即径直在良知本体上做工夫，常提撕，常醒觉，一是百是，一通百通。而良知在我，圣凡皆备，一念自反，当下即是，如此看阳明之学确实简易直截，但也易给人一种错觉：工夫似可立成、圣域似可立至，有明显的顿教色彩。但无论是阳明，还是其后学各派的核心弟子，对于良知工夫皆有着数十年如一日的笃实实践，即顿教之下含摄有笃实的践履面向、积渐维度。该文分五章简述阳明及其主要后学工夫实践的渐进维度。首先，致良知是良知自致，依靠的是良知本身明觉之自照。对此，我们可援引耿宁"良知自知（觉）"概念，意即良知对自我意念的运作具有了知、觉察的能力，就如阳明所言"凡意念之发，吾心良知无有不自知者"。因此，阳明认为千事万事只是一事，即对当下自我意念活动的觉照、觉察，私意一生起良知便知之、觉之，知之、觉之便化之、改之，如此意念得以诚正的同时，意念所在之事物也得以安顿，内外一贯。但这里，良知对意欲的察正非事后察正，而是现时现下进行，即欲起良知便知（觉），知（觉）时便化，意谓欲动、良知自知（觉）、欲化，三者同时同步一时并在，"知"（自知）时已在"行"（妄消）了（即知即行）。要之，良知的自我知照既是一种"本己实在"（本体），也是一种实践性存在（工夫），因此阳明晚年才以"明觉""明照"言致良知。换言之，良知本身之"明觉""明照"是本体亦是工夫，即本体以为工夫。以上即第一章内容。既然致良知是依良知本体做工夫，那么良知本身就是为学之"柄"，用龙溪的话说即"以'良知'致良知"。这就要求必须对良知本体有一定程度的体认，如此工夫方有着落处、下手处。"不识本体如何做工夫？"识本、体本的工夫即阳明所谓"小学"工夫，也作"预备工夫"，其内容以主静收敛为主，以便在静中体贴、体认良知，"令静而有觉，稍悟本性"。因个体对良知的体认很难"一悟尽透"，这就存在一个对良知有所体认但却未至纯粹、透彻的状态，对此认良知未透、见良知不全的状态，阳明称作"一节之知"，也作未充量良知。而我们知道致良知是用良知本身做工夫，因此个体对自我良知体认如何，其用以做工夫的"良知"便如何。鉴于此，我们认为常人用以做工夫的良知即量有未充的"一节之知"。在阳明的安排中，"一节之知"依旧具备本体属性，可知善知恶、觉照是非，"一节之知即全体之知，总是一个本体"（本体层面上讲）。只不过同为本体工夫（良知本身明觉照察），圣人全体大明能细微曲折无不所照，尽精微，常人知有未充，照察不细腻，有忽漏，致工夫常间断。而良知（一节之知）愈照察（用）愈光明（精熟），由此从"一节"逐步充量至全体，也即对自身良知的体认不断深切、透彻的过程。以上即第二章内容。由于阳明思想太过浑然，对"致良知"常有多面向表达，这就为后学依各自气质转生的各自的为学方式打下了基础。确然无疑的是，良知本体即系为学之"柄"，这是阳明学的共识共法，因此致知要先体知（识本），这是一贯的。个体对良知的体认实难透彻，圣人以下皆要以"一节之知"为基，笃实地做致知（体知）工夫，即需要渐次的开展、实地的积淀。只是后学工夫行进有别，各有创见，之后三章即分别论述主要后学良知实践的渐进维度。后学中常亲炙阳明且思想较有创见的当数龙溪，其核心观点是"见在良知"。良知"见在"强调良知现时现下的呈现、明在。具体而言即于当下的时点现下明觉，时时观照着当下的生活，能有过即知，知即改。这里，龙溪明确指出现下呈照的是"一节之知""一隙之明"，即系未充量良知的见下觉照。可就两方面分析：一方面，龙溪强调"见在良知与圣人未尝不同"，圣凡"同"是指一节之"知"即全体之"知"，一隙的"光"即本体之"光"，意谓知有未充（一节），但依旧可觉照善恶，"良"性一致；另一方面，又强调"见在良知非圣人体段"，圣凡"异"是指"一节"之知非圣人"全体"，毕竟知有未充，明照觉察有所不逮。换言之，龙溪的见在工夫隐含着从"一节""一隙"充量至全体的致知过程，方式即只要求关注当下此心的状态，是否明觉在照，现下照呈，如此良知愈照（用）愈光明、充量。正基于此，笃于践履的钱德洪、邹东廓常为"见在良知"张本。以上即第三章内容。龙溪的"见在良知"虽得到了钱德洪、邹东廓、欧阳德等主要一传的肯认，却遭到了江右聂双江、罗念庵等人的激烈批判。双江、念庵认为，若见下呈在的只是量有未充的"一节之知""一隙之明"，那依此做工夫便会产生种种病症。具体而言，未能如圣人全体大明般照呈，明照觉察便难以入微（"明之不足于照"）。而照察粗疏易引发两种流弊：（1）照察粗浅易有漫忽错漏，致工夫间断；（2）照察粗疏不能入微，于细微处便较难有清晰的辨识，易引发认欲作理而不识不察的流弊。由此，双江、念庵认为龙溪的"见在良知"存在"认良知太浅"之失。既然为学的种种病症根于良知本体未能充量光明，以至其明照不能入微，那么径直充养、培固良知本体便是，而最直接有效的方式便是主静收敛，收摄以保聚之、主静以充养之。良知得以充量光明，工夫（觉照）自然细腻入微，即体立用自生，立体是本，此即"主静归寂"的理路展开。"主静"毕竟非终始之学，更多是双江、念庵在与龙溪等人的论对中，针对"见在良知"的弊病而设，意即"将以救弊，非言学也"。以上即第四章内容。阳明后学，除浙中、江右外，唯泰州一脉最具活力。泰州主张良知现成，日用即是。这里并不是说能让百姓日用的便是现成的圣人，而是在百姓日用酬酢间，于不假安排处提点人、醒觉人，强调的是不涉人为、无有刻意防检的为学方式。换言之，无有防检、无意无必，其本身就是一种工夫要求，因此泰州才认为不涉人为，未尝纤毫致力正是"修的工夫"。无有添着、无有防检，非是任情识，而是任良知。这种"任良知"，泰州又作"自然明觉"，即良知之觉照系天然"自"性，不是"我要"觉照，而是无有人为添着与操持，自然如此。而这种自性觉照是含摄去欲存理的过程的，即私欲一萌，良知自然知（觉），知（觉）时自然化。而所以会有私欲间起，根源于良知未能如圣人般大明，明照觉察不能如圣人般细微曲折无所不尽，常有忽漏。也就是说，泰州强调的自然明觉存在一个觉照较为粗疏，常有忽漏（私欲间起），向觉照入微、无有忽漏过渡的践履过程，也即由"一节之知"的自性明觉（"任自然"义），向圣人全体时时明觉的过渡。以上即第五章内容。综言之，"良知"本质是一"修行式"命题，其核心诉求是在实地践履中不断体认、体贴自我之良。"一节之知"即是阳明基于个体对自我良知体认"未真切""未透彻"基础上提出的。一方面，一节知即全体知，意谓知有未充却依旧可知是知非、照察善恶，圣凡皆同，此是心学工夫简易直截的根源（顿）；另一方面，一节非全体，良知未能充量光明，其明便不足以照彻入微，圣凡有别，这就为切己的体知实践预留了空间（渐）。而阳明后学，只是对良知自我觉照这一本体工夫，在继承的基础上进行了更为具体化、多面向的抉发。从后学提揭的种种为学取向看，他们用心良苦地立方便、设善巧，其旨皆为更为有效地致良知。其间并无后世所言存在玄虚之失、情识之荡（顿教的极端化体现），相反，呈现更多的是朴实的践履，以及后学对师教不传的汲汲隐忧与不容已之责任。

马晓静《王学末流的实学思想论辩》（《西部学刊》2023年第20期）一文指出，王学分化后，王学末流对阳明之学各取所需，从而出现了种种弊端。王学末流历来被称为"空疏之学"，但细究其实，他们并未完全摒弃阳明学说中的"实学"因素，只是各自的偏重不同罢了，可谓"虚中有实""务实不虚"。明清间学风转变之际，学者们摒弃王学中虚的因素，吸收利用实学因素，形成了清初实学与王门后学迥然不同的实学面貌。无论是注重实学还是不注重实学的王学末流，其学术思想中皆蕴含着一定的实学因子，这些实学因子被明末清初的学者加以传承、光大，也影响到了当时的学术。

郑明智《晚明修身日记与阳明学的发展》（《焦作师范高等专科学校学报》2023年第3期）一文指出，晚明时期涌现了大量的修身日记，这和阳明学有较强联系。阳明学内部、士人社群在中晚明出现新变化：第一，阳明的"良知"属于形而上学部分，落实到现实层面需要外在形式加以表达；第二，阳明学的心一元论引起"道德严格主义"的倾向，儒者也需借助具体手段修习；第三，儒者本身有互相规过的传统，再加上中晚明士人群体意识觉醒，儒者组织大量的讲会、省过会。上述原因促使阳明后学积极采用修身日记。修身日记的使用也促进了阳明后学道德的精进。

陈亚、牛磊、陈粤梅《论阳明学派的共同体学说》（《学术探索》2023年第8期）一文指出，人类命运共同体思想是先进的中国共产党人基于新时代、新形势所提出的新型价值观、政治观、自然观。这一学说既扎根于马克思、恩格斯经典著作，也汲取了中国优秀传统文化（特别是阳明心学）共同体思想的历史智慧。阳明学派以"良知"为人类命运共同体理论提供了本体论依据，为人类为何要构建共同体寻求答案。此外，阳明学派也期望经由政治共同体、社会共同体、生态共同体等路径实现共同体之理想。当代人类命运共同体理论既是对阳明学派共同体思想的继承，也是对它的超越与拓展。对阳明心学共同体思想的分析，有助于科学阐明习近平人类命运共同体理论的历史意义与理论价值。

傅锡洪《阳明学与阳明后学的演化趋向——从阳明各指点语的意义与局限看》[《安徽师范大学学报》（人文社会科学版）2023年第3期]一文指出，言意关系是理解阳明学与阳明后学演化趋向的一个重要视角。阳明的宗旨是即用是体，工夫可以直接凭借呈现的本体展开。"心即理"与"知行合一"等指点语都不同程度地表达了这一宗旨，最能表达这一宗旨的指点语则是"良知"，阳明思想的演化趋向首先便是"良知"的拈出。不过，"良知"这一表述存在对情感和意志的维度有所忽略，以及偏向于用而体的意味有所不足等问题。当然，即便突出体的地位，也不应忽视用的一面，体与用的分量应该保持平衡。这些问题不仅成为阳明在拈出"良知"后所要解决的主要课题，也深刻地影响了阳明后学的演化趋向。阳明后学朝着两个方向分化，或者过度重视用以至于凡用皆体，或者过度提揭体以至于离用言体。

二、浙中王学研究

浙中王学指明代中后期浙江行省区域内的王门后学。黄宗羲《明儒学案》卷十一《浙中王门学案》"小序"云："姚江（阳明）之教，自近而远，其最初学者，不过郡邑之士耳。龙场而后，四方弟子始益进焉。"①说明浙中是阳明学的发祥地和最早的传播地。黄宗羲在《浙中王门学案》中列徐爱、蔡宗兖、朱节、钱德洪、王畿、季本、黄绾、董沄、董穀、陆澄、顾应祥、黄宗明、张元冲、程文德、徐用检、万表、王宗沐、张元忭、②胡瀚③等19人为浙中王门学者；黄宗羲《浙中王门学案》"小序"中又有范瓘、管州、范引年、夏淳、柴凤、孙应奎、闻人铨、黄骥、黄文焕、黄嘉爱、黄元釜、黄夔等12人为浙中王门弟子；④又在《泰州学案》《甘泉学案》中为周汝登、陶望龄、刘塙⑤、唐枢、蔡汝楠、许孚远⑥等6名浙籍王门学者立传。《明儒学案》"附案"中又有永康阳明学者应典、周莹、卢可久、杜惟熙等4人，以及慈溪阳明学者颜鲸1人。⑦统计《明儒学案》，其中提及的浙江籍阳明学者达42人之多。此外，袁黄（袁了凡）、季本弟子徐渭也属于阳明学者。

---

① 沈善洪主编：《黄宗羲全集》第7册，浙江古籍出版社2005年增订版，第245页。
② 《黄宗羲全集》第7册，第246—247页。
③ 《黄宗羲全集》本《明儒学案·浙中王门学案》不载"胡瀚"此人，而中华书局标点本《明儒学案》（1985年版，2008年修订版）在张元忭之后有"教谕胡今山先生瀚"的"胡瀚学案"。
④ 《黄宗羲全集》第7册，第245—246页。
⑤ 《黄宗羲全集》第8册，第112—137页。
⑥ 《黄宗羲全集》第8册，第226—264页。
⑦ 《黄宗羲全集》第8册，第993—998页。

（一）浙中王学综合研究

范永康《论阳明心学对晚明越地文人性灵思想的影响》[《鲁东大学学报》（哲学社会科学版）2023年第2期]一文指出，阳明心学推崇人的生命价值和主体意识，强调处于本体地位的"本心"和"良知"，其中包含了"狂者胸次""自然人性"等性灵思想的萌芽，经由以王畿为代表的龙溪学派和王艮、罗近溪、李贽等泰州学派的演绎，阳明心学中蕴含的个性解放思想得以张扬，进而对徐渭、陶望龄、王思任、张岱等越地文人的文学思想产生了重要影响。徐渭提出的"求真绝伪"、陶望龄提出的"自胸膈中陶写出"的作文主张、王思任强调的"言己"本色、张岱推崇的"冰雪之气"，无不受到王阳明及其后学的直接或间接的熏陶，不过，他们在一定程度上仍保留了阳明心学中崇"理"的一面，体现出文化传承的复杂性。

林锋《章学诚与阳明学派渊源关系考论》（《中国典籍与文化》2023年第2期）一文指出，章学诚在《浙东学术》中构建了一个浙东阳明学的历史谱系。它与《章氏遗书》中的其他言论一道，证实了章学诚的阳明学倾向。这种倾向，源自章学诚家族道墟章氏与阳明学巨子的交往。明末刘宗周与章氏的血缘关系及其本人在阳明学中的重要地位，促成了道墟章氏向阳明学的转变。到了清代，通过邵廷采与章大来等人的交游，蕺山学派由"心性之学"转向"经史之学"的新风气传入道墟章氏，并直接影响了章学诚以史学代理学的基本倾向。

（二）浙中王门学者个案研究

本报告关注的"浙中王门学者"，主要是《明儒学案》中《浙中王门学案》《甘泉学案》中的浙江籍阳明学者徐爱、蔡宗兖、朱节、钱德洪、王畿、季本、黄绾、董沄、董毂、陆澄、顾应祥、黄宗明、张元冲、程文德、徐用检、万表、王宗沐、张元忭、胡瀚、唐枢、蔡汝楠、许孚远等，还有阳明学界关注较多的闻人铨、孙应奎、徐渭等人。兹对学界同仁2023年就浙籍阳明学者的研究状况综述如下。

1. 徐爱、蔡宗兖、朱节研究

2023年，不见相关研究。

2. 钱德洪研究

张怀伟《钱德洪良知思想研究》（江苏大学2023年6月硕士学位论文）一文指出，钱德洪的理论体系是对阳明心学的继承和发展。阳明心学先天本体与后天工夫之间的矛盾进一步发展，致使王门分化为三派，钱德洪属于其中的修证派。因为潜伏在阳明心学中的诸多问题在后学中逐渐暴露出来，所以他的理论中有许多方面较之阳明心学更加清晰和具体。但是，他的理论一向被其师王阳明以及同门王畿之理论的光芒所掩盖，这导致他的理论往往难以引起更多的重视。此外，相关文献的散佚，以及将其与王畿之学相对立的研究方式，也阻碍了相关研究的深入，造成此学往往给人以偏于笃实而缺乏灵动的错误印象。因此，对钱德洪的良知思想进行横向的展开研究，既有助于发掘钱德洪良知理论的真谛，又有助于丰富心学的理论体系。在本体论上，良知本体的先天性构造容易使良知往实体化的方向发展，从而出现本体主宰、吞没外物与工夫的情况。为解决这一问题，钱德洪提出了诸多削弱先天本体主宰性的理论。他强调天理与良知的同一性，意在以道德理性约束良知现成导致的纵情恣肆。他认为良知如同太虚，包罗万有而没有任何事物预先凝滞其中，以此否定良知先验有善的观点。在性体的构造上，他强调本体不会将自身拘束在本体这个形态之中，而是会呈现为工夫；在心体的构造上，他主张本体不离具体的意念，反对工夫落空；在知体的构造上，他主张本体就在对事物的感应之中，打破将本体封闭于感应事物之前的观点。他发展了良知"无善无恶"的思想，将无善无恶划归形上本质，将有善有恶划归形下表现，以避免抛弃善恶的空无风气，并在此基础上提出了"无动"的理论，以实现本体与工夫的合一。但是，在削弱先天本体主宰性的同时，他仍坚持良知天赋的立场。他将道德觉知和人生而具有的生理觉知联系起来，并以人的觉知中的物吞没客观外物，从而将主宰人心中之物的准则越界为主宰一切客观外物的准则，将良知上升为万物的本体。在工夫论上，钱德洪并非只关注工夫而不知灵活变通。

事实上，他的工夫论所追求的最高境界，就是本体与工夫合一。他的"无动""无欲"便是既指向本体又指向工夫的理论。为了纠正后学疏于实地工夫、急于求成的倾向，他提倡工夫要在后天意念上进行，要在具体的日常事务中进行，因此其理论带有渐悟渐修、由外而内、躬行践履的特点。总而言之，钱德洪的良知学是工夫与本体合一的理论，他的理论虽然存在缺陷，但仍对提升人们的思想道德修养、磨炼人的精神具有一定的意义。

3. 王畿（王龙溪）研究

吴震编校《王畿集》（浙江文丛本，浙江古籍出版社 2023 年 1 月版）一书，是对明代著名阳明后学士人王畿的诗文集的整理汇编。王畿思想之于阳明心学既有继承又有拓展，在明代思想史上占有一定的重要地位。本次整理的《王畿集》，以明万历十六年萧良幹刻本《王龙溪先生全集》20 卷为底本，以明万历四十三年丁宾刻本《王龙溪先生全集》22 卷等为校本，并补充了王畿编纂的《中鉴录》，以及其门人弟子所汇编的《大象义述》等书。书末附有王畿传记资料、文集序跋等，以供研究者参考。

张卫红导读整理《龙溪会语》（上海古籍出版社 2023 年 9 月版）指出，王龙溪一生，以讲学论道为乐，终老不殆。《龙溪会语》记载了龙溪与诸君子相会讲学的盛况，涉及阳明后学人物众多。在相与问答、剖析疑义中，龙溪以恳切贴己之语，指示日常修为之方，学者皆豁然有所悟。阳明殁后，良知之学杂说纷陈，龙溪质诸阳明经历次第，辨析良知之学的沿袭、凌猎、窒用、塞体等各类凑补之说，以示阳明良知学之工夫本体，助后学者寻获致良知之阶。

殷慧、廖春阳《千叶之花：王龙溪对礼教的推崇、批判与超越》（《孔学堂》2023 年第 2 期）一文指出，王龙溪服膺礼教，推崇礼法之士，在家族和地方进行礼义教化，同时他坚持以礼修身，通过持礼工夫来提升道德修养、恢复良知。由于当时社会上礼义与礼仪相割裂，产生了只重仪式不重礼义的现象，故王龙溪对异化后的礼教进行批判，将其视作一朵结不出果实的千叶之花。其批判的目的在于强调礼义，他以良知解礼，同时在讨论"良知"时侧重于"无"，追求斩尽枝叶、洗净铅华，以礼义统摄繁文缛节，最终实现良知的光复与礼义的回归。在"无"的方面，王龙溪比王阳明走得更远，因此产生了流弊，开后世"非名教所能羁络"之肇端，但又与泰州学派表现出较大差异。

陈浩然《王龙溪"得悟"思想研究》（山东师范大学2023年5月硕士学位论文）一文指出，王龙溪作为王门后学浙中学派的代表人物，阳明得力弟子，在阳明心学发展史上占有重要地位。其思想最大的特色是强调"得悟"。该论文分三部分对王龙溪"得悟"思想展开论述，并探讨其意义。第一部分主要写王龙溪为什么要提出"得悟"思想。王龙溪深知先师阳明的思想是历经磨难最终体贴得来，而在将来之不易的思想教授给他人时，资质低者"苦于未悟"，只得其形不得其旨，资质高者又渐有"喜静厌动，玩弄疏脱之弊"。究其原因，"悟"并非靠学习得来，而是需要靠自身体贴，缺少了切身的经历实证，再精深的言语也难免落为空谈，即使有实证与切身的体验，拘泥于形式而忽视了实践背后至精至简的道理，也是学不见道。王龙溪深切意识到，"悟"如果不是自有所得，无论如何学习，都只是随人附和，即使辞藻再华丽，也不过是将己见与他说掺和补凑，因此王龙溪强调"致知存乎心悟""明者当自得之"，提出"君子之学，贵于得悟"。论文第二部分从良知本体的层面说明为什么需要"得悟"，以及"悟"的是什么。得悟就是自身对良知本体有真切体会，因此悟的也就是良知本体。王龙溪的良知本体包含两层含义，一层是超越本体之"无"，一层是道德依据之"有"。而要体贴良知的"无"，就要从"有"上去真修实证。这是从良知本体的两层内涵出发，贯穿到"悟"与"修"的关系上来说的。不过王龙溪思想中的"悟"与"修"其实不必刻意区分，悟之时，自可以知天理，证工夫，但未悟之时要体"悟"，就要不断做工夫，通过事上磨炼反观自身良知，随时克去私欲，保持本心的澄澈，这也是修的过程。此时的修是洞见本体的悟，悟是操持涵养的修，为什么要"得悟"这一问题也就转化成为什么要做修养工夫了。论文第三部分回答怎样"得悟"，并在此基础上进一步诠释王龙溪思想中"悟"与"修"的相互关系。"得悟"修行工夫可以分为不落知解与去除私欲两方面：不落知解即良知发用不被意念种种干扰，从静中体会良知超越洒脱的境界；去除私欲即消去人心私欲的蔽障，体贴良知自然流行之发用。正是因为人心在日常生活中不可避免地要受习染，人也不可避免地遇事时会动私念，所以才见不到良知本体的发用，因此"得悟"工夫首先要静中体会虚寂本体。这又分静坐体贴与事上实修，静坐只是权法，其目的只是要人去体会心上不起念时的良知本然状态，其核心靠的是"减担法"。减担法的要旨就是一个"减"字，要把心上种种念头都减去，把向外求索的念头转化为洒扫清净自心，还良知空明本性。心在对境之时，要保持良知照察，令意念才觉即化，将内心收拢归一，便是圣学，做得尽便是圣人。

熊小俊《王龙溪的良知与知识之辨》（贵州大学2023年5月硕士学位论文）一文指出，良知与知识之间究竟是何种关系？这一问题可说是儒家传统中一个重要的讨论点。追溯二者之间的讨论，最早可见于儒家孔孟时期，而后也有诸多学者对这一问题展开激烈的讨论。王阳明提出"良知不因见闻而有，而见闻莫非良知之用"，以体用而论良知与知识之关系。而王龙溪沿袭王阳明的良知观，并提出"见在良知"说，深化了良知与知识之间关系的讨论。第一章主要对良知与知识这一对概念进行追溯。良知与知识这两个概念的提出最早可见于孔孟时期，但是讨论并不广泛。宋明时期，学者对良知与知识之间的关系问题展开了激烈的讨论。张载首次提出了德性之知与见闻之知的二分，为良知与知识之辨的讨论奠定了基础。朱熹、陆九渊对尊德性与道问学何者为先的问题产生了激烈的争论。王阳明明确了良知与知识之间存在着"不滞不离"的关系。另还有二程，中晚明时期亦有论者。第二章主要阐释了知识的形成问题。王龙溪承阳明之说，认为良知乃天地之心，虚而备万物之变，故为前主客化者，并为知识的形成提供场所。主客体的分化源于意念的发动，"意之所用为物"，意识发动之处，必有意向对象，由此而有主客的分化。认知主体与认知客体的交互作用，终而形成知识。第三章主要分析了知识对良知的呈现与遮蔽。依王龙溪之意，良知与知识为同一知，良知为知识之本体，知识为良知之发用。人人皆有良知，皆有共通的意识与感觉，基于主体间性的作用，由此而形成知识的客观性。知识既然具有了客观性，那就有可能遮蔽良知，所以王龙溪又强调"转识为知"的工夫。第四章主要探究了王龙溪如何转知识成良知的问题。"转识为知"，一方面并没有否定知识的独立价值，另一方面又辨明了良知与知识之间存在的内在关联，两者之间并不是对立的。人若陷溺于知识，便易失去主意。因此需要破除对知识的执念，以复归本源良知。同时，王龙溪并未否定知识的客观地位与独立意义，而是希望挺立良知以超越知识的局限性。总言之，在整个儒学思想背景下，良知与知识差之毫厘，但又不可不辨。良知可为知识的获取提供导向，而知识的积累亦能为良知的呈现提供助益。王龙溪的良知与知识之辨，没有以良知消解知识，亦没有以知识消解良知。

4. 季本研究

王伟《季本〈春秋私考〉研究》（上海师范大学2023年5月硕士学位论文）一文指出，季本是浙中王学的代表人物之一，但与多数阳明后学的为学路径不同，其年少便以通《春秋》成名，之后更是致力于注书解经。季本虽注释经典，但并不是单纯泥古，而是主张以注释经典来发明本心。路径上或有差异，但在发明本心的意义上，季本与阳明并无歧义。季本之所以致力于解经，是希望以解经的方式拴束住王门弟子流于空疏的论学话语。尤其自阳明离世后，季本看到阳明之学面临被分解的危机，所以提出回归经典文本，通过解经的方式守护阳明的良知之学。季本回归经典，一方面保证良知话语不会脱离经典流于碎片化，另一方面可以维持阳明弟子讲学以经典为基准，从而维持学派正统性和凝聚力。季本著述颇丰，著有《诗说解颐》《易学四同》《古易辨》《读礼疑图》《春秋私考》等经学著作。其中《春秋私考》是季本对《春秋》看法的总集。在季本看来，"《春秋》之作所以明王道也"。季本认为春秋之时王迹息灭，臣弑君、子弑父，且奸臣以文饰奸、惑乱人心，孔子作《春秋》以昭彰天理、澄清是非，令奸邪无法掩盖自己的罪行，"孔子作《春秋》而乱臣贼子惧"。出于"尊孔""尊经"的情感，季本认为孔子之前无《春秋》，《春秋》实为孔子所创作，且"孔子没而微言绝，七十子丧而大义乖"。在季本看来，《左氏》得立学官最晚，疑是汉初张苍所作，《公》《穀》之说较之《左氏》"虽稍依经，穿凿附会不为少矣"。季本以为孔子之所以删削成经，是为明是非之心，但三《传》却重异闻轶事，不重是非，是叛经之举。所以季本著《春秋私考》旨在"以经正传，发孔子，明王道之本意"。季本《春秋私考》作为明代经学，在从宋学向清学过渡的脉络中似乎出现了一种转向，即从"尊德性"到"道问学"，从理学到考据的转向，又或者如余英时在《论戴震和章学诚》中所说的从"反智识主义"向"智识主义"的转向。尽管训诂考据并非季本的目的而是手段，但其解经明义以维护良知之学的诠经方式却又不得不借助考据，虽不能完全等同于"经学即理学"，但确实蕴藏着清代考据的萌芽。对季本《春秋私考》进行研究，有助于更好地把握宋明理学转向清代考据的内在理路。

肖永明、李江《〈中庸〉诠释与明代学术演变——以季本对朱子〈中庸〉诠释的批判为例》[《南开学报》（哲学社会科学版）2023年第4期]一文指出，明代学术经历了由早期"宗朱"向中晚期"崇王"的演变。阳明学者季本通过对《中庸》"已发未发""戒惧慎独"等内容做出心学化的诠释，积极回应、参与明代学术的这种演变。与此同时，他又坚持以朱子为对话者，透过对朱子相关诠释的批判来展开自己的思想。这折射出在明代"由朱转王"的学术演变进程中朱学始终未因阳明学的发生、发展而"离场"的事实。季本对《中庸》的诠释及对朱子的批判，成为我们把握《中庸》诠释与明代学术演变之互动关系，以及厘清明代学术演变进程中的一些细微面向的重要个案。

任婧《季本〈诗说解颐〉研究》（内蒙古大学2023年6月硕士学位论文）一文指出，季本的《诗说解颐》成书于明代中期，是一部对《诗经》进行系统阐释的著作。受时代背景及心学思想等因素的影响，季本解经既不完全宗汉，也不完全宗宋，而是能博采众长，推陈出新，体现了季本别具一格的诗学观。文章共分为四个部分。第一部分介绍季本其人及《诗说解颐》的成书背景，为使读者全面了解季本，从其家世、生平、交游三个方面来切入，进而发掘在明代的社会背景下季本创作《诗说解颐》的心态。

第二部分对《诗说解颐》的文本概况进行梳理，简要阐述其版本、体例以及注疏特征，从而对《诗说解颐》文本有一个初步的了解，为接下来的研究做铺垫。第三部分主要研究季本的诗学观，分别从"对《诗经》的分类和排序""对《诗经》主旨内涵的解读""对《诗经》的文学性阐释"三个方面进行论述。这一部分展现了季本敢于突破旧说限制的批判性思维、独具特色的解诗之见等，深入分析季本《诗说解颐》所体现的诗学观，是论文最具特色且在前人研究基础上进一步开拓、创新的部分。第四部分归纳和简述《诗说解颐》的成就与不足之处。

肖永明、李江《批朱与述王：季本解经的两重进路及其思想意义——以〈大学私存〉为例》［《湖南大学学报》（社会科学版）2023年第1期］一文指出，明代中后期，王学内部讲学之风盛行，但阳明后学季本却不喜讲学，而以重读书、擅解经著称，呈现出异于王门诸子的特质。其所著《大学私存》既对朱子"格物""新民"等思想展开批判，又借由对《大学》的新诠，为阳明的"格物"解确立经典依据，透显出从"批朱"与"述王"两重进路解经的鲜明特色。此对王学而言具有重要的思想意义：一方面，继承阳明展开对朱子的批判，通过辨朱学之"非"明王学之"是"，在讲学之外拓展了宣扬王学的形式，推动了阳明学的发展；另一方面，绾合经学文本与义理而为一，弥合阳明"以心解经"之不足，纠正了过分依赖讲学、轻视经典所导致的空疏之弊。

5. 黄绾研究

2023年，不见相关研究。

6. 王宗沐研究

杜梅《明代王门学者王宗沐刊刻〈传习录〉的礼教思想》（《德州学院学报》2023年第5期）一文指出，明代王门学者积极刊刻阳明文献，他们尤为重视《传习录》的刊刻。作为浙中王门二传弟子的王宗沐，依然积极热情地传承阳明心学思想，极为严谨细致地刊刻《传习录》。王宗沐刊刻《传习录》的经过和目的展现出修己治人，忠君、尊师，"以心言礼"的礼教思想。

杜梅《明代王门学者王宗沐的文学观——文道合一》(《绵阳师范学院学报》2023年第9期)一文指出，阳明后学王宗沐在创作实践和文学观念中呈现出文道合一的文学观念。文章从三方面梳理王宗沐文道合一思想的特征：一是从文学观的成因看，坚守阳明先生的学术思想和文学思想是其文道合一思想的主要形成因素；二是从文学观的表现看，著述的思想内容和文体形式协调统一，具有文以载道的特点；三是从文学观的意义看，其文道观上承欧阳修道胜文至的文学观，下启"后七子"文道质实的文学观。虽为王宗沐的个案研究，但透过个案研究可折射出阳明后学在文学史中的意义和价值。

7. 万表研究

2023年，不见相关研究。

8. 张元忭研究

2023年，不见相关研究。

9. 徐渭研究

刘韬《徐渭"真我"说美学思想研究》(河北大学2023年12月博士学位论文)一文指出，徐渭处于中晚明时期，此时社会结构开始发生迅速变化，不断暴露出腐朽的社会弊病，但与此不同的是，文学艺术方面却呈现出学派纷呈的局面，开始有所新变，开始重视和表现个体之人。徐渭的思想，一方面受当时腐朽社会及困顿家庭生活的淬炼，以及当时文人结社活动的熏染，另一方面，受到了阳明心学、王门后学等的影响。其思想的主要来源有：唐顺之的"天机自然""本色"观念，季本的"惕"观念，王畿的"自然"观念，以及阳明左派"狂狷"等的儒家观念，佛家的"无相"观念，道家的"天情""真"等自然观念。另外，还受到"复古思潮""主情思潮""重意轻质思潮"等文艺思潮影响。徐渭的"真我"说在一定程度上对儒、释、道三家思想观念进行了融摄，但这绝非对三家观念的简单拼凑，而是以其生命体验的新见或真见为基础的融摄。综合来看，徐渭的"真我"说本体内涵包括了宇宙、精神与艺术三个层面："真我"既是宇宙的本体，也是人生命心灵的精神本体，同时也是艺术理论方面的艺术本体。

首先，"真我"的宇宙本体观念与道家"道"的宇宙观近似，徐渭的"真我"承认了个体之人在宇宙中的独立性及本体性。个体之人所处的宇宙并不是僵化的宇宙——不是一种对象物，个体之人可对其进行任意加工改造。换言之，宇宙与个体之人并非主客对立或者中断的两截，而是点化的大生命宇宙观。其次，"真我"的精神本体与儒家"心"观念近似，徐渭的"真我"说与阳明心学及易学相似，也涉及心、物与道、物的关系。从精神本体的角度看，它上达宇宙下贯人心。从人心的角度看，它可分为心与情。然而心不离物，从心、物动态变化中则显化出精神本体的意味。最后，徐渭的"真我"本体落在艺术方面则称为"本色"，"本色"即在艺术创作方面要人们保持真实情感的表达。"本色"表现在诗歌文章方面，则为有真情的真诗，在绘画、书法方面，则为"从来不见梅花谱，信手拈来自有神"的真实，在戏曲创作方面，则为表达作者本色的家常俗语。徐渭"真我"说在艺术表现上主要有书法、诗歌、绘画和戏曲四个方面。在书法上，徐渭注重彰显自我本色，其书法呈现出"姿媚跃出"的特点。在诗文中经常使用"娇""艳""丽"等绚烂字眼，认为这是一种具有力量的生命姿态。在绘画中，采用大写意的方式，用墨色彰显"有"，黑色即代表真实的自我，这也是徐渭现实生命状态的写照。在戏曲上，徐渭既重视"本色"之"真"，又重视戏谑，并以戏谑表现"真我"。徐渭的文学基本主张"真"，"出于己之所自得，而不窃于人之所尝言"。尚"真"贯穿明代文学和艺术传统，具体表现为"本色"论在戏曲和文学中的延展与讨论。"本色"和"真我"是互为关联、一体两面的概念，追求真我就是表现本色，表现本色就是袒露真我。徐渭认为"本色"就是真实自然的语言，尊重俚俗，尊重主体的真情和真性。具体到艺术表现上，将"真""本色"看作彰显自我的表现，不受固有形式所拘束，是对当时"台阁体""格律"等僵化艺术形式的抗争。"真"是内心自然的感兴，如冷水浇背，陡然一惊。在诗文、戏曲修辞上，徐渭的"真我"说实质是对现实生活审美的肯定。徐渭所处的时代文艺思潮异常活跃，是明代文学复古派、唐宋派不断纠葛变化，向性灵文学过渡的时期。徐渭追求自我个性，倡导"随其所宜而适"的文学观，反对以王世贞为代表的复古派"鸟为人言"的模拟风格，因而被视为与晚明复古文学思潮相对立的文士。但徐渭和复古派的关系并非绝对对立。徐渭崇尚古人精神，只是反对滥情于文辞而没有真性情的创作。另外，徐渭与性灵派的关系也是复杂的，他的"真我"与李贽的"童心"说、汤显祖的"唯情"说、张岱的"贵我"说和袁宏道的"性灵"说一样，都围绕着一个"情"字展开。过去，"情"要在"志"或"理"的名义下才能得到承认。现在，"情"却是站在"志"或"理"的对立面，以其作为个体自我的真实存在和表现而被肯定和张扬。众人的观点在相同之"情"中又各有不同。徐渭"真我"说，一方面推动了晚明唯情论的美学思潮，另一方面又为后世艺术理论及艺术创造提供了美学参考。从思潮方面看，徐渭"真我"说推动了晚明唯情论的发展，影响了汤显祖、张岱、袁宏道等人的学说，推动了"情"从"理"中脱离开的美学进程以及个体自我生命的存在、表现被肯定与张扬的美学思潮。在艺术理论和艺术创造方面，以"真我"说为核心的美学思想在艺术表现上称为"本色"，即其在具体的书法、诗歌、散文、绘画与戏曲中所表现的"本色"艺术，同样具有重要的美学价值。它们分别影响着中国乃至世界艺术，对后世影响颇远。

何厚耀、何萃《道在戏谑——论徐渭对戏曲戏谑趣味的自觉追求》（《浙江艺术职业学院学报》2023年第4期）一文指出，徐渭的戏曲评点表现出对戏曲趣味性的重视，他认为趣味性是戏曲中不可或缺的特征。而这种趣味，正是"没正经"的、戏谑的喜剧趣味。在戏曲创作中，徐渭抱着戏谑游戏的态度，在作品中安排了大量的喜剧性情节，着意利用对比反差来强化喜剧效果，并且特别注重"净""丑"等喜剧性角色的运用。徐渭为传统士大夫阶层所拒绝而不可避免地去融入市民阶层，他接受了阳明心学，并且他本人性格喜好戏谑，将戏曲视为一种从现实苦难中解脱的手段，这些都为他追求戏曲的戏谑趣味提供了有利条件。

蒋瑞琰《狂狷与细腻：徐渭"圆通不泥"的休闲审美内涵考察》（《中国美学研究》2023年第1期）一文，以本体—工夫—境界范式下的话语体系下之休闲审美对徐渭进行考察，其审美内涵体现为"真我"本体、慎独工夫和"圆通不泥"的审美境界。"真我"体现对本真自由生命状态的审美追求；慎独工夫包含内在超越性的狂狷与"玩物适情"的细腻审美；"圆通不泥"以变通有度的通达，内向调节，应变生活境况的时转迁移，成为徐渭生活态度抑或生存策略上的休闲审美境界。徐渭对狂狷与细腻的审美圆融也成为明代中后期狂诞与闲适审美风尚的独特代表。

周群《〈楞严经〉：打开徐渭艺术世界的秘钥》[《首都师范大学学报》（社会科学版）2023年第3期]一文指出，徐渭《涉江赋》中的"真我"是具有《楞严经》"妙明元心"学理背景的"含裹十方"之"我"，其文是纾解科场失意心理之作，不应视其为文艺思想的典型形态。与李贽"童心说"、袁宏道"性灵说"黜伪求真的取向相同，主体内涵有别。徐渭《翠乡梦》对原红莲故事进行了重构，成为《楞严经》序分的艺术再现。集诸艺于一身的徐渭对《楞严经》独有的"都摄六根"的"根大"思想必有会心之解，对其进入诸觉浑成为一的创作状态多有启示。徐渭本于《楞严经》的六根互用不是一般的通感修辞，而是浸润于《楞严经》佛理而形成的独特思维方式和审美体验。徐渭卓越的诗画成就与其独有的诸识和精神气韵浑然一体的审美境界有关。

邢佳明《徐渭"本色"论思想研究》（《戏友》2023年第2期）一文指出，"本色"论是从古代诗论中发源的重要命题，据考证，自南朝刘勰的《文心雕龙》伊始，针对"本色"一词内涵的讨论和使用就层出不穷。到了明代，受到戏曲艺术本体论的影响，对"本色"论和艺术本体特征之间的结合进行解读，更成为文论家们集中探讨的重点。明代作家徐渭在创作《四声猿》戏曲集的过程中，始终渗透着对"本色"论的理解。

张如添翼《〈四声猿〉中徐渭的生命美学思想观探究》（《大众文艺》2023年第12期）一文指出，《四声猿》作为明代杂剧的代表著作之一，蕴含着丰富的生命美学思想，体现着徐渭究其一生所探求的关于生命苦难、人生追求、个性解放、精神自由等方面的感性体验和理性判断。剧作中的人物形象、人物行为、角色台词、念白、声律等多方面在深刻体现徐渭"本色说"的同时，无不充满对生命本性的探索与对超越境界的追求，也蕴含着以生命为本源，以体验为核心，以超越为指向的生命美学本质上的核心思想。在生命美学视角下对徐渭的人生及其《四声猿》的创作进行探究，可以更好地帮助理解剧中传达出的对生命"猿鸣之哀"的审美思想。

10. 孙应奎研究

邓凯《交游与论学：王阳明弟子研究》（上海交通大学出版社2023年6月版）一书在搜集文献、点校整理的基础上，以孙应奎为中心，论及浙江王门、湖北王门、江西王门、粤闽王门等地域中值得关注的王阳明弟子、后学，全面深入地梳理他们的生平、学行、事功、交游、著书立说、文献存世等情况，发掘出其思想价值，拓展对阳明思想多个面向发展的认知，并探究阳明学的兴衰史迹及当代启示。

11. 蔡汝楠研究

2023年，不见相关研究。

12. 唐枢研究

黄首禄、姚才刚编校《唐枢集》（武汉大学出版社2023年5月版）一书是明代中后期心学思想家唐枢个人著述和相关资料的整理汇编。包括两部分内容：一是唐枢个人文集《木钟台集》，以明嘉靖万历间刻本为整理底本，以清咸丰六年唐氏书院刻本《木钟台集》以及其他单行本为参校本；二是辑佚唐枢的诗文著作、语录、杂记，以及与唐枢有关的诗文、书信、传记、祭文、年谱等。唐枢早年从学于湛甘泉，深造实践，亦慕王阳明的良知学，并力图会通湛、王之说。尽管没有机缘成为王阳明的入室弟子，但唐枢以私淑弟子自称，对阳明及其心学思想十分赞赏。在学术上，唐枢不仅"照着"湛甘泉、王阳明来讲，也"接着"他们讲，对湛、王之说有所拓展、深化。

俞汉群《唐一庵哲学思想研究述评》（《湖州师范学院学报》2023年第3期）一文指出，当前学界有关唐一庵哲学思想研究的基本特点可以概括为"三种形式"和"两大议题"。所谓"三种形式"，分别指通论研究、专论研究和散论研究。这三种形式的研究基本上都是围绕着"两大议题"展开：一是关于唐一庵的哲学思想与王阳明、湛甘泉两家关系的研究；二是针对唐一庵哲学思想的核心观念"讨真心"具体内涵的研究。总体而言，既有研究虽然在不同程度上触及唐一庵哲学思想的主要内容及其理论渊源，但在全面性、系统性和准确性上仍有深化研究的必要。

三、江右王学研究

江右王门，顾名思义，指阳明良知心学的江右传人，抑或指称江西籍的阳明弟子门人及后学群体。黄宗羲在编撰《明儒学案》之时，专辟八卷即卷十六至卷二十三来述评《江右王门学案》，且宣称："姚江之学，惟江右为得其传，东廓、念庵、两峰、双江其选也。再传而为塘南、思默，皆能推原阳明未尽之旨。是时，越中流弊错出，挟师说以杜学者之口，而江右独能破之，阳明之道赖以不坠。盖阳明一生精神，俱在江右，亦其感应之理宜也。"①

（一）江右王学综合研究

胡迎建《论江右王学"致良知"》（《国学》辑刊，2023年卷）一文指出，明代中叶，王阳明心学在江西广为传播。王阳明在贵州龙场驿悟良知，于正德年间来江西，起初知庐陵县，后巡抚南赣，在赣州开始讲致良知之学。未久破宸濠之乱，讲学于庐山白鹿洞书院，从游者其众。在赣州时，士子初次求见者，先以高弟子教之，然后与之交谈。他的学说起初并未形成系统，而是在质疑问难中不断发展。在其影响下形成的江右王门学者群体，屹然成为阳明心学重要门派。著名者有27人，其中如刘两峰，师从他的又有17人，皆有成就。黄宗羲在《明儒学案》中列江右王门9个学案，可见阵容之盛。

---

① 《黄宗羲全集》第7册，第377页。

（二）江右王门学者个案研究

黄宗羲《明儒学案》卷十六至卷二十三《江右王门学案》为江右王门学者立学案27个，涉及学者33人，分别是：邹守益（附：邹善、邹德涵、邹德溥、邹德泳）、欧阳德、聂豹、罗洪先、刘文敏、刘邦采、刘阳（附：刘印山、王柳川）、刘晓、刘魁、黄弘纲、何廷仁、陈九川、魏良弼、魏良政、魏良器、王时槐、邓以讚、陈嘉谟、刘元卿、万廷言、胡直、邹元标、罗大纮、宋仪望、邓元锡、章潢、冯应京。

此外，《明儒学案》卷五十三《诸儒学案下一》中的舒芬[1]，也是南昌进贤籍的阳明门人，《传习录·下》中有不少舒芬问学阳明先生的记载。[2]还有，黄直、郭子章等也是江右籍阳明学者。

1. 邹守益研究

牛磊《廓然以天下为家：邹守益仁说的博爱理念》（《上饶师范学院学报》2023年第2期）一文指出，"万物一体之仁"是王阳明晚年提出的以"良知"为核心概念的新型"仁学一体论"。江右王门代表人物邹守益在其"仁"论中，对"万物一体之仁"予以着重阐释。对邹氏而言，良知构成了儒家仁学传统最重要的理论依据与心理动因，也构成了警策、敦促儒者于当下一念中践行博爱理念的精神动力。在仁爱精神的践行层面，邹守益特别强调"施始于亲亲"的宗族伦理构建，主张由修身而齐家，并进一步由家而国、由国而天下进行推廓。通过对"得君行道""得官行道""觉民行道"等多种途径的结合与施用，邹氏期望构建出一个"凡有血气，皆其昆弟赤子之亲，莫不欲安全而教养之"的命运共同体。

王晓娣《"主敬"与"戒慎恐惧"：邹守益心性工夫的一体两面》（《中国哲学史》2023年第4期）一文指出，儒学心性论的真正价值在于，它作为工夫的指导，蕴含着身心修炼的智慧。在阳明后学的分化发展中，

---

[1]《黄宗羲全集》第8册，第614—615页。应该指出，黄宗羲不认可舒芬为阳明先生门人。
[2]《王阳明全集》第83、110页。

邹守益正是以主修进路实现了对具有工夫指导意义的心性论的丰富和发展。其心性工夫论的建构，以《大学》《中庸》合一的致思理路阐发"戒惧以致良知"。一方面，发挥"修己以敬""克己复礼为仁"的"主敬"之功，从正面彰显存养德性、充养心体的积极义；另一方面，专提"戒慎恐惧"说，强调本体戒惧，提揭"恂慄威仪"的瑟僴之学"著善掩恶"的圣跖之辨，从反面实现对气禀私欲的防范对治。一体两面的心性工夫，避免了后学空谈心性之弊，丰富了阳明良知教的工夫实践，推动了晚明舍虚务实的学风转向。其笃实严谨之功可为个体心性修养、生命安顿提供具体的工夫指导。

2. 黄直、聂豹研究

刘涛《阳明高足黄直漳州宦绩及其影响》（《宜春学院学报》2023年第7期）一文指出，阳明高足黄直出身军籍进士，初授福建漳州府推官，先后代理漳浦、长泰知县，开阳明后学宦闽先河。黄直为漳浦先贤高登《东溪集》作序，推崇朱子"过化"，传播阳明思想。黄直树立"孝友"典型，重视文教，关注武备。黄直不顾紫极宫曾获漳州唯一状元林震题诗，将其列为"淫祠"，下令斥卖。黄直不以阳明高足自居，自强自立，导致黄直同门马明衡、王阳明挚友林希元撰文述及黄直事功，均未提黄直师从王阳明史事。黄直打击权贵，不与同僚同流合污，终遭弹劾，被逮下狱。漳人为之奔走呼号，黄直撰文明志，清正廉洁。万历元年《漳州府志》虽始见黄直传，实则嘉靖《漳州府志》已为其立传，但阙载其阳明门人身份。

刘晓颖《聂双江"归寂"思想研究》（贵州大学2023年5月硕士学位论文）一文指出，聂双江作为阳明后学，在揭示"归寂"说后，却遭到王门诸子各致难端。时至今日，学界仍存在对双江本人以及其学说的质疑。故而，该文以双江在阳明后学中的独特性与争议性为切入点，对其"归寂"思想进行研究，试图还原双江思想的本来面目，并对其思想进行定位。

徐文杰《聂双江心学本体–工夫论思想研究》（南昌大学2023年6月硕士学位论文）一文指出，一代心学宗师王阳明离世之后，其门人弟子以他在天泉证道时留下的"四句教"旨为嚆矢，分演成不同流派，其中江右王门学派的聂双江以其独特的"良知本寂"本体论和"致虚守寂"工夫论思想建构起自己的心学体系，成为阳明后学归寂派的开端。聂双江形筑起关于良知学的归寂主静之旨，在一定程度上赓续和发展了王阳明的心学思想。王阳明历来重视将良知的本然状态与《中庸》中提到的"未发之中"关联在一起。在宋元明理学视域中，"未发之中"主要指的是人的情感与理性还未展现于外时所应当做的修养，这与道南学派注重在人的喜怒哀乐爱恶欲等情感未发作前做工夫和体验境界是一脉相承的。实际上这不只是程门体验未发的独家门径，儒学乃至中国哲学向来注重对人的行动和实践的意识根源和心理动机的考究，这更是中国哲学体用思维的典型品格。朱熹己丑之悟对心、性、情关系的把握和建构也具有这样的心性修养工夫意义。王阳明对理学这一思路是熟悉的，他向内求取的良知就是一种性之本体。他认为，在这种性体上所开展的修养工夫才是根本工夫、第一义工夫，或者称为"本体—工夫"，"本体—工夫"论就是关于这种工夫的理论。江右王门特别是双江之学着力点便是"归寂"工夫。双江之学重在将寂然之良知本体放入本源层面阐析，并结合主静之运用来归纳良知本体的特征，所以"归寂"与"主静"就具有了与道家不同内涵的修养工夫论意义。尽管后世学者对双江之学持不同意见，但不可否认，双江之学在颉颃王门狂妄之弊和匡正阳明学的过程中起到了不可估量的作用。

郭诺明、聂威、曹蓉玫《宋明江右儒学主静工夫之旨趣》（《地方文化研究》2023年第6期）一文指出，宋明时期，江右是宋明理学的重镇。江右思想家对主静工夫的关注和阐发异彩纷呈，将周敦颐所开启的静论思想一以贯之。周敦颐提出的"无欲故静""主静立人极"的思想，不仅对之后的理学发展产生了深远的影响，同时也开创了江右的静论传统。陆九渊以"心贱动静"为标识，以动静如一检视心性修养之功效，开创了心学的静论传统，同时也是抚州地区静论的代表。胡居仁自觉接续朱熹之学统，以"敬贯动静"为标识，以常存天理，拒入虚寂无实为学问进路，是上饶地区静论的代表。聂豹、罗洪先承阳明之教，浑融心学、理学之静论，默契濂溪主静之旨，以"主静归寂""主静立体"为标识，立足于以主静之学消化良知学，他们属于阳明后学中主工夫一派，是吉安地区王学静论的代表。

江右静学的传统连绵不绝，横贯理学与心学，可谓宋明时期熠熠生辉的地域性思想。

3. 罗洪先研究

王冠芳《罗洪先工夫论思想研究》（兰州大学2023年3月硕士学位论文）一文指出，王门后学的思想发展依据对本体和工夫关系的理解，衍化出不一样的发展路径：先天之知与后天之致。罗洪先的哲学思想主要表现在致良知的工夫上，故该文以工夫论为题，探究罗洪先工夫论中与王阳明"体用一源、显微无间""本体与工夫合一"的思想之间的联系。该文从背景、内涵和继承与发展三个方面展开。由探究"见在良知"开始，因种种欲念频繁出现于心中且难以清除，无法依据王畿的"一念入微"方式直接认识良知本体，所以罗洪先主张采用致良知工夫以"存天理，灭人欲"，从而认识良知本体。将重点放在罗洪先工夫论思想的内涵、罗洪先工夫论思想对王阳明思想的继承与发展上。对于工夫论思想的内涵，从本体、工夫、境界三个角度来看罗洪先的工夫对王阳明"本体与工夫合一"的体现。由此得出，"无欲主静"是已经产生了动静合一的想法，但是在具体实践中仍然停留在静的层面，未能摆脱与具体事物的联系，是属于"工夫作用于本体"的形式。"收摄保聚"相比较于前者，真正实现了内外、动静、寂感合一，是属于本体与工夫合一的形式。"彻悟仁体"是彻底领悟到仁与天地万物为一体的思想，并且在实际生活中也做到了心中毫无杂念，保持内心安定，达到了打通动静的境界，是属于本体与工夫合一的形式。所以，罗洪先工夫论是在"无欲主静"时仅做到思想的继承，是"工夫作用于本体"，"收摄保聚""彻悟仁体"才是真正继承发展了王阳明"体用一源、显微无间""本体与工夫合一"的思想。

4. 刘文敏、刘邦采研究

2023年，不见相关研究。

5. 王钊研究

彭雨晴、严世宇、彭树欣《阳明弟子王钊论》（《赣南师范大学学报》2023年第4期）一文认为，王钊是江西安福的布衣学者，是江右王门的代表性人物之一，一生致力于传播、弘扬阳明学。在本体论上，他以灵根指称良知。所谓"灵根"，从"根"的角度而言，主要是指良知的本根性、本体性，从"灵"的角度而言，主要是指良知的自主性、感知性。在工夫论上，他主张良知自然流行，接近泰州学派，但与后者仍有不同，即需用后天之功来保证良知自然流行，这样就可避免后者之弊；他又主学悟一体，认为学是悟的基础，真悟积于学，而本质上二者是一。

6. 刘晓、刘魁、黄弘纲、何廷仁、陈九川、舒芬、魏良弼、魏良政、魏良器、邓以讚、王时槐、陈嘉谟研究

2023年，不见相关研究。

7. 刘元卿研究

彭雨晴、陈晨《论刘元卿〈贤奕编〉的文学教化思想》（《内蒙古财经大学学报》2023年第3期）一文认为，刘元卿的自我身份认同是理学家和教育家，而文学家只是其业余身份，他将文学视为教化的工具，所以其笔记小说《贤奕编》实际上是一部文学化的教化、修养书。在其中，以小说、故事、寓言等文学形式建构了一个内外结合的以儒学为中心并兼容各种思想的教化、修养体系，内在体系包括怀古、廉淡、德器、方正、证学、叙伦、家闲、官政、广仁、干局等10个方面，外在体系包括达命、仙释、观物、警喻、应谐、志怪等6个方面。

8. 万廷言研究

2023年，不见相关研究。

9. 胡直、邹元标研究

张宇、武道房《博文约礼：论胡直对理学与心学的调和》[《西安石油大学学报》（社会科学版）2023年第4期]一文认为，胡直隶属江右王门，其为学三变，终悟得博文约礼之旨。博文约礼说是他在质疑程朱理学与阳明心学的基础上独立思考而来的。他质疑朱学于物上穷理，将理与人分开；亦质疑阳明将博文与约礼二分，反对阳明后学流于猖狂恣肆，无天则约束之弊。他对理学和心学进行修正与调和，认为博文非博于物，只要是符合儒家道德伦理的日常应酬都可称为博文，而这些正是天则即礼的自然流露。

博文约礼乃一体两面，而非独立为二，这样既避免了博物的烦琐，也杜绝了阳明后学之流弊。

张昭炜、单珂瑶《阳明学忏悔思想管窥》（《人文论丛》2023年第1期）一文指出，收录于《密之先生杂志》的《胡庐山自矢文》（简称《自矢文》）和《管子登忏罪文》集中体现了胡直和管志道的忏悔思想，是研究方以智忏悔思想及阳明学忏悔思想的重要文献。胡直主要对忿欲、名利等杂念进行忏悔，以无欲主静为核心，最终指向独知心体的自然呈露，达到一体全归的境界。管志道的忏悔工夫包含屡空、养气、无欲、主敬四个面向，意在践行中道、消除业障。两人的忏悔思想均体现出儒佛合流趋势。较之胡直的忏悔，管志道在因果业报等方面受佛教影响更深。

王莹玉《胡直诗歌研究》（山西大学2023年6月硕士学位论文）一文指出，胡直是阳明后学流派旗下江右王门的代表诗人。作为宋明理学第四系的集大成者，其诗歌实践既在一定程度上依托于心学观念，亦从哲思角度融入了自己的创作思考，是文学互映心学的典范。其展现出来的文学研究价值、思想文化魅力及对于诗歌美学的思考，既是中国传统诗学不可多得的瑰宝，也是对外汉语教学中稀缺的传播材料，然而胡直其人在学界却少有提及，诗歌作品更是鲜有钻研。

杨道会《邹元标与黔中王门研究》（贵州大学2023年6月硕士学位论文）一文指出，邹元标早年师从王阳明亲传弟子胡直、罗汝芳，成为江右王门第三代领军人物之一。邹元标在王学上的造诣与一场政治磨难密不可分。万历五年（1577），邹元标以新科进士身份入仕，后因反对张居正夺情而被廷杖并贬至贵州都匀。邹元标在都匀与贵州理学大家、土司流官、世家大族等广泛交游，不仅获得了生活上的帮助，亦激发了自己的心学智慧，形成较为完善的心学思想体系。他在都匀讲学授徒，传播良知之学，促进了都匀的文教发展，开辟了黔中王门五大重镇之一的"都匀王门"。在贵州理学三先生凋敝、黔中王门略显衰迹之时，以邹元标亲传弟子陈尚象等为核心的弟子群体，崛起成为支撑黔中王门的第四代中坚力量，是黔中王门最后的殿军，为明代黔中王门百年传承画上了一个圆满的句号。

郭诺明《学孔者当如麒麟凤凰，不当为鹰鹯猛兽——论邹元标经典诠释的生命气象之维》（《赣南师范大学学报》2023年第4期）一文指出，阳明学后期领袖人物邹元标，被袁宏道称为"天下第一激烈男子"。他究心理学，推衍良知之学，探赜天道性命之微，始终敞开其赤子真心与狂者胸次。邹元标经典诠释的基本进路是通过经典生命化的两重还原（还原经典之意涵、还原为现实的人的生活）以及生命化经典的两重提振（养成为生命气象、凝练为言说文本），由此澄明经典、道、言说与生命之间的复杂脉络，形成经典诠释的回环，推进阳明学的经典诠释之学。邹元标强调经典诠释要与身心交融互通，让经典润泽生命，以生命涵养经典，在经典与生命的双向互通与交相辉映中变化气质，充分呈现经典诠释者的生命气象——"学孔者当如麒麟凤凰，不当为鹰鹯猛兽"。

10. 邓元锡研究

刘桂娟《江右学人邓元锡家世、交游及著述考略》（《图书馆研究》2023年第5期）一文指出，邓元锡是明代理学家、史学家。其家学渊源颇深，祖孙数代皆勤学好义，品行高尚。根据邓元锡及其友人、门人的文章，邓元锡的生卒年应为明嘉靖八年（1529）、万历二十一年（1593）。邓元锡一生交游较广，既结识了许孚远、范涞、赵用贤等官绅，又与王之士、万廷言、章潢等硕儒建立了深厚的学术友谊，他们对邓元锡的举业与学术之影响不容小觑。邓元锡一生博闻强识，于经史研究甚有建树，著述颇丰。梳理邓元锡之著述，将有裨于进一步深入了解邓元锡的著述旨趣及思想。

11. 郭子章研究

孙云霄《郭子章〈豫章书〉考论》（《图书馆杂志》2023年第9期）一文认为，明代万历年间郭子章编纂的《豫章书》，是江西历史上第一部超过百卷的省志，也是其"江西系列"志书的集大成之作。该书虽然已经亡佚，但清代江西所修通志和各府县志都曾大量引用此书，并考订其讹误；郭子章的文集《黔草》中更是完整保存了此书的目录、凡例和小序，从中可以了解其成书过程和体例特点。《豫章书》采用纪传体，人物部分占一半以上，并增设编年《大事记》，资料详赡。同时，郭子章重视历史地理沿革和文献编目，书中的《艺文志》是第一部专门记载江西地区著述的总目。

四、止修学派研究

"止修学派"源于《明儒学案》卷三十一《止修学案》。黄宗羲将其置于《粤闽王门学案》之后、《泰州学案》之前。鉴于《止修学案》案主李材系江西丰城人，同时其父李遂师从阳明先生，而李材系王门之"宗子"邹守益的传人，故而本报告在编写过程中置李材所开创的"止修学派"的研究现状于"江右王学研究"之后。

2023年，不见李材与止修学派的相关研究。

五、南中王学研究

南中王门，主要指明代南直隶（今安徽、江苏、上海）地区的阳明门人。阳明在世时，南中王门弟子有王艮（见"泰州学派"）、黄省曾、朱得之、戚贤、周冲、冯恩、程默等；阳明殁后，浙中王门钱德洪、王畿讲学于此，江右王学邹守益、欧阳德、何廷仁官于南都，从之者甚众，[①]诸如贡安国、查铎、沈宠、萧念、萧良翰、戚补、张栄、章时鸾、程大宾、郑灿、姚汝循、殷迈、姜宝、周怡、薛应旂、唐顺之、唐鹤征、徐阶、杨豫孙等。黄宗羲《明儒学案》卷二十五至卷二十七专辟《南中王门学案》，予以论列。

目前学界对南中王门学者的个案研究，主要体现为对戚贤、黄省曾、朱得之、薛应旂、唐顺之、徐阶、查铎、陆树声等阳明学者的研究。

唐一灵《黄省曾诗歌中的鹤意象研究》（《名作欣赏》2023年第3期）一文指出，鹤意象作为明代诗人黄省曾诗歌中的一种特殊意象，既显示出其佛道思想中的自然观念，又透露出其高尚的情操和远大的志向。他崇尚鹤逍遥自在的习性和清高俊逸的品性，在诗歌中积极拓展鹤意象的内涵，赋予其仙人幻想、隐逸情怀、怀才不遇、离愁别绪等诸多意味，又巧用"猿鹤"意象，揭示自身所处的现实困境，虽有济世之志，却是壮志难酬，被迫回归自然山水，寄情于神幻传说。

陈丹丹《黄省曾〈西洋朝贡典录〉的史论价值》（《文教资料》2023年第1期）一文认为，《西洋朝贡典录》是明代黄省曾编纂的地理志，记载了郑和下西洋时南海23个国家和地区的情况。明中期，世人对郑和下西洋的

---

① 《〈明儒学案〉〈宋元学案〉黄宗羲之案语汇辑》，第89页。

认识多有异议，此时黄省曾著此书，以"论曰"为发论标志，其史论成为郑和下西洋史实的重要印证与补充，还原了郑和下西洋的原本面貌。

蒋丽梅编校《庄子通义》（武汉大学出版社2023年1月版）一书，是理解朱得之思想、阳明学和阳明后学的重要文献。朱得之蒙阳明亲炙，研习心学，是南中王门学派的代表人物之一，阳明赞其"入道最勇，可与任重致远"。朱得之承袭阳明三教看法，会通儒道、沟通孔老，从心学的视角疏解庄学思想，其所撰《庄子通义》是明代庄子学发展的代表成果，也是罕见的阳明后学的道家注释类著作。

徐琼《唐顺之古文理论研究》（湖北民族大学2023年5月硕士学位论文）一文指出，唐顺之作为明代文坛著名的文论家，是唐宋派文学思想的重要倡导者。唐顺之的文学主张，不仅是唐宋派文学思想最有力的代表，也对后世文学思想的发展产生了积极作用。对于唐顺之古文理论，该文分四章展开论述。第一章论述唐顺之古文理论产生的理论背景，分三部分进行展开。第一部分论述唐顺之对韩愈、柳宗元、欧阳修、苏轼等文论思想的继承，具体体现在对文以明道、文道合一观念的继承；第二部分论述唐顺之对王阳明心学思想的主动体悟；第三部分论述唐顺之对以李梦阳、何景明为代表的前七子复古主义文论的反思。第二章分析唐顺之的主要文论思想。他的文论思想主要表现在"文法"论、"本色"论、"德艺"论三个方面。唐顺之古文理论的渊源一个是文以明道观，另一个是王阳明心学。从逻辑关系上说："文法"论属于文的范畴，"本色"论属于道的范畴，"德艺"论则是"文"与"道"和谐统一的具体展现，"德艺"论是"文法"论和"本色"论的融合。第三章比较分析唐顺之与唐宋派其他核心成员文论思想的异同。第一部分论述唐顺之对王慎中文论思想的继承与创新，唐顺之继承"文以明道"思想，但强调文、道非一体。第二部分论述茅坤对唐顺之文论思想的接受与理解，茅坤在唐顺之"本色"论的基础上加深了对情的体悟。第三部分论述唐顺之与归有光思想的不谋而合，在"文以明道"的基础上注重创作主体对内心的体验。第四章则总结唐顺之古文理论对后世的影响。从两部分展开：第一部分是后七子对唐顺之文论的批评，以王世贞为主要代表；第二部分论述唐顺之古文理论为后期性灵文学的发展奠定了基础，为徐渭、汤显祖的文学创作提供了思想来源，以及为后世文学创作注入了新鲜活力。

张慧琼《唐顺之诗文的流传与接受》（《周口师范学院学报》2023年第1期）一文认为，唐顺之是明中期重要文学家，诗文自明嘉靖始流传至今。中晚明是唐顺之诗文流传接受的初兴期，时人结集刻印其别集、选编诗文选本，多种文献选录其诗文散篇。明人对于唐顺之诗文的评价或过誉，或过贬，或持论中肯。清代是繁兴期，多种别集持续编印行世，选本选编一度繁盛，选录诗文散篇的文献种类、数量最多。清人推崇其古文与八股时文，赞誉甚高，尤其得到官方肯定称颂，有经典化的趋势。近现代，唐顺之诗文的流传接受遇到瓶颈，停滞不前。今人识断多承明清旧说，经典化进程受到阻隔。纵横详尽考察唐顺之诗文的流传与接受，为唐顺之及其诗文的经典化研究，为其全集的编纂整理做文献梳理准备。

刘笑天《唐顺之〈武编〉价值初探》（《孙子研究》2023年第6期）一文认为，唐顺之、戚继光、俞大猷等一批杰出抗倭将领的勇于创新、器械制式技法（长兵短用、短兵长用等）的改进，承续了武术技击的搏杀理念，丰富了中国武术技理的知识体系。中国古典哲学、兵学思想的浸润大大丰富了武术技理的内涵意义，无论是思想认识还是技术实践都受到深刻影响，形成了武术独特的内容形式。唐顺之《武编》中从源到流的历史寻绎，从技到理的双向表达，从练到用的实践转换，从武到学的意技研修，从术及道的哲学阐释，充分揭橥了唐顺之技术与理论体系的本质思想。

赵洋、王晓晨《唐顺之武术思想研究》（《体育文化与产业研究》2023年第1期）一文运用文献法，从唐顺之重视武术出发，梳理其"天机"思想的形成背景、过程及其内涵特点，联系其道艺无二主张，考察武术实践与其学术思想、文学思想的相互关系。结论认为：心怀济世之念的唐顺之开辟经世致用为学路径，道艺无二是"天机"说的主要内涵；武术实践对其学术思想发展起到支撑作用，文学思想的发展与武术实践的深入相互补益；唐顺之在力量与技术、集体与个体、表演与技击之间建立关联，为武术套路化发展奠定了基础；在唐顺之学术思想及武术实践的基础上，戚继光创制套路训练素材，推出中国武术的图谱经典。

刘笑天、张艳芳《唐顺之江北赈灾事宜考察》（《淮南师范学院学报》2023年第5期）一文认为，嘉靖三十八年（1559），倭寇蹂躏之后的江北地区发生严重的旱灾，出现大规模的灾荒现象，时任凤阳巡抚的唐顺之为抵御灾荒做出不懈的努力。在明朝财政困难的情况下，唐顺之通过乞余盐、乞剩盐、截漕粮和起运粮折银等事项，为灾区筹备到基本的赈灾物资。在赈灾过程中，唐顺之通过设立赈灾组织、筹集与节约粮食、疾病预防三个方面的运作，为抵御江北灾情做出突出的贡献。唐顺之在江北的赈灾，对稳定江北地区的局面及保障抗倭行动的顺利实施皆具有积极的意义。

王佳琪《唐顺之〈左氏始末〉研究》（西北师范大学2023年5月硕士学位论文）一文指出，唐顺之是明代著名文学家、思想家。他三度出仕，两次归隐，在居家的十余年里编纂大量著作，《左氏始末》即成于这一时期。《左氏始末》是《左传》纪事本末体改编史上的重要一环。唐顺之将《左传》《国语》及其他晚出文献中的200余条史料分类编排并夹入注文编成此书，无论是纲目编排还是注文选择，都体现了他的《春秋》观。细读《左氏始末》，对唐顺之史学、文学、经学思想的研究可以起到尝鼎一脔的作用。

彭涛《阳明后学徐阶心学思想研究》（湖北大学2023年4月硕士学位论文）一文通过对徐阶现存于世的著作集《世经堂集》的点校与整理，对徐阶的心学思想进行了研究。首先，对徐阶的生平、其心学思想产生的背景及思想渊源进行了介绍；其次，从徐阶在心性论、修养工夫论上对王阳明的继承与再阐释、对朱子学派部分观点的认同与反驳、对阳明学派与朱学融会贯通的尝试等方面着手，阐述了徐阶心学思想的主要内容；再次，对徐阶心学思想进行了综合评价，分析了其心学思想的历史定位，并站在中国特色社会主义新时代的历史新方位揭示了其现代价值；最后，列举出徐阶心学思想存在的历史局限性。该文旨在通过对徐阶心学思想的研究与阐述，拓展后世对阳明后学的了解，以期丰富明代儒学的研究内容。

　　李想《为龙溪之学辩护：论查铎"从知体上指点"之学》[《安徽师范大学学报》（人文社会科学版）2023年第6期]一文认为，查铎为王畿的弟子，积极继承和阐发龙溪之学的精神内涵，率先回应了学界对龙溪之学的质疑。查铎主张良知本体具有至善性、超越性与自然性，为学工夫虽可有戒惧慎独与"无知""致虚"之分，但在本质上皆可统之于符合本性的行为，亦即工夫乃自觉与自然的统一。泰州后学孟秋主张不可脱离心体良知的发用抽象地理解良知与道，以此"两端之旨"批评王畿与查铎的"守寂应感"思想流为禅学，查铎则从本体论与工夫论角度为"虚无"辩护。二人的争论乃"二王"后学的直接论辩，"二王"内部已自觉彼此之间有承体起用与即用言体的思想差异，此也说明刘宗周对"情识""虚玄"流弊的反思，在阳明学内部已有其先声。

六、楚中王学研究

　　楚中王门是指今湖北、湖南区域的阳明学者群体。《明儒学案》卷二十八《楚中王门学案》卷首载："楚学之盛，惟耿天台一派，自泰州流入。当阳明在时，其信从者尚少。道林、闇斋、刘观时出自武陵，故武陵之及门，独冠全楚。观徐曰仁《同游德山诗》，王文鸣应奎、胡珊鸣玉、刘献德重、杨袀介诚、何凤韶汝谐、唐演汝渊、龙起霄止之，尚可考也。然道林实得阳明之传，天台之派虽盛，反多破坏良知学脉，恶可较哉！"①黄宗羲这里提到的楚中王门学者有湖北黄安籍耿定向、耿定理兄弟，他们已被划入"泰州学派"②，武陵籍门人有蒋信、冀元亨、刘观时，此外还有王应奎、胡鸣玉、刘德重、杨介诚、何汝谐、唐汝渊、龙止之等人。

　　2023年3月16日，由湖南应用技术学院、常德市鼎城区地方志编纂室联合举办的常德阳明文化研究中心成立暨《王阳明与常德》新书发行座谈会在常德市鼎城区举行。座谈会由湖南应用技术学院党委副书记、教授刘孟初主持，来自湖南文理学院、湖南应用技术学院以及常德市、鼎城区的专家学者共50余人参加会议。《王阳明与常德》由常德市鼎城区地方志编纂室和湖南应用技术学院联合编纂出版。该书编研工作启动于2017年，历时5年深度研究、精心打磨完成，于2022年11月由岳麓书社公开出版。全书约42万字，分为"常德阳明文化概说""常德阳明文化史迹""常德阳明文化论坛""附录"四部分。"附录"中收录的美国哈佛大学图书馆珍

----

① 《黄宗羲全集》第7册，第727页。
② 《黄宗羲全集》第8册，第66—83页。

藏的蒋信著《桃冈日录》，原书为国内外罕见的明代刻本，具有很高的文献价值。

七、北方王学研究

　　"北方王门"提法见于黄宗羲《明儒学案》卷二十九《北方王门学案》，指明代中后期在北方地区（山东、河南与陕西）研究和传播阳明心学的学者群体，主要有穆孔晖、张后觉、孟秋，尤时熙、孟化鲤、杨东明，南大吉等，还有王阳明早年弟子王道（后学宗程朱，脱离"王学"阵营）。

　　吕克军《交汇游离、通达为一：北方王门学者穆孔晖的心学理路》[《贵阳学院学报》（社会科学版）2023年第5期] 一文指出，穆孔晖是王阳明传授的第一个北方门生，有着深厚的理学背景。他对阳明心学核心概念"心"有初步体认，但对"良知"体认不深，对"知行合一"命题则基本未予探讨。其学术思想和阳明心学存在紧张关系和游离状态，对阳明心学的整个体系未能膺服。他沿袭北方学术"朴实"特质，总括心、理、佛、道"大本皆同，特事不同"理念，试图融合心、理、佛、道。穆氏对心学有一定阐述，开启了东昌王门之传承，并力避阳明后学之流弊，对明后期东昌府的社会发展产生了深远影响，其对心学在北方的传播功不可没。穆孔晖的心学理路反映出心学在北方传播的复杂精微。

　　孙锞镪《明中后期洛阳王门地方事务参与研究》（河南大学2023年6月硕士学位论文）一文指出，士绅是明清区域社会史研究中普遍关注的研究课题，其在地域社会中发挥的作用有学界的共识。一般而言，不同地域、不同志趣的士绅在当地社会中的作用不尽相同。明中后期王学的传播及其地域化，形成了不同的王学流派。在王学思想的影响下，王学士绅在参与地方事务的过程中，表现出一定的特殊性。洛阳王门在嘉靖以后出现，是北方王门中一个重要支派。一方面，洛阳王门不断在王学的基础上推陈出新，形成具有地域特色的王学思想。尤时熙在王学思想的基础上，形成了自己的思想体系：道一论是其核心，"格物致良知"及"万物一体之仁"是其两翼，实学是贯彻其思想的具体路径。孟化鲤在继承尤时熙思想的基础上，结合当地的理学思想资源，有力地规避了王学末流空疏的风气。王以悟在继承洛阳王学的基础上，发展出"谈禅而不入禅""举业德业为一"两个新的特点；张信民思想的融通特色十分突出，他以心学为宗，在继承孟化鲤等人思想的基础上，广泛地融通各家，同时反对异端，提倡躬行；吕维祺深受孟化鲤思想的影响，并将洛阳王学的思想与《孝经》融合起来。践履实行，提倡实学是洛阳王门最大的思想特点。在实学思想的指导下，洛阳王门普遍参与地方事务，并表现出一定的特色。尤时熙以身作则，改变一县风气，兴办教育事业，提高当地的中举率，在改善地方的同时有力地传播了王学；孟化鲤兴办讲会，建设家族，改善了乡里风俗；王以悟在改善风俗之外，还关注到了百姓的负担过大，尝试纾解驿累；张信民积极参与自身宗族的建设、乡里信仰的改造以及当地理学家曹端祠堂的建设与管理；吕维祺面对农军的入侵，社会秩序的被破坏，一方面赈灾救荒，一方面抵御流寇，努力挽救明末地方社会危机。这些主要代表人物之外，洛阳王门中其他人也积极参与地方事务，以期改善地方风俗。与当地其他悠游度日、"修寺造塔"的士绅相比，洛阳王门重视参与地方事务，显露出自己的特色。同时，相较于南方王学士绅，洛阳王门参与地方事务的内容较为单一，主要活动为改善地方风俗。这是二者所处地域环境不同造成的，显示出南北方士绅在地域社会中角色的差异。洛阳王门通过对王学思想的发展以及积极参与地方事务，成功实现了王学的"在地化"。河南府也因此成为明中后期王学在北方的重镇。

孙锞锱《北方王学门人尤时熙的思想及地方实践研究》（《天中学刊》2023年第2期）一文指出，尤时熙是北方王门的代表人物。他于嘉靖二年将王学带回河南府，并在其后的40年间通过自悟、拜师、交游一系列活动，将王学与程朱理学融合提出道一论、"格物致良知"、"万物一体之仁"，以及实学等思想，建立了完整的思想体系，成功实现了王学的"在地化"。在

"万物一体之仁"及实学思想的指导下，尤时熙以身作则，改善洛阳县风气，兴办教育，培养人才，开展讲会，传播王学。这些工作既有力改善了河南府的地方风俗，又成功拓展了王学在当地的影响力。

王盼盼《尤时熙及其〈拟学小记〉研究》（信阳师范学院2023年5月硕士学位论文）一文采用文献学与思想史相结合的研究方法，将明代理学家尤时熙置于河南理学与心学发展的历史大视野下，较为全面地考察了尤时熙的家世生平、讲学交友，以及著作的成书过程、版本、内容及思想价值，在此基础上进一步探讨了明清时期尤时熙的形象与历史地位。在学思历程层面，河南理学与心学发展过程中，前有曹端，中有尤时熙，后有孟化鲤，尤时熙起着承前启后的历史作用，其中阳明心学正是通过尤时熙在河南得到了传播和发扬。尤时熙出生于洛阳，早年因读《传习录》而倾心于阳明学，其后受教于刘魁、朱得之、周怡、黄骥等阳明第一代弟子，晚年长期在洛阳讲授和传扬阳明心学。尤时熙是河南王门的开创者，他的传世文献《拟学小记》和《拟学小记续录》，比较详细地载录了尤时熙的心学思想。在思想载体层面，《拟学小记》是尤时熙的语录、书信、杂录的结集。最早的版本是隆庆年间由洛阳尤氏门人捐资刻成，后尤氏门人李根将8卷本分别编次后刻成6卷。万历年间，尤氏门人孟化鲤又将上述两种《拟学小记》中没有收录的尤氏语录和文章编辑成《拟学小记续录》7卷。清咸丰年间，洛阳人曹肃孙将6卷本《拟学小记》与《拟学小记续录》合编写成一本书《拟学小记合编》，于同治三年由洛阳知县秦茂林刊刻。该书内容包括经疑、余言、格训通解、质疑、杂著、记闻与私录等内容。在学术传承方面，尤时熙的思想受到了阳明第一代弟子的深刻影响。这种影响使得尤时熙对阳明后学各家观点都保持开放的态度，他更关注阳明后学的发展能够回归阳明先生的本意，借以延续阳明"心外无物""心外无理"的思想。尤时熙主张心性一物，对良知的诠释中更重视"知"的工夫，即知善知恶，才能止于至善，晚年的尤时熙从早期的坐中求静转向日间时时刻刻体证工夫。在历史影响层面，一方面，明清时期的传记文献对尤时熙给予了赞誉性的"书写"，这种"现象"呈现的是后世学人对尤时熙王门后学身份和心学传扬者的认可态度，另一方面，尤时熙后半生在洛阳开办讲会，积极发展和传扬心学，对洛阳地区的教育发展、文化传承和学术风气都产生了积极的影响。此外，载录尤时熙思想的《拟学小记》与《拟学小记续录》具有很高的文献价值，为后世学者研究尤时熙生平与思想及洛阳文化教育及书院发展等提供了宝贵的历史资料。

八、粤闽王学研究

粤闽王学，顾名思义，指明代中后期广东、福建籍的阳明门人弟子。黄宗羲《明儒学案》卷三十专辟《粤闽王门学案》，主要为"行人薛中离先生侃""县令周谦斋先生坦"立学案，此外还有方献夫、薛尚贤、杨骥、杨仕鸣、梁焯、郑一初、马明衡等七人的小传。①

福建江夏学院阳明学研究院主编《东南阳明学研究（一）》（厦门大学出版社2023年11月版）一书系阳明学研究论文集，围绕阳明学本身的义理、阳明学的当代价值、阳明及其后学在福建的行迹等展开研究，以全面梳理阳明学在东南尤其是福建的传播及影响。福建是阳明建功立业的地方，也是不少阳明后学任职和讲学之地，因此阳明及其后学对福建社会与文化发展产生了巨大的影响。

李承贵《心学的东南之光——薛侃对阳明心学传承与发展的全方位贡献》（《学术界》2023年第3期）一文指出，"海内同志之盛，莫有先于潮阳者"，这是王阳明赞扬其弟子薛侃的话。王阳明弟子众多，何以如此盛赞薛侃呢？这是因为：薛侃不仅不遗余力地为阳明接引弟子，从而壮大了心学队伍，并使心学闪耀东南，而且任劳任怨地为阳明分担家务公务，从而为阳明减轻了繁重的事务负担，使得王阳明能够从容地创构心学；薛侃不仅第一个刻印了《传习录》，同时刻印了多种文录，从而使阳明心学有了传承载体，而且千方百计地创办了天真书院，为传播阳明心学提供了得天独厚的场所；薛侃不仅致力于同门关系的协调，使大家团结一心，而且进行

---

① 《黄宗羲全集》第7册，第761—763页。

了精心的筹划，为阳明心学的传承、传播制定了清晰的方案；薛侃不仅与阳明心心相印，于日常体贴入微、于学问理解信奉，从而成为阳明孤独心灵的重要伴侣，而且对各种形式的质疑予以了解释和回击，从而削减了阳明心学传播道路上的障碍，并维护了阳明心学的尊严与纯洁。可以说，在传承、传播和发展阳明心学的事业上，薛侃做出了特殊而重大的贡献，成为阳明弟子中的标志性人物。而且，薛侃在传承、传播阳明心学方面表现出的卓越智慧和优秀品质，对当今复兴中华优秀传统文化的大业，亦蕴含了诸多积极性启示。

崔冬宇《薛侃心学思想研究——以"有"与"无"为线索》（武汉大学2023年5月硕士学位论文）一文指出，作为王阳明的一传弟子，薛侃是其"良知说"的忠实信徒。该文以"有"与"无"为基本脉络，对薛侃的心学思想进行探讨和梳理，他身上凝聚着"有""无"合一的大智慧，其心学思想也展示出"有""无"浑融、相生相成的大气象。薛侃的心学思想体系沿着"图书明—太极明——一体之学明"的理路，对宇宙论层面的太极本体生化运行进行阐释，与其以良知为核心的心性论思想以及"研几""主一"的工夫论思想相贯通，"即本体即工夫"。在一元论的思维模式下，太极便是"一"，便是本体，便是天理，便是心体（良知），是万物由此生之"有"；良知心体具有"有无合一"的二重向度，良知即为天理，是至善的实在，同时良知又是"虚寂之体"，具有太虚"不滞于物"的性质；薛侃的"研几"与其师阳明的"致良知"有异曲同工之妙，"研几"便是在念念中将良知之初发端倪显发并落实的工夫，"研几"的最终指归是"主一"以"同归一致"；他对儒、释、道三家差异的辨析也体现在"有"与"无"根本立场的对立上，虚无并不是佛老所专有的，儒家同样也讲"虚"，在人为"虚明"，在本体为"无极""无声无臭"，但是儒家之"虚"为"虚而实"，佛老之"虚"为"虚而虚"；万物一体境界的最终指归是对于现实社会的关切，这也将儒家与佛老罔顾社会责任与现实关切的纯粹自由与逍遥之境相区分。实现此境界的工夫便是使得"明明德"与"亲民"互融互通，"明明德"必须落在"亲民"这一实践层面上才算真正实现了万物共此一体的境界，以"良知"为价值引领的乡约教化便是"明德亲民"的现实践履。沿着宇宙论之"太极"—本体论之"良知"—工夫论之"研几"—儒释之辨—经世致用的理路，以"良知"为"实在"之执守把柄，可以体会薛侃其人及其心学思想所彰显的虚明广大气象。

刘涛《阳明后学潘鸣时生平与学术传承》（《宁波开放大学学报》2023年第4期）一文指出，福建漳州学者潘鸣时系王阳明再传弟子。其自学《传习录》，受沈宠影响，师从王畿、钱德洪、贡安国，返乡与人合办乡学，经周贤宣、姜宝、蔡国珍推荐，主讲于漳州五经书院、福州养正书院，于故里推行王阳明乡约，平定林汝忠作乱，代理信阳州知州。门生以王应麟、张惟方、吴道濂、苏攀为代表。先后获建专祠，入祀漳州乡贤祠，万历癸丑《漳州府志》始为其立传。

刘涛《阳明后学施仁生平事迹考》（《江苏第二师范学院学报》2023年第3期）一文指出，阳明后学施仁实为福建漳州龙溪县人，为姜宝高弟、嘉靖四十五年丙寅岁贡、地方名宦。施仁交游广泛，著述丰富，目前仅存其所撰谱序。李清馥《闽中理学渊源考》提出施仁是周瑛门人的观点出自何乔远《闽书》的记载，实则未查阅施仁族谱，未考证黄仲昭、周瑛卒年。

九、泰州学派研究

《明儒学案》卷三十二至卷三十六为《泰州学案》，因该学派创始人王艮系南直隶泰州人，故名曰"泰州学派"，主要指今天江苏泰州一带的阳明学者，但还包括与泰州王学所倡学术宗旨相近、有学脉传承的一批江西、四川、广东、浙江、湖北、福建、江苏籍的阳明学人。《泰州学案》所选阳明学者，即泰州王门学者，有王艮、王襞（附：朱恕、韩乐吾、夏叟）、徐樾、王栋、林春、赵贞吉、罗汝芳、杨起元、耿定向、耿定理、焦竑、潘士藻、方学渐、何祥、祝世禄、周汝登、陶望龄、刘塙等21人。此外《泰州学案》"小序"录泰州学派学人颜钧、梁汝元（何心隐）、邓豁渠、方与时、程学颜、钱同文、管志道等7人。此外，李贽也是泰州学派一系的阳明学者，因其思想属"异端"，黄宗羲不为其立"学案"。从师承、学脉上讲，汤显祖（师从罗汝芳）、徐光启（师从焦竑）、袁宗道、袁宏道、袁中道等，也属"泰州学派"中的阳明学者。

（一）泰州学派综合研究

吴震《泰州学派思想研究》（上海人民出版社2023年1月版）一书从"泰州学案"的重新厘定着手，暂时搁置了那些没有明确师承关系的所谓泰州学人，集中探讨了王艮、王襞、王栋、颜钧、何心隐、罗汝芳的思想学说。通过对其思想及行为的分析以略窥"泰州学派"的思想全貌。本书发现，泰州学派的思想特征有浓厚的社会取向、政治取向以及宗教取向，其思想立场大多有取于阳明心学的"现成良知"说，同时又有"回归孔孟"的思想诉求。他们的思想言行既是阳明心学的产物，同时又极大地推动了阳明心学运动向下层社会的迅速渗透以及儒学世俗化的整体进程。

张志强、刘霞主编《泰州学派研究》(第一辑)(中国社会科学院出版社2023年4月版),由中国社会科学院哲学研究所、泰州市人民政府联合编辑出版。所选论文深入挖掘泰州学派思想内涵,分析其源流与特性,集中反映了当前国内外泰州学派研究领域的成果。其中代表性论文有《泰州学派的精神世界》《泰州学派与地域王门》《身的挺立——泰州学派的思想主旨及其理论现代效应》《泰州学派的工夫修养与实践——以颜钧的体仁工夫论为中心 》《泰州学派研究评述及儒学研究路径之探讨》《泰州学派研究的新进展——以2018、2019年为中心的综述》等。

张志强、刘霞主编《泰州学派研究》(第二辑)(中国社会科学院出版社2023年7月版),旨在提升泰州学派的学术影响力、社会影响力,更好地推动泰州学派文化创造性转化和创新性发展。其中代表性论文有《泰州学派整体研究》《论泰州学派的民生思想——以王艮、颜钧、罗汝芳的欲望观为中心的考察》《泰州学派的平民思想》《泰州学派的立本安身工夫》《泰州学派研究的省思与定位》等。

杨鑫《大人造命:泰州阳明学讲稿》(上海古籍出版社2023年11月版)一书源于作者在江苏东台面向广大市民的系列讲座。在该书中,作者不但将自己对儒家心性学的切身领会凝聚为穿透文本的创见,而且将高妙的心性道理拉回地面,与我们日常生活中的具体事例彼此印证,化本体为"现代工夫",重新焕发了儒学的生命力。

杨抒漫《论泰州学派经世实践的理论依据和启蒙价值》(《泉州师范学院学报》2023年第1期)一文认为,泰州学派的经世实践主要包括讲学论道和治理宗族。借讲学论道以经世,其理论依据为古代论道与经世合一的传统以及王艮的明哲保身论。入仕和讲学是明代知识分子的主要经世途径。根据明哲保身论,身为天地中心,故而不应危身于仕途,而应将淑世情怀寄托于讲学;身与道合一,安身即是行道,作为安身方式的讲学可以经邦济世。借治理宗族以经世,其理论依据为孔孟以情感论证家庭伦理的思路和《大学》由齐家到平天下的理论链条,齐家应以个体的身与情为基础。

这些思想的启蒙价值主要表现为高扬个体意识、提升道德的自主性。

蒋国保《化士学为民学：泰州学派变革儒学的当代启迪》（《孔学堂》2023年第3期）一文认为，以王艮为旗帜的泰州学派，学术上根本的抱负，就是致力于儒学民间化。泰州学派的儒学民间化，是打着阳明学旗号对传统儒学进行变革。泰州学派以"百姓日用即道"为思想纲领的儒学民间化、儒学世俗化之变革儒学的运动，是儒学史上第一次试图将儒学由"士学"变成"民学"的真正的实践运动。现今推行儒学当代转化，最有必要从泰州学派那里汲取的启迪就是：当代的儒学变革（儒学现代转化），不能循其他路数进行，只能循"化士学为民学"的路数进行。以这一路数推行儒学现代转化（儒学现代化），当代儒学从业者（儒学现代化的担当者）须通过"三个转变"以落实"三个改变"。

潘时常、王通、时光《浅析泰州学派与佛教文化的融合发展》（《中国宗教》2023年第8期）一文认为，泰州学派是一个由具有独特见解的平民思想家群体组成的学派，崛起于社会底层，思想启蒙一直是其主色调。明嘉靖、万历之际，程朱理学陈腐僵化的教条，越来越不适应当时资本主义生产关系的萌芽和社会巨变下人们的心理需要，因此也就渐渐失去笼络和控制思想界的力量。这时，生动活泼、不以圣贤经书和理学教条为是非善恶标准的阳明心学很快成为人们冲破程朱理学思想禁锢的思想武器。学派创始人王艮一方面继承了王阳明的思想，一方面又对阳明心学进行了创造性的改造发挥。

赵振滔、高培月《泰州学派狂思想再探》（《文化创新比较研究》2023年第26期）一文认为，阳明后学中的泰州一脉向来以狂闻名于世，然究其狂之原因，却言人人殊，仁智互见。泰州学派狂的原因不是单方面的，而是理论、现实与情怀三重因素共同作用的结果。阳明心学和良知现成思想给予狂以理论支撑，封建统治者的剥削与压迫给予狂以现实依据，而泰州学者胸怀天下、淑世济民的理想情怀则给予狂以内在动力与鼓舞。泰州学派的狂虽具有某种解放或启蒙意义，但并不意味着泰州学派脱离了儒学传统，实际上这种"启蒙"或者"解放"仍然是发生在儒学内部的一场自我革新运动。

（二）泰州学派学者个案研究

泰州学派的个案研究以王艮、王栋、王襞、林春、徐樾、颜钧、何心隐（梁汝元）、罗汝芳、杨起元、耿定向、李贽、焦竑、徐光启、管志道、汤显祖、周汝登、陶望龄、赵贞吉、邓豁渠等人为代表。本书编写，权把"赵贞吉、邓豁渠"归入"蜀中王学"。

1. 王艮研究

杨鑫、杨立军导读整理《心斋学谱》（上海古籍出版社2023年9月版）一书由心斋七世孙王士纬编撰，共分六部分：传纂、学述、著述考、学侣考、一庵学述、东厓学述。该书不仅介绍了心斋的生平与学问，也论及心斋的师友学侣，更附有心斋后学一庵与东厓的学述，是了解泰州学派的入门要籍。由此不仅可一窥心斋学术之大概，更可了解泰州学派之大体。

严实《泰州学派王艮格致论思想研究》（东华大学2023年1月硕士学位论文）一文指出，王艮作为阳明心学的传承者和泰州学派的创始人，面对晚明时期社会的变迁和人们主体意识的觉醒，顺应时代的需要，在继承传统儒学的基础上改造王阳明的"良知说"，以对《大学》"物有本末"的解读为起点，发展出独具个人特色的格物论思想，确立"以身为本"的本体论命题，继而引申出"明哲保身"的方法论，具有鲜明的儒家狂者特色。该文围绕王艮格致论思想展开，主要分为三部分进行探讨。第一部分，通过翻阅古籍史料，了解格物一说的思想变迁，详细考证"淮南格物论"的成说过程，继而研究"淮南格物论"这一学说形成的渊源和如此命名的缘由，同时对比前人的格物理论，分析其与王艮思想间的联系，最后概述这一思想体系对后儒学说的影响和泰州后学对其的传承演化。第二部分，在继承前文的基础之上，着重分析王艮格致论体系中蕴含的科学认识思想，并追溯其变化发展，以黄宗羲《明儒学案》为依据，阐释王艮格致论中"以天地万物依于身，不以身依于天地万物"的理性思考，对比传统儒学的天人关系思想，发掘出王艮"大人造命"理论的革新与突破，同时借《鳅鳝赋》一文分析王艮"万物一体，宇宙在我"的哲学内涵，以及其格物思想中所蕴含的人本主义倾向。第三部分，主要研究王艮格致论在中国思想史中的地位，通过将其与朱熹理学和阳明心学的传承关系进行梳理比较，分析王艮格致论思想对传统理学和心学的继承与变革，同时将其与明朝另一大思想家王廷相的气学思想进行对比，结合黄宗羲在《明儒学案》中给予的评价，探讨王艮格致论的社会影响与学术思潮。

张奔《王艮"本末"思想研究》（山西大学2023年6月硕士学位论文）一文指出，"本末"是中国哲学史上一对重要的范畴，《礼记·大学》中"物有本末，事有终始，知所先后，则近道矣""自天子以至于庶人，壹是皆以修身为本"的相关论述，使得"本末"这一对范畴的哲学内涵更加丰富。朱子和阳明从不同的角度对"本末"进行发微，使"本末"思想的具体内涵达到了一个全新的层面。王艮作为阳明高徒，他通过对《大学》中"本末"的解读，提出了"身为本、天下国家为末"的论断，这便是其独具特色的"淮南格物说"。王艮在儒学史上首次提出"身本学说"，并在"身本学说"的基础上生发了与"本末一贯之道"相关的哲学思想，"身本学说"和"本末一贯之道"二者共同构成了其独特的"本末"思想。依据宋明理学哲学家们"由内圣开出外王"的理论路向，可以将王艮"本末"思想分为"身本学说"和"本末一贯之道"两部分来对其思想进行诠释。与朱子的"理本论"和阳明的"心本论"不同，王艮释"本"为"身"，释"末"为"家国天下"，"身"成了立言传道的主体。需要强调的是，王艮所言之"身"常统"心"而言，"身""心"其实是合一的。通过对王艮之"身"的研究和分析，不难发现其所言之身不仅仅指的是肉体之身，更是指身心合一的道德本体之身。明哲保身、尊身立本、安身说是王艮"身本学说"的核心要义，他在"身本学说"的基础上提出了"本末一贯之道"的外王工夫论，并强调要从"出处进退、师道精神、乐学境界、万物一体之仁"四方面来实现儒家之"道"。统而言之，王艮"本末"思想的工夫路向大致为：首先知得本在吾身，然后在"身本"的基础上努力实现成己成物、不失本不遗末、统合内外一贯之道，最后以成就"人人君子、比屋可封"

的美好社会为终极目的。

王静《"安身"与"乐学"：王艮的身心学说与美学意涵》[《河北师范大学学报》（哲学社会科学版）2023年第2期]一文指出，王艮创立泰州学派，完成了儒家身心学说从"心"的挺立向"身"的挺立之转变。在对王阳明学说的继承下，以格物致知为"知本"，以诚意正心为"立本"，通过"知本—立本—安身"的为学过程，开创"乐学说"；以"安身"为本，"达道"为末，确立"身道同一"的安身行道论，从而实现传统儒学的合内外之道，在觉民行道方面具有突出的社会价值。王艮将"乐"落实于"身"之上，以"真乐"揭示天地万物一体的本体之美，以"一贯"指出天理良知与日用良知的妙合之美，以"鸢飞鱼跃"概括良知体用一源的自然之美。王艮通过"身"与"乐"构成的创造性张力，突破传统儒学中大体发展必须压抑小体自由需求的理路，是对宋明理学的扬弃。

严实、杨小明《"淮南格物论"的源流考证》（《今古文创》2023年第19期）一文指出，王艮作为"阳明心学"的传承者和泰州学派的创始人，在继承传统儒学的基础上改造了王阳明的"良知说"，以对《大学》"物有本末"的解读为起点，发展出独具个人特色的格物论思想，立足人的自然本能和生命价值，阐释格物不再是对外在知识的追求方式，而是一种身体力行的道德实践。该文从"淮南格物论"的发展源流进行论述，结合宋明时期前人格物思想的理解差异，进而分析其与王艮思想的联系和在后世的变化。

李超《本体的质变与泰州学派的思想特征探析——以王艮与王栋对〈大学〉的诠释为线索》[《安徽大学学报》（哲学社会科学版）2023年第5期]一文指出，王阳明基于良知说，将《大学》"三纲领"中的至善与明德皆释为良知，"八条目"则被统摄进致良知的工夫内。王艮则基于他的安身说将至善与明德区别训释，以明德训良知，以至善释安身。事实上，当王艮将至善与明德区分开训释时，就在客观上构成了对阳明学的动摇，使阳明学的本体发生质变，这种质变也成为引导后来泰州学者进行思想创造的问题基础。王栋继承王艮的安身说，重新对"八条目"中的"诚意"进行解释，以意作为心学的本体，既解决了王艮基于安身说释《大学》所产生的问题，又对阳明学本体进行了合乎逻辑的改造，并最终使泰州学派的思想特征成型。王艮与王栋均以自身的思想为根基对《大学》进行诠释，通过这一诠释，人们能够重新认识泰州学派的思想特征与义理演进，并从整体上重新理解泰州学派在晚明思想史上的意义。

张星《何以安身？——从工夫视角看王艮安身论的确立》（《中国哲学史》2023年第1期）一文指出，王艮何以必言安身工夫，并围绕安身来诠释《大学》"八条目"之工夫次第。学界多将王艮所论"身"理解为身体本体，并以"身本"观念界定其思想。王艮的本末一贯之身并非指本体而言，而是实践意义上的理学工夫语，表达由工夫理解并实现本真生命的方式。安身论则是他在生活世界中实践修身工夫的体悟结果，并通过诠释《大学》来表达。是故，有必要将王艮思想还原到工夫实践—生命存在—经典诠释等多种维度和张力之中，一以贯之地呈现其理论和实践的互动过程。王艮的个案研究不但彰显了修身工夫的丰富内涵，展现了阳明学发展的内在逻辑，对于发掘中国哲学中工夫实践与经典诠释的关系也有着特殊意义。

蔡桂如《论王艮的"师道"自觉》[《贵阳学院学报（社会科学版）》2023年第3期]一文指出，王艮毕生躬行"师道"，追求通过社会教化的方式来实现理想的社会之治。在为师目的上，他希望通过教育方式使社会能够形成"人人君子，比屋可封"的理想状态；在为师要求上，他强调一个人必须"修身立本"而"内圣"，继之"处为天下万世师"而实现"外王"；在讲学内容上，他注重把百姓日用之"人欲"与圣人之道的"天理"相结合，形成自己独特的"大成学"思想体系；在教育方法上，他注重案例式、启发式、榜样式的讲学创新，形成"百姓日用之学"的讲学风格；在教学对象上，他坚持"有教无类"，使得教育对象更加平民化。

徐蕾《王艮"乐学"思想的哲学意蕴及育人启示》（《中学政治教学参考》2023年第5期）一文指出，王艮"乐学"思想是中华优秀传统文化，不但在明清之际启一方民智，而且对当下思政课育人方面具有重要启示。从马克思主义哲学视角解读泰州学派创始人王艮的"乐学"思想，阐释

"人心本自乐"教育理念、"百姓日用"教育目标、"即事是学"教育路径及"尊身立本"教育逻辑。在此基础上，从激发学生乐学天性、厚植学生爱国情怀、坚持育人做学一致、强调全面发展等角度进行思考，探究"乐学"思想融入思政课的具体措施。

刘芳、姚才刚《论明代后期心学的世俗化转向——以王艮为中心》（《洛阳师范学院学报》2023年第10期）一文指出，心学于明代中叶逐渐开始关注百姓日用，出现向平民大众渗透的世俗化倾向，到了明代后期，这种特征越发鲜明，尤其体现在王艮的思想体系中。从整体历史视域及学理依据入手，对王艮关注"百姓日用"的天理良知说、人欲就是天理的理欲观、尊身爱身的"淮南格物"论、正己自修的工夫论、强调"乐学"的教育观进行探赜，有助于厘清明代后期心学世俗化转向的表征及意义。

2. 林春、徐樾研究

2023年，学界不见有研究林春、徐樾的论文或论著。

3. 颜钧研究

罗来玮《"肫""灵"结合：颜钧"直承孔孟"的心学特色》（《中国哲学史》2023年第3期）一文指出，颜钧心学可以概括为"仁为心之本体"的心本论，在儒家心学理论发展中占有重要地位，是对程朱理学、阳明心学、泰州心学思想的延续和超越，其主要特色是"直承孔孟"，虽然包含自悟式的曲解，但总体是对孔孟思想的回归。其"心之自能在中"的大中学思想等，是对"仁为心之本体"心本论的进一步深化。

郭诺明、张丽华《御天造命：颜钧仁学之进路及其展开》（《宁波开放大学学报》2023年第2期）一文指出，"御天造命"说是颜钧哲学思想的重要组成部分，是良知学由主体自觉到主体自由转向的标志性命题之一。基于对颜钧"御天造命"说内涵的透析，得出了"御天造命"说是一种仁学的结论，是天道性命相贯通之学的颜钧式表达。在"御天造命"说中，颜钧一方面将天心道体总归于心，凸显了心的自由、自能与自致，另一方面，从身心一体的立场出发，既重视生理性生命的保养，也重视精神性生命的安顿与生发，显示出颜钧合内外之道的理论致思。总之，通过厘清颜钧

"御天造命"说的诸多面向，对于推进对颜钧思想甚至是阳明后学的研究都有积极的理论意义。

钟华、姜广辉《晚明心学对深层心理意识的探索——颜钧的"御天造命"之学》（《社会科学战线》2023年第8期）一文指出，刘师培曾提出宋明理学"兼伦理、心理二科"，卓有识见。反观儒家关于心理意识活动的论述，自先秦以来一直使用心、性、情、意、知、志这些概念范畴。在这些概念范畴中，性被认为是最根本的，但这对于复杂心理活动的认知不免有欠深入的缺憾。晚明心学家颜钧主张"御天造命"之学，创造性地提出"神莫"的新概念，以与传统的"性情"概念相区别，对人的思维意识活动的类型有较深入的分析和认识。这对人类深入认识自身的深层心理意识活动无疑做出了重要的理论贡献。颜钧还提出"豁然顿悟"的"七日闭关"修持工夫，欲使"顿悟"思维的获得具有可操作性，并将此方法向社会学人推广。他的讲学活动轰动一时，曾被黄宗羲称为"掀翻天地"。

吴佳怡《颜钧"天下同仁"的伦理思想研究》（湖北大学2023年5月硕士学位论文）一文认为，颜钧作为泰州学派中具有承上启下作用的重要代表人物之一，他在秉承孔孟之旨的同时，又继承了王阳明、王艮的核心思想，形成了极具个人特色的"天下同仁"伦理思想体系。他主张通过由个人及社会的道德内求路径，来逐步建立"天下同仁"的理想社会。换言之，他主张在本体论的基础上，从"修己"与"安人"两个维度着手，首先通过个体的自力性内在道德修养工夫澄明自在本心，觉醒自我意识，然后依靠"以先觉觉后觉"的帮扶方式，实现"修己"维度上的圆满，即完成个体之仁的建立，最后在提出"救世之方"的基础上，通过一系列的社会道德实践活动，如建立"三都萃和会"、撰《告天下同志书》等，完成"安人"的维度，亦即全面建立起社会之仁。至此，颜钧完成了对其"天下同仁"的伦理思想体系的全面构建。总的来说，颜钧的伦理思想秉承了孔孟对"仁"和"善"的理解，同时又透露出泰州学派自王艮以来一贯的特殊的学术风格，即在"乐学"基础上的重"仁"、重"孝"，又受其平民出身的影响，始终坚持儒学的平民化，而在面对"天下大溺"的情况时，颜钧极具"救世"精神，担起"易天下"的重任，而"天下同仁"的伦理思想就是他的一剂"救世之方"。

4. 何心隐（梁汝元）研究

2023年，学界不见有研究何心隐的论文。

5. 罗汝芳（罗近溪）研究

林志鹏导读整理《盱坛直诠》（上海古籍出版社2023年9月版）一书，由罗近溪"吴郡门人"曹胤儒编次、"东粤门人"杨起元校正并定名，并得到袁了凡的极力推荐，可谓得罗近溪语录之精要。曹氏在编撰《盱坛直诠》时增加了不少他与罗近溪之间的论学问答，为《近溪子会语》等书所无；尤为难能可贵的是，该书下卷刊载了曹氏听罗近溪弟弟罗汝贞所述其兄"生平行实"、参以自家见闻而作的罗氏事略，相较于其他罗氏传记更加详尽。

张星《信关：罗汝芳的本体工夫与生生信仰》（《世界宗教研究》2023年第12期）一文指出，阳明学者罗汝芳特别提出"学问须过信关"，认为在日常的道德践履中，"直信"每个良知呈现的"当下"，是助成学者激发良知力量、体悟良知的"本体工夫"。这一正面直达工夫反映出儒者对"仁体生生不已"的超越信仰和对成圣历程的深刻体认。"信关"所透显的工夫与信仰双重内涵，揭示了儒者以能信的主体生命融贯本体工夫、生生信仰与存在境界的独特理路，深化了中晚明的三教合一论。这不但可以回应罗汝芳之学由于缺乏工夫轨格而引发的争议，进而完善心学传统中信、悟本体的理论与工夫实践，而且能呈现出儒家信仰区别于佛、耶诸教，由主体性通向神圣性、由道德实践展开宗教精神的超越面向。

张星《罗汝芳乡约的良知学内涵及其社会化实践新探》[《东南大学学报》（哲学社会科学版）2023年第6期]一文认为，明代乡约作为儒学的社会化实践方式，在良知学的影响下呈现出新的面貌。阳明学者罗汝芳订立的乡约以正面启发、唤醒人人皆有的良知为目标，借助展示良知、亲子之爱、礼乐仪式的实践方式，秉承着从容自然、平等亲切且富有内在韵律美感的原则，将儒学的引导功能和实践本怀展现出来。其约不但最大限度地避免了既有乡约以强制手段进行道德审判、惩戒、教条灌输等问题，也兼容了乡约的自治自发与官方的圣谕宣讲，使得觉民与得君之间得以融通。罗汝芳乡约反映出儒者社会化实践的本质始终是着眼于具体真实的生命存在及其现实处境，这不但是乡约得以长久实施的内在依据，也是儒家之"仁"超越时空差异的不变内核，在当今时代仍具有深刻的现实意义。

高海波《生生与孝弟慈——明儒罗近溪的仁学思想及其现代意义》（《道德与文明》2023年第4期）一文指出，明儒罗近溪基于自身的生命体验及工夫追求，建立了一个以易学的生生观念为形上基础，以"不学不虑""百姓日用"为工夫判准，以"赤子之心"和"孝弟慈"为核心的仁学体系。这一体系十字打开，具有极高明而道中庸的特点，是儒家仁学本体化、社会化在明代最成功的范例。系统阐发罗近溪的仁学思想，对于建构当代的新仁学，实现传统文化的创造性转化和创新性发展，具有重要的启示意义。

孙钦香《"知人论世"与"尚友古人"——读陈寒鸣教授〈罗汝芳学谱〉》（《走近孔子》2023年第5期）一文指出，从一位"晚明被遗忘的思想家"到近些年的"罗汝芳热"，泰州王门罗汝芳逐渐成为当下学人建构与阐释自身哲学理论的"一大事因缘"，其思想中"生生""孝弟慈""赤子之心"等概念成为当下哲学创新的古典源头。思想的承转与创造离不开扎实详尽的文献史料，包括年谱、学思历程等的梳理与考证。2022年10月由孔学堂书局出版的陈寒鸣《罗汝芳学谱》，无疑对罗汝芳其人其学做了一个颇为全面的整理。

6. 杨起元研究

2023年，不见有研究杨起元的论文。

7. 周汝登（周海门）研究

陈慧麒《阳明后学周汝登有无圆融的无善无恶论》（《社会科学论坛》2023年第4期）一文指出，阳明后学周汝登倡导有无圆融的无善无恶论。在周汝登与许孚远关于无善无恶说的争论中，周汝登阐发天泉证道"四无"之旨，提出发心性处，善不与恶对待，为此无意之善，乃真为善，无善无恶乃祖述圣门宗旨。无善无恶肯定了超越经验层面善恶的至善，经验层面恶来自习心。周汝登以儒家本体之有，融摄了佛教空无的思想，表现为工夫上、境界上的无。

李泽玉《再论周汝登劝善思想义理及其新时代价值》（《浙江万里学院学报》2023年第2期）一文指出，作为阳明后学的重要构成，周汝登的"劝善"思想既受到阳明心学的影响，又受到时代背景的影响。从"知善知恶""自讼内省""改过迁善""良知之致"四个层面深入分析周汝登的劝善思想义理，从"八士会""日记录"等存在形式来考察周汝登劝善思想的实践载体，对新时代提升德育在思想政治教育中的地位，增加行善实践在德育评价中的比重，发挥家庭与学校在德育治理中的作用具有现实意义。

8. 陶望龄研究

2023年，不见相关研究。

9. 陶奭龄研究

2023年，不见相关研究。

10. 刘塙研究

2023年，不见相关研究。

11. 耿定向研究

徐倩《耿定向与"天台一派"研究》（青岛大学2023年6月硕士学位论文）一文指出，耿定向作为明代中后期学者型官僚的代表，不仅与政治高层联系紧密，而且作为阳明后学，被黄宗羲列入《明儒学案》中的《泰州学案》。耿定向将学术修养视为从政为官的基本要求，学术以"不容已"为宗，谓学有"三关"，即心即道、即事即心和慎术，对泰州"百姓日用之学"多有领悟和发挥。耿定向与楚中、江右、泰州学派等人交往频繁，积极参与讲学运动，对明中晚期湖北鄂东地区、江苏南畿地区王学发展发挥了重要作用。讲学过程中，以耿定向为中心和"节点"，荆楚地域逐渐形成了"天台一派"。实际上，"天台一派"不局限于荆楚之地，广义上可以视为以耿定向为核心的学术网络而形成的学术团体。心学发展方向的多样性、学术观念的包容性与讲学平台的开放性，为明代中后期学派百花齐放、百家争鸣提供了可能，"天台一派"在这样的学术氛围中形成、发展，耿定向的门生弟子是这个学术网络的主要组成部分，他们身处"天台一派"之中，虽然在学术取向和政治观念上存在着相异性，但在学术宗旨上却具有相同性。耿定向并不要求彼此之间必须观念与取向相同，而是能够彼此包容。因此，"天台一派"的成员对耿定向也是十分尊敬的。耿定向及门人弟子在讲学中努力传播着自己的学术，使"天台一派"成为明代中后期学术争鸣百花园中的一支。

杨向艳《万历十七年耿定向申饬台纲与朝堂纷争》[《安徽师范大学学报》（人文社会科学版）2023年第2期]一文指出，万历十七年六月，御史王藩臣弹劾巡抚周继未投揭至台，台长耿定向遂参劾藩臣并申饬台纲以泄忿意。由于此事发生在言路与内阁对峙日甚之际，因而定向此举在科臣看来是在逢迎辅臣、打压言路，而辅臣则将其视为整顿御史、管制言路的好机会，由此双方展开了一场新争论。尽管申饬台纲在朝廷高压下强制成功，但双方就御史奏劾要不要投揭至台始终未能达成一致，言路与辅臣间的根本矛盾亦因申饬台纲诏令的出台进一步激化。同时，纷争中双方在据理以争之外还往往旧怨重提，相互攻击，以致纷争时不时变成忿争。这种新仇旧恨一起算、公论与私意相交织的意气之争，不仅于朝政毫无裨益，还导致争论双方两败俱伤，给万历朝廷带来了显而易见的危害，亦给新的党争埋下了祸根。

12. 李贽（李卓吾）研究

2023年学界的李贽研究，集中在李贽"童心""真心"思想研究、文学艺术思想研究、李贽思想定位及其综合研究与李贽著作文献研究上。

（1）李贽的"童心""真心"思想研究。

张洁《赤子之心与孩童之心——老子与李贽二心之解析》（《西部学刊》2023年第1期）一文指出，老子的"含德之厚，比于赤子"的赤子之心，与李贽"夫童心者，真心也"的孩童之心，都强调人的先天道德心的一种自然理想状态，但此二心的真实内涵却又在分化的细致程度上有着些许不同之处，这也是与当时的社会历史条件息息相关的。总的来说，"赤子之心"与"孩童之心"都蕴含着复归观念，都是为了摆脱生存困境，追求理想人格而设立的理论途径。李贽在吸收老子"赤子之心"的基础上将这种思想的本质更加深入细化，附加了其独特的内涵意蕴。

陈胜临《心心相印：李贽童心说在陈子庄文人画中的体现》（《西部文艺研究》2023年第5期）一文指出，李贽的童心说在中国美学史上有一定的地位，其思想核心有四部分。童心是真心；古圣贤读书是为保护童心；赞童心之可贵；变异了的经典，不再是经典。他的童心说对后世的文艺创作有很大启发。陈子庄是现代画家，在思想上谈童心，谈"赤子之心"，在国画、书印、诗歌多个方面实践了李贽童心说的理论。陈子庄通过童心、童眼、童想、童趣等，构建了自己"童心派"绘画，并对后来者产生了一定的影响。将李贽的童心说和陈子庄的文人画实践结合在一起，可构建成熟的童心派美学理论，从而丰厚了中国绘画史。

石超《情理之辩：中国文学伦理学批评资源的二维结构——以李贽为中心的考察》（《华中学术》辑刊，2023年卷）一文指出，李贽高扬的"童心说"和"私心说"对晚明文坛产生了深远影响，不仅为浪漫主义思潮的兴起提供了思想基础，也直接推动了晚明写"情"文学的发展。汤显祖、冯梦龙、公安三袁等或鼓吹"至情"，或宣扬"情教"，或抒发性灵，改变了传统以"理"为尚的文学的评价标准和教诲方式，但当"情教"伦理受到市场价值挑战时，又极易走上色情甚至纵欲的行径。由此可见，"情"与"理"虽有分野和对峙，但并非水火不容，两者统一于文学的教诲功能下，构成了中国文学伦理学批评资源的二维结构。

周品洁《李贽的童心论美学研究》（山东大学2023年9月博士学位论文）一文认为，李贽是明代著名的思想家，他在反思理学末流文化的过程中，对自然感性与人性本真进行了正名，提出"童心"这一重要的哲学与美学概念，建构了以童心论为核心的美学。李贽的童心论美学是继王阳明之后明代心学美学思想的重要代表，在推崇私欲私心、自然感性的层面上，李贽思想走得更远，可谓王学的"左派之尤"。与此同时，和陈继儒、公安三袁、张岱等多数中晚明文人以文避世的心态相比，李贽较少通过对极致的感性愉悦的提倡，去表达对既成秩序的不满，而更多通过对日用常行的重新定义来探讨人伦物理的秩序重建。此外，李贽对个体感性的思考更具有哲学美学的形而上意味，他执着于探求生命存在的终极问题。这些都凸显出童心论美学在探索感性与超越、乐感与价值、自然与人文等问题中的思想深刻性。"童心"概念的哲学基础是李贽的夫妇宇宙观和他对佛学的认识。夫妇宇宙观通过正视生生世界的生物性、生理性内涵，指出夫妇之情促成了宇宙天地的"絪缊化物"，进而论证了自然感性的合法性。同时，李贽借助佛学思想，坚持在自然感性中探求人性本真，并展开对"生死根因"的形而上思考。李贽以色空不二的佛学思维，澄明了童心的两个意涵：其一，自然之心；其二，空明之心。二者虽各有侧重，但彼此勾连，共同阐释了人性本真的宽泛内涵。从文艺创作的审美追求层面来看，童心论美学表现为"自文"的审美观念。"自文"这一概念是指自主自发的文学创作，要求作者将童心之"感"真挚地表达出来，强调"自然之为美""情性自然"，一切符合"童心自出之言"的文艺作品，都可称为"自文"。"自文"中自适愉悦的审美感受，一方面指向感官快适与精神快慰，另一方面也指向"游戏三昧"中的现实关切。李贽"发自己心事""直取自己快当"的童心"自文"观，为张扬自然感性的晚明美学奠定了理论基础。在审美始源上，李贽借助佛学思想，以"具眼"作为童心之眼，探讨了礼乐六艺的起源，并通过对死亡意义的思索，追问了存在本真的形而上问题。"具眼"之观指的是具有终极洞彻能力的观照方式，即童心之观。"具眼"能够超越"好看"形式，达到本真的始源视界。与传统静观不同，受心学与禅宗影响，"具眼"亲切地观审世俗万象，显露出童心活泼乐天的观看之道。在具有代表性的审美对象——艺术的始源问题上，李贽并不是孤立地从形而上之"道"的视角去回答艺术本质是什么，他所关注的一直都是艺术与人的根本关系是什么。李贽认为，艺术最初来自先民们卫民保身的生活始源，表现为一种"击壤而歌"的感性情状。在对死亡的探讨中，李贽用"义固生于心"的童心理念解读了"士为知己者死"的崇高性，在神交知音的童心情义中看到了士人精神"薪尽火传"的无限延伸，这蕴含着李贽对生命有限性与永恒性千古悖论的思考。在艺术创作的主体精神上，李贽主张"不愤不作"的创作观。"不愤不作"指的是创作主体与外界在冲突性触遇过程中，因生命意志受到压制，进而爆发了原始的情感力量，由此造就了童心"自文"。"不愤不作"创作观批判了理学末流美学"不敢怨"的单一化情感模式，推崇自然感性的磅礴力量、有为而发的关切精神。在"不愤不作"主体精神的影响下，"愤""怒""怨""恸"等溢出传统儒学诗教观规训的多维情感，成为晚明文人探讨写作的自然真诚度的典型主题。李贽的童心论美学以化工灵境为理想的审美境界。在文学批评领域，"化工"主要指以"造化无工"的方式传达出自然真情，而在哲学美学视野中，"化工"不单指向艺术表现或情感表达，还指向一种自然灵境：人们无法通过语言、逻辑把握这种灵境，只有通过童心之感，才能悬置一切道理闻见，达到"风行水上"的化工灵境。李贽常以"绝海之滨""葱岭出路"等自然意象为喻，来描述复归素朴的化工境界；与浩瀚旷远的自然意象相对，李贽还常以"窠臼""巢穴"等狭窄的物象来比喻文化义理对童心的束缚。这种看似矫枉过正地对立了自然与人文的美学思想，恰恰暴露了理学末流文化与自然之间的隔膜，同时表达了李贽对人文化成体系外自然化工之境的追求。

　　在文化批点层面上，李贽的戏曲、小说、历史批点蕴藏着鲜活的童心意趣。《童心说》通过为《西厢记》中的男女私情进行正名，提出了异于龙洞山农童心观的新观点，赞赏了戏曲中微妙的私情言说，批判了官学意识形态下宏大、规范的情感表达，反思了儒学审美文化所规范的那种《关雎》爱情模式，即以周文王与正妃太姒为伦理主角的爱情模式，而指向普通男女之间的私人情感。在《水浒传》的批点中，李贽多运用"如画"概念，推崇文学表现所营造的现场感，强调在当下自然状态中以真形传真神，联通了文学与绘画两种不同形式的艺术在传达神韵上的共通性。在对历史文献的批点中，童心论美学以"原情论势"为审美原则，悬搁了"道理闻见"，试图重新建构真切感人的事件与人物，以批判理学"经本史末"观念下机械僵硬的权威话语。童心论美学对中国当代审美问题具有一定的启发意义，主要体现在以下五个领域：童心的身体维度及其对身体美学的理论启发、李贽的"人人同心"观对当代多元价值判断下审美共通感问题的启示、童心"自我阐释"精神与当代阐释学美学之间的共通旨趣、童心璞玉育人观对当代美育研究的启发、童心论美学对生生美学研究路径的拓展。

（2）李贽文学艺术思想研究。

钱陈璐曦《情性自然：论李贽的小说评点思想》（《今古文创》2023年第4期）一文指出，"情"是文学活动中的重要因素，对文学发展有着重要的影响。作为明代"第一思想犯"的李贽，更是将"情"推崇到了极高的位置。在他看来，"情"不仅是自然的人伦物理，更是文学创作以及文学批评的基本出发点。"情"可以说是一切艺术活动的原动力。李贽对传统的情性论进行了批判，并在此基础上建立了以"童心说"为核心的理论体系，形成了极具主观性色彩的小说评点思想，在主情的历史潮流中发出了时代之最强音。

李瑞卿《李贽的自我意识及其文学思想论析》（《民族文学研究》2023年第4期）一文指出，李贽借助易学提出"一元统天而万化生于身"的观点，充分凸显人的主体性与具身性，将世界本体还原到个体自身及实践。李贽的"我"体现为一种特别的自我意识，它与"虚己无为""无人无己"同时共在。李贽也以"真空"来阐释"一念之本心"，以"饥饿于学"来充实自我，挑战虚假的旧道德与形而上学，直面无法回避的现实，于生命实践中重塑着一个全新的自我。李贽的自我意识及其意识逻辑为在文学思想体系上全面超越七子派、唐宋派，并超越传统"化工"的古典美范型提供了坚实的理论基础。他于天地之造化中注入"寸心千古"的生命与历史的分量，阐释了新"化工"之美。

（3）李贽思想定位及其综合研究。

董铁柱《不再是异端的李贽——论美国汉学界李贽研究的新趋势》（《海峡人文学刊》2023年第2期）一文指出，传统美国汉学家将明末思想家李贽定位成"极端个人主义者"，认为他反对传统儒家思想，是当时的异端。这一论断与中国学界对李贽的定位类似。近年来汉学家们从自传、书信等多种材料出发，指出李贽并未反儒，他重视社会人伦与公共事务，符合晚明风气与思潮。这不仅是对李贽的重新定位，也表明儒家思想在当时与时俱进。他们的研究对理解明清思想的发展提出了新思路，也为消除中国哲学和文学之间的界限，为从文学性材料解读思想提供了借鉴。

于水《李贽"咸以孔子之是非为是非"辨正》［《西安石油大学学报》（社会科学版）2023年第5期］一文指出，"咸以孔子之是非为是非"是李贽在《藏书·世纪列传总目前论》中提出的重要观点。对此句的理解，若脱离具体语境，容易将其简化、曲解为"不以孔子之是非为是非"。找寻此观点的具体出处并梳理内涵，发掘其文本背景与现实面向，可窥见二者的巨大差别。此外，李贽思想体系的形成很大程度上受王阳明思想影响。阳明晚年明确"致良知"说，针对孔子之是非的讨论可称为此说探索过程的体现，"咸以孔子之是非为是非"则是李贽对此的发扬。在此基础上，以"童心说"为中心考察可见李贽提讲"咸以孔子之是非为是非，故未尝有是非耳"实在于指出"以童心之是非为是非"，对孔子之是非的讨论仅为围绕此展开论述的虚说，并无特殊含义。

戴景贤《李贽与佛教——论李贽思想之基本立场与其会通儒、释之取径》（《清华国学》辑刊，2023年卷）一文指出，李贽思想自来以为乃出入于儒释，而终究非儒非释。该文以此议题出发，探究其中最重要的三个关键。次说李贽思想立场——其兼涉儒释，固自泰州来；其最终脱出泰州，则系受当时禅风所影响，有其自身循议题而进展之脉络。后则探究李贽思想之基本属性与其佛法观点，指出其以"道学"概念，统合儒、释、道三教，表明其核心之理念，本出于儒。末则为李贽思想做出定位，指出李贽自始至终，皆自信己之所言，与己之所实践者，为"真道学"，并最终衡论其所处之思想环境，与彼所以参合"儒""释"之观点，从"思想史"角度总结其要。李贽之变化"儒""释"，就其择用佛义而言，虽似有所掺和，依根本之性质论之，则仍应将之判归为"跻佛于儒"，而非"跻儒于佛"。

李竞艳《李贽的虚实之辨》（《史学月刊》2023年第3期）一文指出，虚实之辨作为李贽思想的重要组成部分，不仅体现在其求道之态度，在其学术思考、政治理念、日常生活等方面也皆有涉及。

李竞艳《晚明士人李贽的英雄观》[《河南师范大学学报》(哲学社会科学版)2023年第4期]一文指出,"英雄"一词在李贽的著述中多次出现,"豪杰""侠""好汉"等描写英雄人物的词语也被频繁使用,彰显了李贽浓厚的英雄情怀。李贽赋予英雄观念以识、才、胆、忠、义、真等多种优秀文化内涵,认为英雄应该重见识而兼才胆、重忠义而为他者、重真心而不矫作、重个性而不从众。在他看来,只有做到向死而生、真心学道、践义履道方可成为真正的英雄。其本人也以此为目标,不断践行着英雄的精神,成为当时思想界的一面旗帜,在晚明思想文化史上闪烁着耀眼的光辉。李贽的英雄观对当今我们学习英雄、树立正确的英雄观具有重要的借鉴意义。

梁博宇《论李贽对苏轼"诚同"人格的接受》(《海南热带海洋学院学报》2023年第3期)一文指出,李贽作为晚明苏轼接受的代表人物,不仅对苏轼的文艺创作、哲学思想颇有独到见解,更深入苏轼的人格层面加以品评和取法。苏轼与李贽的人格以"诚同"为共性,是无外在先验条件决定,不受任何功利因素影响的情感互通。人格存在境界上,苏轼达到了情理圆融之境,李贽则在情理冲突中无法解脱,但在求真厌伪的原则上,二人没有高下之分。

李竞艳《李贽"义利之辨"新识》[《清华大学学报》(哲学社会科学版)2023年第5期]一文指出,李贽对"利"和"义"进行了全新阐释,认为"利"是指人们在物质和精神方面的合理需求,"义"是人们对"利"之需求的满足,并从"心"之根源上探讨"义""利"的天然本有性和内在关联性,证明"义""利"同源于"心"。同时,其提出的"义在利中"的时代之论,进一步肯定了"利"之合理性、基础性和必要性,从而对"存天理,灭人欲"这一禁锢人们合理欲求的理学思想形成了彻底否定,从人之个体合理需求角度出发,将"义"作为对个人合理需求满足与否的价值评判标准,而非对人们行为进行道德绑架的依据,为义利之辨的学术史贡献了重要的一家之言。

（4）李贽著作与文献研究。

胡胜《〈西游记〉"李卓吾评本出自世德堂本"说质疑》（《文学遗产》2023年第6期）一文指出，《李卓吾先生批评西游记》是《西游记》明刊百回本重要刊本之一，存世有14部之多，主要分为甲、乙、丙三个版本系统，其先后嬗递顺序为：丙本—甲本—乙本。学界习惯上认为李评本是由世德堂本衍变而来。这里存在一个认知偏差。李评本现存刊本梓行的时间较现存世德堂本更晚，有部分版本特征与世德堂本相同或相似，但这并不能证明李评本源出现存世德堂本。经过多重比照，可以看到：李评本和现存世德堂本同源，二者是并列关系，而不是嬗递关系。二者应源于同一底本，这个底本有可能是世德堂本的初刻本，也可能是我们未知见的其他版本。

赵宇航《李贽及〈李氏焚书〉浅谈》（《名家名作》2023年第22期）一文指出，《李氏焚书》是李贽的作品集，李贽师承泰州学派，主张"童心说"，反对当时盛行的程朱理学，具有鲜明的个人思想特色。《李氏焚书》书名有不被容忍流传于世，早晚必被烧毁之意，被刊刻后也果真如此，被明、清两代统治者多次焚毁，但又因其先进、反叛的思想被再次刊刻并广泛流传于民间。

13. 焦竑研究

代玉民《焦竑与明清儒学研究》（中国社会科学出版社2023年3月版）一书从心学、考据学与三教观入手，在现有研究成果的基础上，对焦竑之学展开了较为系统的探讨，揭示了焦竑之学的智识化特色，进而以焦竑为坐标，对明代以及清代前中期的义理学、考据学和三教观进行梳理，提出了以焦竑为明清儒学转向之核心的观点。

杨敏《从焦竑对李贽的影响看其在晚明性灵文学中的地位》（《昆明学院学报》2023年第4期）一文指出，焦竑与李贽交往颇深，焦竑对李贽人格心态、学术思想与文学思想均有一定程度的影响。运用文学思想史的研究方法，对焦竑与李贽撰写、编纂以及评点等文献材料进行考察，可以发现李贽在人格心态与学术思想方面发挥了焦竑注重自我的一面，形成了其狂者人格与三教合一的学术思想。焦竑在《焦氏类林》中呈现出的对人物真性情的欣赏，在很大程度上影响了李贽的《初潭集》，使得"真"成为李贽的一种重要审美倾向。焦、李二人在尊苏问题上也有很大的共性，呈现出对苏轼小品文文体的重视与对挥洒自如的文学风貌的推崇。研究证明，焦竑与李贽的交往与影响使得焦竑成为晚明性灵文学思潮的重要开启者。深入考察焦竑对李贽的影响，可以进一步认识晚明性灵文学的发展过程，对进一步厘清晚明性灵文学思潮的发展脉络具有重要意义。

杨敏《焦竑与明代隆庆、万历年间金陵文人的交游及文学意义》（《名家名作》2023年第4期）一文指出，焦竑在明代隆庆、万历年间以阳明后学著称，在文坛具有很高的地位，他对明代隆庆、万历年间金陵文坛具有很大的影响。他与金陵本土及宦游文人均有交往，多次参与金陵文坛文学活动。焦竑与明代隆庆、万历年间金陵文人相互影响，形成了他们放达自适的人生态度及信笔而书、淡然清婉之文学风貌，从中透露出隆庆、万历年间文学思想的发展方向。

韩焕忠《焦竑对儒家四书的佛学解读》（《普洱学院学报》2023年第4期）一文指出，焦竑将佛教的经典视为孔孟的义疏，对儒家四书展开了佛学化的解读。他对程朱理学家的排佛言论给予了强烈的批驳。他以参禅的方式解释《论语》，运用佛教的经典和义理诠释《中庸》和《孟子》。焦竑对儒家四书的佛学解读，打破了儒、道、佛三家的思想壁垒，给人类的思维活动开辟了一个无比广阔的精神空间。

唐明贵《论焦竑〈论语〉诠释的特色》（《齐鲁学刊》2023年第3期）一文指出，作为泰州后学，在《论语》诠释过程中，焦竑承继阳明心性学说，既得其学术真谛，又拨新领异，多有创见。他不仅主张心性道合一、心性本空，而且提出了以"知性""复性"为内涵的"尽心至命之学"，成为心学思潮的领军人物。焦竑不仅引用佛道学者之语，而且引用佛教教义、道家思想，以期通过对《论语》的解读，实现三者的融合。适应考据学兴起的潮流，在解读《论语》时，焦竑也十分重视对《论语》中名物典制的考订，其中既有对前人的承袭，也有推陈出新。

杨敏《焦竑经世思想及其意义的再检讨》（《文化学刊》2023年第4

期）一文指出，在晚明思想转型中，焦竑可称为一位关键人物，他以阳明后学泰州学派健将之身份治博雅考据、经世致用之学，透露出时代思想转型的气息。焦竑经世思想的提出主要解决的是晚明时期士风空疏的时代难题，其内容包括通经与致用两方面。焦竑学术思想中存在着内在矛盾，具体表现在从尊德性到道问学、从清谈到考据、从道德到事功三方面。焦竑学术思想的内在矛盾使得他一方面是阳明心学的结束人物，另一方面又为经世致用之学的开启者，他的思想显现出晚明思想转型的内在理路。

14. 方学渐研究

张昭炜《天泉证道的问题与解决方案——方学渐对于龙溪学的批判与方以智的统合》（《中国哲学史》2023年第4期）一文指出，阳明后学方学渐以性善为宗，以着实为学，倾向于王心斋之学的"真实"与钱绪山之学的"有"，并批判龙溪学的超越与"无善"，纠正阳明学左派的玄虚之弊。龙溪学显赫于天泉证道，方学渐追根溯源，辨析龙溪对王阳明之教的误解与偏离，表现在"良"的本义、有无的对峙、道体工夫的一致、王阳明的开阔、证道的仓促等方面。方学渐之学由其子方大镇与同乡吴应宾推进，至其曾孙方以智集大成，在纠正龙溪学之弊的基础上，道体论发扬"潜无于有""藏虚于实"，工夫论主张"藏悟于学"，形成阳明学理论发展的又一个高峰。

15. 徐光启研究

宋昕曌《浅析徐光启的军事训练思想》（《孙子研究》2023年第5期）一文指出，作为明代传统兵学理论与西方军事技术互动的典型代表，徐光启在明中后期的军事训练理论改革中占据着重要的地位。他一方面继承了传统兵学思想，遵循阵法理论和兵阴阳学来组织部队，另一方面，又受西方军事改革的影响，推广西式火器和筑城技术。在经历过失败的练兵实践后，最终形成了以"火器第一"为基础，注重实选实练和快速变阵能力的军事训练体系，对军事理论的发展产生了较为深远的影响。

张必胜《晚明国家翻译实践的历史探赜——以徐光启科技翻译为中心》[《复旦学报》（社会科学版）2023年第5期]一文指出，晚明的科技翻译是我国系统地翻译西方科技的肇始，也是我国历史上的一次西学翻译高潮。该文以徐光启的科技翻译为经典案例进行分析，从国家翻译实践的视角来审视其科技翻译实践。晚明时期，内部社会的变革和外部科技的发展是晚明国家翻译实践产生的两大背景。翻译学术群体的形成和中外译者之间的合作，保障了晚明国家翻译实践得以实施。徐光启的科技翻译活动具有国家翻译实践的典型特征，这一翻译实践上升为一种国家行为，旨在维护国家利益并促进国家的振兴与发展。

许明武、王佩《跨越时空的对话——徐光启和李善兰翻译〈几何原本〉研究》（《中国外语》2023年第2期）一文指出，徐光启和李善兰分别为明末与清末著名科技翻译家，二者虽处于不同的时空，但都凭借自身的科技翻译活动促进了西学东渐，对当时及后世影响深远。该文基于史料爬梳徐、李翻译数学西籍《几何原本》的活动，分析二者在翻译目的、翻译选材、译介方式、翻译特色方面的相同之处，并从二人所处的时代背景、诞生的地理位置和具备的个人品质出发，探讨产生这种相同之处的原因，管窥其如何跨越时空，在翻译中进行对话，以期助力《几何原本》的翻译研究和有关徐光启与李善兰两位科技翻译家的研究。

董保华、白连弟《论科技翻译活动中的译者国家意识——以翻译家徐光启为例》（《中国外语》2023年第2期）一文以明末翻译家徐光启为例，阐明译者国家意识形成的社会条件、家庭环境和教育背景等因素，从译才、理念和受众三方面论述其国家意识的具体体现，以期为高校科技翻译人才的国家意识培养提供启示与借鉴。

16. 管志道研究

王硕《晚明儒者管志道的学思历程探析》［《北京航空航天大学学报》（社会科学版）2023年第3期］一文指出，管志道是晚明儒者中的一位卓异人物。他一生致力于推动三教对话、注疏儒家经典，留下了体量庞大的思想著作。但在传统的学术标准下，管志道的理论贡献未能获得充分认识与公允评价。近代以降，虽渐有学者注意到其人其学，但相关研究仍相对匮乏。在其70余年的生命历程中，管志道历经半生求索、几度思想转折，方才找到了精神的归宿。对管志道思想探索的整个过程开展分阶段、历时性考察，从而使其思想源流与学说概貌得以呈现，晚明儒学多元展开的动力与趋向也有所显明。

周嘉豪《"爵""齿"的抑扬：儒家礼法秩序的两难境地——以孟子与晚明管志道为例》（《天府新论》2023年第1期）一文指出，晚明思想家管志道针对政治秩序和社会道德的衰败，意图以自身方式重构孟子的学说，高扬了爵的重要性，有意将"道统"从政教分离的"儒者之学"恢复到政教合一的"王官之学"，提出"君师道合"的主张，并在地方社会树立应有的身份制度。这种看似守旧的理学观点，实则是对科举异化后身份制度的反思调和：一方面，提倡对不同层次的人应行不同方式之教化；另一方面，则顺应了平民社会发展的趋势，彰显了公共理论的突破。孟、管两人的观点恰恰是周秦之变格局下儒家的两个互补面向，这种在经典与王朝、圣人与帝王之权威的摇摆不定，构成了新旧儒学的两难。

17. 汤显祖研究

2023年，研究汤显祖的论文有30余篇，兹择要介绍。

张盼盼《张琦与汤显祖"主情论"观念之辨析》（《文化艺术创新·国际学术论坛》2023年第6期）一文指出，在晚明时期的社会巨变下，新的哲学思潮带动戏剧创作理论到达了高峰，剧作家们纷纷打破程朱理学对思想的禁锢，从注重外部世界逐步向人的内心世界探索。"情"的理念逐渐进入戏曲创作的过程之中，"主情论"首先由汤显祖完成了体系建构。在汤显祖之后，大批剧作理论家如吴炳、冯梦龙、张琦等，对"主情"提出了各种理念。

颜敏《汤显祖的〈诗〉学观与〈牡丹亭〉之〈诗经〉阐释》（《武陵学刊》2023年第4期）一文指出，汤显祖熟谙《诗经》，以"至情说"解读《诗经》，发现《诗经》的抒情本质。《牡丹亭》用《诗》受其《诗》学观影响。《牡丹亭》借《诗经》展开对卫道者的抨击，视陈最良、杜宝为维护封建伦理的传统《诗》教的代表，借杜丽娘之死讽刺了传统《诗》学观。杜丽娘以《关雎》《国风》为情诗，代表了明代新兴的《诗》学观。汤显祖继承《诗大序》的文学教化观，而不局限于封建伦理道德，仿《诗大序》创作戏曲专论，反拨晚明纵欲之风。杜丽娘逐情却不纵欲，是对传统《诗》教"好色而不淫"之旨的复归。

刘洋、侯星如、王一凡等《禅宗美学视域下汤显祖〈南柯记〉唱词韵味探析》[《东华理工大学学报》（社会科学版）2023年第3期]一文指出，《南柯记》作为明代著名戏曲大家汤显祖的代表作之一，开创性地以佛家禅宗经典的说教式为主体进行戏剧呈现。通过对《南柯记》中反映"普度众生""空与色""因果轮回""烦恼"等禅宗思想的人物对话和唱词进行整理分析，探讨汤显祖戏剧的语言风格，体会禅宗美学在其中的独特韵味。

范方俊《"大历史"观视野下的汤显祖与莎士比亚比较研究》（《江西社会科学》2023年第2期）一文指出，"汤显祖与莎士比亚"的话题，最早源自日本学者在1930年所著的《中国近世戏曲史》，书中对他们两人的相提并论，引发中国学者的热烈回应和学术讨论，使之成为20世纪以来中西比较戏剧研究中的焦点之一。但纵观学界对"汤显祖与莎士比亚"的比较研究，基本上都是围绕这两位东西戏剧的代表性人物在题材来源、文体类型、情节结构、人物塑造和艺术风格等方面的异同展开的，而维系此一平行研究之基点——"同出其时"，则被一语带过，仅被看作一个有趣的巧合。事实上，汤显祖所处的中国晚明时期和莎士比亚所在的西方文艺复兴时期，既是中西方各自历史发展的重要时段，同时也是人类"大历史"在近代发生重大历史变迁的转折时代。从"大历史"观切入"汤显祖与莎士比亚"的比较研究，不仅能够揭示他们"同出其时"的时代在人类"大历史"发展进程上所代表的独特意涵，而且可以通过对他们的戏剧创作与时代之间密切联系的考察，阐明他们的戏剧创作所具有的作为"时代的灵魂"的艺术价值。

苏凤《汤显祖戏剧在英语国家的传播与接受》（《中国文学研究》2023年第4期）一文指出，汤显祖戏剧在英语国家的传播和接受体现在汤显祖戏剧英译和研究等方面。汤显祖戏剧在英语国家的接受大致经历了四个阶段：20世纪70年代初兴阶段的浅尝接触、80年代发展阶段的冲突及误读、90

年代高峰阶段的磨合及21世纪以来的多形态文化身份重建。这反映出英语国家对中国经典的认识和理解的变迁以及他们不同时期的文化需求。随着时代的发展和中外交流的深入，英语国家对汤显祖戏剧的关注也渐由猎奇俯视的视角转向相对平等的对话姿态。除译介和文学批评外，21世纪汤显祖戏剧也在英语国家被改编、移植和演绎。汤显祖戏剧在英语国家的接受史反映了这些国家不同时期的文化、政策、社会风貌，以及国家文化战略及文艺思潮的变迁。

18. 袁宗道、袁宏道、袁中道研究

2023年学界同仁关于"公安三袁"的研究论文有10余种，兹择要汇辑。

阮晓佳《晚明荆楚文化场域下公安三袁居家文学研究》（西南大学2023年3月硕士学位论文）一文指出，晚明时期的公安派以袁宗道、袁宏道和袁中道三兄弟的家乡位于湖北公安地域而得名，他们发起了一场文学革新的风潮，以此来抵制拟古主义的影响。地域环境与文学特质紧密关联，在"应物斯感"的灵感触发下，地域作家也会充分发挥其人文视野中的地域意识，以及地域范围内的人文情怀。以公安为中心的荆楚大地作为公安三袁成长生活史的重要地域，提供了一个独特的文化场域和文学元素，从而对公安三袁的荆楚居家生活文学产生了深刻影响。

王佳希《袁宗道的四书学研究》（中央民族大学2023年3月硕士学位论文）一文指出，明代儒生以时文为重，其中尤以"四书"为重。四书学发展至明代中后期，深受心学和佛老之学的浸润，以禅诠儒之作层出不穷，时人多有沉湎诸宗语录而不知返者。晚明公安派文学的开创者袁宗道感慨于"今之高明有志向者，腐朽吾鲁、邹之书"，故在其著作《白苏斋类集》中以自己学佛悟道之体会，抉发"四书"之奥义，阐明儒佛之共同归趣，使后学知晓至宝原在家中。袁宗道读"四书"的文字，对于我们了解公安派的思想基础也具有重要意义。袁宗道出生于儒、释、道三教理论高度融合发展的晚明时期。他少年早慧，在舅舅龚仲敏的引领下接触到佛道学问，一度身体力行修习道家养生之术。后又自得于大慧、中峰两位禅师语录，

交游往来多方外之士。在学问主导方向上，袁宗道师承阳明心学传人焦竑和李贽，以心学为宗，出佛入儒，融通三教，进而构建起他的四书学理论体系。袁宗道的"四书"诠释主要围绕儒家哲学中的经典范畴，如心、性、情、明德、格物、至诚等进行探讨。

李瑞卿《袁宗道情念论及其诗学话语新体系》[《北京大学学报》（哲学社会科学版）2023年第6期]一文指出，袁宗道精研性命之学，直接问性于良知，于情念的穷之又穷中，抵达"直"性、生理。袁宗道重建了性、心、情念关系，在随感辄应的情念之基础上，通过"知"的过程树立心性本体与自我。他在触物遇境之际来阐释"心"为何物，并以唯识论来阐释"心之管则思"的认知机理，认为"真心"与"我"的出现依赖于根尘之虚妄的消解与本体实相的显露，从而树立了新的理本体与新的意识结构。基于此，袁宗道有"从学生理，从理生文"之论，其内容包括以"器识"为范型的认知与审美方式，以及"辞达此理"的语言论。袁宗道论证了普遍存在的理，创构了超越天地秩序的新自我，在诗学上已然突破借助易学理路构建新思的王、李之学，带来了诗学话语体系的重大变革，完成了从意到念的意象论转向。

胡玉占《袁宏道哀悼诗研究》（《运城学院学报》2023年第5期）一文指出，哀悼诗有悠久的历史及稳定的写作传统，发展至明代已经严重模式化。袁宏道哀悼诗约33题67首，从哀悼对象、诗型、内容来看皆为追悼亲朋的真情之作。袁宏道哀悼诗在继承传统模式与意象的基础上，自有标新之处，具体表现为：通过吸收民间佛、道、冥界观念，为逝者设计了不同的死后彼岸世界，开拓了哀悼诗写作的时间与空间，显示了士人与市井生活的融入；将底层人士作为主人公进行哀悼，扩大了传统哀悼诗书写对象的范畴，反映了袁宏道对儒家主流价值观的反叛。

余来明、窦瑜彬《寄"性灵"于"新声"：袁宏道的赏曲经验与诗学转向》（《江汉论坛》2023年第3期）一文指出，袁宏道"性灵"诗学的核心是对"新声"的标举，前后经历了由魏晋"新声"向时兴"新曲"的转变。袁宏道早期作品《敝箧集》接武魏晋"新声"，反映出以折中、调和的方式改良复古派流弊的积极尝试。其取径虽不出复古派畛域，却力图弥补其取"格调"不取"声情"之失，以及由此造成的诗歌"性灵"不足之弊。入吴后，袁宏道对"新声"的关注由魏晋转向今人时曲，选择以《劈破玉》《打枣竿》等闾巷新声作为取法对象，以"今"驳"古"，却不可避免地出现"泥今之过"。袁宏道诗学策略的前后调整，与其吴中经历的赏曲经验密切相关，既是应对复古诗学话语权力的求变之策，也是晚明宗尚"新声"文人趣味的典型体现。

宁玲玲《论袁宏道尺牍中对自适的追求》（《四川职业技术学院学报》2023年第4期）一文指出，晚明社会政治、经济、思想文化等方面的变化使个性之风崛起，在尺牍中，袁宏道真实地展现了自身的生活状况以及喜怒哀乐、嗜好情欲，呈现了一个在个性与世俗环境、仕进与隐退的矛盾冲突中，不断追求自适的自适者形象。袁宏道没有不食人间烟火、全然不顾地追求自己所向往的自适生活，而是努力实现个人与社会之间的平衡，使自己真正能够在生活中自适，这体现了袁宏道对个体生命的主动把握，彰显了个体的生命意识与力量。

王悦《袁宏道"性灵说"之佛学渊源》（《乐山师范学院学报》2023年第3期）一文指出，袁宏道参禅习佛，受佛学思想影响极深。禅宗"物格"公案是袁宏道由"外参"到"内悟"的重要契机，这对其"性灵说"有着深刻启示。在文学发生方面，有得于禅宗心性论，袁宏道强调主体心性的地位和作用，主张创作主体自由抒发真情真性；在心物关系方面，受永明延寿"一心统万法"思想影响，袁宏道提出"以心摄境"。佛学思想对袁宏道"性灵"思想的形成多有沾溉。

李树静《袁宏道佛教思想与"性灵"文学观研究》（兰州大学2023年3月硕士学位论文）一文指出，袁宏道作为晚明佛学居士的代表之一，于佛教内通摄禅宗、华严、净土、唯识等宗派思想，教外又吸收儒、道思想，形成融合开放的三教合一思想。佛教思想作为袁宏道思想体系中的核心部分与人生哲学的构建基础，不仅影响了他的文学策略，也为其"性灵"文学观及相关范畴"新变""性情""识""气""淡""质"等提供本体论依据。袁宏道的"性灵"文学思想体系，以性灵为本体，"真"为性质，寄情传世为功用，适应于体相用阐释结构。袁宏道在建构文学思想体系的过程中，不变的是性灵的本体性，以及对"真"与"妙悟"的追求。而其文学思想的转变主要在于对"真"理解的不同，这是其佛教境界不断精进下对性灵本体认识更为深入的结果。

邢云龙《袁中道履任徽州府及其宦游书写的文学意义》（《中国文学研究》辑刊，2023年卷）一文指出，袁中道一生仕途蹭蹬，坎壈漫长的求仕经历使得晚年及第后重新体认了关于个人出处的思想博弈，择选"仕隐之间"处世，与自身疾痛体验、生命意识考量和晚明政治环境影响密切相关。袁中道赴任履职徽州府期间，游赏自然山水胜概、融入地方生活和社交网络，以"纪行互见"的形式展现书写的变创，描绘出一幅宦游立体图景。与此同时，袁中道衷辑刊印《新安集》以形塑徽州地方记忆，"行旅诗纪化"与"游程日记化"具有重要意义，有意地弱化宦情意识，以疏离而又自适的心态展露个人游居的直观感受。考察袁中道的宦游书写，有助于管窥晚明文人型官员如何融入地方、塑造地方，为寻绎日常行旅生活提供一种新的研究视角。

胡江飞《袁中道山水散文中的生态美学》（《汉江师范学院学报》2023年第4期）一文指出，袁中道是"性灵说"的重要代表人物，他的山水散文中蕴含着丰富的生态美学意识，他将个人与自然融合在一起，在山水中呈现生命的灵性，最终达到人化自然的审美目的。对袁中道作品的解读，有利于人们了解中国美学中的生态观念，也可为建构人类现代理想生活提供思想借鉴。

陈金林《袁中道游记中的"精警"意识——以〈游居柿录〉为中心的考察》（《青年文学家》2023年第9期）一文指出，袁中道一生著述颇丰，尤以游记闻名。除收录在《珂雪斋集》中的80余篇游记外，袁氏还著有一部被学界忽视的日记体游记《游居柿录》。这部日记体游记总结了袁中道中晚年的主要人生历程，理应成为袁中道游记文学的重要研究文献之一。

十、黔中王学研究

"黔中王学（门）"的提法，不见于黄宗羲编纂的《明儒学案》。改革开放40年来，经过贵州当代地方文史学者诸如吴雁南、张新民、王路平、谭佛佑、余怀彦、王晓昕、敖以深、刘宗碧、张坦、李迎喜、李友学、杨德俊、赵平略、张明、张小明、陆永胜等的发掘与撰文论证，"黔中王学（门）"的提法日渐成熟，并得到阳明学界的认可。

（一）黔中王学综合研究

张新民《本体与方法：王阳明及其后学学术思想研究》（孔学堂书局2023年3月版）一书收集作者最新研究成果，包括《回顾与前瞻——阳明学研究的百年经验总结》《心学思想世界的建构与拓展——以王阳明整合儒佛思想资源的学术活动为中心》《论王阳明实践哲学的精义——以"龙场悟道"及心学的发生学形成过程为中心》《过化与施教——王阳明的学活动与黔中王门的崛起》《明代黔中地区阳明文献的刊刻与传播——以嘉靖贵阳本〈新刊阳明先生文录续编〉为中心的研究》《孙应鳌及其传世著述考论》等，体现了作者对王阳明及其后学学术思想精粹的思考。作者认为，如果要重建归属于每一个体的大写的主体性，强化人本来应有的自尊、自重、自信、自强、自立精神，从而从个人的修身点点滴滴地积累为人类社会的高度道德化文明，阳明的思想学说仍能以源头活水的方式发挥创造性转化和创新性发展的现代性作用。

郦波《黔学与心学》（《当代贵州》2023年第17期）一文指出，在阳明心学的诞生过程中，具有文化独立意义的"黔学"随之伴生。因心学开黔学，以黔学促心学。一句"他年贵竹传异事，应说阳明旧草堂"，充分体现了王阳明的文化自信。500年前，在贵州创建了心学的王阳明，就已经预见到了这一切。当然，王阳明没有预料到的是，他所创立的阳明心学影响会如此之大，不仅影响了中华文明的历史进程、推动了日本的明治维新，甚至在东亚乃至整个世界范围内都产生了巨大而深远的影响。

郦波《承"黔"启后》（《当代贵州》2023年第50期）一文指出，心学的诞生与黔学的伴生，向世人展示着思想、文化与文明的奇迹。王阳明在写完三封既深情细腻又别具历史价值的信件后，终于要离开这片寄寓了他"奇绝之叹"与"居夷之志"的神奇土地。相较于入黔时的种种艰难，此时别黔的离程与此后余生的征程，对于王阳明来说，注定将是一条承"黔"启后的康庄大道。因为心学的创立，中华民族的文明史，500年来别有一种气象。因为心学的创立，成为一代宗师的王阳明在走出贵州那一刻，也别有一番人生气象。

敖以深《贵州阳明文化传播的五大重镇》（《理论与当代》2023年第3期）一文指出，阳明文化是儒家文化的一个重要派别，是中华优秀传统文化的重要组成部分，其影响十分深远。阳明文化发轫于阳明心学，产生于明代中叶，其创始人是王阳明。贵州是阳明心学的缘起地和原生地。王阳明在贵州龙场悟道及其随后创建阳明心学，与贵州自然地理环境以及人文生态密切相关。阳明心学既推动了贵州地域文化的跨越式发展，又是贵州地域对中国传统文化发展演变做出贡献的重要体现。

杨道会《邹元标与黔中王门研究》（贵州大学2023年6月硕士学位论文）一文指出，明代中后期，王学风行天下，王学末流只注重口谈义理而弃躬行于不顾。部分士人开始认识到问题所在，大倡躬行，力避空疏。邹元标便是纠正王学流弊的王门领袖之一。邹元标早年师从王阳明亲传弟子胡直、罗汝芳，成为江右王门第三代领军人物之一。邹元标在王学上的造诣与一场政治磨难密不可分。万历五年（1577），邹元标以新科进士身份入仕，后因反对张居正夺情而被廷杖并被贬至贵州都匀。邹元标在都匀与贵州理学大家、土司流官、世家大族等广泛交游，不仅获得了生活上的帮助，亦激发了自己的心学智慧，形成较为完善的心学思想体系。他在都匀讲学授徒，传播良知之学，促进了都匀的文教发展，开辟了黔中王门五大重镇之一的"都匀王门"。在贵州理学三先生凋敝、黔中王门略显衰迹之时，以邹元标亲传弟子陈尚象等弟子群体为核心，崛起成为支撑黔中王门的第四代中坚力量，是黔中王门最后的殿军，为明代黔中王门百年传承画上了一个圆满的句号。

（二）黔中王门学者个案研究

目前学界关于黔中王门学者个案研究，主要集中为对陈文学、李渭、孙应鳌、马廷锡的研究。

杨德俊《王阳明龙岗书院弟子陈文学》（《文史天地》2023年第1期）一文指出，在王阳明的黔中弟子中，有一位"得文成之和，并擅词章""承良知之派以开黔学"的著名弟子，他因传播阳明心学之功，被钱德洪记入《王阳明年谱》一书中。他就是黔中王门的重要代表人物——陈文学。

张安国《被理学成就遮蔽的明代李渭》（《文史天地》2023年第1期）一文指出，李渭一生治学以孔子"四不"为准则，主张修养的工夫是"无欲"，进一步阐明了王阳明"知行合一"学说，与孙淮海、马心庵同为王阳明再传弟子；明世宗嘉靖十三年（1534）举人；历任华阳（四川成都）知县、和州（安徽和县）知州、高州府（广东茂名）同知、化州知府、南京户部郎、韶州知府、广东副使、云南左参议等。

王路平、石祥建《明代黔中王门大师李渭"毋意为宗"的心学思想研究》（《孔学堂》2023年第4期）一文指出，李渭从叩问"本心"到"毋意为宗"（毋意为功），把成为"圣人（仁）"当作人生最高的追求，走出了一条求仁、学仁、识仁、为仁、归仁的为学路径，其心学思想可以归纳为必为圣人、求仁为宗、毋意为功、先行为用、中和为境五部分。以"毋意"统摄求仁、学仁、识仁、为仁、归仁，认为"毋意，千古圣贤学脉"，"识此之谓识仁，闻此之谓闻道"，故"毋意为宗"的工夫论是李渭最具特色的心学思想。该文从李渭的人格理想、道德本体、体认工夫、致用境界等方面对其心学思想进行系统深入的探讨。

十一、蜀中王学研究

"蜀中王学（门）"同"黔中王学"一样，其提法不见于明清之际思想家黄宗羲（1610—1695）编纂的《明儒学案》。近年来，随着"阳明学热"的逐步升温，"地域阳明学与阳明学的地域化"也成为阳明学研究中的一个学术增长点，适时提出"蜀中王学"，也是可以进行讨论的。近年来，围绕蜀中地区的王门学者，已经开展不少有意义的研究。2023年的研究主要集中在对邓豁渠、杨甲仁的研究上。

康宁《邓豁渠"尽性至命"美学思想研究》（扬州大学2023年5月硕士学位论文）一文指出，"尽性至命"是宋明理学的常见话头，泰州学派学者邓豁渠对此加以发展，凸显审美超越性价值。他一心求道，从阳明心学的"良知"说出发，勇于直面儒学思想一直回避的"生死"边界，以至于落发为僧。他守持《中庸》"天命之谓性、率性之谓道"的理念，继承泰州学派倡导的"以身为本"的路径，参照道教中"致虚守静"的工夫，再叠杂佛教与禅宗的"空"观，以达到他理解和追求的审美超越境界的"尽性至命"。该文共有五章。第一章爬梳邓豁渠求学证道的分期。首先，查考邓豁渠的生平经历与求学交游经历，知人论世，此处关系其美学思想形成的背景。接下来，以其思想重大转变节点为依据分为三个时期。前期，邓豁渠在人情事变当中混沌未能脱身，谈事谈理，学心而不知，学禅而不解，是困苦的思想求索阶段；中期，邓豁渠于鸡足山有悟遂落发为僧，摒弃世间凡情，不落事理窠臼，已经迈出儒学大门，有了追求纯粹的、非自主的美学意识，又陷入"第一机与第二机"的妙理之惑，进入思想的深化阶段；后期，邓豁渠思想的美学超越性意味渐浓，终于达到净彻圆融、无善无恶的先天境界，此为大彻大悟阶段。第二章从审美本体论角度剖析"见性为宗"的思想。首先，邓豁渠的性命之学源头可追溯至《易》，由理学发展至心学，"性"已经从"天命"转向"人心自有"；其次，泰州学派邓豁渠对"性"的理解已经转向了"没有聚散""不落有无"的超然，"性"的自见只为自我求"道"服务，不拘戒律，不讲教派；再次，他认为"命"不局限于此生，要做在三界间游走的彼岸之人，超越"生灭"；最后，没有了"长生"的功利欲求，不再妨碍人进入先天境界。"性命"由规劝训诫的律令变为明心证道的起点与终点。第三章从审美工夫论角度论述"以身为本"的朴素工夫。首先，邓豁渠延续泰州学派王艮的身本思想，将"身"与"道"放在同等重要的地位，以"身"为本即是以"道"为本。其次，其素朴的内省工夫具有美的韵味，他以儒学为起点又主张脱去秀才旧格套；在道教圣地鸡足山开悟，他重视"致虚守静"的工夫，又对长生术不以为然；以和尚身份求道又不持守戒律，可见其审美工夫论具有较强的开拓性。最后，邓豁渠将人睡着不做梦时的状态看作最纯净、最接近性命真机的状态，可以通过梦境认识自己、了解自己的身体状态，由此来明心见性。第四章从审美境界论角度阐述其超然独存的审美追求。首先，邓豁渠所追求的境界实质上是回归完满具足的先天境界，也就是佛教中的本来自性"清净涅槃"，回归"父母未生前"的本来面目；其次，这种境界是一种理想的审美人生境界，有着性本具足、物我相合的圆融性；最后，"尽性至命"的审美境界具有万物自适、于后天见先天的自在性，还具有不自知、无着落的超然性。第五章分析邓豁渠美学思想的价值与局限。值得肯定的是：一方面，邓豁渠的美学思想给泰州学派以及晚明思想界带来了新突破的可能性，邓豁渠的狂豪之气与泰州学派"狂"的美学旨趣一脉相承，促进泰州学派美学的多维发展；另一方面，在明末三教合流的大环境中做自己的学问，引起三界不同人物对他的回应与辩争，有助于激发思想界的活力。但也要看到其思想局限，首先是屡遭时人诟病的自负张狂，"于后天中干先天事"，企图以一己之力在后天探求超越性境界，毕竟受到主客观诸多条件的局限，学问尚有不切实之处，其美学思想在空灵超脱中难免玄远虚无的弊端。

张波、胡莲《论清初关学与蜀学之间的学术交流——以李二曲与杨甲仁为例》[《宝鸡文理学院学报》（社会科学版）2023年第1期]一文认为，李二曲与杨甲仁分别是清初关学和蜀学的重要代表学者。二人相识于康熙三十四年（1695），刘丽虚是他们讨论话题最多的一位学者，特别是刘氏的工夫修养和所至境界。对于程朱、陆王之学，双方都反对门户之见，注重将阳明的心性本体与程朱的主敬穷理、存养省察工夫统而论之，强调本体与工夫相即不离，以及本体在逻辑上对工夫的优先性。而对于《四书反身录》，李二曲重在阐述杞宋"文献不足征"及其产生的后果，而杨甲仁则强调孔子"征"的能力。二人的交游与论学是清初关学与蜀学之间思想交流的一个典型案例，对跨地域学术史研究具有重要意义。

十二、滇中王学研究

罗晓东《朱光霁：云南阳明心学传播第一人》（《文史天地》2023年第5期）一文指出，正德四年（1509）十二月中旬，王阳明离开龙场前往江西庐陵就任知县。就在除夕之前，他到达贵州东部门户镇远卫。他在旅店中给贵州弟子李惟善写了一封书信——《镇远旅邸书札》，其中有"朱氏昆季亦为道意"一句。"朱氏昆季"为何人？他们与王阳明有何关系？王阳明为何要向"朱氏昆季"致以谢意？"朱氏昆季"，即云南的朱光弼、朱光霁两兄弟。

肖雄《论李元阳对阳明心学的阐释与突破》（《大理大学学报》2023年第3期）一文指出，明朝中后期，王阳明心学风靡天下之时，生于云南大理的白族学者李元阳自诩为王学一派的"私淑"弟子，服膺于阳明心学，不管是在省外做官，还是返乡居住讲学，常与王门弟子交往，切磋学问，通过书信与撰写文章阐释王阳明心学思想。尤为重要的是，其借鉴释、道思想以及儒家对性的多重诠释，对阳明心学思想认识有所突破，提出性本体论。李元阳对阳明心学从服膺、阐释到力求理论突破的思想历程，似乎可以寻绎到心学思想在边疆民族地区传播的历史脉络。

下篇

海外阳明学研究

　　阳明学派作为明朝中晚期思想学术领域中的一个著名流派，后传播于日本、韩国等东亚儒家文化圈中，产生了较大的学术影响，并形成了独具特色的日本阳明学、韩国阳明学。现当代，日本、韩国均成立有阳明学会，并有不少学者从事阳明学的传承与研究。

　　自18世纪其至更早以来，王阳明就一直是欧洲和北美学术界的研究对象。但这一早期的阳明学研究，却被20世纪60—70年代所发表的诸多英文著作所掩盖，从而变得模糊不清。追溯欧美学术界"发现王阳明"的这一早期历史，我们可以看到更加广阔的中西方思想交流史。当代欧美汉学界、哲学界也有不少专业学者从事阳明学文献的英译与阳明学著作理论的阐释研究，也有一定数量的阳明学研究成果。

　　谢茂屹《走向世界的阳明心学》（《宁波通讯》2023年第1期）一文指出，500多年来，阳明心学逐步走出国门，在不同历史时期的日韩、东南亚、欧美的哲学、政治、经济舞台上，跨越人种、国别、宗教、政治隔阂，闪烁光芒。王阳明先生立不朽之功，"知行合一"理念走向世界。当时王阳明平叛宁王"宸濠之乱"对明朝时局影响巨大，不仅被日本、朝鲜等周边国家密切关注，还被葡萄牙、西班牙的外交使者、传教士所记录。

　　钱明《国内外的"阳明学"何以出现大温差》（《文史天地》2023年第9期）一文指出，与近年来阳明学在中国迅速升温的现象形成鲜明对比的是，国际上尤其是曾经也有过"阳明学热"的我国周边国家和地区却出现了日渐冷却的趋势。这种现象从王阳明诞辰500周年与王阳明诞辰550周年的纪念活动中国内外所出现的温度差中可窥见一斑。1972是王阳明诞辰500周年，中国正处于"文革"之中，故而未举办任何纪念活动及学术研讨会，但在日本、美国等国却举办了规模较大、影响深远的纪念活动和学术研讨会。

一、日本阳明学研究

刘金才主编的"日本阳明学家经典著作译注与研究丛书"（孔学堂书局）共4册，分别是《大盐中斋〈洗心洞札记〉译注与研究》《中江藤树〈翁问答〉译注与研究》《熊泽蕃山〈集义和书〉译注与研究》①《三重松庵·三轮执斋·佐藤一斋经典译注与研究》，包含了中江藤树的《翁问答》、熊泽蕃山的《集义和书》、大盐中斋的《洗心洞札记》，以及三重松庵、三轮执斋、佐藤一斋等日本知名阳明学者与阳明学共鸣者的代表作品的翻译和注释。

左汉卿《中江藤树〈翁问答〉译注与研究》一书由"中江藤树生平与《翁问答》述介""《翁问答》译注""中江藤树《翁问答》思想评述"三部分构成。第一部分对中江藤树其人、《翁问答》述介以及《翁问答》内容结构、参考文献及体例说明进行阐述；第二部分对《翁问答》全书进行了注译；第三部分，首先从中江藤树思想形成轨迹进行探究，其次对《翁问答》主要思想进行了详细阐述，最后深入讨论了中江藤树思想的价值和意义。

张凌云、严薇《熊泽蕃山〈集义和书〉译注与研究》一书由"熊泽蕃山生平与《集义和书》述介""《集义和书》译注""熊泽蕃山《集义和书》思想评述"三部分构成。第一部分对熊泽蕃山拜中江藤树为师求学、出仕从政、著书立说以及因反抗幕府被幽禁致死的人生经历、智仁勇品格、主要著述业绩以及《集义和书》的撰写宗旨、成书背景、主要内容和价值进行了述介；第二部分对《集义和书》全书4卷——《书信问答》《心法图解》

---

① 本书2022年10月出版，因与2023年出版的其他3册为同一丛书，故在本报告中介绍。

《始物解》《论义》进行了汉译和注释；第三部分对熊泽蕃山从学阳明学的心路历程、重视践履和强调"即知即行""时·处·位"之权变等思想的形成轨迹、《集义和书》的核心思想内容进行了深入的考察和分析，并通过分析熊泽蕃山阳明学思想的特质、其与中国阳明学的异同及其历史影响和作用，阐明了熊泽蕃山及其《集义和书》的思想特色，以及其书在日本思想史上的地位、学术价值与现实意义。

代红光《三重松庵·三轮执斋·佐藤一斋经典译注与研究》一书的主体内容有三重松庵《学名义》译注与研究、三轮执斋生平与《日用心法》及《四句教讲义》述介、佐藤一斋《言志录》译注等。

丁青《战后初期阳明学在日本的接受与传播——以战后派文学家三岛由纪夫为例》[《绍兴文理学院学报》（人文社会科学版）2023年第1期]一文指出，阳明学在日本江户时代封建思想的解体及幕末维新时期的思想启蒙中发挥了重要作用。"二战"结束至20世纪70年代，阳明学在日本逐渐式微，以三岛由纪夫为代表的战后派文学家试图以阳明学这一精神武器重构日本国民精神。分析发现，战后初期的日本阳明学与江户时代的有所不同，战后初期不同的政治经济环境使日本阳明学与中国本土阳明学在"心即理""知行合一""致良知""万物一体之仁"等思想理解和行动诠释上存在较大差异，这在以三岛为代表的战后派文学家身上表现得尤为明显。战后初期日本阳明学并未能充分发挥鼓动人心、营造时势的作用，三岛所希冀的"维新事业"也不得不以悲剧收场。

黄滢《以知为先，以行为重：吉田松阴思想与行动的嬗变逻辑——兼论吉田松阴与阳明学的关系》（《外国问题研究》2023年第3期）一文指出，吉田松阴的倒幕行动与其兵学和阳明学思想密切相关。吉田松阴自幼接受的山鹿流兵学使其形成了牢固的神国信仰、尊皇观念与职分意识，而阳明学的"知行合一"理念则又塑造了吉田松阴义无反顾、不计利害的行事风格。随着幕末日本内外危机的不断加深，吉田松阴维护日本神国地位和天皇神圣权威的最高理想在"知行合一"精神的催迫下，终于发动了激进的倒幕行动。尽管按照严格的"学派"概念，今人无法将吉田松阴归于阳明学者之列，但他践行了王阳明"知行合一"的思想主张，是一个王阳明式的人物。

杨燕如《阳明学生死观对江户后期思想家的影响——以大盐中斋和吉田松阴为例》（大连外国语大学2023年5月硕士学位论文）一文指出，由王阳明所创立的阳明学是儒教的一派学说，心即理、知行合一和致良知是其三个主要思想。阳明学以其独特的世界观和方法论不仅对中国社会产生重大的影响，对日本社会也产生了重要影响。阳明学在室町时期传入日本后，由于当时幕府对朱子学的推崇和严格的思想控制，阳明学发展缓慢，长时间没有受到人们的关注。但进入江户时代后期，阳明学终于迎来了发展的繁荣期。江户后期，幕藩体制的弊端逐渐显露，社会矛盾日益激化。此外，国际局势发生巨大变动，欧美先进国家不断向亚洲渗透，而德川幕府面对此局势没有及时做出调整和变革。长期受到统治阶层压榨和剥削的民众和武士从阳明学中获得了精神支撑，发动了武装起义。尤其是阳明学生死观为江户后期的思想家，如大盐中斋、吉田松阴、西乡隆盛等人提供了重要的思想启发。在阳明学生死观的影响下，江户后期的思想家展开了一系列救国救民的实践运动，对江户后期的日本社会产生了重要影响。该文以阳明学生死观为切入点，运用文献分析法和史料分析法重点分析了阳明学生死观，以及其对大盐中斋和吉田松阴的思想及实践运动产生的影响。每章内容如下：第一章由阳明学的中心思想以及阳明学生死观两部分构成。本章首先介绍阳明学的中心思想：心即理、知行合一、致良知。其次从生死本体论、生死态度论、生死价值论及其实现途径、生死超越论四方面分析阳明学生死观的具体内容。最后总结出阳明学生死观的两个特点。第二章主要论述了阳明学生死观对大盐中斋思想的影响。本章首先介绍大盐中斋的生平。接着，在对太虚、致良知、气质变化、生死如一、去虚伪这五个大盐中斋主要思想的分析中，探究阳明学生死观对其思想的影响。第三章主要论述的是阳明学生死观对吉田松阴思想的影响。首先对吉田松阴的生平进行了介绍。其次说明了吉田松阴的主要思想。吉田松阴主要接受的是山鹿素行的兵学、佐久间象山教授的经学以及叶山佐内传授的阳明学。最后通过分析吉田松阴的心性观和知行观，论述阳明学生死观对吉田松阴思想的影响。第四章是阳明学生死观对大盐中斋和吉田松阴实践运动的影响。首先介绍时代背景。其次说明大盐中斋和吉田松阴进行的实践运动的经由。最后分析两人的实践运动中所体现出的阳明学生死观。通过以上内容分析，可得出以下结论：阳明学生死观以良知作为生死本体，对生持有重视现世生命、积极顺应天命的态度，对死持有不辱使命、死而后已的态度。同时认为，生死价值在于道德，把学问、实践、立志当成实现生死价值的途径，最终通过良知和万物一体之仁实现对生死的超越。基于这些内容，该文总结出阳明学生死观的两个特点，即具有圆融性和人文主义精神。大盐中斋主要主张五个思想，即太虚、致良知、变化气质、生死如一、去虚伪。在这五个思想中能清晰地看出阳明学生死观对其的影响。大盐的思想中体现出阳明学生死观圆融性的特质。在阳明学生死观的影响下，大盐发动了历史上有名的大盐之乱。大盐把良知与太虚说相结合，重视生死的道德价值，以实践作为实现生死价值的途径，贯彻救民的使命，同恶行斗争到底。由此可看出，阳明学生死观主张的"不辱使命，死而后已"的精神是大盐所贯彻的生死态度。此外，在阳明学生死观所倡导的"万物一体之仁"的思想下，大盐肩负起对他人的伦理责任，发挥经世济民的精神，不拘泥于生死，从而完成了有意义的死，最终实现了对生死的超越。需要注意的是，相较于阳明学生死观所倡导的知行合一的精神，大盐更加注重实践，他的实践具有强烈的革命性。吉田松阴主要接受的是兵学、经学、阳明学三个思想体系。这三个思想体系中，松阴受阳明学影响颇深。阳明学生死观对松阴提倡的心性观和知行观产生重要影响。松阴的心性观和知行观体现出阳明学生死观圆融性的特质。与阳明学生死观一样，松阴秉持积极顺应天命、努力完成使命的生死观态度，主张生死价值在于道德。同时，松阴认为知和行同等重要，最大限度地发挥了知行合一的精神。在他看来，仅仅是学问的"知"的修养是不够的，实践、立志也是实现生死价值的途径。这种知行合一的精神强化了松阴的行动性，促使他走上了革命家的道路。此外，松阴的心性观和知行观中体现出阳明学生死观所蕴含的重视人的主体性，肯定人的价值以及反权威的精神。松阴忠于自己的理想信念，并将其移动到实践中，致力于教育和政治活动，为救国而投身于实践运动中。松阴在实践运动中贯彻以上生死观，通过实践躬行，发挥出义烈精神，强调反抗权威和平等主义。他的实践运动也反映出阳明学生死观所体现出的人文主义精神特质。

关雅泉《日本阳明学者的"太虚"实学品格》（《日语学习与研究》2023年第4期）一文指出，"太虚"作为张载思想中的核心问题被广泛探究。随着宋明理学东渐日本，"太虚"思想又贯穿于日本阳明学的发展与演进之中。日本阳明学者以宋明儒者为宗，将"太虚"与"心"接轨，从江户初期中江藤树的"心包太虚"说、熊泽蕃山的"心即太虚"说，到幕末大盐中斋的"心归太虚"说，都表现出与中国阳明学不同的实学品格与务实精神。与传统儒学多从宇宙论、本体论的向度对"太虚"概念进行推绎相比，日本阳明学者更加关注外部存在与精神世界的关联，以及主体的工夫践履。

申绪璐《论佐藤一斋〈传习录栏外书〉》[《贵阳学院学报》（社会科学版）2023年第5期] 一文指出，19世纪上半叶日本最重要的儒者佐藤一斋，其《传习录栏外书》是关于王阳明《传习录》的阅读笔记，其中观点反映了他对阳明心学的深刻理解。佐藤一斋肯定良知真实地创生万物的思想，认为集义等工夫都可以被致良知工夫统摄。佐藤一斋的思想融会朱子学与阳明学，这是其思想的显著特色，但也招致"阳朱阴王"的批评。佐藤一斋强调朱子学与阳明学只是侧重方向不同，将二者对立，甚至如王畿一样忽视具体工夫。在工夫本体、知行合一等方面，佐藤一斋都提出独具特色的心学观点，值得重视。

陈羽萌《语用充实视域下的〈传习录〉日译本研究》（贵州大学2023年6月硕士学位论文）一文指出，《传习录》是一本收录了王阳明与门人间的问答和论学书信的书籍，传入日本后，产生了一定影响。随着中国文化对世界各国发展做出的贡献越来越大，《传习录》在日本的翻译和接受情况越发得到重视，对日本近代以来的发展做出了重大贡献。该论文以第一部

《传习录》现代日语译本为对象，阐明了小野机太郎在翻译这部阳明学经典时，为了使近现代日本人理解其中的内涵，运用了怎样的翻译方法，旨在为中国古代典籍的日译提供参考。该论文共分五章。第一章为绪论部分，介绍论文的研究动机、研究意义，总结先行研究，阐述该论文的研究课题。第二章根据语境总结《传习录》文本特征。第三章与第四章结合《传习录》文本特征，从语言语境信息充实角度、交际语境语用充实角度分析《传习录》译本。第五章对本论进行总结并得出结论。首先，总结《传习录》原文本特征，并将其按照语言语境和交际语境进行分类，以此对《传习录》日译本中语用充实现象进行分析。其次，关于语言语境信息语用充实，通过充实原文本中省略的语句成分以及衔接词并将指示代词具体化等，强调作者的主张，对原文对话双方所共知信息进行补充，增强前后文的衔接性，使读者能更直观地理解原文内涵。最后，关于交际语境信息语用充实，考虑到原作文化背景以及目的语读者的语言习惯、认知模式、社交心理等因素，通过对词义进行语用收缩或扩充，或将需要补充的语境具体化，或对于某些有着共同属性的具体事物总结成读者容易接受的词语以及运用敬语，对因历时性和文化缺省而缺失的语用信息进行充实。

丁青、张传兵《王阳明〈传习录〉在日本的译介过程及其特征》（《绍兴文理学院学报》2023年第7期）一文指出，中国阳明学传至日本后，经历了一个逐渐本土化和民族化的过程。16世纪中叶，王阳明的《传习录》及其相关典籍开始流入日本。1712年，被誉为日本"阳明学中兴之祖"的三轮执斋刊发了《标注传习录》，该书是《传习录》在海外的第一个评注本，对阳明学在日本的普及发挥了关键性作用。阳明学在日本发展至今，共产生了近40个《传习录》日译本及日注本。以时间为序，《传习录》在日本译介与研究的过程可归纳为兴起、全面发展、多元化发展、曲折发展和稳定发展五阶段。通过描绘《传习录》300余年的日译全景图，探讨《传习录》在日本的传播、流变及发展过程中的版本学特征，从中可窥见阳明思想在日本社会发展中的巨大历史价值与社会意义。

二、朝鲜、韩国阳明学研究

柴梓瑞《以〈霞谷全集〉为中心研究朝鲜心学的发展》（《今古文创》2023年第20期）一文认为，郑齐斗是朝鲜阳明学的泰斗，也是朝鲜心学的集大成者，他的著作《霞谷全集》是研究朝鲜心学的重要史料。郑齐斗在继承具有陆王倾向学者的学说和学习阳明学的基础上提出了"理气论"和"心性论"。郑齐斗为江华学派的产生奠定了基础，江华学派的产生又标志着朝鲜阳明学派的形成。郑齐斗之后朝鲜心学的发展主要表现为朝鲜阳明学的发展。对郑齐斗著作《霞谷全集》进行研究，可以明晰朝鲜心学继承和发展历程，以及其在朝鲜近代化中所起的作用。

三、欧美阳明学研究

袁淼叙《汉学家科布泽夫的中国古代哲学研究与翻译》[《浙江大学学报》(人文社会科学版) 2023年第7期]一文指出,俄罗斯当代杰出汉学家科布泽夫在中国哲学经典问题探究、古代哲学整体性认识以及哲学典籍翻译等方面均产出重要学术成果。他秉持俄罗斯汉学传统,在问题研究过程中进行文献翻译,从俄罗斯学者的立场出发,形成了纵贯古今历史流变、对照东西方文化异质的哲学研究范式。科布泽夫为中国古代哲学思想在俄语世界的阐释及传播所做的贡献主要有:(1)提出阳明学说具有主观唯物主义的属性,强调其作为世界哲学组成部分的意义;(2)认为易学中的象数学是正统之法,它与自然主义共同构筑起中国古代哲学景观;(3)主持编撰俄罗斯汉学史上具有里程碑意义的《中国精神文化大典》,肯定中国传统思想对现代社会的价值;(4)构建了与典籍《大学》相关的俄译本网络,译研互促互彰,为学术型翻译做示范。

于芮、严功军《俄罗斯汉学家科布杰夫[1]阳明学译介与跨文化阐释研究》(《外国语文》2023年第6期)一文指出,俄罗斯当代汉学家科布杰夫长期从事中国传统文化研究,致力于阳明学的译介与跨文化阐释,堪称俄罗斯阳明学研究的集大成者。该文基于科布杰夫阳明学研究论文、专著、译著、访谈等文献资料进行梳理,总结其阳明学译介与跨文化阐释特点,从跨文化传播角度分析相关影响因素,并借此反思阳明学对俄传播的有效策略。研究表明,科布杰夫以对阳明学的译介为基础,系统总结和分析了

---

[1] 科布杰夫,又译作科布泽夫,本书保留二者。

王阳明的心即理、知行合一、致良知等思想谱系，并基于中国哲学的独特性，结合西方哲学与俄罗斯思想进行跨文化理解，其研究受到俄罗斯学界的一致认可与好评，整体上纠正了俄罗斯学界对王阳明的刻板印象，推动了阳明思想在俄罗斯的传播与接受。

赵慧芳、石春让《陈荣捷英译〈传习录〉的副文本研究》（《外国语文研究》2023年第1期）一文指出，副文本作为翻译文本不可或缺的组成部分，传递着多样化信息，对译本研究具有启示意义。陈荣捷《传习录》英译本中，副文本担当着重要角色，但相关研究屈指可数。该研究聚焦陈荣捷英译《传习录》的副文本构成要素及其功能，以期褐橥陈荣捷《传习录》英译本的价值。研究发现，陈荣捷英译《传习录》的副文本在阐释译者翻译观和翻译动机、重现源语语境、弥合文化差异、建构中国古代哲人形象与促进译本接受等方面具有积极作用，这为中国哲学典籍"走出去"提供了借鉴。

张雅婷《生态翻译学视阈下〈传习录〉英译本评析》（《汉字文化》2023年第S1期）一文指出，《传习录》是儒家的一本经典哲学作品，被视作阳明学派的"教典"。书中涵盖了王阳明的主要哲学思想，是研究王阳明思想及心学发展的第一手资料。该文从生态翻译学理论三维视角出发，剖析亨克和陈荣捷两个版本的《传习录》英译本，探索其中包含的生态美，并印证生态翻译学理论适用于文化典籍的翻译研究。

周同《〈传习录〉英译活动薄弱现状研究》（《池州学院学报》2023年第2期）一文指出，阳明学已是中华传统文化研究的"显学"，但其代表作《传习录》的英译活动薄弱。翻译材料的选择由译者的动机决定，受译者的内在需要与外在需要的影响。现有《传习录》英译本是亨克、陈荣捷、秦家懿当时的内在需要与外在需要共同作用的结果。译者的内在需要不够强烈，外部环境即国际社会有所压制，国内阳明学本体发展坎坷，所以《传习录》英译活动整体薄弱。随着文化自信的不断深入，《传习录》英译活动必将迎来新的发展。

蔡瑞珍《布迪厄社会学视域下〈传习录〉两译本对比研究》（《外国语

言文学》2023年第3期)一文指出，亨克和陈荣捷《传习录》两译本在底本选择、内容编排、内副文本、注释以及翻译策略上存在明显差异，与译者在场域结构中的位置关系以及享有的资本数量紧密相关。作为传教士的亨克，选择维护西方宗教场域的逻辑与规则，继承"以西释中"的翻译路径，同时作为中国哲学研究子场域的新进者，必须通过创新选材，以此增加资本的数量。陈荣捷作为美国中国哲学研究的权威学者，拥有较为丰厚的文化资本，在中国哲学研究子场域中占据一定的支配地位，为巩固此种位置关系，翻译时沿用其独特的"以中释中"译介研究路径，以中国哲学思想诠释中国哲学概念，译本呈现鲜明的"学案式"深度翻译特色。

龙彦伶《"5W"模式下〈传习录〉在美国的传播研究》(贵州大学2023年5月硕士学位论文)一文指出，当今世界在科技创新的推动下，社会生产力不断提高，世界各国的经济也得到了前所未有的发展。在保障基本物质需求的前提下，国家文化软实力成为各国竞相竞争和发展的对象。《传习录》作为中国经典哲学典籍，王阳明心学的主要体现，自1916年由亨克英译传入美国后就引起了西方学界的关注。可以说《传习录》的传入，在改变西方"中国秦汉之后无哲学"的固有观念上具有重大意义。自《传习录》传入美国以来，阳明思想出现在西方的学术视野中，并引发了许多学者的探讨，且历经多个阶段后研究内容逐渐走向多元。因此，探究《传习录》在美国传播的百年历程对中国经典典籍走出去具有重要借鉴意义。该文以拉斯韦尔的"5W"传播理论作为研究框架，采用文献分析法、内容分析法、历史分析法相结合的研究方法进行研究。文章先从1916年《传习录》传入美国的中美历史背景入手，并概述《传习录》在美国的传播概况，然后根据"5W"模式从传播主体、传播内容、传播渠道、传播受众和传播效果五方面详细探究《传习录》在美国的传播历程，并对其进行深刻反思，梳理出《传习录》在传播过程中存在的问题并提出解决对策。通过研究，研究者得到了以下结论。第一，从传播者来看，华裔学者是推动相关研究的中坚力量，但美国本土学者所做出的贡献也不容小觑，不仅如此，一些网络传播者也起到了助力作用。第二，从传播内容来看，《传习录》英译本一直再版至今，并且如今仍有不少学者始终对书中蕴含的阳明思想保有一定的研究热情，而在网络上也有相关内容的网络视频。第三，从传播渠道来看，专业期刊和哲学学术论坛是其主要的传播渠道，而各网络平台虽有一定的传播，但不成规模，并未得到很好的开发。第四，从传播受众来看，以学者和文史哲学生为主，网络相关视频虽点击量较大，但评论较少，可见尚未在国际层面获得稳定受众。第五，从传播效果来看，英译本得到再版、相关研究的被引次数总体上升、网络视频拥有较高点击量都在一定程度上反映出较好的传播效果。综上，该研究以传播学视角，对《传习录》在美国的传播历程进行分析，并对其在传播过程中所呈现的传播特点进行了深入探究，最后针对传播中出现的问题进行梳理，并提出优化传播的解决对策，得到的研究成果将对《传习录》在美国有效传播进行指导，并对深化中国汉语典籍外传的传播模式起到一定的促进作用。

夏莉雯《文章翻译学视域下〈传习录〉陈荣捷英译本“义体气”三合探究》（《现代英语》2023年第12期）一文以文章翻译学为视角，探究“译文三合义体气”在《传习录》译文中的应用，为中国哲学典籍英译提供了中国路子与中国智慧。

曾妍、程建山《斯坦纳阐释学翻译理论视角下中国古典哲学术语英译研究——以陈荣捷译〈传习录〉为例》（《文化创新比较研究》2023年第29期）一文指出，王阳明是中国明代著名哲学家，阳明心学的集大成者。而《传习录》汇集了王阳明与其弟子和友人的部分书信和语录，是中国古典哲学的重要典籍。因此，《传习录》里中国古典哲学术语的英译具有重要的研究价值。陈荣捷致力于中国古典哲学文献英译事业，该文以陈荣捷《传习录》的英译为例，在乔治·斯坦纳的阐释学四步骤翻译理论的视角下，归纳总结中国古典哲学术语的翻译方法和策略。通过对陈荣捷英译《传习录》的研究和总结，该文认为乔治·斯坦纳阐释学四步骤翻译理论适用于中国古典哲学术语的翻译。期望该文能为未来的哲学翻译研究提供有益的借鉴与参考。

附　录

一、2023年阳明学主题会议综述

2023年度围绕王阳明与阳明学，浙江省哲学社会科学界（包括省外乃至境外的高校科研机构）通过组织学术会议、举办学术论坛等多种形式，强有力地推动了阳明学的研究阐释与推广宣传。据不完全统计，2023年全年举办了51场以"王阳明与阳明心学"为主题的学术研讨会、文化活动周、文化旅游节，而各高校科研单位、企业组织、社会民间组织的阳明学讲座、《传习录》读书会，更是举不胜举。从一定意义上说，类似阳明先生去世后相当长的一段时间里，阳明弟子、门人定期举办的"阳明学会讲（讲会）"。2023年，月月有阳明学会议的举办、周周有阳明学学术沙龙（读书会、学术讲座）的分享。

详而言之，2023年在"阳明先生遗爱地"以及阳明后学活动地——浙江（杭州、宁波、余姚、绍兴）、贵州（修文、贵阳）、江西（大余、崇义、赣州、龙南、吉安、上犹、上饶）、福建（漳州、福州）、江苏（泰州），以及北京、上海、河北、广东、山东、陕西、湖北、广西举办的"王阳明与阳明后学"学术研讨会及相关活动主要有以下51场："修文阳明书院揭牌仪式"（贵州修文，1月6日），"文脉相承：从王阳明到鲁迅青年学术论坛"（浙江绍兴，1月8日），"纪念王阳明逝世494周年活动"（浙江余姚，1月9日），"吾师良知——纪念王阳明诞辰550周年书画雅集百米长卷展示暨先生逝世494周年拜谒仪式"（江西大余，1月9日），"纪念王阳明先生逝世494周年活动讲座"（江西吉安，1月9日），大型原创历史话剧《阳明三夜》上演（贵州贵阳，1月17日），新编历史京剧《阳明悟道》上演（贵州修文，2月20日），"《心学的诞生》新书发布暨分享会"（贵州修文，2月20日），

"阳明心学与元宇宙——由 ChatGPT 带来的加速变化与应对思考读书会"（北京，2月28日），"常德阳明文化研究中心成立暨《王阳明与常德》新书发行座谈会"（湖南常德，3月16日），"第四届浙闽文化合作论坛：阳明良知学研讨会"（浙江杭州，4月15日至17日），"第三届东南阳明学高峰论坛"（福建福州，4月22日至23日），"'善行天下——袁了凡'全国巡展天津站"（天津，4月25日），"第六届中国阳明心学高峰论坛"（江西赣州，4月28日至29日），"绍兴市王阳明研究会第二届会员代表大会"（浙江绍兴，5月28日），"贵州省重大文化出版工程《阳明文库》首批新书发布会"（北京，6月15日），"陆王心学及其现代诠释学术会议"（南京大学，6月15日），"王阳明与南安座谈会"（江西大余，6月25日），"'王阳明在湖南的活动及其影响研究'课题启动会"（湖南常德，7月10日），"2023泰州学派学术峰会"（江苏泰州，7月20日），"贵州文化寻迹之旅暨'阳明·问道十二境'游学线路首发团开团仪式"（贵州修文，7月30日），"第三届阳明学在福建（漳州）论坛"（福建漳州，8月12日），"平和县王阳明文化展示中心开展仪式"（福建平和，8月13日），"'心学万里行'阳明文化普及活动"（江西上饶、吉安、南昌、九江，8月13日至18日），"天理良心：朱子学与阳明学对话学术研讨会"（江西上饶，8月22日至23日），"阳明文化在当代的转化运用理论研讨会"（贵州贵阳，8月29日），"首届江西方志大讲堂暨王阳明方志文化论坛"（江西赣州，9月12日），"第二届江西省社会科学学术年会'阳明文化赋能江西文化强省建设'专题分会"（江西于都，9月16日），"阳明文化转化运用工作专题会"（贵州贵阳，9月19日），"贵州省新时代社会科学普及志愿服务协会阳明文化普及工作站揭牌仪式"（贵州修文，9月19日），"贵州省对台交流基地授牌暨黔台阳明文化研讨交流活动"（贵州修文，9月22日），"阳明学与明清哲学转型学术研讨会"（西安电子科技大学，9月23日至24日），"白鹿洞书院首届专家会讲：朱熹、王阳明与当代中国哲学的走向"（江西庐山，9月24日），"'溪山岳麓'阳明文化合作项目启动仪式"（贵州贵阳，9月26日），"同心同行良知之路　共建共享阳明史迹——全国阳明史迹保护研究联盟第三次联席会议暨联盟十大阳明文化遗产保护研究成果发布活动"（浙江余姚，9月28日），"2023宁波（余姚）阳明文化季启动仪式暨'吾心自有光明月'中秋诗会"（浙江余姚，9月28日），"吴光先生八秩寿庆暨新时代浙学·阳明学传承发展座谈会"（浙江绍兴，10月14日），"余姚阳明地名文化研讨会开幕式暨阳明地名文化短视频大赛颁奖典礼"（浙江余姚，10月18日），"第二期新哲学讲谈会：阳明心学的精神与智慧"（山东济南，10月20日），"第四届阳明文化国际论坛"（江西大余，10月21日至24日），"'水墨江山·阳明秋思'听琴会"（浙江余姚，10月30日），"纪念王阳明诞辰551周年礼贤仪典"（浙江余姚，10月31日），"中天阁论道：阳明心学与现代中国企业家精神研讨会"（浙江余姚，10月31日），"《王阳明大辞典》成果预发布会"（浙江余姚，10月31日），"2023阳明心学大会"（浙江绍兴，10月31日至11月1日），"绍兴阳明文化十景"（浙江绍兴，10月31日），"王阳明教育思想暨游学文化研讨主题活动"（绍兴职业技术学院，11月1日），"阳明心学大会第四届全国大学生传习研讨营——全国大学生阳明学研讨会2023：阳明文化的当代传承"（浙江绍兴，2023年10月31日至11月1日），"《王阳明大辞典》审稿会"（浙江杭州富阳，11月1日至3日），"第二届'实学·气学·心学'国际学术研讨会"（江西庐山，11月3日至5日），"'阳明·问道十二境'长图暨书画作品展"（贵州贵阳，11月8日），"纪念王阳明滁州讲学510周年学术研讨会"（安徽滁州学院，11月19日），"阳明心学与企业家精神——孔学堂文明论坛"（贵州贵阳，11月11日），"王阳明心态思想暨中国心学全国学术研讨会"（江苏南京，12月1日至3日），"阳明文化与至诚精神——中华优秀传统文化2023年大湾区'创造性转化、创新性发展'践行论坛"（广东深圳，12月2日）。

兹根据诸项学术研讨活动的举办时间，把相关研讨交流成果等予以胪列梳理。

（一）"修文阳明书院揭牌仪式"在贵州修文举行[①]

2023年1月6日，修文阳明书院揭牌。贵阳市委常委、宣传部部长孙绍雪，贵阳市副市长龙丛为修文阳明书院揭牌。贵州省委宣传部二级巡视员朱光洪，贵阳市文旅局局长胡琳，贵阳孔学堂文化传播中心副主任肖立斌，修文县委书记管庆良，修文县委副书记、代理县长谢国波，修文县人大常委会主任王世利，修文县政协主席唐德富，修文阳明书院院长王修权，省、市、县有关单位部门领导、嘉宾及县内企业代表参加揭牌仪式，并共同见证揭牌。

修文阳明书院的建成，是各级党委、政府鼎力支持和社会各界人士关心关怀的结果，凝聚着社会各界的殷切期望。书院将向着"成为修文进一步加强马克思主义原理同中华优秀传统文化相结合、挖掘阳明文化时代价值、修好共产党人'心学'的具体实践"这一目标不断迈进，为修文进一步研究好、传承好、弘扬好阳明文化注入强大动力，为擦亮、打响"心学修文·良知之源"的城市品牌做出重要贡献。下一步，修文阳明书院将围绕打造国际阳明文化研究高地、阳明学典籍展示中心、阳明文化产业发展示范中心的目标，趁势而上、接续奋斗，助推阳明文化创造性转化、创新性发展，让中国文化精髓浸润当代、滋养后代。

据了解，修文阳明书院分主院和别院，分别坐落在瓦罐窑河东、西两岸，整体书院与王阳明先生当年悟道的"玩易窝"形成大吉排布，浑然一体。

（二）"文脉相承：从王阳明到鲁迅青年学术论坛"在浙江绍兴举行[②]

2023年1月8日，由绍兴文理学院、国际儒学联合会阳明研修基地和浙江省稽山王阳明研究院共同主办，绍兴文理学院东亚文化之都研究中心、

---

① 信息来源于《修文阳明书院正式揭牌》，修文县人民政府官网，2023年1月8日。
② 信息来源于《王阳明与鲁迅"跨时空对话""文脉相承——从王阳明到鲁迅"青年学术论坛在绍兴举行》，人民网，2023年1月9日。

绍兴文理学院王阳明研究中心、绍兴文理学院鲁迅研究院、绍兴市鲁迅研究会等协办的"文脉相承：从王阳明到鲁迅青年学术论坛"在浙江绍兴举行。共有来自南京大学、山东大学、北京师范大学、兰州大学、江南大学、西南大学、西北大学、安徽大学、宁波大学、贵州大学和浙江省社会科学院等22所高校和科研机构32位青年学者和博士、硕士等发言。

浙江省稽山王阳明研究院副院长钱明研究员在青年学术论坛上致辞并做开幕主讲，绍兴文理学院人文学院副教授卓光平在论坛结束时进行了会议总结。本次青年学术论坛主要话题包括越地思想文化对王阳明、鲁迅的影响研究，王阳明与鲁迅思想精神的相通性研究，王阳明、鲁迅与近世中国启蒙思潮研究等三方面探讨"文脉相承：从王阳明到鲁迅"这一话题。

钱明研究员在致辞中指出，王阳明和鲁迅的出生年和过世时差距都是四百零几年。在这400年间，越地文化处于顶峰时期，出现了大量在人类历史方面对文化、思想有卓越贡献的文化巨人、思想巨人。从王阳明到鲁迅，就是这期间一头一尾的两个代表性人物。如果用"心动力"和"行动力"来概括王阳明和鲁迅的共同点，则王阳明在"心动力"和"行动力"两方面都非常注重。相对来说，如果鲁迅是"批判的武器"，则王阳明不仅有"批判的武器"，还有"武器的批判"。王阳明在"行动力"上超过鲁迅，其影响力不仅在思想、学术上，还在他的事功上；而鲁迅则注重"心动力"，他的《呐喊》其实就是他办过的"心声"，他的呼吁是"心声"，通过"呐喊"来唤醒人、改造人、立人。而从"新民"与"亲民"的差别来看，王阳明与鲁迅在对人心的认识上有所不同，但从越地文化的主基调来讲，二者都有豪杰的"大丈夫"精神，这种精神在阳明的弟子、他的后学乃至在以后的鲁迅先生身上都有充分的体现，这是一脉相承的精神文脉。

浙江省社科院哲学所研究员张宏敏的发言题目是"论王阳明与鲁迅"。他在报告中从历史、文学和哲学三重维度考察了王阳明与鲁迅在学行、文章和精神思想方面的相通性。鲁迅对传统的批判、对现代的接纳，为我们今天进行中华优秀传统文化的创造性转化、创新性发展提供了一个范例，其中的经验与教训值得我们认真总结。

宁波大学副教授邹剑锋的发言题目是《阳明先生与鲁迅狂人精神异同说》。他在报告中指出：王阳明的"狂"更多的是教育，也就是所谓担当、毅力、意志；鲁迅的"狂"，是所谓"狂人"，他从一个医学专家转向一个启蒙家、思想家、教育家，他的"狂"是在一个将近黑暗的九十多年前的一种启发，是对新思想的一种传播。同时，王阳明、鲁迅都是绍兴人，狂的精神，包括现在绍兴人的精神，也包括"绍兴师爷"这种对知识的自信，包括越王勾践十年卧薪尝胆，这种"狂于进取"都体现在了杭州与宁波之间。如果说宁波是大海精神，杭州是西湖精神，那么处于天堂与大海之间，绍兴人更多的是一种"狂于进取"的精神。

卓光平副教授的发言题目是"越学文脉：从'圣之狂者'王阳明到'醒之狂者'鲁迅"。他指出，从越学文脉的角度来说，王阳明与鲁迅是双峰并峙的越地思想家，也是前后相继的精神独异者，还是引领时代的思想源泉者。他们之间的相通性或者说传承性表现在"异""狂""心""事""文""人"等六字上。具体而言，就是反抗主流思潮是他们身上流淌的越地独异传统，从"圣之狂者"王阳明到"醒之狂者"鲁迅，这体现了越地绵延不绝的狂者精神谱系；从王阳明的"致良知"学说到鲁迅"立人"思想，其立足点都是"心之觉醒"；从王阳明的"知行合一"到鲁迅的"重在实行"这表明他们都有自己的行动哲学。从"心学集大成者"到"中国新文学之父"显示了他们都是"别立新宗"的文化大家，而在近世中国启蒙思潮之中他们无不是"人学"思想发展的巨大推进者。

绍兴文理学院徐依楠的发言题目是"论越文化思想对王阳明、鲁迅的影响"。她在报告中指出，阳明学是明清"浙学"的主体，也是在近现代乃至当代中国思想文化史上起到主导性作用的思想形态。其思想中很重要的一块就是对人的主体性的强调。鲁迅是肯定个体性原则的阳明心学的杰出领会者和实践者。二者的人文精神具有相通性。

江南大学副教授韩宇瑄发言的题目是"江南文化视域下的王阳明与鲁迅"。他在报告中指出，从阳明到鲁迅，轰轰烈烈的主体变革之火在江南地区潜行、燃烧，最终点燃中国弃旧图新、旧邦新造的神圣火炬。二人的思想根底生成于江南，也在江南最早生根、发芽。从江南文化的角度考察鲁迅和王阳明，可以帮助我们更好地认识江南文化传统，认识江南文化中看似矛盾的因子如何碰撞出原创性的思想变革，也为我们认识"阳明—鲁迅"的江南因子提供了新的启示。

贵州大学博士钟纯发言的题目是"思想的启蒙——人的挺立和'良知'的觉醒"。他在报告中指出，以"文艺复兴"为大背景，追溯到新思想、新文化的资产阶级的文艺运动，强调个体解放，确立人的尊严和价值。鲁迅留学于日本，不仅接受日本的思想，也接触了西欧个体自由和精神独立的思潮，这促使他开始反思国人的国民性的不足，而主张"立人"。"立人"，其主体是人的精神价值和世界。作为传承上千年的文化，儒学其实质也是人学，关于人与社会、自然、人的关系的学问，重点在人的伦理道德挺立。王阳明作为儒学传承者的重要一环，他的"良知"思想可以作为"立人"的一个侧面。两者有着一定的共通性和契合性。

浙大宁波理工学院刘杰发言的题目是"王阳明与鲁迅——作为青年导师的越地先贤"。他在报告中指出，这里他把王阳明和鲁迅定义为青年导师，因为这两个越地先贤不仅在他们生活着的时候就广受社会上读书青年的尊重与追随，他们在去世之后，依然能够为青年人的成长，在他们的作品之中、思想之中，提供巨大的思想营养和精神指引。从青年导师这个层次上，王阳明和鲁迅在四个方面是有着非常重要的相通性的。第一，作为青年导师，他们都有着非常精湛的乃至高超的教学艺术。第二，他们跟学生都有非常坦诚热烈的交往，都非常乐于帮助学生成长。第三，他们自身具有伟岸的人格魅力。第四，两个人都形成了非常深厚的学脉流淌，为后人留下了无穷的精神财富。

安庆师范大学副教授蔡洞锋发言的题目是"阳明心学传统与鲁迅的文化选择"。他在报告中指出，鲁迅思想及其文学价值是在全球背景的空前文化转型中形成的，在古今中外文化的交汇点上成为改造传统创造时代的历史角色，所谓"托尼学说，魏晋文章"。作为20世纪中国思想与文学的显赫存在，鲁迅思想与文学的形成无疑有着来自传统文化浸润的家世背景和故乡厚实的地域文化积习，以及对传统木刻、俗文学、民间戏剧乃至乡邦文献的喜爱，都体现了鲁迅思想和精神的深处对中国传统文化的皈依。从阳明心学的角度探讨鲁迅文学在现代中国社会历史进程中的形成与发展，无疑能为认知中华传统文化对鲁迅的文学实践、价值理想及其思想形成提供一种新的视角。

绍兴文理学院博士崔冶发言的题目是"从王阳明到鲁迅：'觉民行道'与诗风文风的形成"。她在报告中指出，王阳明诗歌整体风格我们可以概括为"从容有致""俊爽"，这种俊爽、顿挫之感就是因他始终不忘济世情怀，他关注民生，忧心于民。一方面，阳明从对自然界的欣赏与创作技法上达到了"有致"的特点；另一方面通过儒者的情怀，在被民生牵动的情思与理智思考中达成了"有致"风格的另一面。

总之，本次论坛的召开具有开拓意义。一方面，论坛将来自不同专业学科的青年学者组织起来，围绕阳明心学与鲁迅文学开展研究，不仅打通了文、史、哲等不同专业学科，也打通了古今思想文化，契合了专业学科和"新文科"的发展要求；另一方面，与会青年学者从不同角度深入探讨从王阳明到鲁迅的思想文化传承，积极助力"王阳明与鲁迅"这一话题成为学术热点，产出高水平的研究成果。

（三）"纪念王阳明逝世494周年活动"在浙江余姚举办[①]

2023年1月9日，是王阳明先生逝世494周年纪念日。当天，余姚市阳明街道阳明社区组织居民和志愿者来到近在咫尺的阳明文化广场，向王阳明铜像敬献花束，诵读王阳明家训，参观王阳明故居，向这位先贤表达敬仰之情。他们表示，生活工作在阳明街道阳明社区，是阳明先生的"近邻"，要在日常的工作、生活和学习中更好地践行"知行合一"思想。

---

① 信息摘录自《余姚：阳明"邻居"祭阳明》，余姚发布，2023年1月9日。

（四）"吾师良知——纪念王阳明诞辰550周年书画雅集百米长卷展示暨先生逝世494周年拜谒仪式"在江西大余举办①

2023年1月9日是王阳明先生逝世494周年的纪念日，由中国明史学会王阳明研究分会、第六届中国阳明心学高峰论坛组委会、江西省王阳明研究会、大余县社联主办，赣南师范大学国学院、文学院、赣州阳明书院、崇义阳明书院、上犹阳明书院、阳明蒙正文旅协办，大余县青龙镇人民政府、大余县青龙中学承办的"吾师良知——纪念王阳明诞辰550周年书画雅集百米长卷展示暨先生逝世494周年拜谒仪式"在王阳明先生逝世的地方——江西省赣州市大余县青龙镇阳明心园举行。

来自江西、北京、辽宁、山东、福建等地数十位专家学者一起来到阳明心园祭拜阳明先生。中国阳明心学高峰论坛组委会秘书长、三智书院理事长高斌，传习塾塾长张曙中等嘉宾分别进行献言。高斌理事长代表主办方献言，他说："今天是阳明先生逝世494周年纪念日，我们来到阳明先生逝世的地方祭拜先生，具有重要的现实意义。中国阳明心学高峰论坛将秉持阳明先生的思想精神，持续探索阳明心学在当代社会的落地实践，将先生的思想精神发扬光大。"

祭拜仪式结束后，主办方向大余县青龙中学捐赠了《一盏千古不灭的心灯——王阳明家训三字经》（幼儿版、少儿版）、《立德　立功　立言——王阳明在赣州》、《国学汇读》、《王阳明乡村社会治理思想的理论和实践》等书籍。

（五）"纪念王阳明先生逝世494周年活动讲座"在江西吉安举办②

2023年1月9日是王阳明逝世494周年的纪念日。为了贯彻落实好党的

---

① 信息来源于《"吾师良知——纪念王阳明诞辰550周年书画雅集"百米长卷展示活动举行》，中国青年报客户端，2023年1月9日。
② 信息摘录自《纪念王阳明先生逝世494周年活动讲座成功举办》，青原区人民政府官网，2023年1月10日。

二十大精神，把马克思主义基本原理和中华优秀传统文化相结合，当天，在江西省吉安市青原区文化广电新闻出版旅游局二楼大会场举办了"文旅大讲堂"第二期讲座，"学习宣传贯彻党的二十大精神 传承弘扬中华优秀传统文化——纪念王阳明逝世494周年活动主题讲座"。现场邀请到了井冈山大学阳明文化研究专家李伏明教授，作"王阳明：唤醒良知 担当天下——学习贯彻党的二十大精神 传承弘扬中华优秀传统文化"的主题讲座。

讲座开始前大家一起诵读了王阳明的《教条示龙场诸生（立志片段）》，通过口、眼、脑齐刷刷并用的诵读动作，让"立志"真正入脑入心。李教授从王阳明所处时代的政治背景和社会背景，王阳明知行合一、建功立业的辉煌人生，王阳明历经"百死千难"顿悟出"心即理""知行合一""致良知""亲民"的心学要义，这三方面深入浅出地向我们讲述了一个"文能治国安天下，武能上阵平叛党"，真实、立体、实干、担当、实事求是、从群众中来到群众中去，这样一个接地气的王阳明。在场的听众都表示讲座干货满满、很有现实指导意义，他们都能够从中找到实现个人担当、家庭担当和社会担当的精神要义。

（六）"大型原创历史话剧《阳明三夜》"在贵阳大剧院上演[①]

2023年1月17日晚，由贵州省委宣传部、省文化和旅游厅主办，贵州文化演艺集团承办，由江西省话剧团创作的大型原创历史话剧《阳明三夜》在贵阳大剧院上演。舞台上，演员们通过演绎王阳明人生中具有重大意义的三个夜晚——新婚之夜、平叛之夜、临终之夜，将王阳明传奇的一生精彩重现。全剧围绕王阳明"致良知""知行合一"等思想，呈现出人物情感变化和思想历程，艺术再现了他立言、立功、立德的大儒形象。

据悉，由江西省话剧团创作的《阳明三夜》，是江西省第一部表现王阳

---

① 信息摘录自《此心光明 亦复何言：话剧〈阳明三夜〉贵阳上演》，当代先锋网，2023年1月18日。

明的话剧舞台作品，获国家艺术基金2018年度舞台艺术创作资助，并获第七届江西艺术节·第十一届江西玉茗花戏剧节"剧目奖"。江西省话剧团负责人说，王阳明祖籍浙江，其一生最重要的建功立业在江西，而"悟道"则是在贵州龙场。此次赣黔两地联袂上演《阳明三夜》，对弘扬阳明文化和两地文化建设意义深远。

（七）新编历史京剧《阳明悟道》在贵州修文上演①

2023年2月20日晚，由中共修文县委、修文县人民政府主办，贵州京剧院执演的新编历史京剧《阳明悟道》在修文龙冈书院弘道馆上演。管庆良、王世利、唐德富等修文县四大班子领导和参加修文县两会的人大代表和政协委员到场观看。

《阳明悟道》是贵阳市重点打造的文旅融合艺术成果，由国家一级编剧陈泽恺担任编剧，中国话剧协会副主席钟海担任总导演，贵州京剧院院长侯丹梅担任艺术总监，贵州京剧院副院长冯冠博领衔主演，讲述了明代著名哲学家、教育家、政治家、军事家王阳明在贵州龙场悟道的故事，以当代视角诠释和弘扬阳明精神。舞台上，随着《杖刑贬逐》《荒山瘴旅》《龙场悟道》《讲习布道》《此心光明》几场戏的层层递进，悟道之旅徐徐展开，冯冠博以老生大文戏造型、新编唱腔，生动诠释了鲜活、厚重的阳明先生形象。青黛色的崇山峻岭、雾气缭绕的阳明洞、清冷的玩易窝等酷似实景的舞台布景，有着独具贵州地域的诗意之美，实现了哲学思想在京剧舞台上的完美呈现。

（八）"《心学的诞生》新书发布暨分享会"在贵州修文举行②

2023年2月20日，由贵州出版集团、贵州人民出版社出版发行的

---

① 信息来源于《新编历史京剧〈阳明悟道〉在修文上演》，网易网，2023年2月23日。
② 信息来源于《〈心学的诞生〉新书在贵州修文首发》，中国日报网，2023年2月21日。

"《心学的诞生》新书发布暨分享会"在贵州省修文县阳明洞举行。该书兼具理论性与趣味性,将命运多舛的天才少年如何成长为遗世独立的一代大儒,创立"心即理、知行合一、致良知"阳明心学的故事娓娓道来。图书作者、央视《百家讲坛》栏目特约主讲人、南京师范大学教授郦波与现场百余名读者分享了新书的创作经历。

1508年春,王阳明到达贵州龙场(修文县),在生命逆境中,悟出"圣人之道,吾性自足,不假外求"的道理,成就中国思想史上著名的"龙场悟道"。次年,王阳明前往贵阳"文明书院"讲学,与贵州提学副使席书始论"知行合一",史称"余姚之学,成于贵州"。贵州作为"阳明心学"的发源地,王阳明在此讲学培养了许多弟子,对贵州文化、教育影响深远。阳明心学的传播也以贵州为起点,随着其讲学活动及事功行为地域空间的扩大,很快风靡大江南北。在明清以来500余年历史中,阳明心学对朝鲜、日本等地也产生了巨大影响。

《心学的诞生》一书正是以阳明心学的诞生为脉络,从思想史、教育学、古典文学等多个维度切入,通过"向死而生""一路向黔""此境奇绝""龙场悟道""心外无物""知行合一""承'黔'启后"七部分内容,为读者生动讲述和呈现了王阳明在黔悟道、传道的感人故事。全书尊重史实、观照当下,视野宏阔、突出地域,寓理于事、重在启迪,是一部不可多得的研究、传播、推广阳明文化的好书,为阳明文化的地域书写、传播流布提供了新范本。郦波表示,500多年来阳明心学传播四海、其道大光,作为一名学者非常荣幸能够写成此书。他说:"阳明心学是为了每个心灵的解放,为现实人生提供了巨大的智慧。希望此书能够帮助读者更好地了解王阳明,开启心学之旅。"

(九)"阳明心学与元宇宙——由ChatGPT带来的加速变化与应对思考读书会"在北京国家图书馆举行

2023年2月28日,由中国东方文化研究会阳明文化委员会主办的"阳明心学与元宇宙——由ChatGPT带来的加速变化与应对思考读书会"在北京国家图书馆方志馆举办。中国东方文化研究会阳明文化委员会会长王梅林，工业和信息化部科工局一级调研员潘祝华，全国政协丝路规划研究中心办公室副主任徐志强，中国电科集团发展战略研究中心高工王世忠，北京社科院文化研究所研究员、元宇宙与碳中和研究院副院长邢杰等，参加了本次活动，并和众多专家学者展开热烈讨论。

王梅林会长作为本次活动的发起人之一进行发言。他说，阳明心学自诞生至今已有500余年，对古今中外诸多名人产生了很大影响，当今时代还有如此之多人喜欢，成为显学，这就足以说明"阳明心学"是具有强大生命力的。随着科技的发展，社会的进步，人们认识的提高，政治、经济、科技、文化的相互依存，人类步入了全球化时代。阳明思想中的"圣人之道，吾性自足""知行合一""致良知""万物一体之仁"等思想对构建人类命运共同体、铸牢中华民族共同体意识具有重要参考价值。但是元宇宙是什么？ChatGPT是什么？它们和阳明心学有什么关系？这是我们今天读书会要讨论的话题。

潘祝华做了主题为"阳明心学与元宇宙"的报告。他首先向大家提出了"我是谁"的哲学问题引发大家思考，然后引出随着科技的发展、"数字文明"的到来，我们到底是谁的问题。"假如我也是人工智能，那他们为什么创造我？"最后指出，阳明心学和元宇宙的关系：元宇宙空间是生命的、科技的与文化的有机结合体；它是物质和意识、现实和虚拟的有机结合体；它既包括线下，也包括线上；既是现实的，又是虚拟的；既是物质的，又是意识的，是一个完整的能量空间。阳明心学提出的"知行合一""心即理""致良知"实际上是把人的物质性和精神性完美地统一起来，但是这种统一是要通过修炼完成的，人要通过生命的修炼才能完成身心合一，才能完成意识和物质的统一。

邢杰就元宇宙是什么，当前人们对元宇宙的认识及发展前景等问题进行阐述，最后用"元宇宙是人类数字化智能化高度发展下的虚实融合的社会新形态"进行总结。韩佳新就"元宇宙"的运用作了"N世界元宇宙营销云解决方案"的主题汇报。他说，元宇宙将会推动互联网升级Web 3.0，相对于传统互联网，Web 3.0 将会线下与线上相结合，万人同屏互动，时空连线，永久沉浸私域用户，形成永不落幕的元宇宙空间。同时相对于传统官网元宇宙官网将会提升用户停留时长，沉浸感受品牌，产品强展现，用户强体验，空间强互动等，元宇宙将会是未来一大趋势。读书会最后，与会人员就"元宇宙""ChatGPT""阳明心学"展开热烈讨论。

（十）"常德阳明文化研究中心成立暨《王阳明与常德》新书发行座谈会"在湖南常德召开[①]

2023 年 3 月 16 日，由湖南应用技术学院、常德市鼎城区地方志编纂室联合举办的"常德阳明文化研究中心成立暨《王阳明与常德》新书发行座谈会"在湖南省常德市举行，来自湖南文理学院、湖南应用技术学院以及常德市、鼎城区的相关专家 50 余人参加会议。

座谈会由湖南应用技术学院党委副书记刘孟初主持。与会专家就"王阳明与常德"进行了交流发言，充分肯定了近年来常德阳明文化研究所取得的丰硕成果，展望了研究工作的广阔前景。一致表示今后将积极支持、深入开展阳明文化课题研究，力争将常德阳明文化研究中心打造成学术研究与交流的重要平台，推动常德阳明文化跻身全国阳明文化研究领域的学术前沿。

常德阳明文化研究中心同时授牌并宣布成立。常德阳明文化研究中心是经常德市民政局批准，由常德市社科联主管的民办非企业性质组织。中心旨在密切联系从事阳明学研究的专家学者，深入开展常德阳明文化研究，弘扬阳明心学思想，厚植常德历史文化底蕴。常德阳明文化研究中心将组建"王阳明在湖南的活动及其影响研究"课题组，围绕这一崭新课题展开相关工作。一是开展阳明行迹考察。沿着王阳明在湖南的足迹，寻找、考证王阳明在湖南的历史遗迹、遗址、遗存，收集线索资料，撰写调研报告。

---

① 信息来源于《常德阳明文化研究中心成立暨〈王阳明与常德〉新书发行座谈会召开》，湖南省地方志编纂研究院官网，2023 年 3 月 21 日。

二是拓展学术交流平台。进一步加强与全国各地的阳明文化研究机构、专家的联系与沟通，参加各地举办的学术交流活动；积极筹办"首届常德阳明文化论坛"，提升常德阳明文化在全国的影响力和知名度。三是推出新的研究专著。积极申报"王阳明在湖南的活动及其影响研究"社科课题，争取在2—3年内推出《王阳明在湖南》《"楚中王门"的文化影响》《蒋信诗文辑注》等研究成果。

座谈会上，湖南应用技术学院常务副校长李敏，常德市政协原副主席张力，常德市鼎城区人大常委会二级巡视员王少贤，常德市民政局二级调研员侯建文，常德市地方志编纂室主任郑文廷，鼎城区委常委、区委办主任杨成，常德市社科联副主席欧子成，鼎城区人民政府副区长陈宏为湖南文理学院文史与法学学院、湖南应用技术学院文化传媒学院、湖南幼儿师范高等专科学校、常德市图书馆、逸迩阁书院、鼎城区图书馆、鼎城区档案馆、鼎城区委党校赠送了新书《王阳明与常德》。

《王阳明与常德》由常德市鼎城区地方志编纂室和湖南应用技术学院联署出版，为湖南首部阳明文化研究专著。全书约42万字，由浙江省稽山王阳明研究院副院长钱明教授作序，分为四部分。第一部分"常德阳明文化概说"是该书重点，分三个章节。其中，"一代圣贤王阳明"由区地方志编纂室主任曾世平撰稿，"王阳明讲学常德"由湖南应用技术学院教授梁颂成撰稿，"楚中王门述论"由鼎城区政协原文史委主任邓声斌撰稿；第二部分"常德阳明文化史迹"介绍常德境内11处与王阳明有关的遗址遗迹；第三部分"常德阳明文化论坛"选录了14篇全国各地阳明文化研究专家的优秀论文；第四部分"附录"收录了美国哈佛大学图书馆珍藏的蒋信著《桃冈日录》。原书为国内外罕见的明代刻本，文献价值很高。《王阳明与常德》编研工作2017年启动，编研课题组通过外出考察、广泛征集资料、反复修改完善，历时5年完成全书编研与出版工作，2022年11月由岳麓书社出版。

据介绍，明朝正德年间，王阳明因忠言直谏，得罪权宦刘瑾，被贬为贵州龙场驿驿丞。在赴谪（正德三年，即1508年）和起谪（正德五年，即1510年）途中，都经过了当时的常德府及府属沅江县、龙阳县、武陵县和桃源县，并在古城武陵潮音阁（寓贤阁）停留小住，在武陵城北土桥（阳明书院）、城东桃冈等处讲学，还拜师访友（文澍、杨应源）。交游之际，他同一大批武陵人结下了深厚友谊，写下多首（篇）诗文，传播了心学思想。阳明殁后，以其嫡传弟子为核心，逐渐形成八大王门后学学派。楚中王门就是今湖南、湖北一带阳明弟子及再传弟子的统称，主要代表人物为武陵（今鼎城）人蒋信、冀元亨。蒋信在常德府城东设立桃岗精舍（大致位于今武陵区建设东路绿岛小区附近），名贯西南，桃李天下。冀元亨更是跟随王阳明多年，深受其教诲。楚中王门文脉繁盛，影响很大，亦可称为湖湘文化之明珠。

（十一）"第四届浙闽文化合作论坛：阳明良知学研讨会"在浙江杭州召开

2023年4月15日至17日，由浙江省儒学学会、福建省闽学研究会主办的"第四届浙闽文化合作论坛：阳明良知学研讨会"在杭州召开。来自福建闽学研究会、浙江省儒学学会、复旦大学、厦门大学、南京大学、贵州大学、广西王阳明研究会等单位的50余名专家学者相聚杭州，研讨王阳明学说。本次会议共收到论文35篇。

浙江省儒学学会会长曹锦炎和福建省闽学研究会会长黎昕发表致辞。曹会长认为，在新时代大背景下，以"阳明良知学"为主题举办这次研讨会，相信必将大大推动儒学、国学在全国各地的繁荣复兴，希望能够通过在座各位专家的深入探讨，将阳明学研究推向一个新的高度，为弘扬传统文化添砖加瓦。黎昕会长在致辞中表示，朱熹和王阳明是我国宋明时期重要的思想家，他们创立的闽学和阳明学是中国思想文化史上的重要学说，是中华优秀传统文化的重要组成部分，从闽学、阳明学中取精用宏，守正开新，对于弘扬中华传统文化、塑造时代精神、增强文化自信、推动社会进步都具有重要的意义。

本次会议主要围绕阳明学与闽学、阳明心学的内在精神与特征、阳明学的历史评价、阳明学的当代价值、阳明后学等有关问题进行了深入的探讨。复旦大学特聘教授何俊、南京大学哲学系教授李承贵、福建省闽学研究会副会长张品端、厦门大学哲学系教授冯兵、宁波大学马克思主义学院教授彭传华和杭州师范大学国学院教授张天杰分别以"阳明学与明季闽学""王阳明心学的学术精神""朱熹、王阳明对《大学》诠释之比较""朱子论'命'""'真''俗'之间——章太炎批评王学的思想历程及真正动机""朱王异同之辩与清初《大学》诠释史的转折——以胡渭《大学翼真》为中心的考察"为主题作了大会主旨发言。

（十二）"第三届东南阳明学高峰论坛"在福建福州举行

2023年4月22日至23日，由中央司法警官学院、福建省政府法制研究中心、福建省哲学学会、福建省和谐社会研究会、福建省闽学研究会、福建省监狱工作协会、福建省光合社会工作服务中心联办，福建省司法警察训练总队、福建江夏学院阳明学研究院承办的"第三届东南阳明学高峰论坛"在福建省司法警察训练总队举行。福建江夏学院党委副书记陈敏辉致论坛开幕辞。

来自全国各高等院校和司法行政机构的100多名专家学者围绕"文化自信与人文教化"这一主题展开研讨。论坛共收到论文近80篇，研究主题都能很好贴近"阳明学与现代日常生活"，阐释阳明学与现代人化教化、阳明学与美好生活、阳明学与社会治理、阳明学与特殊教育等方面，既有宏观展示阳明心学在东亚的接受状况，也有于精微处入手剖析阳明"良知"的系统层次。

北京大学教授张学智为论坛做了首场主旨报告——"朱熹、王阳明哲学的天人情怀"，深刻剖析了朱熹与王阳明对于"天人"关系的阐释，通过新的阐释，使宋明理学的内在精神有更细致深入的展现。中山大学教授陈立胜的《面向"目前实事"：心学工夫论中的"当下"时刻》、浙江省社会科学院研究员钱明的《从"觉民行道"到"安民行道"——王阳明的"亲民"思想与当代中国的民生之道》、台湾东海大学教授蔡家和的《由"知行合一"谈中华文化之特色——以孔子至阳明为例》、厦门大学教授吴光辉的

《作为"合一论"的王阳明思想的内在架构》、上海交通大学教授杜保瑞的《王阳明面对师弟子问答时之教学机锋》、武汉大学教授陈晓杰的《对沟口雄三"两种阳明学"说的批判性考察》等论文及学术报告选题新颖，论证精辟，呈现了当前阳明学研究的新动态与高水平。

据介绍，福建江夏学院阳明学研究院是该校于2019年11月成立的学术研究机构。阳明学研究院自成立以来，在研究传播中华优秀传统文化、推进其创造性转化、创新性发展方面做出了贡献，2020年、2021年曾连续成功举办主题为"阳明学与福建"的第一届、主题为"走向世界的阳明学"的第二届东南阳明学高峰论坛。①

（十三）"'善行天下——袁了凡'全国巡展天津站"在天津博物馆开展②

2023年4月25日，由天津博物馆、嘉善博物馆主办"'善行天下——袁了凡'全国巡展天津站"在天津博物馆开展。该展览以袁了凡善学思想发展为主线，着重解读他践行的功过格，以及《了凡四训》《宝坻政书》等著作中的善学思想，探索袁了凡善学思想与当代价值体系的内在联系。

袁了凡（1533—1606），名黄、字坤仪，号了凡，生于浙江嘉善、仕于天津宝坻、隐于江苏吴江。他是明代重要思想家，是我国古代善学思想的集大成者和践行者。他以儒为本，汇通三教，提出了具有独创性、系统性的行善主张；他身体力行，对自己的善学思想积极实践，达到了知行合一的境界；他善与人同，道济天下，以《了凡四训》为代表的袁了凡善学思想至今熠熠生辉。

展览分为"命由我作 福自己求""兴善之地 积善之家""功过内省 良善谦德""知行合一 宝坻善政""善与人同 道济天下"等五单元，分别简述袁了凡生平，挖掘袁了凡善学思想源头，阐述袁了凡善学思想内涵，展

---

① 信息摘录自《第三届东南阳明学高峰论坛举办》，东南网，2023年4月23日。
② 信息来源于《"善行天下——袁了凡"展览天博开展》，《天津日报》2023年4月26日。

示袁了凡善政实践，以及探索袁了凡善学思想的当代价值，希望袁了凡善学思想精华能够为当今社会发展提供指引和助力。

择善而行，积善成德，为善最乐，至善至美。"善"是中华民族的传统美德，是古往今来无数中华儿女的价值追求，是传统文化与时代精神的重要内涵和表现形式。400多年来，袁了凡的善学思想精华熠熠生辉，历久弥新。揽善学思想之所藏，穿越490年的时光，"袁了凡"从嘉善出发来到天津，希望"善行天下——袁了凡"全国巡展能让天津市民近距离感受了凡善学思想的魅力，让以袁了凡善学思想为代表的"善文化"能够走进千家万户。

（十四）"第六届中国阳明心学高峰论坛"在江西省赣州市举办[①]

2023年4月28日至29日，由中国亚洲经济发展协会咨询委员会、中国传媒大学、中华社会文化发展基金会王阳明文化基金主办，中国传媒大学阳明书院等单位承办的"第六届中国阳明心学高峰论坛"在江西省赣州市举办。

本次论坛共进行了1场主论坛，6场分论坛，聚集了来自全国9个省区市的49位专家学者，围绕七大分议题，进行39场主题演讲，5场主题对话，有近百次高质量的报告和对话交流。300余位嘉宾参加了现场的论坛，三智心媒体等3个平台进行了现场直播，网上观看直播超过20万人次。

4月28日，第十二届全国政协副主席齐续春出席并宣布第六届中国阳明心学高峰论坛开幕。中国亚洲经济发展协会副会长、第六届中国阳明心学高峰论坛组委会副主席申坤代表主办方致辞。他说，本次论坛大力弘扬中华优秀传统文化，为中国式现代化和中华民族伟大复兴贡献力量和智慧。阳明心学凝聚着中国传统文化的核心理念，具有重要的当代价值与现代

---

① 信息摘录自《第六届中国阳明心学高峰论坛在赣州成功举办》，经济网，2023年5月5日。

意义。

中央和国家机关工委原副书记、中国社会工作联合会会长陈存根在论坛致辞中表示，"致良知"昭示我们必须不忘初心，始终为中国人民谋幸福，始终为中华民族谋复兴；"知行合一"昭示我们必须坚持理论联系实际，不尚空谈、实干兴邦，在学习、传承、弘扬阳明心学中不断增强民族自信、历史自信、文化自信。

中央统战部原副部长陈喜庆在致辞中说，王阳明所创立的心学是中华优秀传统文化的一颗明珠。在推进马克思主义基本原理同中华优秀传统文化相结合的过程中，要重视研究、借鉴、转化王阳明心学思想，坚持创造性转化、创新性发展，进一步传承中华优秀传统文化。

民革中央原副主席何丕洁表示，本届论坛聚焦阳明先生事功、乡村振兴、中国式管理、中华文字智慧、心理学等方面的广泛研讨，是一次文化的盛宴，相信一定能形成丰硕的智慧结晶。

贵州省人大常委会原副主任顾久，赣州市上犹县阳明小镇董事长陈定云分别致辞。中国亚洲经济发展协会常务副会长申占华，南京大学教授徐小跃进行了主旨演讲。江西省政协原副主席陈清华，中华社会文化发展基金会执行副秘书长蒋晔，中国传媒大学阳明书院院长周月亮，赣南师范大学国学院院长周建华，陕西师范大学教授丁为祥，稻盛和夫（北京）管理顾问公司董事长曹岫云，贵阳学院副院长汪建初，中国传媒大学通识教育中心主任李有兵，北京三智文化书院理事长高斌，中关村物联网产业联盟秘书长王正伟等领导、专家、学者和企业家以及200多位嘉宾在现场参加了开幕式。

4月29日，论坛开启平行论坛，"阳明心学与乡村振兴""阳明心学与心理学"分论坛在上午同时进行，"阳明心学与中国式管理""阳明心学与江右事功""阳明心学与中华文字智慧"分论坛在下午同时进行。与会嘉宾围绕分论坛的主题展开演讲与对话。论坛闭幕式上，周建华教授做学术总结，陈强理事长做最后总结。

（十五）"绍兴市王阳明研究会第二届会员代表大会"在浙江绍兴举行①

2023年5月28日，"绍兴市王阳明研究会第二届会员代表大会"在绍兴王阳明故居举行。出席会议的有绍兴市社联副主席蔡立峰，绍兴文旅集团名城公司领导徐艳芳，绍兴市阳明研究会第一届理事会会长张校军，副会长孙有峰、汪柏江，副会长兼秘书长马士力，驻会专家李永鑫、郭宝棠，顾问那秋生等，百余位新一届会员参加会议。

绍兴市王阳明研究会副会长汪柏江主持会议。会议审议通过了第一届理事会工作报告、财务工作报告、修改章程报告，并选举产生新一届理事会。绍兴市王阳明研究会第一届理事会会长张校军主持召开第二届理事会第一次会议，会议选举产生了会长、副会长、秘书长，并决定聘请顾问、名誉会长，聘任副会长、专家委员会委员。

最后，张校军会长发表讲话。他回顾总结了绍兴市王阳明研究会5年来的工作，并对未来5年工作提出了规划建议：（1）继续抓好阳明文化"五进"工作。目标是范围更广，影响力更大，受益人员更多。（2）继续加强学术研究工作。要吸收更多有志于阳明文化研究的新人，培养壮大研究队伍，多出研究成果。（3）继续为党委政府建言献策。推动有关部门深化优化阳明遗迹的保护建设。除继续做好阳明洞天、阳明园、阳明故居以外，上虞区的陈溪乡王阳明在四明山的游线开发，以浮峰（牛头山）为龙头的与唐诗之路结合的阳明诗文之路的开发，特别是要推动重建阳明书院、稽山书院、刘宗周的证人书院等，把书院建成弘扬传播阳明心学的精神道场，成为培训、研修阳明心学的基地。打响阳明心学"修心游"的品牌，以此带动旅游业的发展。（4）加强研究会的自身建设。重点是理事会的建设和会员素质的提升及会员积极作用的发挥，使绍兴市王阳明研究会在传承和

① 信息摘录自《绍兴市王阳明研究会第二届会员代表大会顺利召开》，绍兴王阳明研究会微信公众号，2023年5月29日。

弘扬阳明文化中发挥更大的作用。

（十六）"贵州省重大文化出版工程《阳明文库》首批新书发布会"在北京国际图书博览会上举行①

2023年6月15日，由贵州省委宣传部（贵州省新闻出版局）主办，贵州日报当代融媒体集团承办，贵阳孔学堂文化传播中心、贵州省孔学堂发展基金会协办，孔学堂书局执行的"贵州省重大文化出版工程《阳明文库》首批新书发布会"在第二十九届北京国际图书博览会上举行。

《阳明文库》是贵州省"十四五"期间实施的重大文化出版工程。此次发布并参展的《阳明文库》首批书目有23种25册，其中学术专著系列14种16册，包括《地缘、血缘与学缘的交织——中国人文和自然境域中的王阳明及阳明学派》（上、中、下三册）、《实践与超越——王阳明哲学的诠释、解析与评价》、《一体万化——阳明心学的美学智慧》、《治心与治世——王阳明哲学的政治向度》、《心学何为？——阳明学与中国当代文化建设》、《泰州王门思想研究》、《罗汝芳学谱》、《〈传习录〉释读》、《本体与方法——王阳明及其后学学术思想研究》、《思想与社会——王阳明的"事""术""道"》、《中江藤树〈翁问答〉译注与研究》、《三重松庵·三轮执斋·佐藤一斋经典译注与研究》、《熊泽蕃山〈集义和书〉译注与研究》、《大盐中斋〈洗心洞札记〉译注与研究》等；古籍整理系列有9种9册，包括《邹子愿学集》、《邹子存真集》、《阳明先生文录》、《南皋邹先生会语讲义合编》、《邹忠介公奏疏》、《新刊阳明先生文录续编》（线装本）、《新刊阳明先生文录续编》（精装本）、《新刊阳明先生文录续编》（点校本）、《孙山甫督学集》等。

贵州省委宣传部副部长、省新闻出版局局长耿杰，清华大学国学研究院院长陈来，贵州省文史研究馆原馆长顾久，中国新闻出版传媒集团总经

---

① 信息摘录自《〈阳明文库〉首批亮相 繁花生树嘉惠学林——贵州省重大文化出版工程在第29届北京国际图书博览会发布》，天眼新闻客户端，2023年6月15日。

理、中国全民阅读媒体联盟常务副理事长李忠，贵州省孔学堂发展基金会理事长王大鸣，北京大学哲学系教授干春松，《阳明文库》作者代表、北京大学外国语学院教授刘金才，以及贵州日报当代融媒体集团董事长李筑，孔学堂书局、《孔学堂》杂志总编辑、总经理苏桦，副总编辑张发贤等出席发布会。

全国各地阳明学研究者们对《阳明文库》的出版表达了关注，并从学术层面进行了高度评价。浙江大学求是特聘教授董平认为，《阳明文库》搜罗古今中外阳明学研究要籍以及今人研究的代表性著作，汇为一编而分为不同书系，"体大思精，架构完备，充分体现出版单位孔学堂书局用思之精、用心之深、用意之美与用功之勤"。其出版的意义在于，"必将成为王学研究的新典范，并为推进中国传统文化创造性继承、创新性发展积累新的经验，而其嘉惠学林之功，则必将在历史绵延中愈加显现其恒久价值"。

华东师范大学资深教授、中国哲学史学会会长杨国荣认为，尽管关于王阳明哲学的研究已有不少，但综合起来集中展示其思想内容的读物相对较少，《阳明文库》在改变这种状况方面迈出了引人注目的一步。"这套丛书汇集了关于王阳明思想研究的不同成果，同时也收入有关阳明后学的相关考察，不仅内容丰富，具有学术的价值，而且设计精湛，给人以美感。"

武汉大学国学院荣誉院长、教授，贵阳孔学堂学术委员会主席郭齐勇则用"知行合一致良知，阳明精神传万代"两句，表达对《阳明文库》首批新书发布的祝贺；北京大学哲学系教授、博士生导师，中华孔子学会常务副会长干春松以"心学纯明，拔本塞源"八个字作为对《阳明文库》的寄语。

日本中国学会副理事长、日本关西大学教授吾妻重二说，阳明学对日本的影响不可忽视，王阳明的著作在江户时代至二战前被许多人阅读，而且日本保留了不少王阳明著作的珍贵版本和佚文。他表示："此《阳明文库》除了收录当代中国著名学者的阳明学研究著作之外，还包含了中江藤树的《翁问答》、熊泽蕃山的《集义和书》、大盐中斋的《洗心洞札记》，以及三重松庵、三轮执斋、佐藤一斋等日本知名阳明学者与阳明学共鸣者的代表作品的翻译和注释，其中不乏《翁问答》《集义和书》等用和文写成的著作。这些著作的语言并非现代日语，而是江户时代的古日文，因此翻译并非易事。这些著作被翻译成中文，恐怕是首次之事，在此也可知《阳明文库》的出版具有开创性的意义。"

南京大学哲学系教授李承贵也从贵州这个规模宏大的重点文化出版工程看到了"学术传播"之外的深意："在阳明文化建设上，贵州省的雄心与作为，使其成为复兴优秀传统文化大潮中的引人注目的标杆；而在践行'创造性转化、创新性发展'理念上，贵州省则是无可争议的、出类拔萃的典范。"

贵州大学教授、中国文化书院荣誉院长张新民为《阳明文库》多出高水平一流成果题句："仰望头上灿烂的神奇星空，激活心中本有的创造活力。"《阳明文库》将500年间的阳明心学发展轨迹和研究精华展现于世人，并非只为"研究"或是"回望"。使之融入当下，作用于现世，唤醒当下每个人心中本自具足的创造活力，这也正是阳明心学所说的"致良知"。

孔学堂书局副总编辑张发贤介绍，《阳明文库》在"十四五"接下来的3年（2023—2025年）将完成第一辑140种图书，其中约含学术专著系列和古籍整理系列等图书123种，普及推广读物17种。此次在北京国际图书博览会上发布的首批新书之后，孔学堂书局还将与国家图书馆、北京大学图书馆、南京大学图书馆等历史悠久、馆藏丰富的图书馆合作，遴选出珍本、孤本、善本，并联手国内知名古籍整理专家及拥有优秀的古籍点校团队的高校，高质量完成阳明学重要古籍文献的整理出版工作。

（十七）"陆王心学及其现代诠释学术会议"在南京大学举办[①]

2023年6月15日下午，"东林学术沙龙"第八期"陆王心学及其现代

[①] 信息来源于《"东林学术沙龙"第八期｜"陆王心学及其现代诠释"学术会议顺利召开》，南京大学哲学系、宗教学系官网，2023年6月17日。

诠释学术会议"在南京大学召开，来自国内高校与科研院所的青年学者共聚一堂，围绕陆王心学及其现代诠释展开了探讨交流。

会议伊始，南京大学哲学系主任王恒教授进行致辞，他在深入剖析会议主题的同时，又对"东林学术沙龙"以及南京大学哲学系中国哲学专业进行了详细介绍。接着，在学术汇报与探讨环节，王军和李海超聚焦于陆九渊心学，分别辨析了其"去恶向善"思想及其对圣人道德不完备性的阐述；包佳道、崔海东、陆永胜、孙钦香、朱金晶、乔佳、代玉民等学者从"名"、"至善"、儒佛关系、公共权力、诠释史、批判性反思、逻辑分析等角度对阳明心学进行了检视与探讨；张星、王嘉仪主要关注阳明后学，分别以罗近溪和鹿善继为中心探讨了心学的宗教精神和心学之乐；王璐、许琳婧将研究视域放在明清以来的儒家思想转型方面，王璐重审了明清之际儒家思想转型的相关议题，许琳婧揭示了清末民初的阳明心学具有转向与会通的特点；韩立坤探讨了熊十力对现代儒学的"本体认识论"的建构；杨世帆从中日儒学比较研究的视域出发，反思了东亚儒学的普遍性与特殊性；任春强论述了道德与幸福同一性的儒家哲学形态。

最后，李承贵教授对此次会议进行了总结，并对人性善恶问题、中国哲学概念的辨析以及话语体系的建构等问题做出了精彩点评。本次会议观点新颖又有理有据，气氛活跃又不失谨严。

（十八）"王阳明与南安座谈会"在江西大余召开①

2023年6月25日，由赣州市社科联主办的"王阳明与南安座谈会"在江西省赣州市大余县池江镇杨梅村召开。赣州市社科联主席郑成功，赣州市社科联兼职副主席、赣南师范大学历史文化与旅游学院院长李晓方应邀出席座谈会，大余县委常委、宣传部部长黄中华主持会议。座谈会上，与会专家学者围绕"王阳明与南安"这一主题，从阳明文化的研究、普及、

---

① 信息摘录自《"王阳明与南安"座谈会在我县召开》，大余县人民政府官网，2023年6月27日。

史籍史料挖掘，擦亮南安阳明文化"金名片"等方面进行深入探讨、交流发言，充分搅动了大家的思想，对进一步开展阳明文化研究、普及起到了积极作用。

据了解，此次座谈会目的在于充分挖掘王阳明与南安史籍史料，研究探讨王阳明对南安的影响，为2023年10月在大余举办的"第四届阳明文化国际论坛"营造浓厚的文化氛围。赣州市社科联作为"第四届阳明文化国际论坛"承办单位之一，接下来将积极发挥职能职责，在"赣州社科"微信公众号上推出相关栏目，为论坛举办营造良好氛围。

（十九）"'王阳明在湖南的活动及其影响研究'课题启动会"在湖南常德召开①

2023年7月10日，"'王阳明在湖南的活动及其影响研究'课题启动会"在常德市鼎城区地方志编纂室召开，常德市鼎城区地方志编纂室主任曾世平、湖南应用技术学院文化传媒学院院长江新军、湖南文理学院教授梁颂成、鼎城区政协原文史委主任邓声斌等课题组成员参加了会议。这标志着"王阳明在湖南的活动及其影响研究"课题正式启动。

会上，曾世平宣读了"王阳明在湖南的活动及其影响研究"课题研究方案，课题组成员就工作方案进行了热烈的讨论，进一步明确了主要任务，完善了工作安排，细化了责任分工，提出了一系列行之有效的建议。

据悉，该课题正计划申报湖南省社会科学基金重点项目，课题的中心任务是推出《王阳明与湖南》研究专著。《王阳明与湖南》主要由曾世平、梁颂成、邓声斌执笔，计划2023年年底完成初稿，初稿完成后，课题组将于明年组织开展王阳明湖南行迹考察。此外，还将从湖南阳明学以及"楚中王门"研究角度，面向全国阳明学研究专家征集10篇优秀论文收录于《王阳明与湖南》，力争2024年完成该书的出版工作。除此之外，课题组还

① 信息来源于《"王阳明在湖南的活动及其影响研究"课题正式启动》，鼎级传媒网，2023年7月12日。

将积极开展学术交流活动，争取在2025年举办"首届常德阳明文化论坛"，并适时启动《楚中王门研究》和《蒋信诗文辑注》的编研工作。

"王阳明在湖南的活动及其影响研究"是首个专门研究王阳明与湖南及楚中王门的课题，这将填补湖南在楚中王门研究方面的空白，有助于提升常德阳明文化研究在全国的影响力和知名度，推动常德阳明文化研究跻身全国阳明文化研究领域的学术前沿。

（十九）"2023泰州学派学术峰会"在江苏泰州召开[①]

2023年是泰州学派创始人王艮先生诞辰540周年。7月20日，由中国社科院哲学研究所、南京大学、江苏省社科联、江苏省社科院、中共泰州市委、泰州市人民政府等共同主办，以"建设中华民族现代文明，彰显泰州学派时代价值"为主题的"2023泰州学派学术峰会"在泰州举办。泰州市委书记朱立凡，江苏省委宣传部副部长、省政府新闻办主任赵金松，南京大学党委常务副书记杨忠，中国社会科学院哲学研究所所长张志强出席会议并致辞。

这是一次思想的盛宴、文化的盛会，来自全国各地的专家学者齐聚泰州。江苏省社科联党组书记、常务副主席张新科，中国哲学史学会会长、华东师范大学教授杨国荣，江苏省社会科学院副院长王月清，北京大学哲学系、儒学研究院教授干春松，扬州大学文学院教授王干，中国东方文化研究会副会长王梅林，中国社会科学院哲学研究所中国哲学室主任刘丰，清华大学哲学系副教授赵金刚，泰州市领导徐克俭、臧大存、祝光等出席会议。

朱立凡在致辞时说："泰州是一座底蕴深厚的文化名城、特色鲜明的产业名城、共建共享的幸福之城。作为泰州学派诞生地，泰州有责任、有信心搭建好研究交流的高端平台。我们将坚定文化自信，传承泰州学派内在精华，弘扬泰州学派时代精神，进一步擦亮泰州学派城市文化品牌；秉持

---

① 信息摘录自《2023泰州学派学术峰会隆重举行》，中国江苏网，2023年7月21日。

开放包容的精神，更加自觉地延续文化根脉、融通中外古今，加快把泰州建设成为古今交融、形神兼备的文化名城；坚持守正创新，以'走在前、做示范'的果敢担当，推动优秀传统文化创造性转化、创新性发展，努力探索'建设中华民族现代文明'的泰州方案和泰州路径。"

赵金松希望泰州深入贯彻落实习近平总书记在文化传承发展座谈会上的重要讲话精神和考察江苏时发表的重要讲话精神，不断深化泰州历史文化研究，致力打造高水平泰州学派学术阵地、研究高地和交流基地，在守正创新中更好推进文化传承发展，更好担当新时代新的文化使命，积极为江苏建设社会主义文化强国先行区、探索建设中华民族现代文明新经验贡献泰州力量。

杨忠在致辞时说："举办泰州学派学术峰会，是贯彻落实习近平总书记考察江苏时发表的重要讲话精神的重要举措。我们将进一步深化江苏地域文化和泰州学派的研究，不断推动江苏文脉和中华文明走向世界。希望以泰州学派学术峰会为平台，打造中华优秀传统文化传承发展的新窗口，共同探索建设中华民族现代文明的地方路径。南京大学将一如既往地支持中华优秀传统文化创新高地建设，一如既往地支持泰州学派研究中心建设。"

张志强在致辞时说："泰州学派的当代价值在于深刻彰显了文化生命体的价值观，并且使其一定程度上具有了现代的形态。泰州学派的主张也正是儒学人民性的深刻反映。我们要更好地担负起建设中华民族现代文明的文化使命，更好地开发泰州学派的时代价值，让先人所开显的文明世界，不断成为滋养现代文明的营养。"

尼山世界儒学研究中心、孔学堂文化传播中心以及中国人民大学荣誉一级教授张立文向该次峰会发来贺信。南京大学泰州学派研究中心主任邵佳德发布了《2023年度泰州学派研究课题指南》。张志强、张新科共同为"泰州学派研究院"揭牌，并发布新书《泰州学派研究》。张志强、杨国荣、王干分别做主旨演讲，从不同角度挖掘泰州学派所蕴含的哲学智慧、人文精神、道德规范，展示其历久弥新的现代价值和时代风采。

当天，部分与会嘉宾围绕"建设中华民族现代文明，彰显泰州学派时代价值"主题开展对话交流，并紧扣泰州学派的传承创新与时代价值、泰州学派的学术地位与社会影响等专题进行研讨。

（二十）"贵州文化寻迹之旅暨'阳明·问道十二境'游学线路首发团开团仪式"在贵阳市修文县中国阳明文化园举行[①]

2023年7月30日，由贵州省文化和旅游厅主办，携程集团、修文县文体广电旅游局、贵州省研学旅行协会和中国阳明文化园协办的"贵州文化寻迹之旅暨'阳明·问道十二境'游学线路首发团开团仪式"在贵阳市修文县阳明文化园举行。携程集团政府合作部西南大区总经理易杨、贵州省研学旅行协会会长刘黔致辞，贵州省研学旅行协会常务副会长周厚能做"阳明·问道十二境"主题介绍及线路推介。

易杨在致辞时表示，在"多彩"的颜值背后，贵州这片土地还孕育着深厚的人文之美。作为"中国历史上集大成式哲学家"，王阳明在贵州"龙场悟道"上奠定了"阳明心学"体系的基石。经过500多年的发展，阳明文化不仅是中华优秀传统文化的瑰宝，更是当今世界文化交流的一座桥梁。

周厚能在"阳明·问道十二境"主题内容与线路推介中，详细介绍了阳明先生的生平与"阳明·问道十二境"的来源。他表示，阳明文化缘起贵州，此前贵州组织阳明文化研究专家、文旅规划专业人士通过文献研究和实地调研，提炼出"阳明·问道十二境"文化符号，形成一条经典游学线路，这个文化符号以及经典游学线路完整记录了"心学"从立意到成熟的全过程。

活动现场，易杨、刘黔、周厚能与两位全国知名旅行达人代表，共同启动了"阳明·问道十二境"游学线路首发团，一场寻迹贵州文化精粹的游学之旅正式拉开帷幕。

据了解，为加大贵州阳明文化旅游产品的推广力度，携程平台已陆续

---

① 信息摘录自《寻迹阳明 | 贵州文化寻迹之旅暨"阳明·问道十二境"开团仪式成功举办》，世纪旅游网，2023年7月31日。

定制上线"阳明·问道十二境"游学主题产品，并积极整合平台资源，打造"阳明问道十二境·发现贵州'心'旅程"线上专题推广活动，线下还将与百家携程门店联动，拓宽阳明文化旅游线路传播渠道，通过线上线下共同发力，持续为游客提供寻迹贵州文化，体验阳明魅力的新渠道、新体验。为了让不同游客体验阳明文化的独特魅力，携程平台针对不同群体定制上线一日及多日游线路。此外，在征集邀约游客大众成为首发团代表的同时，还邀请两位国内知名旅游达人，深入贵州"阳明·问道十二境"的山水、古道、旧址中，通过直播、视频及图文等方式，广大网友可以从不同视角沉浸式体验和感悟阳明文化的精髓内涵，游学线路，助力触达、吸引更多圈层游客关注，提升"阳明·问道十二境"文化IP的知名度和美誉度。

"阳明·问道十二境"，包含龙场悟道、兴隆书壁、平越思隐、古道心旅、陆广晓发、水西论象、龙冈开讲、贵阳传道、南庵答和、南祠咏怀、东山遗韵、镇远留书等"十二境"，覆盖修文玩易窝、天生桥、三人坟、蜈蚣桥、六广河、阳明古渡、飞龙峡、阳明洞、龙冈书院、黔西象祠、镇远青龙洞等诸多游学点。

（二十一）"第三届阳明学在福建（漳州）论坛"在福建漳州召开[①]

2023年8月12日，由漳州市委宣传部、市文旅局指导，福建省闽南文化研究会、平和县委宣传部、平和县文体旅局主办，闽南师范大学闽南文化研究院、福建省闽南文化研究会阳明学专业委员会、漳州市闽南文化研究会、中国朱子学会阳明学专业委员会承办的"第三届阳明学在福建（漳州）论坛"在漳州召开。漳州市委常委、宣传部部长、统战部部长吴卫红，福建省闽南文化研究会会长林晓峰，中国人民解放军军事科学院战争研究院研究员王珏，中国朱子学会常务副会长陈支平，闽南师范大学副校长张

---

① 信息来源于《第三届阳明学在福建（漳州）论坛举办》，《福建日报》2023年8月13日。

龙海，漳州市直有关部门、平和县委县政府等有关单位领导和嘉宾，来自全国各地高校、研究机构的专家学者120余人参会。

吴卫红强调，作为阳明文化的重要发祥地、实践地、传播地，漳州将以此次活动为契机，深入贯彻落实习近平总书记在文化传承发展座谈会上的重要讲话精神，站位"两个结合"特别是"第二个结合"，坚持创造性转化、创新性发展，着力做好阳明文化深度研究、浸润滋养、出海传播"三篇"文章，努力把阳明文化打造成为体现中国智慧、具有漳州特色的重要文化标识之一，为全方位推进高质量发展、加快建设现代化滨海城市提供有力的文化支撑和强大的精神力量。

活动上，林晓峰做了主题发言。他指出，阳明学在福建具有传播早、联系广、贡献大等特点，进一步梳理了新时代阳明学在福建的四个传承方式，提出阳明学雨露润泽福建大地、丰富发展闽南文化、推动漳州月港开洋、福建阳明学传播看漳州等新观点，阐释了活泼泼的阳明学与开放包容的闽南文化之间的关系。

本次活动收到来自全国13个省（自治区）的50多篇论文。专家学者们在大会交流发言和分组研讨中围绕"阳明学研究的新进展""关于王学得失的议论""王阳明与文明书院考论""确定性与不确定性之间——兼论阳明学在福建的传播""王阳明与梧州""朱王会通：福建阳明学的基本特征"等方面，围绕阳明学与福建、与闽南、与漳州的关系，从不同侧面畅谈阳明文化的时代价值，阐述福建阳明地域文化的特点，进一步领会研究、继承、弘扬中华优秀传统文化必须与马克思主义唯物史观相结合的论断，坚持古为今用，在传承发展中汲取中华优秀传统文化的精华。

贵州大学副教授张明指出，王阳明贬谪贵州龙场期间，贵州文明书院是元明时期贵州最著名的书院。王阳明曾多次应两任贵州提学副史毛科、席书的邀请，到贵阳文明书院讲学，并始论"知行合一"。由此而言，贵州文明书院成为天下王门传播"知行合一"思想的第一个讲坛。

江西井冈山大学历史系主任、研究员李伏明认为，福建是朱子学的根据地，阳明学在福建的传播必须直面朱子学。彼时，福建严酷的生存环境条件，使百姓生活具有极大的不确定性。朱子学的天理提供了一种确定性，给民众带来精神寄托，具有坚实的社会文化基础。而王阳明亲民爱民、勇于担当的精神正是当时的福建士民所需要的，这也使得王阳明受到广泛的尊重和敬仰，阳明学得以传播。在新的历史条件下，追求真理、寻找确定性依然意义重大，尤其必须弘扬王阳明亲民爱民、勇于担当的精神，实现中华民族伟大复兴。

中国朱子学会阳明学专业委员会副主任兼秘书长、平和县委宣传部副部长张山梁指出，朱王会通是福建阳明学的基本特征。作为朱学重地的福建，并非一味排斥阳明学，而是以"共融互容"之举措，助推"朱王会通"之势，从而形成具有福建特色的阳明学。从朱熹、王阳明在治理管控漳郡的束民以礼、束民以约的相近理念，到一大批莅闽履职阳明门人、后学兼顾朱学的会通，以及黄道周等众多闽籍学人促成朱王会通。有理由说，"朱王会通"是福建阳明学有别于其他地方的地域文化特色之一。

（二十二）"平和县王阳明文化展示中心开展仪式"在福建省平和县阳明公园举行[①]

2023年8月13日，"平和县王阳明文化展示中心开展仪式"在福建省平和县阳明公园举行。平和县王阳明文化展示中心是集社科普及、学术研习、文化交流为一体的文化传播平台，是目前福建省内专业性最强、资料收集最全、学术支撑体系最多的兼具学术性、普及性阳明文化传播基地，对赓续历史文脉、构建福建阳明地域文化标识、丰富闽南文化研究和传播载体具有重要意义。

福建省闽南文化研究会会长林晓峰，中国人民解放军军事科学院战争研究院研究员王珏，平和县委书记蔡绿璇，漳州市委宣传部副部长、市政府新闻办主任陈惠贞，漳州市城市职业学院原党委书记洪亚勇，浙江省社会科学院哲学所副所长、研究员张宏敏，赣南师范大学王阳明研究中心主

---

① 信息来源于《平和县阳明文化展示中心揭牌》，漳州新闻网，2023年8月16日。

任李晓方，贵州大学阳明学研究中心主任张明，宁波财经学院阳明文化研究所所长陈权利，以及浙江、江西、广东、广西、福建等10多个省（自治区）出席"第三届阳明学在福建（漳州）论坛"的专家、学者出席开展仪式。平和县委常委、宣传部部长李真主持开展仪式。

开展仪式上，陈惠贞在致辞中指出，阳明文化是中华优秀传统文化的重要组成部分，漳州是王阳明经略、过化、存神之地，平和更是王阳明上疏奏设的第一个县、践行"知行合一"的首个检验场，大家要汲取圣哲先贤的文化智慧和精神品质，以王阳明文化展示中心开展为契机，加强与全国各地的阳明学研究机构、高等院校合作，开展平和历史和阳明文化常态化普及工作，经常性组织干部群众、学生参观学习，接受优秀传统文化的熏陶，提升文化素养，以更加坚定的文化自信投入谱写新时代新漳州、新平和的现代化建设新篇章中。

仪式上，蔡绿璇和林晓峰共同为平和县王阳明文化展示中心揭牌，同时，全国阳明学研究机构（团体）联席会议成员单位、福建省新时代特色文艺示范基地、贵州大学阳明学研究中心研习基地、赣南师范大学王阳明研究中心研习基地、宁波财经学院阳明文化研究所研习基地、福建省闽南文化研究会阳明学专业委员会研习基地、平和县新时代文明实践中心研习基地挂牌。开展仪式后，与会领导和专家学者、嘉宾走进平和县王阳明文化展示中心参观指导。

据了解，500多年前，王阳明受命领兵入漳，靖寇平乱之后，两度上疏奏请朝廷添设"平和县"。自此以来的500多年间，平和人民始终不忘阳明先生的奏立之功、肇建之德。平和县阳明文化展示中心是以王阳明跌宕起伏的一生为主线，以其"两次半"入闽为重点，介绍了王阳明生平、王阳明与福建、福建阳明文化遗存等内容，展示王阳明追求道德良知、为达到理想彼岸而自强不息、止于至善的精神，为市民朋友们提供了一个学习阳明文化的重要场所，更是平和县对外文化交流的特色展示窗口。

（二十三）"'心学万里行'阳明文化普及活动"在江西上饶、吉安、南昌、九江等地进行①

2023年8月13日至18日，绍兴市王阳明研究会会长张校军率课题组一行13人，赴江西上饶、吉安、南昌、九江等地开展"'心学万里行'阳明文化普及活动"。绍兴市社科联副主席蔡立峰、越城区委宣传部副部长兼区社科联主席胡立钊等应邀一同参加、指导调研工作。"'心学万里行'阳明文化普及活动"是绍兴市社科联立项的2023年度社团组织和社科普及基地重点扶持项目。

在吉安考察调研期间，吉安市社科联党组书记谢莉主持座谈会并陪同调研，主席曾志斌、副主席王春发和青原区副区长龙艳华陪同。吉安市社联、吉安市致良知读书会以及青原区有关单位负责人等30余人参加座谈。

座谈会上，吉安市社科联党组书记谢莉热烈欢迎绍兴市王阳明研究会的课题组，介绍了吉安市近年来围绕阳明心学在社科课题研究、社科普及活动开展、社科成果推介等方面的做法和成效。张校军会长对吉安市近年来在保护阳明文化资源、讲好阳明文化故事等方面取得的成效表示赞赏，并分享了绍兴市在拓展研究内涵、发展阳明文化产业方面的经验做法。双方就深入研究"王阳明心学的时代价值"进行了广泛的探讨，结合不同地域的文化传统，阐述了阳明心学深入研究的发展方向，并希望两地加强交往交流，共同推进阳明文化发展，探讨阳明心学研学旅游发展合作。座谈会上，绍兴市王阳明研究会向吉安市社科联赠送了《王阳明在浙江》《王阳明画传》等研究成果。

调研期间，课题组先后来到青原山净居寺、阳明书院陈列馆等地实地考察调研，详细了解阳明文化在青原的发展历史及发展近况，并赴安福县三舍村、邹守益墓等阳明心学传播有关遗址旧址考察调研。在邹守益后人、

---

① 信息来源于《绍兴市王阳明研究会开展"心学万里行"阳明文化普及活动》，绍兴社科网，2023年9月11日。

安福县邹守益心学文化研究协会等相关人员陪同下，绍兴市王阳明研究会一行祭祀了邹守益墓地。被称为"阳明心学第一村"的安福县三舍村，是阳明先生大弟子邹守益先曾带九名刘姓弟子到绍兴向阳明先生请教的"九刘赴越"典故发源地。

在南昌市考察调研期间，南昌市新建区委常委、宣传部部长吴梅萍，新建区文联主席唐俊晓、南昌市散文学会荣誉会长陶江、民建新建区副主委周三岗、江西省书院研究会理事徐忠明、新建区长风诗社社长卢炜等相关领导、专家陪同调研，参加座谈会。

课题组一行还实地考察了上饶娄谅故居（可惜已经被毁）、鹅湖书院、南昌铁柱万寿宫、庐山纪功碑、白鹿洞书院、鄱阳湖等阳明文化相关联遗迹遗址。

总之，江西是阳明先生树功之地、成婚之地、落星之地，被阳明先生认为是自己的第二故乡，更是阳明先生封号（新建伯）之地，拥有众多遗迹遗址。浙赣山水相连、文化相近、心学互通，绍兴作为阳明心学萌发之地、完善之地、传播之地。此次考察调研行程2500公里，开启了两地加强交流、考察的首站，为携手创造性转化、创新性发展阳明文化，续写新时代增强文化自信的心学篇章。

（二十三）"天理良心：朱子学与阳明学对话学术研讨会"在江西上饶举行①

2023年8月22日至23日，由中国社会科学院中国思想史研究中心、上饶师范学院主办，上饶师范学院朱子学研究所、玉山县人民政府承办的"天理良心：朱子学与阳明学对话学术研讨会"在江西省上饶市玉山县举行，来自中国、新加坡、韩国、日本等多个国家和地区的百余名中外专家学者齐聚千年古书院怀玉书院展开学术研讨。

---

① 信息来源于《中外专家学者齐聚江西玉山研讨朱子学与阳明学》，中国新闻网，2023年8月23日。

中共玉山县委书记郑国良在致辞时表示，朱子理学和阳明心学作为闪耀在中国古典哲学发展巅峰的双子星座，纵横古今、远播海外、熠熠生辉。这次学术研讨会不仅是一场学术高深、思想博弈的学术盛会，还是促进中华文化交流的精神纽带，更是推动中华优秀传统文化创造性转化、创新性发展的重要抓手。

上饶师范学院党委副书记、校长殷剑说："此次我们既是纪念先贤，传承优秀文化，加快推进朱子学和阳明学学术研究的一次重要的学术交流活动，也是推动合作、加强学术交流，共同实现中华优秀传统文化研学运用的一次重要的学术创新实践，具有十分重要的意义。"

中国社会科学院中国思想史研究中心秘书长王启发表示，朱子学和阳明学是研究近世以来的中国传统思想文化绕不过的方面，天理与良心又代表了朱子学与阳明学各有侧重的核心理念。朱子学与阳明学的对话，是我们今人与古人对话的一种方式，也是今人从中发现对当代学术有深入探讨价值的文化来源。

江西省社会科学界联合会党组成员、副主席汤水清认为，宋明理学代表了中国哲学的一个新境界。而在宋明理学当中，又有朱子理学与阳明心学这两种不同的义理形态，它们的异同可以说是中国儒学史上经久不衰的话题。此次学术研讨会对于推动中华优秀传统文化实现创造性转化、创新性发展，做好江西优秀传统文化研究这篇大文章，助推江西省文化强省建设无疑有着十分重要的意义。

在学术研讨环节，来自中国社会科学院、浙江大学、复旦大学、厦门大学、武汉大学、安徽大学、湖北大学、湖南大学、杭州师范大学、台湾鹅湖书院、韩国鲜文大学等60余位学者进行了论文发表。

（二十四）"阳明文化在当代的转化运用理论研讨会"在贵阳孔学堂举行①

2023年8月29日，由贵州省委宣传部主办，贵阳市委宣传部、贵阳孔学堂文化传播中心、贵州省孔学堂发展基金会承办的"阳明文化在当代的转化运用理论研讨会"在贵阳孔学堂中华文化国际研修园会议中心举行。来自贵州省内外阳明文化研究专家学者齐聚一堂，纵论阳明文化在当代的转化运用。

贵阳市委常委、市委秘书长刘本立在致辞中表示，此次学术研讨是实施阳明文化转化运用工程的重要举措，希望各位专家学者深度发掘阳明文化的时代价值，为阳明文化在贵阳的转化运用提供对策建议，形成一批具有时代特征、时代意义的丰硕成果。近年来，贵阳贵安坚持推动中华优秀传统文化创造性转化、创新性发展，聚力打造"一堂两心三精品"文化品牌。"一堂"即围绕建好用好孔学堂着力打造学术高地；"两心"即围绕以阳明心学为代表的中华优秀传统文化和以共产党人的"心学"为代表的红色文化，着力推动传承转化；"三精品"即围绕党员干部党性教育、企业商道研修、中小学生研学打造精品线路。贵阳贵安将坚决落实贵州省委宣传部"多彩贵州"重大文化工程的部署要求，以阳明文化为重点打造孔学堂"明论坛"，认真抓好红色文化重点建设、阳明文化转化运用、民族文化传承弘扬、屯堡文化等历史文化研究推广"四大工程"，凝聚"强省会"强大精神力量。

会上，华东师范大学资深教授杨国荣做"人类命运共同体的价值内涵与时代意义"线上主题发言，陕西师范大学哲学学院教授丁为祥做"阳明心学的现代价值"主题发言，武汉大学中国传统文化研究中心教授欧阳祯人做"论贵州的历史文化是阳明学研究的重要资源"主题发言，南京大学

---

① 信息摘录自《"阳明文化在当代的转化运用"理论研讨会在贵阳孔学堂中华文化国际研修园会议中心举行》，天眼新闻，2023年8月29日。

哲学系教授李承贵做"试论王阳明心学的当代价值"主题发言，东南大学马克思主义学院教授陆永胜做"'第二个结合'视域下阳明文化的当代转化与运用"主题发言，贵州大学教授张新民做了"王阳明思想学说的历史意义与现代价值"主题发言，贵阳学院教授王晓昕做"'知行合一'作为贵阳城市精神的意义"主题发言，贵州大学哲学学院教授龚晓康做"从'知行合一'到'知信行统一'：试论'第二个结合'的深层意蕴"主题发言，贵州大学哲学学院教授邓国元做"王阳明'龙场悟道'新论——兼论阳明心学的思想叙事"主题发言。

（二十四）"首届江西方志大讲堂暨王阳明方志文化论坛"在江西赣州启动①

2023年9月12日，由江西省地方志研究院主办、赣州市地方志研究室承办的"首届江西方志大讲堂暨王阳明方志文化论坛"在赣州启动。赣州市人民政府副市长张骅出席启动仪式并致辞，江西省社科院党组成员、副院长兼省地方志研究院院长甘根华在启动仪式上讲话。江西省地方志研究院副院长杨志华、张棉标出席活动并分别主持启动仪式和主旨讲座。江西全省11个设区市地方志工作机构主要负责同志，赣州市、县地方志机构有关负责同志以及方志文化爱好者、阳明文化研究者等参加了论坛。

"首届江西方志大讲堂暨王阳明方志文化论坛"特邀浙江稽山王阳明研究院副院长钱明做"王阳明的'亲民'思想及实践与当代中国的民生之道"的专题授课。活动期间，甘根华、张骅、钱明等人共同为"首届江西方志大讲堂"揭牌。赣州市地方志研究室向各设区市地方志工作机构赠送了《虔台志》，并在现场陈展了《赣州市志（1986—2000）》《赣州年鉴2020》《安远年鉴2021》等精品志书及章贡区、南康区、崇义县、信丰县、瑞金市、会昌县、石城县等县（市、区）点校整理的旧志。赣州、南昌、宜春、

---

① 信息来源于《首届江西方志大讲堂暨王阳明方志文化论坛在赣州举办》，《赣南日报》2023年9月13日。

吉安等设区市的地方志工作机构主任做了交流发言。

据介绍，从明正德十二年（1517）正月王阳明至赣南到正德十六年（1521）九月离任，短短4年多时间，王阳明在赣南立下"破山中贼"之奇功，始揭"致良知"之大道，迎来人生辉煌。赣州是王阳明"立德、立功、立言"的重要实践地，也是王阳明"致良知"思想的主要形成地和成熟地。如今，赣州市依然保存有王阳明主持修建的太平桥、结庐讲学处通天岩、聚徒讲学地濂溪书院、王阳明落星处、王阳明亲笔手迹"平茶寮碑""玉石岩碑"以及刊印于明朝正德十三年的《传习录》等诸多宝贵历史文化遗存，成为全国乃至世界传承与弘扬阳明思想最重要的载体，王阳明已成为赣州的重要文化标识。

"首届江西方志大讲堂暨王阳明方志文化论坛"在赣州启动，并从地方志这一全新视角解读阳明文化的历史内涵、文化精髓和时代价值，既是一场文化盛宴，又是一次推动方志文化创造性转化、创新性发展的新尝试，更是认真贯彻习近平总书记"大力弘扬中华优秀传统文化"重要指示精神的一项有力举措。

（二十四）"第二届江西省社会科学学术年会'阳明文化赋能江西文化强省建设'专题分会"在江西于都举行[①]

2023年9月16日，由江西省社会科学界联合会主办，赣南师范大学王阳明研究中心、赣州市社会科学界联合会、中共于都县委宣传部联合承办的"第二届江西省社会科学学术年会'阳明文化赋能江西文化强省建设'专题分会"在赣州市于都县举行，来自江西省内外的阳明文化专家学者80余人参加了活动。赣南师范大学党委副书记胡龙华，江西省社联党组成员、副主席刘清荣，赣州市人民政府副市长张骅，于都县委书记黄法出席会议并致辞。

---

① 信息来源于《第二届江西省社会科学学术年会"阳明文化赋能江西文化强省建设"专题分会顺利召开》，赣南师范大学官网，2023年9月20日。

江西省委宣传部原部长姚亚平、中国人民解放军军事科学院战争研究院研究员王珏、南京大学教授李承贵、于都县阳明文化研究会秘书长管冬梅分别做了题为"王阳明在江西的文化遗产与我们的研究任务""宋明时期平息南赣民变的军事遗产——从岳飞到王守仁""王阳明的心态智慧及其当代启示""相观而善，恒照未来"的主旨演讲。

姚亚平指出，王阳明是中国传统文化集大成者，阳明心学是我们中华民族最优秀的思想核、最充沛的精气神、最强大的软实力。王阳明一生来江西的次数多，在江西的时间长，发生的历史事件最重大，其一生立功、立德、立言大多发生在江西。江西有着极为丰富的阳明文化遗存，在纪念、研究王阳明方面有着特别的优势、资源。我们的任务，一要保护好、利用好王阳明在江西的文化遗产，二要深入研究阳明人生和阳明心学特别是其在江西的社会实践和思想学说，三要深入挖掘阳明思想和阳明文化的当代价值。

王珏研究员指出，南宋时期的岳飞和明代的王阳明都曾到赣南平息民变，发于卒伍的岳飞和起于州部的王阳明虽属于不同类型的将领，但二者身上具有相同的悲天悯人的家国情怀，此种家国情怀正是二人具备强大实战能力、取得军事胜利的最重要精神指引。一个社会对待农民武装的方式是这个社会自身的投影，平息民变的战争没有真正的胜利，用兵者应服战于民心，岳飞和王阳明在赣南留下的军事遗产值得我们深入研究。

李承贵教授指出，王阳明不仅对心态的微妙性、复杂性有清醒的认知，而且对负面心态的危害性及其原因有深刻的揭示。在此基础上，创造性地提出了以"致良知"为核心，具体表现为立志、言善、纯理、万物一体等相互关联的化解负面心态的方法体系。王阳明关于心态问题的认识和思考，不仅蕴含了丰富深刻的心理学知识，值得探索和研究，而且对于化解滋生于当今社会中的诸种负面心态具有启示意义和实用价值，值得弘扬和推广。

管冬梅从罗田岩的阳明题刻"相观而善"出发，探讨于都在"阳明文化赋能江西文化强省建设"中的地位和作用。王门之中一直流传着"江有何黄，浙有钱王"的说法，"何黄"指的便是王阳明的于都籍弟子何廷仁、黄弘纲。于都是王阳明赣南籍弟子最多的地方，是阳明文化传承发展的重要地域。

分组讨论环节，与会专家学者围绕"阳明文化的历史内涵与当代诠释""阳明文化与立德树人""阳明文化与社会治理""阳明文化的转化与发展"等主题分组研讨，为保护和传承阳明文化、科学利用阳明文化资源以及推动江西文化强省建设积极建言献策。

活动期间，与会人员还前往于都罗田岩爱莲池、濂溪阁、观善岩实地考察，全方位感受古代文人墨客留下的历史印记，领悟宋明以来理学文化、阳明文化等中国传统文化在于都的传承与发展。

（二十五）"阳明文化转化运用工作专题会"在贵州贵阳召开

2023年9月19日，贵州省委常委、贵阳市委书记胡忠雄在贵阳主持召开"阳明文化转化运用工作专题会"。他强调，要深入学习贯彻习近平总书记关于文化建设的重要论述，在主题教育中深刻理解"两个结合"的重大意义、全面把握中华文明的五个突出特性，抓好系统谋划，加强资源整合，强化阳明文化的转化运用，提升心学高地城市名片的知名度和美誉度。

贵阳市委常委、市委秘书长刘本立，贵阳市人大常委会副主任、南明区委书记黄成虹，贵阳市副市长龙丛参加了专题会。

在认真听取阳明文化转化运用工作推进情况后，胡忠雄指出，阳明文化是贵阳优秀传统文化的代表，心学高地是贵阳重要的城市名片。要着眼于提升文化遗产传承力，把握好历史文脉、文化传承、文物保护利用之间的关系，聚焦"保护、挖掘、利用、管理、转化"五个环节，项目化、清单化、责任化、时限化推进转化运用工作，更好地推动阳明文化的传承发展，为打造更高水平的文化贵阳提供坚实支撑。

胡忠雄强调，阳明文化转化运用是一项系统工程，必须优化顶层设计、加强系统谋划、做到整体推进。（1）要建立一个联动机制，建好用好落实好阳明文化保护利用工作机制，定期研究调度工作，充分整合省、市、县三级工作职能和业务资源，真正保护好、传承好、挖掘好、利用好阳明文化。（2）要完善一个顶层设计，深入开展摸底挖掘，结合实际科学编制保护规划，紧盯阳明文化园、阳明祠、孔学堂三个重点场所抓实保护开发利用；聚焦"一院一会一刊一书一网一公司一活动"，建强阳明研究院，发挥好阳明学会作用，办好阳明文化刊物、丛书和网站，组建阳明文化运营公司，打造阳明文化活动品牌，形成更多具有影响力的文化载体、文化品牌和文化活动。（3）要建好一个阳明文化数字博物馆，进一步明确项目建设主体和运营主体，引入专业化、市场化运营团队，全面提升数字博物馆线上线下融合互动的数字化体验。（4）要打造一堂精品课程，聚焦干部、企业、学生、游客四大重点群体，精心打造一批具有吸引力和竞争力的精品课程，以丰富多彩的活动传习阳明文化。（5）要开辟一条精品旅游路线，围绕干部教育、商道研修、学生研学和旅游体验加快推出一批精品线路，让更多人走进阳明文化、了解阳明文化。

（二十六）"贵州省新时代社会科学普及志愿服务协会阳明文化普及工作站揭牌仪式"在贵州修文阳明书院举办

2023年9月19日，"贵州省新时代社会科学普及志愿服务协会阳明文化普及工作站揭牌仪式"在贵州修文阳明书院举办。贵州省新时代社会科学普及志愿服务协会秘书长张绍雄，贵州省新时代社会科学普及志愿服务协会监事会主席、贵州龙场王阳明研究院院长、阳明文化普及工作站首席专家李小龙，贵州省社科联、修文县委宣传部、阳明文化普及工作站相关负责人，社会各界、各行业专家学者等参加揭牌仪式。

会上，张绍雄发表致辞。他说，通过阳明文化普及工作站的建设和运行，将能够更好地发挥社会科学普及在促进民族文化传承创新发展中的重要作用，更好地满足人民群众对美好生活的向往和期待，更好地推动贵州省经济社会的高质量发展，更好地为实现中华民族伟大复兴的中国梦而努力奋斗。

揭牌仪式上，张绍雄与县委宣传部相关负责人共同为阳明文化普及工作站揭牌，并为阳明文化普及工作站相关人员颁发聘书，阳明文化普及工作站志愿者代表发言，李小龙做主旨宣讲。

据了解，修文是王阳明先生龙场悟道的发生地、知行合一的诞生地，修文县将依托阳明文化资源富集的优势，整合修文县委党校、中国阳明文化园、修文县知行合一培训中心、修文阳明书院、贵州王阳明研究院等阳明文化研究传播机构，汇聚更多的社会科学普及志愿服务力量，建强阳明文化普及工作站。

（二十七）"贵州省对台交流基地授牌暨黔台阳明文化研讨交流活动"在贵州修文中国阳明文化园举办[①]

2023年9月22日，为进一步提高贵州省对台交流水平，推动黔台阳明文化学习传播，以"感悟知行合一，共促祖国统一"为主题的"贵州省对台交流基地授牌暨黔台阳明文化研讨交流活动"在中国阳明文化园龙冈书院举办，这标志着贵州首批对台交流基地落成。

授牌仪式上，贵州省委统战部副部长、省台办主任刘睿表示，阳明文化是两岸共同的文化，建设对台交流基地、举办黔台阳明文化研讨交流活动，既是传承弘扬阳明心学的一件文化盛事，也是加强海峡两岸文化交流的一项重要举措。贵州与台湾人缘相亲，文缘相通，商缘相连。中国阳明文化园作为阳明先生龙场悟道核心地，一直是黔台阳明文化交流传承重要的区域载体。在此授予中国阳明文化园"贵州省对台交流基地"牌匾，将为黔台文化交流工作注入新动能、增添新活力。

中新社贵州分社党委书记、社长张一凡以及贵州省委台办、贵阳市委台办、贵阳市红十字会、修文县有关负责人，黔台专家、学者参加启动仪式。启动仪式完成后，黔台专家学者参观了中国阳明文化园、修文县三人坟、天生桥、玩易窝遗址、阳明书院等。

---

① 信息来源于《"贵州省对台交流基地"授牌暨"黔台阳明文化研讨交流活动"在贵州"中国阳明文化园"启动》，中国新闻网，2023年9月22日。

据介绍，阳明文化是中华优秀传统文化的重要组成部分，是中华民族、两岸同胞共同的精神财富。修文县将坚持以文为媒、以文搭台、以文聚心、以文引商，开展丰富多彩的交流活动，讲好修文故事，传播修文好声音，为黔台两地同胞和社会各界参访考察提供便利条件和优质服务，推动统战工作高质量发展。

（二十八）"阳明学与明清哲学转型学术研讨会"在西安电子科技大学举办①

2023年9月23日至24日，由西安电子科技大学人文学院主办的"阳明学与明清哲学转型学术研讨会"在西安电子科技大学南校区会议中心举办。来自清华大学、南开大学、中山大学、厦门大学、山东大学、华中科技大学、西安交通大学、陕西师范大学等国内高校与科研单位的60余位专家学者参加此次会议。

9月23日上午，此次学术研讨会举行开幕式。西安电子科技大学党委副书记、纪委书记郭俊参加并代表学校致辞，人文学院院长石福祁代表学院致欢迎辞。郭俊在致辞中代表学校对与会学者表示热烈欢迎和诚挚问候。他指出，习近平总书记强调，中华优秀传统文化是中华民族的突出优势，是我们在世界文化激荡中站稳脚跟的根基，而阳明学正是中华优秀传统文化的代表。此次学术研讨会围绕阳明学与明清哲学的主题展开研讨，是西安电子科技大学积极推进新文科建设、深化相关学科基础研究的有效举措。相信与会学者在对中华优秀传统文化精神脉络与基本精神的深入研讨中，能够实现对中华优秀传统文化的创造性转化、创新性发展。

石福祁院长代表西安电子科技大学人文学院对与会学者支持西安电子科技大学人文学院的发展表示感谢，并介绍西安电子科技大学人文学院在师资队伍、学科建设以及学术研究方面取得的成果，希望与会学者在该次

---

① 信息来源于《人文学院举办"阳明学与明清哲学转型"学术研讨会》，西安电子科技大学新闻网，2023年9月27日。

会议主题的深入研讨下，推动阳明学与中国哲学的研究。

开幕式结束后，陕西师范大学教授丁为祥，西安电子科技大学教授张蓬，厦门大学教授冯兵，中山大学教授陈畅分别做主题发言。丁为祥教授对阳明心学的现代价值及其意义有深刻且生动的阐发，他强调阳明心学中的个体平等价值、士农工商的平等、身体四肢的平等，以及阳明与弟子之间的平等，这些对现代社会发展有着重要意义。张蓬教授从个体经验的视角阐发阳明心学体认的工夫进路，并在体认工夫中揭示阳明心学与佛教的关系，以及阳明心学与中国近现代转型的关系等诸多重要问题。冯兵教授选取"诚孝"的角度阐发阳明学的理论特色，他指出"诚孝"的"心"作为阳明论述孝的思想的一个核心要素，构成了其"孝"理论的基础。陈畅教授基于明清之际哲学转向的视角揭示阳明学派内部的新动向——气学与经史之学，并指出在这两个新方向上存在两个具有同构性的问题——心与气、良知与知识的关系问题。

9月23日下午与24日上午，与会学者分别围绕王阳明哲学研究、阳明后学研究、朱王之辩研究、阳明学与明清哲学研究等诸多问题展开深入探讨。在研讨中呈现出拓展研究对象、范围与深化重点问题的特点，不仅聚焦更为全面的阳明后学人物研究，还对阳明学"知行合一""致良知"等重要问题多有创发，诸多问题引发与会学者热烈且深入的讨论。

24日中午，此次研讨会举行闭幕式。闭幕式环节由西安电子科技大学人文学院副院长张斯珉主持，人文学院教授陈志伟做学术总结发言，陕西师范大学哲学学院副院长李敬峰做闭幕致辞。此次"阳明学与明清哲学转型"学术研讨会围绕"阳明学与明清哲学转型"这一主题，展开多维度的深入研讨，在阳明学界反响热烈，取得了积极的学术成果。

（二十九）"白鹿洞书院首届专家会讲：朱熹、王阳明与当代中国哲学的走向"在江西庐山白鹿洞书院举行①

2023年9月24日，由庐山白鹿洞书院、江西省王阳明研究会主办，江西省朱子文化研究会、赣州阳明书院，上海交通大学人文学院国学教育研究中心协办，上海抱朴讲堂承办的"白鹿洞书院首届专家会讲：朱熹、王阳明与当代中国哲学的走向"在白鹿洞书院举行，旨在发挥朱熹理学思想与阳明心学思想在中华文化历史长河中分别起到的巨大影响作用。

华东师范大学教授朱杰人，复旦大学哲学学院教授吴震，浙江大学哲学学院教授董平，赣南师范大学国学研究院教授周建华，上海交通大学教授杜保瑞应邀出席此次会讲，就朱熹与王阳明思想的内涵进行深入阐释与论辩，不同视角、多维观点、多样思考的思维碰撞，掀起一场哲学思辨的头脑风暴。来自上海、江西、福建、贵州等地文化学者、青年师生以及热心读者150余人汇聚白鹿洞，听导师会讲；同时，开通网上直播。

庐山市委常委、宣传部部长、庐山市（局）旅游发展委员会主任袁勇出席此次会讲并致欢迎辞，江西书院研究会秘书长郭宏达主持开场仪式，杜保瑞教授主持专家主旨演讲与论辩。

朱杰人教授做了题为"从陆九渊到王阳明"的专题演讲。他说，自从宋代以后就有朱陆之辩，总有人站出来想要合会心学和理学，但是这两家不可能合会在一起。清代学者陆陇其认为，朱陆之学从根源上就不一样，朱子学以"理"为本体，阳明学以"心"为本体。今天我们来辩论心学和理学。第一，不要把它们看为门户之争，这是一个思想路线、哲学根本问题的分歧，是一个学术之争。第二，不赞成抬高朱子学、否定阳明学，也不赞成抬高阳明学、否定朱子学，或者攻击朱子学，而要两家并存，各取所需为上。

---

① 信息摘录自《首届"朱熹、王阳明与当代中国哲学走向"专家会讲在白鹿洞书院举办》，白鹿洞书院微信公众号，2023年10月16日。

　　周建华教授的演讲主题为"宋明理学与江西之学"。他从宋明理学的学风、学理及历史文化传承谈起，认为，宋明理学是江西之学，宋明理学创始于江西。第一，周敦颐在此写出了他最重要的两篇文章《太极图说》和《通书》，奠定了他道学之祖的地位。第二，他带来了两个弟子——程颐和程颢，朱熹被认为理学的集大成者，是程子嫡传的再传弟子。陆九渊没有直接的师承，往前推可以推到二程之程颢。朱陆的思想交会有两次：一次是鹅湖之会，是真正的辩论会；一次是白鹿洞之会，朱熹对陆九渊讲"义利之辨"给予充分肯定。这两次相会成为中国哲学史上非常重要的辩论，对江西文化产生了非常深刻的影响，推动了后期诸多学派的产生。正德十六年（1521），王阳明与其门人来到白鹿洞书院，讲授"良知之道"，又刻《朱子晚年定论》于白鹿洞书院，朱陆王在白鹿洞书院历史性的相会，在中国文化史上留下了值得大书特书的一个精彩片段。

　　吴震教授的演讲题目是"从阳明学到朱子学"。他认为，朱王思想的根本分歧在于对"心"的概念的认识不同。朱子认为，"心"是认识事物、判断事物的一个主宰，"人心莫不有知，天下莫不有理"，天下的"理"蕴藏在事事物物当中，人心通过对天下事物的接触，可以逐渐地、清楚地认识到这个世界是怎么构成的，这就是朱熹"格物致知"的理论。阳明心学把"心"理解成为道德性的一个东西，是怎么做人，"心"里面蕴含着"仁义礼知"这些孔孟所讲的先天的德性，因此在追求外在的知识之前，还有必要关注到自己内心的德性的培养，要先做德性的培养，再认识见闻知识、客观知识，这是朱熹和王阳明之学最大的根本分歧。从哲学的角度，我们要注重概念的分析，弄清楚朱子是怎么讲的，阳明是怎么讲的，这是第一步，也是非常专业、专题性的一个工作。第二步，从文化史的角度来审视朱子与阳明思想，二者都是中华优秀传统文化的组成部分，都对传统文化做了极大的推动与发展，是一个整体。要保持一种多元文化的态度，不要把二者看成是尖锐的、彼此不能相容的甚至你死我活的对抗性的思想，才有可能从朱子思想、阳明思想那里吸取传统文化的智慧。

　　董平教授以"白鹿洞书院跟朱陆同异"为主题展开论述。他说，朱熹和陆九渊代表着中华传统文化根本建制的两种不同的形式与道路。如果照着朱熹的观点，我们的存在是承载人类过往的历史、文明、理想、价值，这些成了我们的先天，那个先天到了我现在把它体现为什么？朱文公只给了我们一个字，那叫作"理"，人的全部性情就是我们的"性"，就世界而言谓之"理"，就人而言谓之"性"，所以"性即理"便是人类的存在之先天。人的一生很有限，我们最高任务就是把"性即理"给实现出来。怎么实现？在世间，要明了世间之法；在人群中，要父子有亲、君臣有义、夫妇有别、长幼有序、朋友有信，这才叫完成了人。在陆九渊那里，你的先天之性，世界之理，你的那个三皇五帝之传统的价值，在你这里体现为什么？陆先生只告诉我们一个字，那叫作"心"，所以"心即理"。哪里错了？这叫作"千古不可合之同异，亦千古不可无之同异也"（清代学者章学诚语）。朱陆之同异，如果在朱熹那里，以先天统摄后天；如果在王阳明和陆九渊那里，必以当下，以现在统摄我们的全部先天，是以后天摄先天，《中庸》讲"先天而天弗违，后天而奉天时"，如何尽可能地通过当下活泼泼的现在的"心"来表达，这是阳明心学。

杜保瑞教授的演讲主题为"对牟宗三和王阳明批评朱熹哲学的反思与反驳"。他说，当朱熹在展开"理气论"论述的时候，他就是继承和发挥孟子的性善论。当陆九渊说"先立乎其大者"，王阳明讲"致吾心之良知于事事物物"的时候，他就是在做孟子的"尽心知性""存心养性""持其志无暴其气"的工夫修养论的发挥。朱熹在《大学》古本的基础上加进去的"格致补传"，王阳明由此认为朱熹只讲"知"，知而不行；陆象山认为朱熹"支离事业竟浮沉"；牟宗三认为，格致补传就是要穷理，穷理就变成谈"理气论"，就不做工夫了，这当然是一个错解。朱熹有理学，还有心学，理学、心学面对的是不同的问题，可以不必对立。王阳明强调知行合一，甚至强调先行后知，这话是对的。朱熹说先知后行，也是对的。王阳明讲朱熹讲的这个理让心与理为二，这跟孟子批评告子"仁内义外"而主张"仁义内在"之说是一样的思路，"仁义内在"谈的是工夫论，当然发于内，"仁内义外"谈的是伦理德目，当然决定于外。牟宗三也继承王阳明的这个批评朱熹的思路，认为朱熹的工夫没有下在道德本性上，而是在外在做客观的知识的思辨，这完全是把科学研究跟道德行动混为一谈，属于哲学基本问题的错置。大家细读《传习录》，王阳明讲的所有的"理气"观念全部是朱熹的，甚至陆象山讲"理气"的观念也是朱熹的，他们谈的是不同的问题，使用不同的概念、重点，因此有不同的观念主张，从来不是针对同一个问题。

专家主旨演讲之外，会议主办方还安排了专家论辩、回答现场学员提问等环节。5位专家分别就朱王的异同，朱王的冲突对立是否合理，是否可以消解以及如何并存，朱王的"性即理"和"心即理"以及先天、后天分别在面对什么问题，江西子弟应如何继承理学并发扬理学以及朱熹王阳明和当代中国哲学的走向等学术问题进行了直接的交流和辩论。

朱杰人教授认为，朱王冲突是合理的，一定会存在，能否消解就涉及中国哲学的走向问题。怎么消解呢？古人在讲两家的时候说截长补短，我的观点不是截长补短，而是要截长去短，就是说你既要看到他的长，你必须要看到他的短，如果你不看到他的短，那问题会非常严重。现在学术界有一个认识，认为朱子的格物致知是向外的，而不是向内的。其实朱子讲得清清楚楚，所谓物就是世界上的万事万物，有向内的，也有向外的。但是到了王阳明那里，格物致知就变成了完全是向内的，甚至说世上无物可格，就是格我的心。一粒种子播种下去，它是怎么发芽的，发芽了以后又是怎么长出枝叶的，怎么开花的，最后你收成了，你是怎么管理的，你把整个过程弄清楚，这叫"格物"，这就是朱子讲的天下万事万物都可以格，怎么能说是天下无物可格呢？

周建华教授围绕江西子弟如何传承曾经灿烂的江西历史文化谈了自己的看法。除了精神上、文化上的传承，还要知行合一，将这些古圣先贤的智慧落实在发展江西、提振江西综合实力的实践中，对阳明心学要"知之信之行之"，从一点一滴的小事做起，从眼前的事做起，重现江西的辉煌。

吴震教授认为，两宋时代在精英文化方面取得了非常高的成就，抛开北宋五子，范仲淹、曾巩、朱熹等等一大批在历史上赫赫有名的人物相继出现，形成了一个文化璀璨的现象。到了16世纪王阳明的时代，中国传统文化开始从精英阶层向平民化、世俗化转向，这是朱王所处时代背景的最大的差异。阳明始终着眼于怎么样把儒学的知识、传统的文化向社会的普通老百姓传播。什么叫作正统？什么叫作异端？按阳明说法，与愚夫愚妇同的就是正统，与愚夫愚妇异的就是异端，怎么样有利于普通百姓的，他就怎么讲。在阳明心学的强劲推动之下，到晚明甚至出现了"门徒遍天下，流传一百年"的盛况，势头远远盖过了朱子学，原因就在于阳明心学跟朱熹学相比，它接地气，老百姓听得懂，所以在两个共存的辩论上面，到了王阳明时代已经有了一个完全的逆转。

董平教授认为：在朱熹那里，他重视的是知识、历史、传统对于人的现实存在的规范；在阳明先生那，他重视的是人的现实存在的，人的自我存在的意义和价值，谁说了都不算，我做了才算，这是阳明心学之所以在当代流行的一种潜在原因。什么叫开悟？就是对于你个体自我作为存在着主体的内在心灵有真实的确认。不论是朱还是王，不论是你还是我还是他，在今天，我们需要有这样的一种真正意义上的关于存在维度的拓展，唯有基于这种为生存维度的多元拓展，我们才可以成为一个完全意义上的人，一个大写的人。我们不只是一撇一捺可以使自己站得稳，并且我们可以自上至下，直道而行，行于中正，走向未来。

杜保瑞教授认为，在朱陆之辩这么多讨论的问题当中，没有一个是重要的核心的哲学基本问题。在重要核心基本问题上，比如人性是善的，每个人都可以成为尧舜，朱陆意见完全一样。吵起来的问题都是概念的问题、范畴的问题等等，从来不是面对同一个问题而有的冲突，所以这是一个很遗憾的朱陆之间的辩论，朱陆都是孔孟之徒，都是发扬儒学，可惜作为儒者过于高傲，起了冲突。君子要和衷共济，才能够成就更美好的世界。就中国未来哲学的走向，我们一定要发扬像科学理论变成科技产品这种开发创造的精神，为传统经典开发创造好的研究方法，好的诠释工具，把中国哲学讲好，这是我们好好做一个中国人的责任。"三教免辩证，中西无高下"。我们要正确理解、准确诠释，然后深入经典、为我所用，这才是我们学国学经典最重要的意义价值所在。

总之，这次白鹿洞书院举办的首届"朱熹、王阳明与当代中国哲学走向"专家会讲，5位专家的对谈再现白鹿洞讲学之风，让白鹿洞书院的精神、中国哲学的精神传播出去，为新时代中国精神文明发展贡献力量。

（三十）"'溪山岳麓'阳明文化合作项目启动仪式"在贵阳孔学堂举行①

2023年9月26日，贵阳孔学堂文化传播中心携手湖南大学岳麓书院签约"'溪山岳麓'阳明文化合作项目启动仪式"在贵阳孔学堂举行，双方联合成立孔学堂岳麓阳明研究中心，共同打造阳明文化高地、擦亮独具贵阳贵安特色的城市文化品牌。

据介绍，此次双方签约的"溪山岳麓"阳明文化合作项目共有8项内容，包括共建孔学堂岳麓阳明研究中心、阳明文化博士后工作站、合作开设阳明学研究专栏、合作推出阳明文化名家讲坛、积极开展阳明心学高端学术研究、高层次人才培养、权威成果发布和阳明文化的普及传播等重要内容。此次签约，是贵州、贵阳推进阳明文化转化运用的重要举措，也是孔学堂借助国内外一流学术力量，着力打造在全国具有龙头地位和国际影响的阳明文化高端研究平台的重要举措。

近年来，贵阳孔学堂利用自身优势，"借船出海"在集结高层次科研学术人才、凝聚民间社会组织力量、举办高端学术交流活动、打造高端学术平台等方面做出了巨大努力，取得了显著成效。岳麓书院是与孔学堂最早建立交流合作的学术机构之一。自2015年与岳麓书院签订战略合作协议、缔结友好合作单位以来，岳麓书院先后派出100多名教授、学者、研究生入驻孔学堂研修，完成国学单列课题9项，开展传统文化公益讲座31场，举办简帛书法培训6期，对于打造孔学堂成为全国中华优秀传统文化创造性转

---

① 信息来源于《打造阳明文化高地！"溪山岳麓"阳明文化合作项目启动》，贵阳新闻网，2023年9月27日。

化、创新性发展的重要文化平台，成为汇聚各方学者开展中华优秀传统文化研修交流的重要文化阵地，发挥了重要作用。

启动仪式完成后，"溪山岳麓·大成心境名家讲坛"首讲开讲，湖南大学杰出教授、岳麓书院国学研究院院长朱汉民做题为"王阳明的心学与书院"的讲座。

（三十一）"同心同行良知之路 共建共享阳明史迹——全国阳明史迹保护研究联盟第三次联席会议暨联盟十大阳明文化遗产保护研究成果发布活动"在浙江余姚举行[①]

2023年9月28日，作为"2023宁波（余姚）阳明文化季"重要活动之一，由中共余姚市委宣传部、余姚市文化和广电旅游体育局主办，全国阳明史迹保护研究联盟秘书处、余姚市文物保护管理所承办的"同心同行良知之路 共建共享阳明史迹——全国阳明史迹保护研究联盟第三次联席会议暨联盟十大阳明文化遗产保护研究成果发布活动"在余姚市举行。来自全国阳明史迹保护研究联盟理事单位的代表、阳明学专家、文化创意企业代表、王阳明故居共建学校代表、王阳明故居志愿者代表、阳明心学爱好者共襄此次大会。会议由余姚市文化和广电旅游体育局党委书记、局长杨玉红主持。

余姚市委常委、宣传部部长沈小贤出席活动并致辞。她说，作为阳明故里，余姚始终高度重视阳明史迹的保护和利用，阳明思想的挖掘和研究以及阳明文化的宣传和弘扬。自2017年全国阳明史迹保护研究联盟成立以来，阳明史迹保护、研究与利用的跨地区合作更加密切，阳明文化的创造性转化、创新性发展成果更加丰硕，阳明史迹保护研究的队伍更加壮大，为阳明文化在新时代焕发新生命、产生新价值奠定了扎实的基础。

全国阳明史迹保护研究联盟理事长、余姚市文保所所长李安军向大会

---

① 信息摘录自《全国阳明史迹保护研究联盟第三次联席会议在姚举行》，网易网，2023年10月9日。

做联盟工作报告。会上举行了全国阳明史迹保护研究联盟新理事单位入会授牌仪式，贵阳阳明祠、修文阳明书院、常德阳明文化研究中心、王阳明唐江陈列馆、广西王阳明研究会、南宁青秀山书院等6家单位加入联盟。联盟理事长李安军，副理事长胡小康、汪永祥为新理事单位代表授牌。

现场还发布了联盟十大阳明文化遗产保护研究成果。阳明古镇项目一期府前路历史文化街区（浙江余姚）、绍兴王阳明新建伯府遗址考古发掘项目（浙江绍兴）、贵州省重大文化出版工程《阳明文库》首批新书发布（贵州贵阳）等10个项目入选。余姚市委宣传部常务副部长董朝晖向入选十大成果的史迹地代表授牌。

当天，还举行了阳明文化遗产保护研究利用成果分享、阳明文化遗产研究与利用座谈会。会议就各地阳明史迹保护利用、阳明文化推广宣传开展的情况做交流研讨，共同推动阳明文化遗产的有效保护和合理利用，为阳明文化在新时代焕发新生命、产生新价值奠定扎实基础，营造全社会共同关注、参与阳明文化遗产保护利用的浓厚氛围。

（三十二）"2023宁波（余姚）阳明文化季启动仪式暨'吾心自有光明月'中秋诗会"在浙江余姚举行①

2023年9月28日晚，"2023宁波（余姚）阳明文化季启动仪式暨'吾心自有光明月'中秋诗会"在余姚四明湖畔举行。宁波市政协副主席高庆丰，余姚市领导傅贵荣、诸晓蓓、陈长锋、王娇俐、沈小贤、阮岳军、林体、朱卫东等出席。

余姚市委书记傅贵荣在致辞中表示，近年来，余姚市不断培育壮大"阳明故里　心学圣地"核心IP，大力开展阳明文化"六进"活动，精心打造"阳明古镇"特色街区，"阳明文化"成功入选浙江省文化基因解码"优秀解码项目"和浙江省首批文化标识创新项目。特别是近来，余姚市发布

---

① 信息来源于《吾心自有光明月：2023宁波（余姚）阳明文化季启动》，中新网浙江，2023年9月30日。

了"阳明故里 智汇余姚"地域品牌主题词，深入挖掘阳明文化在培育企业家精神、促进家事和谐、增强文化自信等方面的现代价值，切实将阳明文化融入城市发展血脉之中。"2023宁波（余姚）阳明文化季"分为弘扬、交流、传播、发展四大篇章，安排了包含"吾心自有光明月"中秋诗会在内的14项重磅活动，对于彰显新时代阳明文化的价值力量具有重要意义。余姚市将以此次活动为契机，深入贯彻习近平总书记考察浙江时发表的重要讲话精神，大力倡导"立大志""致良知""知行合一""诚意正心"等阳明学价值理念，坚定文化自信，为高水平建设现代化美好活力"最名邑"，争创共同富裕和中国式现代化示范引领的县域样板提供文化支撑和精神力量。

此次"吾心自有光明月"中秋诗会，共分为《明》《月》《心》三个篇章，包括情景诗剧《阳明故里》、原创姚歌《此时明月》、音画诗剧《名邑典籍》、阳明诗诵《知行合一》、音诗舞剧《千里共婵娟》、中秋诗诵《举杯邀明月》等节目及主题访谈。来自全国各地的专家学者在阳明故里的明月下，诵阳明诗，悟明月心，体味知行合一的精神力量，共抒"此心光明，亦复何言"之情。

活动现场，举行了阳明文化传播联盟授牌仪式、"阳明文化海外印迹图"全球征集活动启动仪式、阳明读书社省级诵读团成立仪式，并向"同心同游"姚台青年阳明文化研学社团台湾代表赠送邀请函。

（三十三）"吴光先生八秩寿庆暨新时代浙学·阳明学传承发展座谈会"在浙江绍兴举办[①]

2023年10月14日系当代著名浙学家、阳明学家吴光先生80岁诞辰日。当天下午，绍兴市王阳明研究会主办的"吴光先生八秩寿庆暨新时代浙学·阳明学传承发展座谈会"在绍兴会稽山研学营地举行。来自全国各地吴光先生的弟子、好友以及阳明学者等50余人参加。

绍兴市王阳明研究会会长张校军向吴光先生颁发了聘请吴光先生担任

---

① 信息来源于《吴光，与古越大地结下了不解之缘》，绍兴网，2023年10月17日。

绍兴市王阳明研究会顾问的聘书，并深情回顾了吴光先生对浙学、阳明学研究的贡献，对推动绍兴阳明文化的贡献，对绍兴市王阳明研究会的关怀指导。活动分别由绍兴市王阳明研究会副会长兼秘书长马士力与浙江省社会科学院哲学所副所长张宏敏主持。

吴光先生为浙学、越学、阳明学研究尤其是越文化文献整理付出了巨大的心力，不仅十分推崇王充、鲁迅的"求实批判"精神，还非常赞赏蔡元培"兼容并包"的治学理念，并最早在学界以"实事疾妄"来概述王充的学术宗旨，同时主编了《黄宗羲全集》《刘宗周全集》《马一浮全集》《清代浙东经史学派文献丛书》等多卷本古籍整理和《中国文化世家·吴越卷》《中国地域文化通览·浙江卷》《阳明学研究丛书》等学术研究丛书。吴光先生还是使阳明学在改革开放初期的"险学"成为新时代的"显学"进而蓬勃发展的重要推手，策划主编《王阳明全集》《阳明学研究》《阳明学研究丛书》，策划翻译出版了日本阳明学传人冈田武彦先生的研究、考察专著《王阳明与明末儒学》《王阳明纪行》，这些成果足以说明一切。

座谈会召开前，王阳明研究会特别向吴光先生赠送了由浙江省书协名誉主席鲍贤伦先生书写的"寿"字礼，祝福吴光先生福寿绵延。在"新时代浙学·阳明学传承发展座谈会"上，来自福建、天津、安徽、山东及浙江杭州、宁波、绍兴、舟山等地的学者，分别对吴光先生的学术成就与贡献（黄老学、儒学、阳明学）做了总结，对浙学、越学、阳明学研究的现状与新时代阳明学传承发展的路径等专题做了研讨。杭州师范大学中国哲学与文化研究所副教授宋丽艳认为，吴光教授严谨治学，处处将学问落到实处，在20世纪80年代就对黄老学、浙学、阳明学等领域进行前瞻性研究，为现在浙学、阳明学诸多研究打下了良好根基。

绍兴文理学院王阳明研究中心主任卓光平表示，新时代以来，浙学研究和阳明学研究所取得的成就，对浙江从文化大省走向文化强省起到了重要作用。鲁迅先生也是浙学和阳明学的受益者，他提出"开拓越学，俾其曼衍，至于无疆"，就是要让传统文化"活化""物化""生活化"，让生活在今天的青年人能够得到传统文化的滋养，从而能够有更多创新和作为。

座谈会最后，吴光先生致答谢辞。他认为，浙学也就是浙江儒学发端于古越，借鉴、传承自中原，成型于汉魏，兴盛于宋、元、明、清，转型于近现代。在某种意义上，助力越王勾践灭吴的子贡、范蠡的为人处世均有儒家风格，透露着儒学在浙江发轫的迹象。南宋定都杭州，浙江经济、政治、文化中心地位稳固，进入了鼎盛时期，浙江儒学呈现百家争鸣局面。到了明代，由程朱理学演变而来的阳明心学，则是浙江儒学史上的一次历史性飞跃，其提出的"致良知""知行合一"哲学命题，为中华文明乃至人类文明做出了重要贡献。最后，吴光先生赋诗《八秩自述》对自己的学术创获予以揭示："人生忽忽已八十，自问无愧对天地。学术起点论王充，实事疾妄定宗旨。硕士论文选黄老，道家研究辟蹊径。砥砺儒学辨国学，启迪当道称国士。念台梨洲承阳明，民本亲民转民主。始论浙学三含义，再论浙学十字诀。浙学精神归五条，当代治理可遵循。终论大儒马一浮，弘扬文化俱自信。主编古籍五集全，丛书文集十余编。思想论文越三百，功德圆满《大辞典》。"

"仁者乐山，智者乐水。""知行合一致良知，明德亲民止至善。"选择在山清水秀、文脉流长的若耶溪畔、会稽山麓的年长山下举办此次活动，既是对吴光先生一辈子耕耘在儒学、浙学尤其是在阳明学研究的敬仰，更是开启新时代浙学、阳明学传承发展的新征程。

（三十四）"余姚阳明地名文化研讨会开幕式暨阳明地名文化短视频大赛颁奖典礼"在浙江余姚举办[①]

2023年10月18日，由浙江省民政厅指导，宁波市民政局、余姚市人民政府、余姚市委宣传部共同主办，浙江省之江区划地名研究院、浙江外国语学院地名文化国际传播研究所、浙江省良知阳明文化研究院、宁波市阳明文化海外传习基地、华语之声传媒（杭州）有限公司联合承办的"余

---

① 信息摘录自《余姚阳明地名文化研讨会开幕式暨短视频大赛颁奖典礼隆重举行》，中国报道网，2023年10月19日。

姚阳明地名文化研讨会开幕式暨阳明地名文化短视频大赛颁奖典礼"在余姚辰茂河姆渡酒店举办。

此次会议旨在深入贯彻习近平文化思想，从阳明地名文化视角着力开创地名工作新局面。习近平总书记指出，"王阳明的心学正是中国传统文化中的精华，也是增强中国人文化自信的切入点之一"。高度重视王阳明哲学思想的传承和弘扬，深入贯彻落实习近平总书记关于地名工作的重要指示精神，坚持"四个自信"，加强地名文化遗产保护，为此余姚市举办以"阳明故里话地名，智汇余姚谋共富"为主题的学术研讨会，提高余姚"阳明故里"地名文化的社会认知度、美誉度；传承弘扬中华优秀传统地名文化；优化阳明地名文化国际传播、宣传立体中国、推进中国文化走出去；助推"两个先行"铸造"重要窗口"，建设现代化美好活力"最名邑"、中国式现代化县域样板。

研讨会开幕式上，中共余姚市委副书记王娇俐致欢迎辞，强调余姚在地名文化创新方面的积极探索与勇于担当，特别是在积极探索阳明地名世界级功能服务平台方面做出的积极探索与贡献。浙江省民政厅副厅长李洁发表讲话，他强调地名见证着历史，承载着文化，是中国文化的重要组成部分。地名是一方地域的文化记忆，也是深入了解一方风土人情的"重要窗口"。阳明地名文化价值巨大，影响深远。作为阳明故里，余姚应充分汲取王阳明"知行合一"的思想精髓，深挖阳明文化的当代价值。

浙江省良知文化研究院负责人徐永根和余姚市政府副市长吕乐为"浙江省良知阳明文化研究院阳明地名文化中心"揭牌，并为张跃西、诸焕灿等专家颁发了"特聘研究员聘书"。该机构的成立，将进一步有效整合专家资源，切实推动地名文化创新研究和国际传播，标志着浙江省在地名文化保护传承和创新发展方面进入了一个新的阶段。

"阳明地名文化"短视频大赛颁奖环节将整个活动的气氛推向了高潮。余姚市兰江街道周伟等参赛作者分别获得金奖、银奖、铜奖和入围奖。此次短视频大赛颁奖是对参赛选手们精彩创作的肯定和鼓励，也是对阳明地名文化传承和弘扬的有力推动，反映了阳明文化在不同地域地名中的独特精神禀赋和强大的生命力。

研讨会上，余姚市民政局副局长朱建梁做余姚地名文化建设省级试点工作总结报告。会议还邀请3位地名文化专家做主旨报告，浙江省区划地名学会副会长王建富报告的主题是"地名人物是地名文化不可或缺的选项"，浙江外国语学院地名文化国际传播研究所所长张跃西报告的主题是"论构筑余姚阳明地名文化世界级功能平台"，余姚市姚江文化研究会会长诸焕灿报告的主题是"从阳明地名文化说起"。与会嘉宾们听取专家报告后，围绕地名文化保护建设和创新弘扬、社会服务及开发应用等进行了热烈讨论，为地名文化创新发展提供新思路。会议气氛热烈，收获丰厚。

（三十五）"第二期新哲学讲谈会：阳明心学的精神与智慧"在山东济南举行①

2023年10月20日，由山东大学易学与中国古代哲学研究中心、《周易研究》编辑部主办的以"阳明心学的精神与智慧"为主题的"第二期新哲学讲谈会"在山东济南举行。北京大学哲学系、国学研究院教授张学智作为主讲人出席此次讲谈会，并以"阳明心学的精神与智慧"为题进行了发言。4位山东大学教授作为与谈人围绕张学智教授的发言阐述了个人见解。

山东大学易学与中国古代哲学研究中心常务副主任李尚信教授担任此次讲谈会主持并在开场发言中介绍了本次新哲学讲谈会的缘起。他表示，由山东大学易学与中国古代哲学研究中心讲席教授、复旦大学哲学学院教授杨泽波主讲的首次讲谈会涉及对阳明心学诸多问题的不同理解，故而有必要以阳明学为主题再举办一期，以便进一步加深大家对阳明心学的理解，进而为发展建构新时代的中国哲学发挥一定作用。

在主讲发言中，张学智教授着重介绍了其以"大良知"提挈的阳明心学独特解释路径。他基于王阳明所代表的"立德、立功、立言"之中国古

---

① 信息来源于《山大新哲学讲谈会举行 专家共探阳明心学的精神与智慧》，中新网山东，2023年10月20日。

代人格理想，介绍其主要人生经历及代表性思想，并由此指出阳明学中强烈的实践性及基于时代弊病的救世意识，同时他还重点阐述了作为阳明心学核心学说的致良知，并由此引出其"大良知"说。良知学即以德性为统领、以知识为辅翼，并重视道德人格的主动性，因而致良知活动没有止境。要真正了解王阳明思想，除《传习录》之外，还要读《阳明先生年谱》及《王阳明全集》，尤其是其行军打仗的相关材料，能够充分地体现王阳明对知识的重视和其思想的实学特色。发言的最后，张学智教授基于"知行合一"说介绍了阳明心学的独特学术特色，即"无之不一"，认为其在思维上体现了对分析与综合的并重，但总的来看相对于朱子来说其更偏重综合。

作为与谈人之一，杨泽波教授在现场交流中明确表示对张学智教授的观点持保留态度，认为其所引据部分材料内部尚有瑕疵，并由此坚持认为良知在阳明那里不包括认知。中国哲学儒学一系的两千多年发展中有一个重要现象，即"一源两流"："一源"是指最为全面、仁智并重的孔子思想，而"两流"则指孟子所代表的"仁性"路线和荀子所代表的"智性"路线。王阳明的真正贡献在于纠正了朱子重智性的偏颇，但同时也把仁性作为唯一的道德根据，因而又成一偏。

山东大学易学与中国古代哲学研究中心特聘教授、台湾元亨书院创院院长林安梧则表达了不同立场，他基本同意张学智的观点。针对杨泽波"一偏"的批判观点，林安梧认为，任何人说的实际上都是一偏，一偏意味着思想进一步的发展，而他所感兴趣的正是精神历史的发展本身。他同时谈到了其对现实问题的关切，认为中国哲学界目前普遍缺乏古典学术训练，而学风及培育方式的偏差所导致的就是对中国学术原点深层理解的忽略。

山东大学易学与中国古代哲学研究中心副主任、山东大学儒学高等研究院教授沈顺福完全赞同张学智教授关于阳明会通朱陆二人学说的观点，认为阳明对朱陆都各有继承和发展，同时又不完全赞同张学智教授的观点，认为其一方面提出良知是道德意识，另一方面良知是天理，这种解释很可能导致阳明文本内部的自相矛盾。阳明的良知与朱熹的天理一样是死的，而"意之本体便是知"的"本体"作为抽象实体，有别于孟子那里具有活动性的概念。

李尚信教授则基于前述讨论提出了三点疑惑。其一,"心外无物"似乎意味着根本不存在心"外",而良知"求之于内"的说法仍然区分了内外。其二,天地除了生成还有毁灭的性质,因而应当否定绝对精神或先验天理,与之相应的是人的理性虽然具有先天的生理基础,但还要通过后天学习才能形成。其三,追求天理的最终目标应落于现实的大众生活、生命,而讨论道德伦理如果不关注功利目的就失去了意义。

张学智教授对与谈人的意见进行了回应。他表示,后人对前人思想的发展能在某一个点上有所突破已很出色,如果力求面面俱到则大概率流于废话。他还强调,从阳明一生行事相关材料来看,良知当然包括智思,且阳明明确提到过"精思",显然意指理性思考。良知具有高度的融摄能力,所以能用来阐释《大学》《中庸》《论语》等经典。今人需要吸收的方面在于如何将精神内在的各种要素充分激发出来,使它们成为一个互相依持的整体。阳明学说极为浑融,其话语具有高度概括性,简易直截,难免会导致理解发生分歧。此外,对前贤不宜轻易下诸如"过头"之类的断语,因为每位学人的思想虽然或有不自洽之处,但都贡献了所思所见。中国学问讲究豁然贯通与体验感悟,其连类而通的思维方式与西方哲学重视分析、逻辑等推理要素的方法截然不同。致良知要求将内与外、先天与后天、本体与工夫结合起来,所以看似常识的阳明心学中有着极为广大丰富的内涵。

针对本场论争焦点,山东大学易学与中国古代哲学研究中心副教授张沛也发表了看法。他表示,能够理解杨泽波教授的现实关怀立场,但就本场讲谈而言,张学智教授更多的是在论述中尽量贴合阳明学思想本身,杨泽波教授则是基于自创的哲学诠释框架来观照哲学史发展。站在研究角度来看,哲学阐发和哲学史研究终归是两种治学进路,两者可谓离则双美、合则两伤,因此理应做出区分。

李尚信教授在讲谈会的结尾总结说,参加此次会议收获颇丰。阳明心学可谓博大精深,值得继续深入研究。没有哪一种学说能够网罗一切,而是各有各的适用范围。阳明学本身的贡献与不足仍值得进一步讨论。

（三十六）"第四届阳明文化国际论坛"在江西大余举办①

2023年10月21日至24日，由中国明史学会、中共赣州市委宣传部、赣南师范大学联合主办，中共大余县委、大余县人民政府、赣州市社科联、中国明史学会王阳明研究分会、赣南师范大学王阳明研究中心承办的"第四届阳明文化国际论坛"在江西省赣州市大余县举办。中国明史学会会长、厦门大学教授陈支平，赣南师范大学党委书记朱小理，江西省社联党组成员、副主席汤水清，赣州市人民政府副市长张骅，大余县委书记韩相云等出席开幕式并致辞。200余名国内外明史和阳明学专家学者、阳明文化爱好者参加论坛。

陈支平在致辞中对"第四届阳明文化国际论坛"的成功举办表示祝贺，对来自全国各地的专家、学者表示欢迎，对大余发掘、弘扬阳明文化所做的工作表示肯定。他指出，2023年6月2日，习近平总书记在文化传承发展座谈会上强调，在新的起点上继续推动文化繁荣，建设文化强国，建设中华民族现代文明，是我们在新时代新的文化使命。文化是民族的血脉，阳明文化是传统文化的精华。举办阳明文化国际论坛，是认真贯彻落实党的二十大精神和习近平文化思想、践行"两个结合"的一项重要举措，对推动阳明文化的研究与传播，挖掘阳明文化的当代价值和现实意义，切实推动中华优秀传统文化创造性转化、创新性发展具有重要作用。希望与会专家、学者深入探讨和交流，努力将第四届阳明文化国际论坛开成学术成果丰硕、社会影响深远的大会。

张骅在致辞中代表赣州市委、市政府向论坛的胜利举办表示热烈的祝贺，向莅临论坛的各位领导、专家学者和嘉宾朋友表示诚挚的欢迎。她说，赣州是王阳明"立德、立功、立言"的重要实践地，也是王阳明"知行合一"思想的主要形成地和成熟地，王阳明已成为赣州的重要文化标识。一

---

① 信息来源于《第四届阳明文化国际论坛举行》，《赣南日报》2023年10月23日；《第四届阳明文化国际论坛在我县开幕》，大余县人民政府网，2023年10月24日。

直以来，赣州市高度重视对阳明文化的研究、保护和传承，特别是2017年国家级学会——中国明史学会王阳明研究分会落户赣州，至今已连续成功举办3届阳明文化国际论坛，成为全国乃至全球的王阳明研究学术高地。真诚希望各位专家学者深入交流研讨，发表真知灼见，共同把以阳明文化为代表的中华优秀传统文化发扬光大，为赣州唱响阳明文化品牌、建设赣州革命老区高质量发展示范区，提供有力的文化支撑和强大的精神力量。

韩相云在致辞中代表大余县四套班子和31万大余人民，向各位领导、专家学者和阳明文化爱好者的到来表示热烈的欢迎和衷心的感谢。他指出，大余历史悠久、人文厚重、资源丰富，生态优美、宜居宜业、活力四射，是全国文明城市、国家卫生县城、省级生态园林城市。大余与阳明先生有着深厚的历史渊源，是阳明先生立言讲学之地、践道立功之地、极终圆道之地，更是"三不朽"圣人的精魂陨落之地。近年来，大余致力于打造阳明文化品牌，编印了阳明文化书刊，修缮了阳明文化遗存，启动建设了"阳明心园"项目，阳明文化已成为大余一张靓丽的历史文化名片。此次论坛的召开，是各位领导高端指导、高位推动的成果，也是各位专家学者、来宾朋友对大余传承和弘扬阳明文化充分认可的结果，我们将竭诚提供良好的学术交流平台，倍加珍惜此次论坛带来的巨大动力和发展机遇，深入推进历史文化资源的保护、传承与发展，让大余的文化元素更加耀眼、文化产业更加繁荣，推动优秀传统文化与经济社会深度融合发展。

开幕式上，赣南师范大学历史文化与旅游学院院长、中国明史学会王阳明研究分会常务副会长李晓方代表中国明史学会王阳明研究分会会长张显清发布《阳明文化研究》创刊号。李纪祥、周启荣、钱明、吉田公平、钟彩钧、高海波、张海晏、黄明同、张声奇等专家学者围绕阳明思想形成的历史环境与学术脉络、"致良知"与国家和社会治理、王阳明生平及"事功"研究、王阳明在南赣及大余事迹等主题做了主旨发言。

据了解，此次论坛包括开幕式、主题发言、分组研讨、实地考察四部分。在分组研讨环节，与会专家学者围绕"阳明思想、学术、文化研究""阳明与明代政治、社会、人物研究""阳明思想诠释与地方实践研究"三大板块内容进行学术交流研讨。研讨会还深入交流了大余阳明文化的内涵特点，并群策群力对大余保护传承、开发利用阳明文化提出了宝贵建议。

阳明文化是中国文化的瑰宝，大余古称南安，与王阳明有着密不可分的联系。明正德十一年（1516），王阳明升都察院左金都御史，巡抚南赣汀漳，平抚民乱。作为"南赣巡抚"的"南"即南安府，府治地为大余。次年七月，王阳明率兵进驻南安，与大余结下不解之缘。"南赣平乱"之时，王阳明开始尝试将心学思想与政治实践有机结合，使其学术理论更兼丰富内涵和现实意义，在南赣首度提出"破山中贼易，破心中贼难"的心学要义。明嘉靖七年十一月（1529年1月），57岁的王阳明远征西南边陲后踏上归途，因病在大余青龙铺逝世，并留下"此心光明，亦复何言"的八字遗言。由此，大余成为王阳明的选兵之地、征税之地、筑城之地、立军门之地、供应军粮之地、进兵平乱之地，也是王阳明"立言"讲学之地、践道立功之地、极终圆道之地，更是王阳明作为千古圣人的精魂升华之地。

近年来，大余县立足丰富的文化资源优势，着力打造粤港澳大湾区文旅康养基地。在唱响全域旅游品牌的同时，积极推进文化传承和发展，深入挖掘阳明文化地域基因，有序推进阳明心园、南安历史文化园等阳明文化重点项目，搭建阳明文化的学术、教育、培训、交流平台，进一步提升文旅融合品质，开发"阳明文化＋"系列精品文化旅游路线、研学课程和文旅产品，在保护利用、展示传播、融合发展阳明文化上积极作为、善作善成，唱响"阳明圣地"文化旅游特色品牌。

（三十七）"'水墨江山·阳明秋思'听琴会"在浙江余姚举办[①]

2023年10月30日，由宁波市文学艺术界联合会、余姚市委宣传部指导，市文学艺术界联合会、北京天合天仁文化有限公司主办的"水墨江山

---

① 信息来源于《致敬王阳明诞辰551周年——余姚举行"水墨江山 阳明秋思"听琴会》，余姚文艺，2023年10月31日。

阳明秋思听琴会"在阳明古镇文德园举行。国家一级演奏员傅丹，宁波市文广局原副局长陈民宪，宁波市文学艺术界联合会党组成员谢安良，宁波市音乐家协会主席方红军，余姚市领导诸晓蓓、潘帅轶、林体、朱卫东出席活动。

此次听琴会以"阳明秋思"为主题。"水墨江山"音乐文化创始人、中国吉他学会副会长陈则钊先后演奏了在四明山创作的音乐作品《水墨江山·序》，以及根据唐、宋、元、明等四个朝代文学大家的经典诗词为主题与背景所创作的音乐作品《静夜思》《六州歌头·少年侠气》《天净沙·秋思》《夜坐偶怀故山》，通过音乐、书法等艺术表现形式展现阳明先生所创作的诗歌的意境，让大家感受中国传统文化经典的魅力，致敬王阳明诞辰551周年。

作为"2023宁波（余姚）阳明文化季系列活动"之一，"'水墨江山 阳明秋思'听琴会"是余姚市文联充分发挥文联组织优势和专业优势，把文艺活动紧紧融入时代主题，更好担负起举旗帜、聚民心、育新人、兴文化、展形象的使命任务。据悉，余姚市文联下一步将制作"水墨江山 阳明秋思"专题纪录片。

（三十八）"纪念王阳明诞辰551周年礼贤仪典"在浙江余姚王阳明故居广场举行[①]

2023年是王阳明先生诞辰551周年。10月31日上午，"纪念王阳明诞辰551周年礼贤仪典"在余姚王阳明故居广场举行。现场，大家通过向王阳明铜像敬献花篮，诗诵先贤，致敬一代大儒、余姚先贤阳明先生，传承弘扬中华优秀传统文化。这个仪式也把"2023宁波（余姚）阳明文化季系列活动"推向了高潮。

"余姚二山下，东南最名邑。"余姚是国家历史文化名城。作为"阳明

---

① 信息来源于《浙江余姚：纪念王阳明诞辰551周年礼贤仪典举行》，人民网·浙江频道，2023年10月31日。

故里"，余姚坚持擦亮王阳明这张闪亮的"金名片"，以延续历史文脉、弘扬传统文化为职责，高度重视阳明思想的研究传承，努力发挥阳明文化的时代价值，将阳明文化的传承弘扬与地方经济社会发展有机结合起来，创新工作模式，做好阳明文化研究成果转化文章，形成独具特色的工作品牌，为余姚高质量发展建设共同富裕先行地提供文化支撑和精神动力。

据悉，"2023宁波（余姚）阳明文化季"由中共宁波市委、宁波市人民政府主办，中共宁波市委宣传部、上海交通大学中国企业发展研究院、宁波市社会科学院（联）、宁波市文化广电旅游局、中共余姚市委、余姚市人民政府承办。从2015年开始，余姚连续8年在王阳明诞辰日举办阳明文化系列纪念活动，深学笃用阳明思想，让阳明文化飞入寻常百姓家。

（三十九）"中天阁论道：阳明心学与现代中国企业家精神研讨会"在浙江余姚举行①

2023年10月31日，"中天阁论道：阳明心学与现代中国企业家精神研讨会"在浙江余姚举行。研讨会上，部分阳明学专家和余姚市企业家代表围绕"文化赋能经济高质量发展"进行主旨发言和开展访谈形式的交流，贯通历史、当下和未来，知行合一，推动中华优秀传统文化创造性转化与经济社会高质量发展的相互促进，为建设中华民族现代文明贡献企业家力量。

中国人民大学国学院原执行院长黄朴民教授的发言主题是"王阳明兵学的基本特征及其当代价值"。他指出，在王阳明一生中，兵学是其思想体系中的有机组成部分，军事上的实践与成就，也是他毕生事功中辉煌的一页。王阳明曾自称"不习军旅"和"将略平生非所长"，但众所周知，他的兵学造诣非常深厚，军事上的功业也是震古烁今的。王阳明兵学呈现的是兵儒合流的理想状态，是心学化的兵学，"致良知"的精神贯穿始终。这表现为，他以儒学的原则构建用兵的宗旨，用兵学的手段来实现儒学的理想。

---

① 信息来源于《让阳明文化走进更多企业　中天阁论道研讨会举行》，《宁波日报》2023年11月1日。

所谓"求善"和"去患"，是他的战争基本立场，也是他兵学的核心价值观。而且，王阳明认为战争是最后手段，并非最佳手段。王阳明兵学突出重点的战略意识、与时俱进的创新精神，对我们今天从事各项事业同样具有不可或缺的普遍思想方法论意义，提醒我们做任何事情，都要紧紧围绕"人"这个中心，把队伍建设，尤其核心团队的打造置于最重要的位置。

上海交通大学中国企业发展研究院院长余明阳做了题为"企业文化与阳明心学"的主旨发言。他说，当前，我们正面临着百年不遇之大变局，科技日新、信息革命、消费迭代、新生代企业家接班、"独角兽"、大数据、区块链、元宇宙等等，给企业带来新商机，也带来新挑战。当今企业竞争已经由市场竞争深入到文化竞争，企业文化不再是挂在墙上的摆设，而是员工追求"三观"的认同，谋求价值理念的归属，消费者关心企业的核心价值观、定位与愿景。在当前企业文化日益重要的背景下，阳明文化中"致良知"的道德哲学、"知行合一"的实践观念及"格物致知"所强调的创新精神等内容，值得当代企业借鉴和学习。以阳明心学为代表的中国传统哲学思想，为企业文化建设注入了博大精深的精神内涵，是值得开发挖掘的思想宝藏。

"一带一路"篆印创作科研项目组组长、西泠印社出版社宁波分社社长阮解的主旨发言主题是"阳明心学的艺术精神"。他认为，企业家精神与艺术精神有共通之处：心怀梦想，坚定目标，披荆斩棘，砥砺前行。知行本来就一体，繁花似锦须由根。阳明心学强调了心的重要性和实践的价值，认为知行合一是实现个人和社会和谐的关键。在这种哲学体系中，艺术精神占有一席之地。通过王阳明的诗词文赋、书信语录，我们可以看到他强调内心真诚、自我认知和道德修养的艺术内核，充分反映了他的艺术精神在他的创作中占据了重要位置。阳明心学强调良知和道德情操的重要性，阳明心学中的艺术精神是一种追求真善美的精神，王阳明的"致良知"理念为艺术创作提供了道德和精神上的指导，让创作者在创作过程中时刻保持清正和自律。与此同时，阳明心学认为个人应该具有社会责任意识。通过艺术创作，艺术家可以表达对社会和人民的关怀，可以传承和发扬传统文化，可以传达和实现这种社会责任。

宁波江丰电子材料股份有限公司董事长姚力军做了题为"吾心光明致良知 知行合一行正道"的主旨发言。他介绍说，宁波江丰电子材料股份有限公司创建于2005年，是科技部、发改委以及工信部重点扶持的高新技术企业，专业从事超高纯金属材料的研发生产，于2017年在"深交所"成功上市。企业核心团队由多名海外归国博士组成，并引进了多名美国、日本、新加坡籍专家。18年来，这家企业从一家名不见经传的小公司成长为国际上有一定影响力的上市公司，正是因为秉持了阳明先生"知行合一"的理念。我们做了一件最了不起的事，就是聚焦我们国家的战略需求，并在企业发展过程中克制住了不当的欲望，防住了心中的"贼"。此外，江丰电子还设有阳明文化实践教育点，为华人华侨和海外高层次人才搭建了一个培育家国情怀、提升产业报国精神和坚定理想信念的良好平台。今后将继续以阳明文化为指引，践行"知行合一"理念，努力实现高质量发展。

舜宇光学科技（集团）有限公司执行董事、常务副总裁王文杰在参加访谈形式的交流时表示，舜宇光学科技（集团）有限公司在发展过程中，始终坚持以人为本的发展理念、快速反应的行为作风、知行合一的品格追求和诚信敬业的职业操守。通过学习阳明心学，企业探索出"共建、共享、共创、共赢"的管理制度。阳明心学不仅是一个理论体系，更是实践的智慧学，可以提升智力直觉，丰富心力资源。这对企业经营管理具有重要的指导意义。

与会学者、企业家代表一致认为，阳明心学的"心即理""知行合一""致良知""事上磨炼"等精髓一直备受世人推崇，阳明心学对构建企业文化价值观、培育新时代企业家精神和促进企业健康发展具有重要意义。

（四十）"《王阳明大辞典》成果预发布会"在浙江余姚举行①

2023年10月31日下午，作为"宁波（余姚）阳明文化季系列活动"

---

① 信息摘录自《〈王阳明大辞典〉成果预发布会举行》，网易宁波，2023年11月2日。

之一的"《王阳明大辞典》成果预发布会"在余姚王阳明故居举行。发布会由宁波市社会科学院（社科联）指导，中共余姚市委宣传部、浙江省良知阳明文化研究院主办，余姚市社科联、余姚开投蓝城投资开发有限公司承办。浙江省阳明良知慈善基金会、浙江省良知阳明文化研究院联合党支部书记徐八达，宁波市社会科学院（社科联）党组书记、院长、主席傅晓等有关领导专家出席发布会。

发布会上，浙江省儒学学会名誉会长吴光，浙江省社科院哲学所副所长、研究员张宏敏，余姚市文保所副所长、副研究员黄懿，上海辞书出版社副总编辑童力军4位专家以作者、编委、研究员、出版人等身份，通过访谈的形式，畅聊《王阳明大辞典》编撰背后的故事，共同探讨阳明文化的余姚元素、当代价值和现实意义。

作为王阳明先生的出生地、成长地和晚年讲学地，余姚市深入学习贯彻习近平总书记关于文化建设的重要论述精神，既抓有形的遗迹修缮、活动推广，又抓无形的内涵挖掘、文化传承，涌现出一些阳明文化成果转化的优秀案例。这部《王阳明大辞典》的出版，将进一步提升余姚阳明文化的影响力、知名度、美誉度。

（四十一）"2023阳明心学大会"在浙江绍兴举行①

2023年10月31日至11月1日，由绍兴市人民政府、国际儒学联合会、中国哲学史学会共同主办的"2023阳明心学大会"在绍兴举行。来自全国的阳明学研究专家及全国阳明史迹地、行迹地单位代表等450余人参加此次文化盛会。与会专家学者以建设中华民族现代文明为视点，探讨阳明心学"心即理""万物一体""知行合一"等智慧谱系和传统文化的发展延伸，并就如何通过对阳明心学进行化古而创新来积极构建中华文明的现代形态展开交流。

此次大会以"阳明心学与中华民族现代文明"为主题，设有稽山论道、

---

① 信息来源于《2023阳明心学大会在我市举行》，《绍兴日报》2023年11月1日。

天泉会讲、大道知行：阳明心学与企业家精神、王阳明行迹地协作交流会等多项活动。大会还携手5个省份的阳明行迹单位代表签订"阳明行迹地协作平台"合作协议，发布"绍兴阳明文化十景"。

10月31日上午，大会开幕式举行。绍兴市委书记温暖，国际儒学联合会副会长丁伟，中国哲学史学会会长杨国荣，阳明行迹地代表、贵阳孔学堂文化传播中心副主任肖立斌，浙江省委宣传部常务副部长来颖杰先后致辞。

丁伟说，近年来绍兴大力加强有关阳明文化遗迹遗存的保护利用，高品质推进阳明文化项目建设，在阳明思想文化的研究和传承方面发挥了建设性、引领性作用。我们要站在建设人类命运共同体的时代高度，深入挖掘和汲取阳明心学中的优秀思想基因，弘扬跨越时空、超越国度、表现人类美好本质、具有当代价值的博大文化和哲学精神，推进文明交流与互鉴，促进各国人民相知相亲，共建和而不同、美美与共的人类文明百花园。

温暖代表绍兴市四套班子对各位嘉宾的到来表示欢迎。他说，阳明心学大会已经成为国内外心学传承发展、交流互鉴的重要平台。在这里，我们打造了"心学圣地"新图景，扛起了"心学传承"新使命，开拓了"心学传播"新渠道。我们将更好担负起新的文化使命，进一步深入挖掘阳明文化的丰富内涵，深刻把握阳明文化的时代价值，深度运用阳明文化的研究成果，深化推进阳明文化的国际传播，为建设中华民族现代文明做出更大贡献。

来颖杰说，此次会议以"阳明心学与中华民族现代文明"为主题，既是洞穿历史的回眸，也有参悟思想的洞察，更具指导实践的卓见。我们要从阳明心学中汲取实干笃行的奋进力量，坚定鲜明的民本立场，读懂与百姓心连心的价值理念，提升致良知的道德境界，涵养万物一体的天下情怀，推动阳明文化的创新传承和创造转化，为持续推动"八八战略"走深走实提供更有力的精神支撑和文化动力。

杨国荣说，作为在中国文化史、哲学史上产生重要影响的阳明心学，包含了"致良知""万物一体""知行合一"等独特价值取向，也包含了

"意之所在便是物"等中国哲学的重要观念，体现了传统文化的生命力和创造性的哲学思想，为我们进一步推动文化创造、哲学构建提供了重要的智慧和思想之源。我们要将知识与行为融为一体，在实践中体验所学的知识，从而达到对世界更深刻的认识。

开幕式后的"主旨演讲"环节，哈佛大学东亚语言与文明系"查理斯·H.卡威尔"讲席教授包弼德，台湾东华大学荣誉讲座教授、山东大学易学与中国古代哲学研究中心特聘教授林安梧，华东师范大学特聘教授、中国哲学史学会会长杨国荣分别做主旨演讲，积极探讨阳明心学"四句教""万物一体""良知"等心学命题及其时代内涵，并进一步从传承与创新的角度探讨了阳明心学的现代价值及其对于世界文明的启发价值。

随后的"稽山论道"环节，在浙江省稽山王阳明研究院院长董平主持下，华东师范大学哲学系教授陈卫平，贵州省人大常委会原副主任顾久，武汉大学哲学学院教授吴根友，台湾"中研院"中国文哲所兼任研究员钟彩钧，北京大学国学研究院教授张学智，围绕"阳明心学与中华民族现代文明"主题进行论道探讨。

10月31日下午，以"阳明心学与儒学创新"为主题的"天泉会讲（一）"及以"阳明心学与东亚文明"为主题的"天泉会讲（二）"，同时分别举行。

10月31日下午，"大道知行：阳明心学与企业家精神分论坛"举行，旨在以阳明心学滋养企业家的心灵，以"知行合一""致良知"精神促进企业家的社会责任与担当，承担起社会发展及"共同富裕"的神圣使命，为"中华民族现代文明"贡献企业家的力量。中共绍兴市委宣传部部长丁如兴、国际儒学联合会副会长赵毅武分别致辞。

赵毅武在致辞中指出，阳明心学是阳明先生广泛汲取中华优秀传统文化、结合自身实践、探索创新和创立的思想体系，蕴含着整体思维、责任意识和天下情怀，是中华民族智慧的结晶，对企业经营管理具有重要的指导意义和现实价值。当今世界正经历百年未有之大变局，新一轮科技革命和产业变革深入发展，宏观经济环境错综复杂，广大企业家更需要从阳明心学中不断汲取精神养分，进一步强大自身内在精神，知行合一，不断提升。

"大道知行：阳明心学与企业家精神分论坛"特邀中华孔子学会副会长景海峰、中铁隆工程集团董事长张伟瑄、中国政法大学商学院教授李晓进行主旨演讲。

景海峰教授以"从心学看精神的包容性与扩展性"为题进行了主旨演讲。他表示阳明心学作为儒家文化脉络的果实，阐述了文化精神的重要作用。在今天企业工商格局之下，阳明心学曾提到在秩序中也要有灵活的内涵，更有着一定的现实意义，将共享、共融、合作的精神贯穿到商业活动之中，凸显出儒家气韵的风范。

张伟瑄董事长发表了题为"从阳明心学汲取摆脱困境的精神力量"的主旨演讲。他首先肯定了阳明学的价值，接着从"阳明先生对志向的坚定和对理想的坚守，值得我们效法""阳明心学的创新和担当，是滋补企业家精神的营养""王阳明的亲民思想对于企业凝心聚气共克时艰的启示"三方面展开论述。最后总结道，肯定阳明心学是中国传统文化的精华，也是增强中国人文化自信的切入点之一。

李晓教授分享了《王阳明的"精一之功"与企业家创新精神》。他认为阳明心学是能够滋补企业家的营养；王阳明提出"精一之功"，以"惟一"作为"惟精"实践工夫的目标，以"惟精"作为达到"惟一"目标的方法，正是中国式企业家竭尽全力、追求精进、力求做到极致的文化基因。

主旨演讲结束后，李晓教授与复旦大学特聘教授何俊、中山大学哲学系教授陈立胜、三替集团董事长陶晓莺、浙江精工钢结构集团公司党委书记孙关富、浙江省稽山王阳明研究院副院长潘建国做对话交流。对话环节氛围热烈，大家认为阳明心学的"心外无物""知行合一"对商业经营有所启迪，在当代的商业体系中赋予企业家"致良知"的道德自觉。异业同道，企业图强，不断以自己的产品和服务来推动社会发展，是把阳明心学落到实处的体现之一。

（四十二）"绍兴阳明文化十景"在浙江绍兴发布①

2023年10月31日，在"2023阳明心学大会"上，绍兴市文化旅游集团发布"绍兴阳明文化十景"。这是绍兴深度挖掘阳明文化，将最有代表性的点位提炼出来，进一步推动阳明文化传播的又一举措。

"绍兴阳明文化十景"为洞天修道、浮峰探幽、若耶吟咏、陈溪游学、南镇观花、云门静定、香炉和唱、稽山论道、天泉证道、兰亭仰圣等。（1）洞天修道景点位于越城区阳明路宛委山阳明洞天，王阳明曾在此修道悟学养身，并自号阳明子，阳明洞天是阳明心学的发源地，也是人们探寻、瞻仰心学之源的必达之地。（2）浮峰探幽景点位于柯桥区牛头山，是王阳明往返杭绍间时常栖息之地，此处至今仍"风景色色异""山势若浮云"。（3）若耶吟咏景点自越城区阳明路望仙桥始，一路清水碧绿，山水田园风光相映，王阳明曾称此处"湖山满眼不可将，画手凭谁写清绝"。（4）陈溪游学景点位于上虞区陈溪乡，这里是阳明先生的祖居地，现已成为阳明文化热门打卡地。（5）南镇观花景点位于越城区南镇路以南，著名的"岩中观花"故事即出于此，至今仍是人们休闲漫步之地。（6）云门静定景点位于柯桥区平水镇平江村云门寺，这里曾是唐诗之路的重要节点。（7）香炉和唱景点位于越城区南镇路香炉峰，炉峰望月自古就是绍兴十大美景之一，王阳明居越时常带领门人登香炉峰，临高望远，吟诗唱和。（8）稽山论道景点位于越城区府山公园南麓，是阳明先生曾经的讲学之地。（9）天泉证道景点位于越城区上大路阳明故里，至今存有碧霞池等，这里是阳明心学圆润成熟地。（10）兰亭仰圣景点位于柯桥区兰亭街道阳明文化园，是阳明先生归葬之地。

绍兴市文旅集团总经理赵腾飞说，阳明先生的遗迹遗存遍布绍兴大街小巷，古城内有伯府第石门框、碧霞池、观象台等，古城外有宛委山阳明洞天、洪溪阳明墓等。如今，这些遗迹遗存都得到了较好保护、修缮和复

---

① 信息来源于《寻先贤遗迹 探心学之源》，绍兴网，2023年11月1日。

原。在高标准保护阳明文化遗迹的同时，绍兴根据文商旅融合发展需求，会同阳明心学专家、文化旅游专家，通过实地踏看考察，收集整理文史资料，挖掘绍兴阳明故事，将最具有代表性的点位提炼出来，编制成"绍兴阳明文化十景"。每一处景点都是自然和人文的融合，游人至此，可追思阳明先生徜徉山水间的豪迈，寄托对一代心学大师的崇敬之情。

（四十三）"王阳明教育思想暨游学文化研讨主题活动"在绍兴职业技术学院举行[①]

2023年11月1日上午，绍兴"2023阳明心学大会文化月"活动之"王阳明教育思想暨游学文化研讨主题活动"在绍兴职业技术学院举行。活动由浙江省稽山王阳明研究院、绍兴职业技术学院主办，绍兴职业技术学院阳明学院、绍兴市上虞区阳明游学研究会承办，阳明教育联盟各单位协办。

绍兴市委宣传部二级巡视员赵铭、绍兴文史研究馆副馆长何俊杰，浙江工业职业技术学院党委宣传统战部副部长陈荣荣，绍兴职业技术学院执行校长黄柏江，绍兴职业技术学院阳明学院理事长汪柏江，绍兴职业技术学院阳明学院院长吴世玲，绍兴职业技术学院阳明学院原院长鲍贤杰，孔子研究院研究员齐金江、宁波大学阳明学院党委委员王津伟、江西赣州修文阳明书院院长王修权、绍兴市王阳明研究会副会长孙有峰、余姚市丰北小学校长王红专、绍兴名城景区发展有限公司阳明故里主任黄春芳、宁波职业技术学院阳明学院直属党支部书记王青柳、绍兴市上虞区陈溪乡党委书记郑哲军，以及来自浙江省内外阳明教育联盟单位负责人、在绍高校师生代表等齐聚一堂，共襄盛会。

会上，赵铭、汪柏江先后致辞，孙有峰为"阳明文化研学基地"授牌，吴世玲为"阳明文化实践教育基地"授牌，黄柏江为何俊杰、张清、齐金江颁发绍兴职业技术学院校外导师聘书。主题演讲中，何俊杰教授做"一

---

① 信息来源于《王阳明教育思想暨游学文化研讨主题活动举行》，绍兴网，2023年11月1日。

城诗书研学古今——绍兴阳明文化与研学旅行的探索与展望"的主题演讲；张清教授做"王阳明在贵州：'阳明·问道十二境'"的主题演讲；齐金江教授做"汲取儒学力量建设现代文明——王阳明圣迹观及孔子遗迹书院"的主题演讲；绍兴职业技术学院阳明学院副院长徐亚萍副教授以"文化传承到文化育人——《王阳明教育思想》课程的开发与建设概观"为题做交流分享；绍兴市上虞区阳明游学研究会常务副会长，上虞区陈溪石笋山旅游开发有限公司副总经理姚瑶以"解码'阳明游学'思想 打造'乐学'研学高地"为题做交流分享。

（四十四）"阳明心学大会第四届全国大学生传习研讨营——全国大学生阳明学研讨会2023：阳明文化的当代传承"在浙江绍兴举办①

2023年10月31日至11月1日，"阳明心学大会第四届全国大学生传习研讨营——全国大学生阳明学研讨会2023：阳明文化的当代传承"在浙江绍兴举办。此次研讨会由绍兴市委宣传部、绍兴文理学院、浙江省稽山王阳明研究院和绍兴市文旅集团共同主办，共收到来自24个省市自治区和澳大利亚60所高校的166篇论文。此次研讨会的选题范围涉及王阳明心学思想研究、王阳明诗文创作研究、王阳明题材戏剧研究、王阳明题材小说研究、王阳明文学传记研究、阳明后学研究以及阳明文化传播研究等方面。

绍兴市委宣传部副部长俞正英表示，通过大家的共同努力，"第四届全国大学生传习研讨营——全国大学生阳明学研讨会2023：阳明文化的当代传承"能够让阳明文化资源"活起来"，让阳明文化的当代价值为更多的青年所熟知，进而推进阳明心学在当代青年大学生群体中的传承与传播。

此次研讨会以线上线下相结合的方式，共设置了五个分会场。会上共有120余名同学发言，同学们围绕阳明心学的价值内涵、阳明后学的学人学

---

① 信息来源于《阳明心学大会第四届全国大学生传习研讨营在浙江绍兴召开》，新华网浙江频道，2023年11月2日。

派、王阳明与古今中外思想家的比较以及后世文献中王阳明形象塑造等研究方向进行了深入探讨，为相关研究做出了重要贡献，并产生了一系列论文。

大会相关负责人表示，全国大学生阳明学研讨会是2023阳明心学大会的一大亮点，对于传承阳明精神具有重要意义。该研讨会为大学生从事王阳明的研究与交流搭建了一个更好的平台，这将助推大学生不断取得新的成果。此外，大学生阳明文化传承基地的成立，将促进更多大学生逐渐走近王阳明，深入研究阳明心学并传承阳明精神。

（四十五）"《王阳明大辞典》审稿会"在杭州富阳召开

2023年11月1日至3日，"《王阳明大辞典》审稿会"在杭州富阳召开。会议由浙江省儒学学会主办，浙江省阳明良知慈善基金会、宁波市社科联（社科院）、宁波市开投蓝城集团、余姚市社科联、上海辞书出版社协办，浙江大隐集团承办。大辞典主编，子项目负责人，审稿专家，出版社相关负责人，主办、协办、承办单位代表等30余人参加会议。

11月1日下午的稿件汇报环节由华东师范大学哲学系教授陈卫平主持，大隐集团董事长周筱妮、贵州省文史研究馆原馆长顾久、浙江省儒学学会会长曹锦炎、浙江省阳明良知慈善基金会书记徐八达，分别做开幕式致辞。湘溪村委书记俞小军给大家简单介绍了湘溪村的情况。

中国社会科学院古代史研究所研究员张海燕、浙江省社科院文化所研究员王宇、浙江省社科院哲学所研究员张宏敏等9位子课题负责人汇报了各自课题编写进展情况，内容涵盖生平事迹、思想体系、命题范畴、学派传承、域外传播、文物遗迹、日本阳明学、王阳明年谱和著作目录索引等。

11月2日上午的审稿研讨环节由曹锦炎主持。上海辞书出版社编审蔡才贵、上海辞书出版社编审王国勇、上海辞书出版社编审罗颢、江苏省社会科学院研究员胡发贵、《浙江社会科学》杂志社编审王立嘉等专家对大辞典的稿件进行了分项评审；同时，项目组成员进行了互评，指出目前稿件存在的问题，并针对具体问题提出相应的解决方案。下午的研讨总结环节，首先由上海辞书出版社副社长兼副总编童力军讲话，针对大辞典的编纂细节提出了要求。随后的自由讨论环节，与会专家与作者进行了坦诚充分的交流讨论，为大辞典的进一步完善出谋划策。最后，大辞典主编吴光作总结发言，并布置下阶段任务与任务进度。

此次审稿会，是在大辞典整书初稿基本完成的前提下召开的。在成稿的过程中，所有编纂人员皆付出了巨大心力。此次审稿会的召开，也标志着大辞典的编纂工作进入了关键阶段，期待《王阳明大辞典》的最终出版发行。

（四十六）"第二届'实学·气学·心学'国际学术研讨会"在江西庐山白鹿洞书院举办[①]

2023年11月3日至5日，由中国实学研究会、庐山市人民政府、江西中医药大学主办，北京中医药大学国学院协办，白鹿洞书院承办的以"中华心学的当代价值"为主题的"第二届'实学·气学·心学'国际学术研讨会"在江西庐山白鹿洞书院举办。70多名中外专家学者以线上线下相结合的方式参加会议。天津大学社会主义现代化研究中心研究员朱康有主持会议开幕式。

受庐山市委书记邵九思、庐山市市长王斌委托，庐山管理局党委委员、副局长张国宏代表庐山市委、市政府致辞。他指出，此次学术研讨会为响应习近平总书记在江西九江考察时提出"深入发掘长江文化的时代价值，推出更多体现新时代长江文化的文艺精品"的重要讲话精神，通过对历史上曾经在白鹿洞书院讲学著述的朱熹、陆九渊、王守仁等思想家进行探讨，再现"天下书院之首"的荣光。

中国实学研究会会长、中共中央党校（国家行政学院）教授王杰在致辞中指出，要深入学习贯彻习近平文化思想。对历史以及优秀传统进行深

[①] 信息来源于《第二届"实学·气学·心学"国际学术研讨会在江西白鹿洞书院召开》，光明网·学术频道，2023年11月8日。

度挖掘是非常有必要的。心学主流是以"实"为主的，应当改变以往中国思想史对心性论"唯心"的定性和评价。

江西中医药大学中医学院党委书记史桂春在致辞中指出：气学说是中医学理论与传统文化的基石；江西中医药大学于2015年建立了中医气学说现代科学研究平台，作为江西省中医药管理局重点实验室，致力于揭示传统文化气学、心学的现代科学实质，促进传统文化及中医学理论的传承创新发展。

接着，国外学者谈了自己关于心学与实学的看法。日本福冈国际大学名誉教授海村惟一讲述了日本实心实学思想的源流和概要。韩国安养大学教授孙兴彻分析了朝鲜时代实学思想的产生背景与性理学（心学）的关系。马来西亚拉曼大学医学院副教授杨早提出，阳明心学的"心即理""致良知"及"知行合一"，同中医学"心"与"意"理念有共通之处，可用于临床医学及健康保健领域。马来西亚拉曼大学中华研究院助理教授关启匡比较了当代实学理论与其业师林安梧先生的"后新儒学"。美国美利坚大学教授雷吉娜提出，心学的内向实证操作技术表明，意识具有向人体发送信息的能力，由此可以极大地改变人的身心状况。法国承信中医与气功学院博士马修指出，"身、气、心"三位一体的人生观、生命观，能够在临床实践中加以验证和应用。阿根廷布宜诺斯艾利斯大学研究员尼迪亚·法蒂玛·费拉罗蒂认为，中国传统"心学"实践有助于改善人的社会交往及家庭关系，是一个值得探索的伟大领域。马来西亚大学教授雷蒙德·黄指出，理解量子物理学有助于理解心性意识；意识可以通过处理信息，微调身心，使之协调，达到完美。

关于"心性实学"的讨论。国家开放大学教授孙福万认为，"实心实学"或"心性实学"具有某种心理学的基础。陕西师范大学教授许宁分析了李二曲弟子王吉相的"四书"学思想，认为它是对心性实学的传承。浙江省社会科学院研究员张宏敏指出，阳明心学及其后学思想都是"心性实学"的典型形态。兰州大学教授贾旭东解读了阳明心学与其修养工夫次第的会通。中国社会科学院助理研究员牛冠恒指出，必须揭下心学头上的唯心主义标签，还其社会教化的实学真面目。朱康有从心之"体""修""用"三方面阐述了心学之"实"何以可能。

关于"心学"历史研究的探讨。安徽大学教授王国良指出，朱熹以理学著称，但也重视心学，阳明心学继承朱熹心学，又与朱熹心学有所区别。江苏省社会科学院研究员胡发贵认为，孟子虽常论心性，但主要是为其推行仁政与王道做辩护。天津社会科学院研究员赵建永分析了王阳明"心学"哲学核心"知行合一"论。衡水学院教授魏彦红阐述了董仲舒以"贵志"为核心的心学思想。安徽大学教授解光宇认为，朱熹继承并弘扬孟子思想，提出了较为完整的心性学说和修养工夫。北京大学研究员杨柳新通过分析庄子观点，认为源于"道"的"德性修养"是未来"德性文明"的主要心性修养途径。厦门大学国际中文教育学院教授常大群探讨了儒家心学的气论基础。安庆师范大学研究员章林指出，程朱理学将人心视为"气之精爽者"，故人心才能同本体之气发生感应关系。湖南省社会科学院研究员唐光斌指出，心性是理学的核心范畴，胡宏与张栻作为湖湘理学代表人物，具有丰富的教育哲学思想。湖南大学教授陈力祥认为，船山对朱子、阳明"尽心知性"之解进行了批判与重构。成都龙泉驿区阳明心学研究会会长义文辉指出，清初四川射洪人——杨愧庵是精通养气工夫的心学大家。

关于中医"心—身"影响的理论探讨。江西中医药大学博士刘争强指出，中医学神气相关理论为气学、心学的实学特性赋予了坚实的理论基础，对气学、心学的传承创新和现代化发展具有推动作用。北京中医药大学国学院国学国医教研室主任常佩雨介绍了简帛医药养生文化，认为简帛医药文献关注身心健康，提倡通过药物疗法、导引呼吸、生活习惯调整、内事合理、注重胎产等做法，对身体施加影响，消除疾病，保持身心健康，益寿延年。浙江大学教授孔令宏指出，古代"正气"观落到实学工夫层次上，道家发展出"内丹"这样非常具有典型意义的身心治疗体系。江西中医药大学博士赵张旸以《大医精诚》一文为例，说明从心学角度实修实证，能够达到至精至诚的大医境界。中国实学研究会理事张跃龙指出，中医与中国哲学都强调心主神明，坚持身心同疗。江西中医药大学学生张心梅指出，儒家内圣修持通过对气和意识本体的修炼体悟，对人体生命进行了深刻认识和探索。西安临潼智能科学研究所主任叶世平指出，科学实验表明，人的"神、意"经"组场"技术引导能够反作用于身、形，其中医运用前景广阔。

另外，广东岭南心学研究会理事陈星指出，心学是中华优秀传统文化中哲学思想和本土心理学思想的精粹。上海引动文化传播有限公司首席执行官高伟鸣指出，中华心学已达到了新境界。天元书院院长李景春将传统礼仪文化与企业实践相结合，以礼制内，以"心之力"打造企业至善治理典范。新华社音视频部原党委副书记宣明东提出，无论是"心学"还是"气学"的实学研究，都应紧密结合新时代的实践需要。

最后，白鹿洞书院院长杨德胜总结指出，朱熹与陆九渊学术思想不同，但依然邀请他到白鹿洞书院讲学，既在学术史上留下一段佳话，也为书院留下了兼容并蓄、启迪新知的优良传统。今天，加强文化交流、开展学术讨论、提倡理论争鸣、推动思想进步，是书院的重要职责。

（四十七）"'阳明·问道十二境'长图暨书画作品展"在贵州省博物馆开展[①]

2023年11月8日，由贵州省博物馆、贵州日报报刊社文旅新闻部主办的"'阳明·问道十二境'长图暨书画作品展"在贵州省博物馆开展。展览汇集了京剧、书法、油画、雕塑、漫画以及12组手绘长图，用艺术形式再现了王阳明在贵州游历和悟道的重要时刻，为观众呈现了一场可看、可感、可知、易懂的阳明文化展。

开展仪式上，贵州日报报刊社副社长孙雁鹰代表主办方发布了阳明文化系列传播活动和王阳明数字人形象设计和创作计划，旨在通过系列活动和数字技术，让王阳明这位建功立业的明代哲学家穿越时空与当下对话。

---

① 信息来源于《坚持守正创新，践行文化使命"问道向黔——'阳明·问道十二境'长图暨书画作品展"正式开展》，贵州省博物馆官网，2023年11月7日、17日。

贵州日报报刊社总编辑李卫红表示，作为媒体，希望通过新闻作品助力贵州省阳明文化转化工程实施。展览将阳明文化这一璀璨的文化遗产转化为现代社会可接受、可传承的形式，让更多人了解阳明文化，热爱阳明文化，从中汲取智慧，启迪心灵。贵州省人大常委会原副主任、省文史研究馆原馆长、阳明文化转化运用工程学术委员会副主任委员顾久，观看完展览评价说，展览用年轻人乐于接受的形式呈现，讲述了阳明先生在贵州悟道的故事，很好地实现了阳明文化的转化、传播。贵州省博物馆党委书记李强表示，展览是对阳明文化大众传播的一次积极探索和转化运用的一次具体实践。将以此为契机，充分发挥省博物馆在传播文化、传承文明等方面的独特优势，为推动文化繁荣、建设文化强国、建设中华民族现代文明和多彩贵州民族特色文化强省建设做出新的贡献。

明正德二年至正德五年，王阳明被贬谪居贵州修文县。在贵州，王阳明因"龙场悟道"，传道贵阳文明书院，始论"知行合一"，成为中国历史上一代巨儒。他的一生留下600多首诗，有六分之一作于贵州，在其入选《古文观止》的3篇文章中有2篇作于贵州。贵州因此被称为"王学圣地"。阳明文化是贵州文化的重要组成部分。贵州省委第十三届第三次全会将其列为贵州"四大文化工程"之一，贵州省委宣传部要求大力实施"四大文化工程"，贵州文化宣传系统不断实践和探索阳明文化的转化运用的方式和路径。王阳明在贵州悟道、体道和传道，其弟子和再传弟子遍及黔中并逐步形成颇具影响力的"黔中王学"，对推动贵州思想、文化和教育的发展做出了巨大贡献。如何讲好阳明悟道故事，如何传播阳明文化，是媒体人的责任担当。

2023年初，贵州日报报刊社策划、创作、推出了"阳明·问道十二境"系列手绘长图，以漫画的形式生动展示和诠释了王阳明贬谪贵州期间的所思、所想、所悟、所写。此次展览以"阳明·问道十二境"长图为串联，王阳明在贵州"平越思隐"的内心挣扎，"南庵答和"的闲情逸致，"贵阳传道"的谆谆教诲，"古道心旅"的悲天悯人，"东山余韵"的怀念传承等，透过展览呈现出其"龙场悟道"的智慧之光。

作为一个以展览为开端的阳明文化系列传播活动，此次展览将展出至2024年2月18日，展期100天。其间，将以"现代语境下的阳明文化"为主题，举办贵州日报27℃黔地标读书会读书分享会；贵州省博物馆和贵阳学院将开展相关讲座、研学活动。

开展当天，贵阳学院阳明学与黔学研究院教授任健以"王阳明曲折而辉煌的一生"为主题展开专题讲座。任健介绍，王阳明的一生经历了六大磨难，身体病痛的磨难、求索真理的磨难、牢狱凌辱的磨难、征战遭诽的磨难、贫困落魄的磨难、毁誉侮辱的磨难。但面对曲折和磨难，王阳明总能以积极、乐观、平和的心态智慧应对，最终实现了立德、立功、立言"真三不朽"的圣人志向。王阳明在贵州体道、悟道和传道，提出了"知行合一"思想。他讲学于龙冈书院和文明书院，培养了诸多良才，黔中弟子再回乡讲学，薪火代代相传，贵州教育也因此日渐兴盛。

讲座间隙，来自贵阳学院的"阳明心乐坊"为观众带来了现场演出。演奏以民族器乐为主，并辅以朗诵表演王阳明创作的七言律诗组诗作品《龙冈漫兴五首》，该组诗记录了王阳明被贬之后颓丧与奋起交织的心路历程。

（四十八）"纪念王阳明滁州讲学510周年学术研讨会"在滁州学院召开[①]

2023年11月19日，安徽省滁州市地方文化专家学者齐聚滁州学院，召开"纪念王阳明滁州讲学510周年学术研讨会"，共同探讨"阳明文化新时代传承与发展"。王阳明是我国明代著名的思想家、文学家、政治家和军事家。1513年，王阳明履职滁州任太仆寺少卿，环龙潭布道讲学，吸引了大江南北的门生汇聚于此，使滁州成为阳明讲学的首地、王门游学的发端地、阳明心学传播的旺地，让王阳明发出了"滁山与我最多情"的感慨。

---

① 信息摘录自《纪念王阳明滁州讲学510周年学术研讨会在滁州学院举行》，安徽财经网，2023年11月20日。

为了深入发掘王阳明在滁州留下的宝贵文化财富，滁州市于2023年11月18日至24日举办首届"阳明文化活动周"。

此次研讨会由滁州学院文学与传媒学院牵头发起，联合滁州市委网信办、市文旅局、市地情人文研究会、皖东历史文化研究中心举办。滁州市人大常委会副主任查镜波、滁州学院校长郑朝贵、滁州城市职业学院校长汪上、滁州职业技术学院纪委书记孙静、滁州市文旅局党组书记李超、滁州日报社总编辑朱慧琳，及地方文化专家、滁城高校学者和大学生代表150余人参加了会议。会议开幕式由文学与传媒学院党委书记王诗根主持。

郑朝贵、查镜波分别在开幕式上致辞，并共同为"滁州阳明文化研究中心"揭牌。郑朝贵表示，将认真吸纳会议成果，深入发掘滁州文化资源，积极推进新文科建设，对滁州特色地方文化守正创新，培养更多"勤学善思、知行合一"，契合强国建设、民族复兴需要的高素质应用型新文科人才，以实际行动助力滁州文化强市建设和国家级历史文化名城创建，共同建设现代化美好滁州。查镜波代表滁州市对研讨会召开和"滁州阳明文化研究中心"成立表示祝贺。她指出，全面建设现代化美好滁州，文化是重要内容、重要标志，也是重要支撑和重要力量，希望各位专家在交流研讨中碰撞思想火花，会聚研究成果，把滁州特色地域文化发掘好、研究透、传播开，将滁州文化资源优势转化为竞争优势、发展优势，汇聚成全面建设现代化美好滁州的信心与力量。

研讨交流中，专家学者围绕王阳明与滁州、阳明文化的当代价值等相关议题做了精彩讲演。专家们认为，宋明文化在滁州蕴藏着丰富的内容，王阳明是继欧阳修之后，在滁州人文史上崛起的又一座高峰。阳明心学与滁州是历史机缘契合的一份珍贵人文遗产，是中华儒学发展的重要一环。王阳明滁州讲学以及相关的柏子龙潭、太仆寺文化，赋予滁州得天独厚的历史人文资源。阳明学说"知行合一""致良知"思想和敬畏自然、崇尚先贤的道德风范，包含着丰富的时代特征和深厚的国学思想。在复兴中华优秀传统文化的新时代，滁州应进一步大力发掘、深入研讨包括阳明文化在内的滁州特色地域文化，将滁州文化资源优势转化为竞争优势、发展优势，助推滁州"文化强市"建设和"国家级历史文化名城"创建，进一步坚定全面建设现代化美好滁州的文化自信。

（四十九）"阳明心学与企业家精神——孔学堂文明论坛"在贵阳举行①

2023年11月11日，为深入挖掘阳明文化的当代价值，传承发展中华优秀传统文化，擦亮贵州作为阳明心学诞生地的文化名片，打造阳明文化高地，由国际儒学联合会和中共贵州省委宣传部作为指导单位，中共贵阳市委宣传部、中国社会科学院大学、新华社民族品牌工程办公室、贵阳市文化和旅游局和贵阳孔学堂文化传播中心为主办单位，新华社新闻信息中心和贵阳日报传媒集团承办的"阳明心学与企业家精神——孔学堂文明论坛"在贵阳举行。来自全国各地的知名学者、经济学家、企业家代表围绕阳明心学，结合企业经营管理、企业家精神培育、民营经济发展等主题展开了深度交流。

11月11日上午，7位来自全国各地从事阳明文化研究的专家学者和企业家分别做了主旨演讲。

中国品牌建设促进会理事长刘平均的发言主题是"弘扬企业家精神 做符合时代要求的企业家"。他认为，国际视野是新时代企业家精神的时代要求。我们的企业家应拥有迎接合作、拥抱机遇、领跑国际市场、为振兴中华不断做出新贡献的意识，从全球化的视角来设计企业的发展战略和品牌策略。提高我国品牌的国际声誉和影响力，有利于推动我国品牌进入国际知名品牌发布名单，从而提高我国品牌的国际知名度和形象，打造一批与国际顶尖产品相媲美的"中国制造"和"中国服务"高端品牌，实现我国品牌建设的新跨越。

科大讯飞股份有限公司联合创始人胡郁的发言主题是"阳明心学与时

---

① 信息来源于《"阳明心学与企业家精神"——孔学堂文明论坛在贵阳举行》，新华网，2023年11月11日；《专家学者论道"阳明心学与企业家精神"》，《贵阳日报》2023年11月12日。

代科学家企业家精神的共鸣"。他指出，王阳明提出的"心即理""知行合一""致良知"代表了中国儒家哲学看待"人心"和"事理"的最高水平，也指导中国人在追求"真相"和"真理"方面所需要"态度"和"能力"的思维方式和方法论。在世界以及中国的政治经济格局不断变化的当下，科学家和企业家的结合成为当前推动生产和生活、产业和社会发展的核心推动力，其中的创新与创业精神，与阳明心学中的底层逻辑和本质认知产生了强烈的共鸣。如何用阳明心学这一中华民族的精神瑰宝来指导当前的科技创新创业，寻找方向与路径，具有重要的现实意义。

易事特集团股份有限公司主席何思模的发言主题是"新时代企业家精神"。他认为，从"心即理"到"知行合一"，再到"致良知"，王阳明的一生，是不断自我完善的过程，是不断自我修炼和实践的过程，这和我们经营企业何其相似。如何把小企业做成大企业，把大企业做成明星企业，把明星企业做成寿星企业？答案就在"良知"上。明心净心致良知。只要我们坚守"良知"，就一定会"敬天爱人"，就一定会以"利他之心"来主导自己的思维与行动，勇担社会责任，就一定会遵守法纪、规范经营、技术创新、善待员工、回报国家，才能真正实现基业常青。

中国社会科学院哲学研究所党委书记、副所长王立胜的发言主题是"中国需要什么样的企业家"。他强调，企业家要兼顾"经济人"和"社会人"双重角色，在创新实践和社会责任中求得平衡；要发掘和继承中华优秀传统企业文化精髓，在历史经验和中外对话中实现转化和发展；要充分调动自身能动性和创造力，逐步成长为中国特色社会主义事业中最具潜力和活力的建设者；要拓宽国际视野，凭借开放的胸怀和"走出去"的勇气，在全球化战略格局中把握新机遇。中国在新时期所倡导的企业家精神理应自觉对标中华民族之崛起的伟大事业，企业家要调动专业化的能力，充分发扬开拓创新的精神，成为壮大综合国力、促进经济社会发展、保障和改善民生的重要力量。

中国民营经济研究会副会长黄剑辉的发言主题是"弘扬中华传统文化创新民营经济发展理论"。他指出，中国曾经有过辉煌的经济发展水平，以及系统、精深、全球领先的经济学思想。据有关研究，在距今约5000年的历史时期，中国经济总量在多数年份居全球首位，且曾在其中1000多年里占全球的30%以上，最高的时候甚至超过了50%。中国历史上，诸子百家的理论中包含了一定的经济思想，特别是先秦时期法家代表管子、韩非子提出的经济理论，对实现秦统一六国，以及汉代的经济发展起了重要作用。成就人生、发展企业和事业，需要弘扬传统中华文化，并从中感悟创新民营经济发展的理论。

中华孔子学会阳明学研究会会长董平的演讲主题是"知行合一与成己成物"。在他看来，在经验世界的诸多对象性关系情境之中将"先验真实"转化为"经验事实"，即是人的使命。实现这一使命的唯一手段或方式，即是"知行合一"。"知行合一"之通达于人生全部场域的终极原理，则是"致良知"。在王阳明的自身语境之中，"知行合一"的完整内涵，实质上是关于人作为生命存在之整体的完整性、统一性、一元性在经验世界中得以实现的根本原理，是人的存在及其意义与价值之自我证明与实现的唯一有效的经验方式。因此，"知行合一"实质上是一个生存论命题，充分体现了对于人的现实生存之免于"心身灭裂"的本源性关切。

浙江省文史研究馆馆长王永昌的发言主题是"心力赋能——阳明心学对培育企业家精神的时代价值"。他指出，源远流长的中华优秀传统文化，是建设中国式现代化和建构中华民族现代文明的肥沃土壤和厚重根基。企业家是市场经济的主要活动主体，培育中国现代企业家精神是马克思主义与中国优秀传统文化相结合的一个重要领域和内容。作为心学之集大成者和中华文化精神的杰出代表，王阳明的圣贤人格及其心学思想体系对培育和锻造现代企业家精神具有独特作用，是企业家涵养心志心力的难得养料，研究"心力"课题，培育、倡导并提升包括企业家在内的社会"心力"，是一个有关传承历史传统文化的课题，也是一个新时代塑造中华民族现代文明的现实任务。

11月11日下午，"阳明心学与企业家精神"——孔学堂文明论坛的分论坛"阳明心学与企业家精神的中国品质论坛"在贵阳孔学堂举行。来自全国的企业家及专家学者嘉宾百余人参加本次论坛，深入探讨阳明心学与企业家精神的中国品质话题。与会者表示，阳明心学是中国优秀传统文化思想精华，企业家是经济发展的重要推动力量，发挥阳明心学的当代价值，培育和弘扬新时代企业家精神，挖掘企业家精神的中国品质意义非凡。

在主题演讲环节，6位嘉宾分别分享了各自的观点。复旦大学哲学学院教授吴震以"阳明心学与中国企业家精神的品质内涵"为题，认为结合阳明心学来看，儒商精神的核心表现为社会认同和社会担当两点。儒商必须对儒家传统文化抱有认同意识，同时也要有回归社会的自觉意识和担当精神。儒商的社会担当意识和精神还有很大的发展空间，这要求新时代下的儒商个人以及团体要积极融入时代、敢于承担社会责任，这才是真正的儒商精神。

上海财经大学人文学院院长张雄以"阳明心学与企业家精神"为题，认为儒家思想的价值观、儒商精神对未来中国乃至世界经济的发展，对涵养当代中国企业家精神有着十分重要的资源优势。儒学价值观中最具意义的亮点之一，就是它较早揭示了义利关系、理与欲的冲突，也较好呈现了双方发生矛盾时，价值观权重的行为暗示，如提倡"义利兼顾""义在利先""以义生利"等。儒家在义利发生冲突时，提倡"义在利先"，通过德行感化，通过利他，既保持利益双方持久的交往、交流、交易行为，又生成更多的由信誉转换而来的市场商机。

浙江省稽山王阳明研究院副院长钱明以"王阳明'共同体'意识的时代性与天下观"为题，指出王阳明"共同体"是强烈而切实的政治关怀，既是中国人一种固有的生存观念和相处之道，也是处于时代大变革中知识精英的世界观念、天下观念。当今的企业家，在生产发展过程中要有文化性、包容性，要主动承担起社会责任。

武汉大学教授欧阳祯人以"用阳明心学打造企业家的和乐精神"为题，强调王阳明曾说"乐是心之本体"，也就是说，良知是以快乐作为它最根本的底色。从孔子到王阳明，中国儒家传统文化思想都倡导和乐精神。如何打造和乐精神？欧阳祯人表示，应当减、诚、纯。减，是减掉七情六欲的偏执，要有大德之心；其次要诚，追求诚信是做人的规律；最后是纯，这是一种圣贤境界，只有达到这样的状态，才能成就作为社会精英的企业家境界。

国际儒学联合会儒学与企业管理委员会副主任卞俊峰以"阳明心学与企业管理品质"为题，指出"知行合一"向前延伸到"心即理"，以优秀传统文化提升管理者和员工的思想文化品质，向后延伸到"致良知"，以管理者和员工的自觉向善提升企业管理品质。企业界对于"知行合一"的重视和研习，是由企业作为经济组织的特性决定的，在企业传习阳明心学，就是做"明明德"的工夫。

上海煜涵半导体科技有限公司董事、总经理曹炼生以"阳明心学与百年企业建设"为题，认为企业家应该有家国情怀的责任担当，企业家精神核心也应该围绕这一点，做到"知行合一"。曹炼生说，这需要关注如何将阳明文化的研究和现实问题紧密结合起来，不断强化对阳明文化的转化运用，更好地助力企业发展。

11月11日下午，"阳明心学与企业家精神"——孔学堂文明论坛分论坛之"新时代企业家精神的行知境界论坛"也在贵阳孔学堂举行，来自全国经济、文化等各领域的嘉宾、企业家、贵州省高校相关学科专家及学生、贵阳市阳明心学学者80余人参加了论坛。"阳明心学的现代价值是什么？对企业文化的影响有哪些？阳明心学的创新发展路在何方？阳明心学与企业诚信的关系应如何理解？全球视野中的阳明心学何去何从？"嘉宾们提出了个人思考，并进行了现场交流。嘉宾们的现场思想碰撞为讨论阳明心学提供了更多的新视角，为深入挖掘和汲取阳明心学的优秀基因提供了新的方向。

在主题演讲环节，陕西师范大学教授丁为祥认为，阳明心学的现代价值，可以总结为一种"做人精神"。阳明文化不是把外部世界封闭起来，而是强调做人首先要从内在做起，这就有了"反省"。只有"做人精神"，才能真正改变主体，这是对现代社会最大的贡献。在弘扬优秀传统文化的过程中除了聚焦学者观点，应当强化民本思想，引入更多现代民族的调查，让转化更接地气、更关乎老百姓的生活，这是把优秀传统文化作用于现实社会非常好的途径。

南京大学哲学系教授李承贵指出，阳明心学所倡导的主体性精神，强调发挥人的主体力量、人心的力量、思想的力量，正是企业家们兴办企业、开拓事业、发展产业特别需要具备的一种拼搏创新的精神特质。企业家通过接触和学习阳明心学中的一些核心思想，例如"心即理""知行合一""致良知"，能够切身体悟到其中所蕴含的主体性精神和实践精神，在激烈的市场竞争中可以增强自信、减轻心理压力、持续汲取正能量，从而不断提升认知世界、驾驭市场、管理企业的能力。

深圳达实智能股份有限公司董事长刘磅强调，以创新为要，阳明心学高扬的主体性精神提升企业家敢为天下先的胆略，充分发挥人的主体力量、人心的力量、思想的力量，在创业创新中兴办企业、开阔视野、发展产业，培育有胆识、有创新的企业家。应对阳明心学本身的思想、观念、理论构造、价值体系有正确完整的理解，而不是片面的理解。在此基础上再创新，把传统文化的价值理念转移并落实到我们的日常生活中，把它和现代的价值理念相融合。

贵州省文史研究馆馆长、党组书记胡薇薇指出，王阳明提出"知行合一""致良知"等理念，极具当代价值，对于企业的诚信来说，不仅要内化于心、外化于行，还要行之有效。王阳明曾说的"笃行"和"不息"其功很有借鉴意义，企业的长远发展需要日积月累的努力、久久为功，持久地取得成效，才能在竞争中立于不败之地。要取得持久的成效，不是通过短期的一时发展就能一蹴而就的，而是要通过长期努力，不断发现问题、解决问题，不断巩固和扩大成果，才能在市场上持久地站稳脚跟，从而做到"不息"其功。

博研教育机构董事长徐晓良说，以阳明心学为指导的创新理论框架，能让我们在进行企业实践的同时，还能向社会输出文化和思考。构建人类命运共同体，要有理论自信、文化自信。在此过程中，东西方文化要兼容并蓄，要向全世界传播中华优秀传统文化，同时要在理解西方文明的前提下讲好中国故事，使中国真正走向世界。

（五十）"王阳明心态思想暨中国心学全国学术研讨会"在江苏南京召开①

2023年12月1日至3日，"王阳明心态思想暨中国心学全国学术研讨会"在江苏南京召开。此次会议由南京大学哲学系主办，来自南京大学、中国人民大学、华东师范大学、山东大学、东南大学、贵州大学、浙江省社会科学院、扬州大学、江苏省社会科学院等科研院校的20余位专家学者齐聚一堂，就王阳明心态思想与中国心学中的重要问题进行了广泛而深入的讨论。

此次会议分为两个环节，第一环节为围绕王阳明心理、心态思想的专题研讨，第二环节为对中国心学相关问题的讨论。"王阳明心态思想研究"是南京大学哲学系李承贵教授承担的"贵州省哲学社会科学规划国学单列课题"重大项目。在第一环节的专题研讨中，李承贵教授首先从心态问题在王阳明思想中的重要地位、王阳明对心态结构的分析、王阳明对负面心态的认识和提出的治疗心态方法等方面介绍了"王阳明心态思想"。

随后，浙江省社会科学院研究员钱明、中国人民大学教授彭永捷、华东师范大学教授朱承、贵州大学教授龚晓康、扬州大学教授程海霞、东南大学教授陆永胜、贵阳学院教授任健先后进行了评议。专家们充分肯定了"王阳明心态思想"研究在选题和研究方法上的创新性，认为李教授所做的研究系统、全面地呈现了王阳明的心态思想，使阳明心学在现代语境中呈现出新的特点，同时强调该研究不仅具有重要的学术价值，而且具有重要的现实意义，对认识和处理当下的心态问题具有很大启发。

会议第二环节分为两个阶段。第一阶段的研讨由钱明研究员主持，朱承、程海霞教授进行评议。彭永捷教授以"心即理"与"性即理"的区分

---

① 信息摘录自《"王阳明心态思想暨中国心学全国学术研讨会"顺利召开》，南京大学哲学系、宗教学系官网，2023年12月4日。

是否恰当为出发点讨论了二者的关系，东南大学教授魏福明着重阐释了王安石的"心学"，南京晓庄学院教授王军分析了从"心学"到"心态学"的讨论对阳明心学研究的新拓展，南京大学副教授李海超围绕"道德心的开放性"探讨了儒家心灵哲学两种范式，南京大学副教授王璐考察了晚明士人对"梦"的理解与书写，南京大学助理教授代玉民分析了冯友兰对陆王心学的现代诠释。第二阶段的研讨由山东大学教授李尚信主持，龚晓康、任健教授进行评议。南京大学教授白欲晓以蒂利希对"终极关怀"的看法为切入点，分析当代儒学对"终极关怀"问题的理解及其得失，南京林业大学教授韩立坤着重讨论了现代"新心学"如何实现对科学的安置，江南大学副教授包佳道展现了朱子、阳明、戴震对"从心所欲，不逾矩"的多样化诠释，江苏省社会科学院副研究员杨世帆探讨了阳明及其后学对"经"与"史"、"道"与"事"之间关系的理解，南京大学博士研究生吴博详细阐释了张载"心学"的内容。

闭幕式由代玉民助理教授主持，陆永胜教授受李承贵教授委托进行了总结发言。陆永胜教授认为此次会议视野开阔、论题深入，"王阳明心态思想"在多学科交叉的视野下具有体系的开创性，各位专家学者的发言也具有极大的启发意义。

（五十一）"阳明文化与至诚精神——中华优秀传统文化2023年大湾区'创造性转化、创新性发展'践行论坛"在深圳举办①

2023年12月2日，由深圳市传统文化研究会、深圳市至诚读书会联合主办的"阳明文化与至诚精神——中华优秀传统文化2023年大湾区'创造性转化、创新性发展'践行论坛"在深圳举办。顾久、王理宗、李安、李大华、高斌、周建华、曹军、谌业军、申元方、皇甫金石、王修权、陈定

---

① 信息来源于《2023年大湾区"创造性转化、创新性发展"践行论坛圆满举办》，搜狐网，2023年12月5日。

云、王海峰、马士力、田德清、李晟贤、陈小宝、张战强、敬诚宗、李航、吕峥等来自全国各地的阳明学专家莅临出席，来自全国各地的阳明文化专家、学者、读书爱好者及社会各界人士等140余人出席参与本次论坛活动，并见证了深圳市传统文化研究会阳明文化专业委员会的成立。

此次论坛活动分为主题演讲和圆桌会议。就本次活动主题，来自全国各地的阳明文化专家进行了不同见地的主题演讲，一同探讨阳明至诚精神如何注入企业文化的建设与构建。深圳市传统文化研究会会长吴奕新在会上表示，深圳是中国一线城市、国际化大都市，深圳更是设计之都、艺术大市、文化强市。一个城市也好，一个国家也好，核心竞争力不取决于GDP，而取决于文化。弘扬中华优秀传统文化，推动中华文化走向世界，在深圳成立阳明文化专业委员会是深圳在全球化语境下的一种文化使命与担当。在深圳市传统文化研究会多年来的努力呼吁下，深圳很多企业家开始践行阳明心学，在企业中推广全员学习阳明心学。这些企业的践行表明，学习阳明心学有助于企业快速和稳步发展。

二、2023年阳明学研究论著索引

著作类

（一）阳明学文献

[1] 黎业明：《传习录校笺集评》，上海古籍出版社2023年5月版。

[2] 吴震：《〈传习录〉精读》，上海人民出版社2023年2月版。

[3] 曹诣珍注析：《阳明先生则言》，东方出版中心2023年8月版。

[4] 张山梁点校：《阳明先生集要》，黑龙江人民出版社2023年12月版。

[5] 束景南、查明昊辑编：《王阳明全集补编》（增补本、简体版），上海古籍出版社2023年12月版。

[6] 王巨明编校：《阳明先生诗歌集》，中国文史出版社2023年3月版。

[7] 苏成爱校理：《王阳明评注武经七书》，中华书局2023年6月版。

[8] 计文渊主编：《王阳明法书文献集》，浙江人民美术出版社2023年6月版。

[9] 吴震编校：《王畿集》，浙江文丛本，浙江古籍出版社2023年1月版。

[10] 张卫红导读整理：《龙溪会语》，上海古籍出版社2023年9月版。

[11] 黄首禄、姚才刚编校：《唐枢集》，武汉大学出版社2023年5月版。

[12] 蒋丽梅编校：《庄子通义》，武汉大学出版社2023年1月版。

[13] 李晓方主编：《王阳明大余史料辑录》，中国书店出版社2023年

10月版。

[14] 杨鑫、杨立军导读整理：《心斋学谱》，上海古籍出版社2023年9月版。

[15] 林志鹏导读整理：《盱坛直诠》，上海古籍出版社2023年9月版。

（二）阳明学著作（包括论文集）

[1] 郦波：《心学的诞生》，贵州人民出版社2023年2月版。

[2] 陈士银：《王阳明的微笑：明代儒学简史》，浙江古籍出版社2023年7月版。

[3] 吴震、孙钦香：《王阳明的智慧》，岳麓书社2023年1月版

[4] 梁启超：《阳明心学七讲》，北京大学出版社2023年11月版。

[5] 邵逝夫：《致良知：王阳明修身六讲》，北京联合出版公司2023年4月版。

[6] 赵盛梅：《王阳明道德教育思想及其创造性转化研究》，南开大学出版社2023年2月版。

[7] 王伟、冀志强、邓立、文平、刘亚明：《破心中贼：王阳明心学廉政思想阐释》，人民出版社2023年5月版。

[7] 侯丹：《王阳明思想和诗歌研究》，中国社会科学出版社2023年6月版。

[9] 余群：《王阳明心学美学思想研究》，人民出版社2023年7月版。

[10] 李晓芳主编：《阳明文化研究》（第一辑），中国书店2023年10月版。

[11] 浙江省稽山王阳明研究院编：《中国心学》（第3辑），商务印书馆2023年9月版。

[12] 李洪卫主编：《阳明学与现代儒学发展研究》（第一辑），河北人民出版社2023年9月版。

[13] 吴震：《阳明后学研究》（重修增订本），上海人民出版社2023年1月版。

[14] 单虹泽：《王阳明及其后学悟道经验研究》，中国社会科学出版社

2023年4月版。

[15] 钱明等著：《地缘、血缘与学缘的交织——中国人文和自然境域中的王阳明及阳明学派》，孔学堂书局2023年版4月版。

[16] 吴震：《阳明学时代讲学活动系年（1522—1602）》（增订本），上海人民出版社2023年1月版。

[17] 邓凯：《交游与论学：王阳明弟子研究》，上海交通大学出版社2023年6月版。

[18] 代玉民：《焦竑与明清儒学研究》，中国社会科学出版社2023年3月版。

[19] 福建江夏学院阳明学研究院主编：《东南阳明学研究（一）》，厦门大学出版社2023年11月版。

[20] 张新民：《本体与方法：王阳明及其后学学术思想研究》，孔学堂书局2023年3月版。

[21] 吴震：《泰州学派思想研究》，上海人民出版社2023年1月版。

[22] 张志强、刘霞主编：《泰州学派研究》（第一辑），中国社会科学出版社2023年4月版。

[23] 张志强、刘霞主编：《泰州学派研究》（第二辑），中国社会科学出版社2023年7月版。

[24] 杨鑫：《大人造命：泰州阳明学讲稿》，上海古籍出版社2023年11月版。

[25] 刘金才主编："日本阳明学家经典著作译注与研究丛书"，孔学堂书局2022年10月至2023年5月版。

论文类

（一）王阳明与阳明心学研究

[1] 黄天芸：《王阳明贬谪龙场始末》，《文史天地》2023年第9期。

[2] 詹良水：《王阳明"龙场悟道"考辨》，《贵阳学院学报》（社会科学版）2023年第5期。

［3］张明：《王阳明在江西庐陵的抗疫措施》，《文史天地》2023 年第 3 期。

［4］鲁怒放：《余姚文保所藏王阳明〈客座私祝〉考》，《东方博物》2023 年第 1 期。

［5］陈利权：《1513 年，王阳明在宁波》，《宁波通讯》2023 年第 17 期。

［6］倪小蒙：《〈王阳明月岩诗刻〉的发现及初步研究》，《东方博物》2023 年第 2 期。

［7］姜秀波：《王阳明谪黔期间的三位"随从"》，《文史天地》2023 年第 12 期。

［8］郝永：《文学莫逆·政治同道·德性分途——基于文学交往的王阳明和李梦阳关系递嬗考论》，《湖北大学学报》（哲学社会科学版）2023 年第 2 期。

［9］刘霞、谢梦莹：《从对待阳明心学的态度看钟芳的程朱理学立场》，《文化学刊》2023 年第 3 期。

［10］邓凯：《以数字人文助力阳明心学传承与发展》，《宁波通讯》2023 年第 23 期。

［11］杨国荣：《阳明心学的价值取向》，《浙江社会科学》2023 年第 2 期。

［12］朱承：《王阳明的合一性思维及其旨趣》，《哲学研究》2023 年第 10 期。

［13］路雅婧：《去蔽——阳明学解析》，《名家名作》2023 年第 1 期。

［14］姜宗强、孙文高：《王阳明"心"思想的澄清》，《西北师大学报》（社会科学版）2023 年第 4 期。

［15］刘睿远：《谈王阳明的心身之学》，《名家名作》2023 年第 16 期。

［16］邢起龙：《心灵哲学视域下阳明心学的成圣机制》，《理论月刊》2023 年第 11 期。

［17］张宏敏：《阳明心学的实学旨趣》，《贵阳学院学报》（社会科学

版）2023年第4期。

[18] 袁新国：《从"力行"到"实行"的重大转折——王阳明"实行"哲学的新辨析》，《齐鲁学刊》2023年第5期。

[19] 昌本修：《王阳明实学思想探析》，《湖南师范大学社会科学学报》2023年第6期。

[20] 姜晓宇：《知行立身启后世》，《宁波通讯》2023年第3期。

[21] 苏晓冰：《王阳明与理学中的道统问题》，《中国哲学史》2023年第6期。

[22] 龚晓康：《阳明心学视域下的身心合一论》，《中州学刊》2023年第3期。

[23] 何波宏：《心体的虚通与实在——简论王阳明〈传习录〉对心体性质的辨析》，《贵阳学院学报》（社会科学版）2023年第3期。

[24] 张锦枝：《论王阳明思想中的物与知》，《哲学动态》2023年第9期。

[25] 邓立：《王阳明论"意"的伦理意蕴》，《武陵学刊》2023年第6期。

[26] 王德宽、任健：《王阳明对"心""气"的一元化整合》，《贵阳学院学报》（社会科学版）2023年第5期。

[27] 傅锡洪：《"本心之知"视域下王阳明"知行合一"重探》，《南昌大学学报》（人文社会科学版）2023年第4期。

[28] 丁玉龙：《浅论王阳明"知行合一"思想》，《今古文创》2023年第16期。

[29] 刘科迪：《知行合一是何种"合一"？——基于王阳明"志一诚"环状结构展开分析》，《中国哲学史》2023年第4期。

[30] 卢盈华：《情感、良知与行动的内在交融——王阳明的知行合一说重探》，《浙江社会科学》2023年第9期。

[31] 王天婵：《〈传习录〉中的知行合一思想探析》，《名作欣赏》2023年第26期。

［32］孙君恒、张玉琴：《王阳明知行合一的实证》，《黄河科技学院学报》2023年第9期。

［33］李焕然：《"一念发动处，便即是行了"——王阳明心理行为论简议》，《哲学分析》2023年第4期。

［34］张振：《王阳明心体思想研究》，《今古文创》2023年第5期。

［35］傅锡洪：《王阳明"心即理"理解的三重误解与辩证》，《云南师范大学学报》（哲学社会科学版）2023年第4期。

［36］姜家君：《王阳明心性观与个体意义世界重构》，《贵阳学院学报》（社会科学版）2023年第5期。

［37］傅锡洪：《论王阳明的"理生于心"：内涵、原因与工夫指向》，《杭州师范大学学报》（社会科学版）2023年第2期。

［38］冀志强：《王阳明心学本体论思想的廉政意蕴——以"心即理"为核心的考察》，《宜春学院学报》2023年第8期。

［39］傅锡洪：《王阳明的良知天道同构论》，《孔学堂》2023年第1期。

［40］傅锡洪：《王阳明的良知天道一体论及其内蕴的幸福观》，《东南大学学报》（哲学社会科学版）2023年第4期。

［41］李煌明：《意象的思维话语与阳明"良知"的新释》，《云南师范大学学报》（哲学社会科学版）2023年第4期。

［42］韩紫云：《王阳明的良知四义》，华东师范大学硕士学位论文，2023年5月。

［43］潘勇：《从道德实践角度看王阳明"良知"学存在的问题》，《理论界》2023年第4期。

［44］姚军波：《从诚意到致知：王阳明晚年教法之变》，《西安航空学院学报》2023年第2期。

［45］张春蕾：《阳明"致良知"的美德伦理学解读》，《知与行》2023年第6期。

［46］吴化文：《从"良知"到"良知教"——儒家知论的信仰转变》，贵州大学硕士学位论文，2023年6月。

[47] 杨谦：《王阳明"未充量"良知发微》，《济宁学院学报》2023年第4期。

[48] 王振钰：《阳明心学的情感直觉论及其合理性证成》，《社会科学战线》2023年第10期。

[49] 吴婧伊、史少卿：《王阳明的圣人观与致良知学说》，《文化创新比较研究》2023年第2期。

[50] 杨喜、侯亮亮：《愚夫愚妇何以成圣：王阳明心学成圣观析论》，《中学历史教学参考》2023年第5期。

[51] 刘林静：《"颜子没而圣人之学亡"再辨析》，《理论界》2023年第6期。

[52] 张诗琪：《学宗颜子：阳明心学理论的演变与定型》，《东岳论丛》2023年第7期。

[53] 詹良水：《论王阳明〈大学问〉对"万物一体"的诠释》，《理论界》2023年第5期。

[54] 乐爱国：《朱熹、王阳明对程颢"以天地万物为一体"的诠释》，《西南民族大学学报》（人文社会科学版）2023年第7期。

[55] 贾婧恩：《王阳明心学理论最高点之"万物一体"思想》，《贵阳学院学报》（社会科学版）2023年第4期。

[56] 汪学群：《王阳明"拔本塞源"论之诠释》，《贵阳学院学报》（社会科学版）2023年第3期。

[57] 王闻文：《从〈拔本塞源论〉看王阳明的理欲关系》，《国学》辑刊，2023年卷。

[58] 陈天序：《从禅学角度谈王阳明的"四句教"》，《百科知识》2023年第3期。

[59] 龚晓康：《"顺本体是善，逆本体是恶"：王阳明善恶观辨证》，《孔学堂》2023年第4期。

[60] 单虹泽：《从"着实用意"到"实行其意"："自然"视域下的王阳明"诚意"说》，《人文杂志》2023年第12期。

[61] 张新国、吴志威：《"致和便是致中"——王阳明哲学的"未发已发"论》，《孔学堂》2023年第3期。

[62] 陈萌萌：《"须是有个深爱做根"：王阳明"爱"思想的差等性》，《人文天下》2023年第2期。

[63] 王青青：《王阳明"感通"思想探微》，贵州大学硕士学位论文，2023年5月。

[64] 杨鑫：《王阳明"未发已发"思想研究》，内蒙古师范大学硕士学位论文，2023年6月。

[65] 焦德明：《理学工夫论中的"敬"：自由意志与纯粹经验》，《江海学刊》2023年第4期。

[66] 薛津旭：《王阳明对儒家命论的发展》，《作家天地》2023年第21期。

[67] 曾燊：《论王阳明对儒学的推进——以"心意工夫"为视角》，《内江师范学院学报》2023年第7期。

[68] 韦嘉卉：《王阳明"责善论"及其对高校思想政治教育的启示》，《贵阳学院学报》（社会科学版）2023年第5期。

[69] 陈乔见：《解书不通，只要解心：王阳明的心学解经学》，《中山大学学报》（社会科学版）2023年第2期。

[70] 王齐洲：《〈大学〉对孔子教育思想的理论建构》，《国际儒学》（中英文）2023年第1期。

[71] 乐爱国：《阳明学派对小人是否有良知的讨论——以〈大学·诚意〉"小人闲居为不善"的解读为中心》，《贵阳学院学报》（社会科学版）2023年第2期。

[72] 孙杰：《更生之变：〈大学〉文本走进教育生活的理论逻辑与实践路径》，《教育史研究》2023年第4期。

[73] 刘雪菡：《诠释史脉络下的〈论语〉"不逆不亿"章——以辩正"先觉"为基点》，《理论界》2023年第1期。

[74] 张慧远：《王阳明诗教思想与实践探微》，《生命哲学研究》2023

年第1期。

[75] 朱承：《阳明心学与礼教精神》，《道德与文明》2023年第3期。

[76] 陈萌萌、蔡杰：《因人情而为之节文——王阳明论礼的体系架构及情感特质》，《国学论衡》2023年第2期。

[77] 谭振江：《阳明心学与〈周易〉的内在关联试析》，《山西高等学校社会科学学报》2023年第10期。

[78] 秦晓：《王阳明"事"论思想探析——以"必有事焉"为中心的讨论》，《海岱学刊》2023年第2期。

[79] 允春喜、周长根：《优良秩序的重构——王阳明政治哲学研究》，《宁波大学学报》（人文科学版）2023年第5期。

[80] 李平：《王阳明南赣奏设新县的官员铨任问题初探》，《赣南师范大学学报》2023年第2期。

[81] 朱琳：《阳明学与乡村治理研究》，《新楚文化》2023年第24期。

[82] 韦勋、邹新：《王阳明"南赣乡约"的历史意义与现实启示》，《西安文理学院学报》（社会科学版）2023年第2期。

[83] 王翠英：《明儒王阳明的乡村道德治理实践研究——以〈南赣乡约〉为核心》，《武陵学刊》2023年第5期。

[84] 郭名荣：《从王阳明南赣抚畲看明代民族地区社会治理》，《赣南师范大学学报》2023年第4期。

[85] 陈善江、岳青松：《王阳明"亲民"思想探源——以〈大学问〉为中心的考察》，《中华文化论坛》2023年第3期。

[86] 宁新昌：《"亲民"何以可能》，《贵州社会主义学院学报》2023年第2期。

[87] 陈侬：《王阳明乡村道德治理研究》，河北师范大学硕士学位论文，2023年5月。

[88] 贾庆军、孙文：《论王阳明法的思想体系》，《宁波大学学报》（人文科学版）2023年第4期。

[89] 王美华：《王阳明无讼思想及其地方治理实践启示》，《哈尔滨学

院学报》2023年第1期。

[90] 刘佑生：《王阳明致良知学说中蕴含的法理思想及其启示》，《人民检察》2023年第6期。

[91] 何祖星：《阳明心学中的亲民廉政思想论考》，《赣南师范大学学报》2023年第2期。

[92] 魏学琴、马国栋：《王阳明廉政思想及其江右实践》，《赣南师范大学学报》2023年第5期。

[93] 詹良水、王飞：《王阳明军事思想新探——以〈武经七书评〉为中心》，《孙子研究》2023年第1期。

[94] 冯瑜：《王阳明商人伦理思想及其现代价值研究》，河北师范大学硕士学位论文，2023年5月。

[95] 汤铎原、谢菊英：《王阳明心学中的共富思想》，《寻根》2023年第1期。

[96] 蔡光悦、刘铁芳：《良知的发见与养正——从王阳明看儿童道德教育的意涵及其实现》，《教育研究与实验》2023年第1期。

[97] 彭传华、周昱池：《王阳明〈书正宪扇〉的道德教育意义》，《贵阳学院学报》（社会科学版）2023年第1期。

[98] 方晓斌：《王阳明童蒙教育思想及当代价值研究》，《福建江夏学院学报》2023年第2期。

[99] 李海晶：《王阳明教育思想的五个维度》，《地方文化研究》2023年第2期。

[100] 淮展：《王阳明的"成德之教"》，《黑龙江社会科学》2023年第4期。

[101] 张辉：《良知与教化：王阳明的书院实践》，《三明学院学报》2023年第2期。

[102] 蔡光悦：《道德学习的身体生成力——以王阳明身心之学为中心的教育学探究》，《社会科学家》2023年第5期。

[103] 彭传华、周昱池：《王阳明谦德思想的道德教育意义》，《吉林师

范大学学报》（人文社会科学版）2023年第3期。

[104] 张小琴、吴珊珊：《从感物到性灵：阳明心学与传统诗文观的嬗变》，《闽南师范大学学报》（哲学社会科学版）2023年第1期。

[105] 别茜：《王阳明江西时期心学与文学研究》，西南大学硕士学位论文，2023年4月。

[106] 常威：《论阳明学与明代文体观的"平等"趋向》，《五邑大学学报》（社会科学版）2023年第4期。

[107] 王旭泷：《论王阳明诗歌中曾点形象的文化意蕴》，《名作欣赏》2023年第2期。

[108] 钱奕男：《王阳明诗歌中的舟船意象探微》，《名作欣赏》2023年第2期。

[109] 马俊梅：《陶渊明田园诗与王阳明田园诗比较》，《汉字文化》2023年第3期。

[110] 罗尚荣、刘经鹏：《清风彭泽令　千载是知音——论王阳明次韵诗中的桃源情结》，《九江学院学报》（社会科学版）2023年第1期。

[111] 叶汝骏：《从诗艺到"诗史"：王阳明诗风递嬗中的杜甫因素》，《杜甫研究学刊》2023年第1期。

[112] 崔冶：《论王阳明"秀逸有致"的诗风》，《绍兴文理学院学报》2023年第7期。

[113] 陶诗懿：《论王阳明诗歌中"花"意象的生命意识》，《名作欣赏》2023年第11期。

[114] 高文绪、罗宏梅：《王阳明为赋取径探赜》，《遵义师范学院学报》2023年第3期。

[115] 曹文静、卓光平：《论王阳明"狱中诗"中的归隐思想与矛盾心理》，《名作欣赏》2023年第26期。

[116] 陈为兵、杨秋萍：《生态美学视域下王阳明居夷诗的生态书写——自然、社会与精神》，《郑州航空工业管理学院学报》（社会科学版）2023年第6期。

[117] 王锦楠：《王阳明诗歌中"松"的意象探微》，《名作欣赏》2023年第26期。

[118] 刘和富、苏晨晓：《王阳明诗作〈游阴那山〉的流传与辨伪》，《岭南文史》2023年第4期。

[119] 黄晓丹：《王阳明〈复罗整庵太宰书〉手札考》，《贵州文史丛刊》2023年第1期。

[120] 张卫红、杨鑫：《王阳明九声四气歌法的思想意蕴》，《中国哲学史》2023年第2期。

[121] 胡雨轩、张维：《王阳明〈传习录〉中的音乐思想浅探》，《作家天地》2023年第20期。

[122] 关来强：《王阳明的乐教思想研究》，《艺术评鉴》2023年第7期。

[123] 尉愉沁：《阳明心学视域下的民族器乐教育探析》，《绍兴文理学院学报》2023年第12期。

[124] 余群：《王阳明"无善无恶心之体"的内涵及其美学意蕴》，《鲁东大学学报》（哲学社会科学版）2023年第2期。

[125] 谭玉龙：《走向自由乐感境界的"圣人"：阳明心学的审美之维》，《鲁东大学学报》（哲学社会科学版）2023年第2期。

[126] 余双月：《王阳明的礼乐美学研究》，山东大学硕士学位论文，2023年5月。

[127] 邱涵：《"敬畏"与"洒落"合一：王阳明的休闲审美智慧与境界》，《中国美学研究》2023年第1期。

[128] 邓立：《王阳明的美善关系论》，《南通大学学报》（社会科学版）2023年第4期。

[129] 唐锦锋、肖燕华：《王阳明的"人性论"思想及其特征》，《哈尔滨师范大学社会科学学报》2023年第1期。

[130] 傅锡洪：《宋至清思想转型视野中的王阳明性论》，《云南大学学报》（社会科学版）2023年第2期。

［131］陈萌萌：《"率是道心而发"：王阳明"治心"进路下的君臣伦理》，《山东青年政治学院学报》2023年第3期。

［132］邓立：《论王阳明的"忠孝"诠释、体验及其困境》，《贵阳学院学报》（社会科学版）2023年第4期。

［133］吴先伍：《王阳明心物论的生态伦理意蕴》，《哈尔滨工业大学学报》（社会科学版）2023年第2期。

［134］姜楠、吴先伍：《不忍之忍：儒家的生态伦理智慧论析》，《哈尔滨工业大学学报》（社会科学版）2023年第6期。

［135］朱亚青：《王阳明的鬼神观研究》，延安大学硕士学位论文，2023年4月。

［136］何静：《融摄与会通——与佛教交涉中生成的阳明心学》，《哲学研究》2023年第9期。

［137］张广保：《阳明心学与道教内丹道的性命之学》，《南昌大学学报》（人文社会科学版）2023年第4期。

［138］周可真：《经学即理学：顾炎武对宋明理学的批判》，《江南大学学报》（人文社会科学版）2023年第3期。

［139］汪学群：《毛奇龄对〈传习录〉的诠释——以〈折客辨学文〉为例》，《船山学刊》2023年第4期。

［140］牛磊：《李光地的"慎独"说》，《贵阳学院学报》（社会科学版）2023年第1期。

［141］张凯：《〈先河录〉与近代浙东学术的重建》，《历史教学问题》2023年第1期。

［142］邓红：《章太炎与"日本阳明学"》，《管子学刊》2023年第2期。

［143］刘进才、范桂真：《个性主义、阶级立场与人民本位——论郭沫若的儒家文化观与孔子形象的书写》，《现代中国文化与文学》2023年第1期。

［144］张敏：《浅谈梁启超对王阳明知行合一的解读》，《西部学刊》

2023年第10期。

[145] 冀志强：《国内百年阳明心学研究述要》，《宁波大学学报》（人文科学版）2023年第3期。

[146] 刘青莉：《阳明心学对孙中山哲学思想的影响——以〈孙文学说〉为例试析孙中山的知行观》，《华夏文化》2023年第3期。

[147] 方绪银、姚大斌、吴玉梅、葛翠茹：《试论毛泽东早年的"新心学"观——以〈毛泽东早期文稿〉为中心的考察》，《南方论刊》2023年第7、8、9期。

[148] 徐鹏：《道德理想的现代接续与展开——论阳明心学对熊十力的影响》，杭州师范大学硕士学位论文，2023年3月。

[149] 陈迎年：《在圣贤与凡俗之间：从王阳明到熊十力》，《管子学刊》2023年第3期。

[150] 朱佳秀：《梁漱溟"情"论研究》，杭州师范大学硕士学位论文，2023年3月。

[151] 邓晓芳：《梁漱溟"新陆王"思想研究》，贵州大学硕士学位论文，2023年6月。

[152] 梅涵：《梁漱溟"心"的思想研究》，河北大学硕士学位论文，2023年6月。

[153] 任健、聂科记：《"良知"的"呈现"与"坎陷"——牟宗三"良知坎陷说"与王阳明"良知本体"的困境及疏解》，《孔学堂》2023年第2期。

[154] 莫德惠：《明隆庆初王阳明复爵问题述论》，《宜春学院学报》2023年第8期。

[155] 王伟光：《科学认识、客观评价王阳明及其思想》，《历史评论》2023年第1期。

[156] 沈顺福：《王阳明与传统儒家思想的终结》，《文史哲》2023年第1期。

[157] 魏厚宾：《明代心学的流变与衰落因由直探》，《国际儒学》（中

英文）2023年第1期。

[158] 张新民：《王阳明思想学说的历史意义与现代价值》，《文史天地》2023年第9期。

[159] 翟婧妍：《中国传统心学思想及其当代价值研究》，辽宁大学硕士学位论文，2023年5月。

[160] 于青华、衣永红：《新时代王阳明经世致用思想及其价值》，《文化学刊》2023年第2期。

[161] 汤佳雯：《国际中文教学中中国传统思想传播与教学设计研究——以王阳明思想为例》，绍兴文理学院硕士学位论文，2023年1月。

[162] 王臣申：《阳明心学涵育时代新人的逻辑理路》，《宁波经济》（三江论坛）2023年第6期。

[163] 刘杰、陈健、蔡亮：《王阳明的读书思想及对当代青年的启示》，《宁波经济》（三江论坛）2023年第6期。

[164] 钟舟海、高小艳：《基于"四维度"的阳明心学"心理资本"研究》，《教师博览》2023年第33期。

[165] 谢霄男：《王阳明社会治理思想及其现代转化》，《南方论刊》2023年第11期。

[166] 张凯作：《共产党人"心学"的理论内涵、文化渊源及修养路径》，《山东青年政治学院学报》2023年第6期。

[167] 陈艳波、丁玲：《论共产党人"心学"对王阳明"知行合一"思想的转化与发展》，《贵州大学学报》（社会科学版）2023年第6期。

[168] 臧峰宇：《阳明心学与马克思主义哲学在中国的早期传播》，《人文杂志》2023年第2期。

[169] 赵岩：《"两个结合"视域下将阳明文化融入贵州干部教育探析》，《领导科学论坛》2023年第6期。

[170] 纳日碧力戈、陶染春：《高质量铸牢中华民族共同体意识的三条路径》，《广西民族大学学报》（哲学社会科学版）2023年第1期。

[171] 耿双凤：《王阳明"知行合一"思想及当代价值研究》，《汉字文

化》2023年第2期。

[172] 赵月聪、李姝睿：《王阳明"知行合一"思想探究及其现实意义》，《河北开放大学学报》2023年第3期。

[173] 何飞、罗系数：《王阳明"知行合一"思想对高职院校学生成长成才的启示研究》，《江西电力职业技术学院学报》2023年第1期。

[174] 杨道宇：《论阳明心学知行合一的劳动精神》，《教育文化论坛》2023年第6期。

[175] 柯露露：《王阳明"知行合一"思想的现代转化研究》，安徽财经大学硕士学位论文，2023年6月。

[176] 叶思琦：《王阳明"知行合一"学说及其思想政治教育价值研究》，《成才》2023年第3期。

[177] 周雅娟、裴嵘军：《王阳明"知行合一"思想对幼儿教师师德建设的启示》，《科教文汇》2023年第3期。

[178] 张瑞洁：《王阳明"知行合一"思想对中学生德育的启迪刍析》，《品位·经典》2023年第4期。

[179] 陈世江、谢宝利：《王阳明"知行合一"思想对大学生树立和践行正确人生观的启示》，《新西部》2023年第10期。

[180] 陈芳铭：《王阳明"知行合一"思想融入高职学生思政教育路径研究》，《品位·经典》2023年第17期。

[181] 贺立林：《王阳明"知行合一"思想对当代大学生道德教育的启示研究》，宁夏大学硕士学位论文，2023年3月。

[182] 朱若彤：《王阳明"知行合一"思想的当代价值》，《文化学刊》2023年第5期。

[183] 赵晓兰：《"知行合一"思想视角下高职院校劳动教育难点审视与路径选择》，《广西教育》2023年第15期。

[184] 吴舒莹：《"知行合一"理念下学校文化的形塑研究》，《小学教学研究》2023年第35期。

[185] 范余雪：《"致良知"对当代大学生主体意识培养的启示》，《福

建教育学院学报》2023年第1期。

[186] 温纯如、温放:《王阳明的"致良知"理论及其意义》,《名家名作》2023年第19期。

[187] 张琴、杜学元:《知行合一:王阳明"致良知"思想及其道德教育价值》,《现代交际》2023年第3期。

[188] 王宇:《阳明心学的科学思维特征简论》,《浙江社会科学》2023年第6期。

[189] 陈亚、牛磊、陈粤梅:《论阳明学派的共同体学说》,《学术探索》2023年第8期。

[190] 黄俊杰:《儒学能为21世纪新生态文化提供何种思想资源》,《学术月刊》2023年第1期。

[191] 岳晓融、张立国:《王阳明教育哲学思想在高等教育治理中的价值意蕴》,《陕西教育》(高教)2023年第1期。

[192] 籍忍忍:《王阳明道德教化思想及其当代价值》,中共山东省委党校硕士学位论文,2023年5月。

[193] 高丽静、陈佳荧:《浅析王阳明孝道观及其当代启示》,《汉字文化》2023年第11期。

[194] 李晓方、刘和富:《阳明文化融入高校课程思政的探索与实践》,《赣南师范大学学报》2023年第2期。

[195] 龚丽佳:《阳明思想与"思想道德与法治"课程的教学融合》,《产业与科技论坛》2023年第2期。

[196] 程娟珍:《阳明文化之"立志"对高职生成长的指导意义》,《文化学刊》2023年第2期。

[197] 汪伦:《阳明心学主体性思想在大学生道德人格培养中的应用研究》,武汉纺织大学硕士学位论文,2023年3月。

[198] 陶琴:《新时代背景下阳明文化的思想政治教育价值研究》,《大学》2023年第12期。

[199] 王冉:《"知行合一"视角下的企业变革研究》,《中外企业文

化》2023年第3期。

[200] 霍白娟：《阳明心学在H酒店企业文化应用中的研究》，山西大学硕士学位论文，2023年6月。

[201] 韩炜：《阳明心学在图书行业企业文化中的应用研究》，山西大学硕士学位论文，2023年6月。

[202] 王佳莹：《论许葆云历史小说〈王阳明〉三部曲的虚构艺术》，《名作欣赏》2023年第2期。

[203] 金叙呈：《〈心灵导师：王阳明〉：让阳明心学走进当代人的心灵》，《名作欣赏》2023年第11期。

[204] 吴霜：《论〈阳明平濠记〉中的"小说笔法"》，《名作欣赏》2023年第11期。

[205] 郑傲：《"龙场悟道"的电视经典化特点解析——以纪录片和电视剧为例》，《电影评介》2023年第11期。

[206] 李筑艳、龙宇晓：《阳明学的新媒体传播现状及其特征分析》，《新媒体研究》2023年第10期。

[207] 杨翌琳：《阳明文化传播特点及具体策略分析》，《中国报业》2023年第20期。

[208] 欧阳祯人：《阳明心学是先秦儒学合乎逻辑的发展》，《孔子研究》2023年第2期。

[209] 蔡杰：《阳明心学对荀子学说的融摄》，《绍兴文理学院学报》2023年第7期。

[210] 何川：《"天理良心：朱子学与阳明学的对话"学术研讨会学术综述》，《上饶师范学院学报》2023年第5期。

[211] 王国良：《朱熹理学与王阳明心学的传承演变》，《上饶师范学院学报》2023年第5期。

[212] 郭诺明、张丽华、黎文雯：《论阳明学对朱子"学而"章诠释之再诠释——以王阳明、邹守益、罗汝芳的诠释为例》，《合肥学院学报》（综合版）2023年第1期。

[213] 彭彦华：《以道为本与明心悟道——以朱熹、王阳明为例》，《东岳论丛》2023年第1期。

[214] 傅锡洪：《王阳明的格物论及其与朱子的区别——兼谈陆王工夫论的差异》，《齐鲁学刊》2023年第2期。

[215] 云龙：《阳明心知论及其对朱子"虚灵知觉"的创造性转进》，《社会科学战线》2023年第4期。

[216] 吕子凡：《初探朱熹与王阳明的格物之道》，《今古文创》2023年第42期。

[217] 邢彩杰：《浅析朱熹与王阳明"格物致知"论之异质性》，《今古文创》2023年第15期。

[218] 沈顺福：《体用之间：朱熹与王阳明哲学的比较》，《上饶师范学院学报》2023年第4期。

[219] 米文科、段克武：《明清之际关学对〈大学〉"至善"的诠释与关学思想的发展》，《宝鸡文理学院学报》（社会科学版）2023年第6期。

[220] 马正应：《阳明快乐情感的减法智慧——从"说""乐""不愠"说起》，《贵阳学院学报》（社会科学版）2023年第6期。

[221] 王童：《陆王一系的易学系统与精神》，《贵阳学院学报》（社会科学版）2023年第2期。

[222] 魏鹤立：《阳明论象山"只是粗些"说检证——兼论阳明的格物说》，《中国哲学史》2023年第3期。

[223] 詹良水、周钦：《论陆王"孟子学"的不同进路及对孟子态度之差异》，《唐都学刊》2023年第6期。

[224] 吕花萍：《论罗钦顺的"心学似禅"》，《江海学刊》2023年第6期。

[225] 李世凯：《王廷相认识论的特点及对"良知"说的批评》，《国学论衡》辑刊，2023年卷。

[226] 张乾礼：《阳明与甘泉"博约"异同析论——从工夫的面向看》，《贵阳学院学报》（社会科学版）2023年第1期。

[227] 高定骞:《王阳明与湛甘泉的交往和辩论——从王阳明的思想变化看》,《新楚文化》2023年第9期。

[228] 肖啸:《新泉书院与王、湛心学的合流》,《原道》辑刊,2023年卷。

[229] 黄明喜、郭爱丽:《圣凡平等　学以成人——王阳明与湛甘泉的人性观及教育宗旨》,《教育文化论坛》2023年第6期。

[230] 秦晋楠:《再论王夫之"诚意"工夫的特色及其与朱子和阳明的异同——以〈读四书大全说〉为中心》,《道德与文明》2023年第5期。

[231] 李敬峰:《"向无蕺山,则流弊充塞"——从刘宗周的〈大学〉诠释看其对阳明心学的救正》,《南京师大学报》(社会科学版) 2023年第1期。

[232] 郭杨敏:《刘宗周"慎独"工夫论研究》,河北师范大学硕士学位论文,2023年5月。

[233] 刘悦笛:《纯情升华与意念失范——刘宗周"独体"的情意观》,《北京大学学报》(哲学社会科学版) 2023年第6期。

[234] 薄文梅:《论黄宗羲〈明儒学案〉的历史编纂学特色》,东北师范大学硕士学位论文,2023年5月。

[235] 张凯作:《明末清初天主教与阳明心学的苦乐之辩》,《宗教学研究》2023年第5期。

[236] 韩少玉:《道德理论的两种进路——"善良意志"与"良知"概念比较》,《忻州师范学院学报》2023年第1期。

[237] 尚大江、宗元勇:《康德与王阳明"至善"理念的异同及启示》,《绍兴文理学院学报》2023年第7期。

[238] 范永康:《象征之"美"与本体之"乐"——康德与王阳明的伦理美学思想辨异》,《南京师范大学文学院学报》2023年第4期。

[239] 白义洋:《超越视角下王阳明良知观与康德道德观念之比较》,《当代儒学》辑刊,2023年卷。

[240] 高雷:《王阳明和康德的审美与道德关系论比较研究》,绍兴文

理学院硕士学位论文，2023年6月。

[241] 宋善成、李章印：《对王阳明"物"的生存论现象学诠释》，《山东科技大学学报》（社会科学版）2023年第5期。

[242] 江弘：《现象学视域下阳明心学的心物关系——对"意之所在便是物"的意向性理论分析》，《名家名作》2023年第16期。

[243] 杜启莺：《一种生态时代的生命关怀理念——王阳明与莫尔特曼的"命运共同体"思想同构》，《福州大学学报》（哲学社会科学版）2023年第5期。

[244] 张宏敏：《阳明学与地方志关系刍议》，《中国地方志》2023年第3期。

[245] 张英、徐兆丰：《新时代如何传承弘扬阳明文化》，《宁波通讯》2023年第17期。

[246] 钟纯：《阳明洞与阳明小洞天——王阳明在浙江、贵州两地山洞中修身悟道之旅》，《贵阳学院学报》（社会科学版）2023年第4期。

[247] 任健：《全面提升贵州阳明文化传承发展的层次》，《当代贵州》2023年第34期。

[248] 张山梁：《王阳明及其后学亲裔与武夷山关系考》，《武夷学院学报》2023年第5期。

[249] 徐茵、吴惠：《王阳明与滁州历史地名考述——兼谈滁州阳明游学心路景观的打造》，《滁州学院学报》2023年第6期。

[250] 周凯、陶会平、陈光锐：《王阳明与明代滁州的讲学活动》，《滁州学院学报》2023年第6期。

[251] 赖少伟、叶国安：《观心悟道：王阳明与赣州通天岩》，《文史天地》2023年第2期。

[252] 张志鸿、刘和富：《明清赣南阳明碑刻所涉书写群体研究》，《史志学刊》2023年第2期。

[253] 玉兆嘉：《地域文化视角下南宁阳明书院设计研究》，广西艺术学院硕士学位论文，2023年5月。

［254］邹建锋：《〈传习录〉形成过程再研究》，《贵阳学院学报》（社会科学版）2023年第2期。

［255］陈永宝：《草稿与语录体：从草稿思维看王阳明的〈传习录〉》，《陕西学前师范学院学报》2023年第1期。

［256］何佚端：《一个比喻的讹传历程——王艮与耿定向对〈传习录〉"羲皇世界"的解读与偏离》，《书城》2023年第4期。

［257］邓凯、陈微、王小妍：《基于文本挖掘的〈传习录〉思想体系构建与分析》，《宁波工程学院学报》2023年第2期。

［258］李文学：《王阳明特藏文献四位一体建设实践》，《内蒙古科技与经济》2023年第11期。

［259］苏成爱：《〈中国兵书总目〉求疵——以王阳明兵学著作为例》，《孙子研究》2023年第5期。

［260］芦婷婷：《明嘉靖徐必进刻本〈阳明先生文录续编〉考论》，《文献》2023年第5期。

［261］赵永刚：《王阳明〈居夷集〉元夕诗本事考》，《名作欣赏》2023年第25期。

［262］张山梁：《〈阳明先生集要〉四次刊印和流传美国》，《文史天地》2023年第3期。

（二）阳明后学研究

［1］欧阳祯人：《论阳明后学对陆象山哲学思想的述评》，《孔学堂》2023年第2期。

［2］牛磊：《论阳明后学对"良知即乾知"的诠释及其争论》，《温州大学学报》（社会科学版）2023年第1期。

［3］乐爱国：《阳明学派以"无我"解"克己"的思想内涵及其意义》，《学术研究》2023年第1期。

［4］李春强：《阳明学派对"克己复礼为仁"的多维诠释及其逻辑关系构设》，《宁夏社会科学》2023年第3期。

［5］周艳菊：《"赤子之心""童子之情"与"童心说"——中国古代

对童心的体认及演进》，《福建江夏学院学报》2023年第2期。

[6] 杨谦：《顿中有渐 悟中有修——阳明及其后学致知工夫的渐进维度研究》，山东大学博士学位论文，2023年8月。

[7] 马晓静：《王学末流的实学思想论辩》，《西部学刊》2023年第20期。

[8] 郑明智：《晚明修身日记与阳明学的发展》，《焦作师范高等专科学校学报》2023年第3期。

[9] 陈亚、牛磊、陈粤梅：《论阳明学派的共同体学说》，《学术探索》2023年第8期。

[10] 傅锡洪：《阳明学与阳明后学的演化趋向——从阳明各指点语的意义与局限看》，《安徽师范大学学报》（人文社会科学版）2023年第3期。

[11] 范永康：《论阳明心学对晚明越地文人性灵思想的影响》，《鲁东大学学报》（哲学社会科学版）2023年第2期。

[12] 林锋：《章学诚与阳明学派渊源关系考论》，《中国典籍与文化》2023年第2期。

[13] 张怀伟：《钱德洪良知思想研究》，江苏大学硕士学位论文，2023年6月。

[14] 殷慧、廖春阳：《千叶之花：王龙溪对礼教的推崇、批判与超越》，《孔学堂》2023年第2期。

[15] 陈浩然：《王龙溪"得悟"思想研究》，山东师范大学硕士学位论文，2023年5月。

[16] 熊小俊：《王龙溪的良知与知识之辨》，贵州大学硕士学位论文，2023年5月。

[17] 王伟：《季本〈春秋私考〉研究》，上海师范大学硕士学位论文，2023年5月。

[18] 肖永明、李江：《〈中庸〉诠释与明代学术演变——以季本对朱子〈中庸〉诠释的批判为例》，《南开学报》（哲学社会科学版）2023年第4期。

［19］任婧：《季本〈诗说解颐〉研究》，内蒙古大学硕士学位论文，2023年6月。

［20］肖永明、李江：《批朱与述王：季本解经的两重进路及其思想意义——以〈大学私存〉为例》，《湖南大学学报》（社会科学版）2023年第1期。

［21］杜梅：《明代王门学者王宗沐刊刻〈传习录〉的礼教思想》，《德州学院学报》2023年第5期。

［22］杜梅：《明代王门学者王宗沐的文学观——文道合一》，《绵阳师范学院学报》2023年第9期。

［23］刘韬：《徐渭"真我"说美学思想研究》，河北大学博士学位论文，2023年12月。

［24］何厚耀、何萃：《道在戏谑——论徐渭对戏曲戏谑趣味的自觉追求》，《浙江艺术职业学院学报》2023年第4期。

［25］蒋瑞琰：《狂狷与细腻：徐渭"圆通不泥"的休闲审美内涵考察》，《中国美学研究》2023年第1期。

［26］周群：《〈楞严经〉：打开徐渭艺术世界的秘钥》，《首都师范大学学报》（社会科学版）2023年第3期。

［27］邢佳明：《徐渭"本色"论思想研究》，《戏友》2023年第2期。

［28］张如添翼：《〈四声猿〉中徐渭的生命美学思想观探究》，《大众文艺》2023年第12期。

［29］俞汉群：《唐一庵哲学思想研究述评》，《湖州师范学院学报》2023年第3期。

［30］胡迎建：《论江右王学"致良知"》，《国学》辑刊，2023年卷。

［31］牛磊：《廓然以天下为家：邹守益仁说的博爱理念》，《上饶师范学院学报》2023年第2期。

［32］王晓娣：《"主敬"与"戒慎恐惧"：邹守益心性工夫的一体两面》，《中国哲学史》2023年第4期。

［33］刘涛：《阳明高足黄直漳州宦绩及其影响》，《宜春学院学报》

2023年第7期。

[34] 刘晓颖：《聂双江"归寂"思想研究》，贵州大学硕士学位论文，2023年5月。

[35] 徐文杰：《聂双江心学本体—工夫论思想研究》，南昌大学硕士学位论文，2023年6月。

[36] 郭诺明、聂威、曹蓉玫：《宋明江右儒学主静工夫之旨趣》，《地方文化研究》2023年第6期。

[37] 王冠芳：《罗洪先工夫论思想研究》，兰州大学硕士学位论文，2023年3月。

[38] 彭雨晴、严世宇、彭树欣：《阳明弟子王钊论》，《赣南师范大学学报》2023年第4期。

[39] 彭雨晴、陈晨：《论刘元卿〈贤奕编〉的文学教化思想》，《内蒙古财经大学学报》2023年第3期。

[40] 张宇、武道房：《博文约礼：论胡直对理学与心学的调和》，《西安石油大学学报》（社会科学版）2023年第4期。

[41] 张昭炜、单珂瑶：《阳明学忏悔思想管窥》，《人文论丛》辑刊，2023年卷。

[42] 王莹玉：《胡直诗歌研究》，山西大学硕士学位论文，2023年6月。

[43] 杨道会：《邹元标与黔中王门研究》，贵州大学硕士学位论文，2023年6月。

[44] 郭诺明：《学孔者当如麒麟凤凰，不当为鹰鹯猛兽——论邹元标经典诠释的生命气象之维》，《赣南师范大学学报》2023年第4期。

[45] 刘桂娟：《江右学人邓元锡家世、交游及著述考略》，《图书馆研究》2023年第5期。

[46] 孙云霄：《郭子章〈豫章书〉考论》，《图书馆杂志》2023年第9期。

[47] 唐一灵：《黄省曾诗歌中的鹤意象研究》，《名作欣赏》2023年

第3期。

[48] 陈丹丹：《黄省曾〈西洋朝贡典录〉的史论价值》，《文教资料》
2023年第1期。

[49] 徐琼：《唐顺之古文理论研究》，湖北民族大学硕士学位论文，
2023年5月。

[50] 张慧琼：《唐顺之诗文的流传与接受》，《周口师范学院学报》
2023年第1期。

[51] 刘笑天：《唐顺之〈武编〉价值初探》，《孙子研究》2023年
第6期。

[52] 赵洋、王晓晨：《唐顺之武术思想研究》，《体育文化与产业研究》
2023年第1期。

[53] 刘笑天、张艳芳：《唐顺之江北赈灾事宜考察》，《淮南师范学院
学报》2023年第5期。

[54] 王佳琪：《唐顺之〈左氏始末〉研究》，西北师范大学硕士学位论
文，2023年5月。

[55] 彭涛：《阳明后学徐阶心学思想研究》，湖北大学硕士学位论文，
2023年4月。

[56] 李想：《为龙溪之学辩护：论查铎"从知体上指点"之学》，《安
徽师范大学学报》（人文社会科学版）2023年第6期。

[57] 吕克军：《交汇游离、通达为一：北方王门学者穆孔晖的心学理
路》，《贵阳学院学报》（社会科学版）2023年第5期。

[58] 孙锞镭：《明中后期洛阳王门地方事务参与研究》，河南大学硕士
学位论文，2023年6月。

[59] 孙锞镭：《北方王学门人尤时熙的思想及地方实践研究》，《天中
学刊》2023年第2期。

[60] 王盼盼：《尤时熙及其〈拟学小记〉研究》，信阳师范学院硕士学
位论文，2023年5月。

[61] 李承贵：《心学的东南之光——薛侃对阳明心学传承与发展的全

方位贡献》，《学术界》2023年第3期。

[62] 崔冬宇：《薛侃心学思想研究——以"有"与"无"为线索》，武汉大学硕士学位论文，2023年5月。

[63] 刘涛：《阳明后学潘鸣时生平与学术传承》，《宁波开放大学学报》2023年第4期。

[64] 刘涛：《阳明后学施仁生平事迹考》，《江苏第二师范学院学报》2023年第3期。

[65] 杨抒漫：《论泰州学派经世实践的理论依据和启蒙价值》，《泉州师范学院学报》2023年第1期。

[66] 蒋国保：《化士学为民学：泰州学派变革儒学的当代启迪》，《孔学堂》2023年第3期。

[67] 潘时常、王通、时光：《浅析泰州学派与佛教文化的融合发展》，《中国宗教》2023年第8期。

[68] 赵振滔、高培月：《泰州学派狂思想再探》，《文化创新比较研究》2023年第26期。

[69] 严实：《泰州学派王艮格致论思想研究》，东华大学硕士学位论文，2023年1月。

[70] 张奔：《王艮"本末"思想研究》，山西大学硕士学位论文，2023年6月。

[71] 王静：《"安身"与"乐学"：王艮的身心学说与美学意涵》，《河北师范大学学报》（哲学社会科学版）2023年第2期。

[72] 严实、杨小明：《"淮南格物论"的源流考证》，《今古文创》2023年第19期。

[73] 李超：《本体的质变与泰州学派的思想特征探析——以王艮与王栋对〈大学〉的诠释为线索》，《安徽大学学报》（哲学社会科学版）2023年第5期。

[74] 张星：《何以安身？——从工夫视角看王艮安身论的确立》，《中国哲学史》2023年第1期。

［75］蔡桂如：《论王艮的"师道"自觉》，《贵阳学院学报》（社会科学版）2023年第3期。

［76］徐蕾：《王艮"乐学"思想的哲学意蕴及育人启示》，《中学政治教学参考》2023年第5期。

［77］刘芳、姚才刚：《论明代后期心学的世俗化转向——以王艮为中心》，《洛阳师范学院学报》2023年第10期。

［78］罗来玮：《"肫""灵"结合：颜钧"直承孔孟"的心学特色》，《中国哲学史》2023年第3期。

［79］郭诺明、张丽华：《御天造命：颜钧仁学之进路及其展开》，《宁波开放大学学报》2023年第2期。

［80］钟华、姜广辉：《晚明心学对深层心理意识的探索——颜钧的"御天造命"之学》，《社会科学战线》2023年第8期。

［81］吴佳怡：《颜钧"天下同仁"的伦理思想研究》，湖北大学硕士学位论文，2023年5月。

［82］张星：《信关：罗汝芳的本体工夫与生生信仰》，《世界宗教研究》2023年第12期。

［83］张星：《罗汝芳乡约的良知学内涵及其社会化实践新探》，《东南大学学报》（哲学社会科学版）2023年第6期。

［84］高海波：《生生与孝弟慈——明儒罗近溪的仁学思想及其现代意义》，《道德与文明》2023年第4期。

［85］孙钦香：《"知人论世"与"尚友古人"——读陈寒鸣教授〈罗汝芳学谱〉》，《走进孔子》2023年第5期。

［86］陈慧麒：《阳明后学周汝登有无圆融的无善无恶论》，《社会科学论坛》2023年第4期。

［87］李泽玉：《再论周汝登劝善思想义理及其新时代价值》，《浙江万里学院学报》2023年第2期。

［88］徐倩：《耿定向与"天台一派"研究》，青岛大学硕士学位论文，2023年6月。

[89] 杨向艳：《万历十七年耿定向申饬台纲与朝堂纷争》，《安徽师范大学学报》（人文社会科学版）2023年第2期。

[90] 张洁：《赤子之心与孩童之心——老子与李贽二心之解析》，《西部学刊》2023年第1期。

[91] 陈胜临：《心心相印：李贽童心说在陈子庄文人画中的体现》，《西部文艺研究》2023年第5期。

[92] 石超：《情理之辩：中国文学伦理学批评资源的二维结构——以李贽为中心的考察》，《华中学术》辑刊，2023年卷。

[93] 周品洁：《李贽的童心论美学研究》，山东大学博士学位论文，2023年9月。

[94] 钱陈璐曦：《情性自然：论李贽的小说评点思想》，《今古文创》2023年第4期。

[95] 李瑞卿：《李贽的自我意识及其文学思想论析》，《民族文学研究》2023年第4期。

[96] 董铁柱：《不再是异端的李贽——论美国汉学界李贽研究的新趋势》，《海峡人文学刊》2023年第2期。

[97] 于水：《李贽"咸以孔子之是非为是非"辨正》，《西安石油大学学报》（社会科学版）2023年第5期。

[98] 戴景贤：《李贽与佛教——论李贽思想之基本立场与其会通儒、释之取径》，《清华国学》辑刊，2023年卷。

[99] 李竞艳：《李贽的虚实之辨》，《史学月刊》2023年第3期。

[100] 李竞艳：《晚明士人李贽的英雄观》，《河南师范大学学报》（哲学社会科学版）2023年第4期。

[101] 梁博宇：《论李贽对苏轼"诚同"人格的接受》，《海南热带海洋学院学报》2023年第3期。

[102] 李竞艳：《李贽"义利之辨"新识》，《清华大学学报》（哲学社会科学版）2023年第5期。

[103] 胡胜：《〈西游记〉"李卓吾评本出自世德堂本"说质疑》，《文

学遗产》2023年第6期。

[104] 赵宇航：《李贽及〈李氏焚书〉浅谈》，《名家名作》2023年第22期。

[105] 杨敏：《从焦竑对李贽的影响看其在晚明性灵文学中的地位》，《昆明学院学报》2023年第4期。

[106] 杨敏：《焦竑与明代隆庆、万历年间金陵文人的交游及文学意义》，《名家名作》2023年第4期。

[107] 韩焕忠：《焦竑对儒家四书的佛学解读》，《普洱学院学报》2023年第4期。

[108] 唐明贵：《论焦竑〈论语〉诠释的特色》，《齐鲁学刊》2023年第3期。

[109] 杨敏：《焦竑经世思想及其意义的再检讨》，《文化学刊》2023年第4期。

[110] 张昭炜：《天泉证道的问题与解决方案——方学渐对于龙溪学的批判与方以智的统合》，《中国哲学史》2023年第4期。

[111] 宋昕曌：《浅析徐光启的军事训练思想》，《孙子研究》2023年第5期。

[112] 张必胜：《晚明国家翻译实践的历史探赜——以徐光启科技翻译为中心》，《复旦学报》（社会科学版）2023年第5期。

[113] 许明武、王佩：《跨越时空的对话——徐光启和李善兰翻译〈几何原本〉研究》，《中国外语》2023年第2期。

[114] 董保华、白连弟：《论科技翻译活动中的译者国家意识——以翻译家徐光启为例》，《中国外语》2023年第2期。

[115] 王硕：《晚明儒者管志道的学思历程探析》，《北京航空航天大学学报》（社会科学版）2023年第3期。

[116] 周嘉豪：《"爵""齿"的抑扬：儒家礼法秩序的两难境地——以孟子与晚明管志道为例》，《天府新论》2023年第1期。

[117] 张盼盼：《张琦与汤显祖"主情论"观念之辨析》，《文化艺术创

新·国际学术论坛》2023年第6期。

[118] 颜敏：《汤显祖的〈诗〉学观与〈牡丹亭〉之〈诗经〉阐释》，《武陵学刊》2023年第4期。

[119] 刘洋、侯星如、王一凡等：《禅宗美学视域下汤显祖〈南柯记〉唱词韵味探析》，《东华理工大学学报》（社会科学版）2023年第3期。

[120] 范方俊：《"大历史"观视野下的汤显祖与莎士比亚比较研究》，《江西社会科学》2023年第2期。

[121] 苏凤：《汤显祖戏剧在英语国家的传播与接受》，《中国文学研究》2023年第4期。

[122] 阮晓佳：《晚明荆楚文化场域下公安三袁居家文学研究》，西南大学硕士学位论文，2023年3月。

[123] 王佳希：《袁宗道的四书学研究》，中央民族大学硕士学位论文，2023年3月。

[124] 李瑞卿：《袁宗道情念论及其诗学话语新体系》，《北京大学学报》（哲学社会科学版）2023年第6期。

[125] 胡玉占：《袁宏道哀悼诗研究》，《运城学院学报》2023年第5期。

[126] 余来明、窦瑜彬：《寄"性灵"于"新声"：袁宏道的赏曲经验与诗学转向》，《江汉论坛》2023年第3期。

[127] 宁玲玲：《论袁宏道尺牍中对自适的追求》，《四川职业技术学院学报》2023年第4期。

[128] 王悦：《袁宏道"性灵说"之佛学渊源》，《乐山师范学院学报》2023年第3期。

[129] 李树静：《袁宏道佛教思想与"性灵"文学观研究》，兰州大学硕士学位论文，2023年3月。

[130] 邢云龙：《袁中道履任徽州府及其宦游书写的文学意义》，《中国文学研究》辑刊，2023年卷。

[131] 胡江飞：《袁中道山水散文中的生态美学》，《汉江师范学院学

报》2023年第4期。

[132] 陈金林：《袁中道游记中的"精警"意识——以〈游居柿录〉为中心的考察》，《青年文学家》2023年第9期。

[133] 郦波：《黔学与心学》，《当代贵州》2023年第17期。

[134] 郦波：《承"黔"启后》，《当代贵州》2023年第50期。

[135] 敖以深：《贵州阳明文化传播的五大重镇》，《理论与当代》2023年第3期。

[136] 杨道会：《邹元标与黔中王门研究》，贵州大学硕士学位论文，2023年6月。

[137] 杨德俊：《王阳明龙岗书院弟子陈文学》，《文史天地》2023年第1期。

[138] 张安国：《被理学成就遮蔽的明代李渭》，《文史天地》2023年第1期。

[139] 王路平、石祥建：《明代黔中王门大师李渭"毋意为宗"的心学思想研究》，《孔学堂》2023年第4期。

[140] 康宁：《邓豁渠"尽性至命"美学思想研究》，扬州大学硕士学位论文，2023年5月。

[141] 张波、胡莲：《论清初关学与蜀学之间的学术交流——以李二曲与杨甲仁为例》，《宝鸡文理学院学报》（社会科学版）2023年第1期。

[142] 罗晓东：《朱光霁：云南阳明心学传播第一人》，《文史天地》2023年第5期。

[143] 肖雄：《论李元阳对阳明心学的阐释与突破》，《大理大学学报》2023年第3期。

（三）海外阳明学研究

[1] 谢茂圪：《走向世界的阳明心学》，《宁波通讯》2023年第1期。

[2] 钱明：《国内外的"阳明学"何以出现大温差》，《文史天地》2023年第9期。

[3] 丁青：《战后初期阳明学在日本的接受与传播——以战后派文学家

三岛由纪夫为例》，《绍兴文理学院学报》（人文社会科学版）2023年第1期。

[4] 黄滢：《以知为先，以行为重：吉田松阴思想与行动的嬗变逻辑——兼论吉田松阴与阳明学的关系》，《外国问题研究》2023年第3期。

[5] 杨燕如：《阳明学生死观对江户后期思想家的影响——以大盐中斋和吉田松阴为例》，大连外国语大学硕士学位论文，2023年5月。

[6] 关雅泉：《日本阳明学者的"太虚"实学品格》，《日语学习与研究》2023年第4期。

[7] 申绪璐：《论佐藤一斋〈传习录栏外书〉》，《贵阳学院学报》（社会科学版）2023年第5期。

[8] 陈羽萌：《语用充实视域下的〈传习录〉日译本研究》，贵州大学硕士学位论文，2023年6月。

[9] 丁青、张传兵：《王阳明〈传习录〉在日本的译介过程及其特征》，《绍兴文理学院学报》2023年第7期。

[10] 柴梓瑞：《以〈霞谷全集〉为中心研究朝鲜心学的发展》，《今古文创》2023年第20期。

[11] 袁淼叙：《汉学家科布泽夫的中国古代哲学研究与翻译》，《浙江大学学报》（人文社会科学版）2023年第7期。

[12] 于芮、严功军：《俄罗斯汉学家科布杰夫阳明学译介与跨文化阐释研究》，《外国语文》2023年第6期。

[13] 赵慧芳、石春让：《陈荣捷英译〈传习录〉的副文本研究》，《外国语文研究》2023年第1期。

[14] 张雅婷：《生态翻译学视阈下〈传习录〉英译本评析》，《汉字文化》2023年第S1期。

[15] 周同：《〈传习录〉英译活动薄弱现状研究》，《池州学院学报》2023年第2期。

[16] 蔡瑞珍：《布迪厄社会学视域下〈传习录〉两译本对比研究》，《外国语言文学》2023年第3期。

［17］龙彦伶：《"5 W"模式下〈传习录〉在美国的传播研究》，贵州大学硕士学位论文，2023年5月。

［18］夏莉雯：《文章翻译学视域下〈传习录〉陈荣捷英译本"义体气"三合探究》，《现代英语》2023年第12期。

［19］曾妍、程建山：《斯坦纳阐释学翻译理论视角下中国古典哲学术语英译研究——以陈荣捷译〈传习录〉为例》，《文化创新比较研究》2023年第29期。

后　记

《2023阳明学研究报告》一书由中共余姚市委宣传部、余姚市社会科学界联合会委托浙江省社会科学院哲学所、浙江国际阳明学研究中心组织编写，系对2023年阳明学界关于阳明学研究论著、学术活动的全面梳理与系统总结。

编写框架与体例是：（1）总结梳理出当代中国"阳明学热"的十大标志，对当代阳明学研究现状进行概述，作为本报告的"导言"；（2）主体部分，设上、中、下三篇介绍2023年度"王阳明与阳明心学研究""阳明后学研究""海外阳明学研究"的学术成果；（3）"附录"两种，分别为"2023年阳明学主题会议综述""2023年阳明学研究论著索引"。

本报告在编写过程中，通过"中国知网"检录了与"王阳明""阳明学"有关的大量论文，摘录了学界同仁关于"阳明学"研究的理论与观点，为保护论文作者的知识产权，本报告在正文及"2023年阳明学研究论著索引"中均一一标识说明。同时，"2023年阳明学主题会议综述"的摘编，更是参考了不少新闻媒体、学术网站的报道，为保护新闻撰稿人、学术动态编写者的知识产权，本报告以"页下注"的形式一一标注了相关会议讯息、学术动态的来源或出处。在此，我们谨对阳明学界同仁以及新闻理论工作者的辛苦努力，表示诚挚的感谢！你们的辛苦付出，才是这部《2023阳明学研究报告》完成的保证。论文作者与新闻记者朋友如需本报告，请与本书编者张宏敏联系，他的电子邮箱是zhanghongmin2008@126.com。

本报告的出版由中共余姚市委宣传部立项资助。本报告在编写过程中，得到了浙江省社会科学院哲学所首任所长吴光先生的学术指导，还得到了中共余姚市委宣传部部长潘帅轶先生、常务副部长严文龙先生，余姚市社科联专职副主席黄士杰先生、秘书长谢建龙先生的审阅；本报告在编辑出版过程中，得到杭州市社会科学院刘航先生、临海市文史学者杨新安先生、浙江工商大学出版社编辑张晶晶女士的悉心校对。在此，谨对上述女士、先生的厚爱，表示衷心的感谢！

由于编者本人的学力、精力有限，本报告若在编写上存在疏漏，均由编者本人负责。

编 者

2024 年 3 月 23 日